Ehekonflikte und sozialer Wandel

Ulrike Gleixner

Reihe »Geschichte und Geschlechter«
herausgegeben von Gisela Bock, Karin Hausen
und Heide Wunder
Band 18

Sylvia Möhle, Dr. phil., arbeitet freiberuflich als Historikerin
in Göttingen.

Sylvia Möhle

Ehekonflikte und sozialer Wandel

Göttingen 1740–1840

Campus Verlag
Frankfurt/New York

Diese Arbeit ist entstanden mit Unterstützung aus Mitteln des Niedersächsischen Ministeriums für Wissenschaft und Kunst.

Gedruckt mit Unterstützung des Landschaftsverbands Südniedersachsen e.V., der Calenberg-Grubenhagenschen Landschaft und der Ev.-luth. Landeskirche Hannover.

D 34

Die Deutsche Bibliothek – CIP-Einheitsaufnahme

Möhle, Sylvia:
Ehekonflikte und sozialer Wandel: Göttingen 1740–1840 /
Sylvia Möhle. – Frankfurt/Main; New York:
Campus Verlag, 1997
(Reihe Geschichte und Geschlechter; Bd. 18)
Zugl. Diss.
ISBN 3-593-35757-7
NE: GT

Das Werk einschließlich aller seiner Teile ist urheberrechtlich geschützt. Jede Verwertung ist ohne Zustimmung des Verlags unzulässig. Das gilt insbesondere für Vervielfältigungen, Übersetzungen, Mikroverfilmungen und die Einspeicherung und Verarbeitung in elektronischen Systemen.
Copyright © 1997 Campus Verlag GmbH, Frankfurt/Main
Umschlaggestaltung: Atelier Warminski, Büdingen
Umschlagmotiv: »Scheidung der Ehe« (1789), aus: Daniel Chodowiecki,
Von den Arten der Liebe, Weimar 1989.
Druck und Bindung: Druckhaus »Thomas Müntzer«, Bad Langensalza
Gedruckt auf säurefreiem und chlorfrei gebleichtem Papier.
Printed in Germany

Inhalt

I. Einleitung 9

   1. Thema und Fragestellung 9
   2. Quellen und Methode 14
   2.1 Quellenlage 14
   2.2 Gerichtsakten als Quellen: methodische Probleme 16

II. Eherecht und Ehegerichtsbarkeit 20

   1. Die Entwicklung des protestantischen Ehescheidungsrechts
      seit der Reformation 21
   2. Das protestantische Ehescheidungsrecht im Kurfürstentum
      und Königreich Hannover 24
   2.1 Die Kirchenordnungen 24
   2.2 Praktiziertes Ehescheidungsrecht im Kurfürstentum
      Hannover im 18. Jahrhundert 27
   3. Die Ehegerichtsbarkeit in Göttingen 31
   3.1 Der Prozeß 33
   4. Ergebnisse 39

III. Göttingen 1740-1840 40

   1. Bevölkerungswachstum und soziale Differenzierung 40
   1.1 Haushalt, Ehe und Familie 42
   2. Die soziale Lage 44
   2.1 Frauenarbeit in der städtischen Gesellschaft 46
   2.2 Das Handwerk 48
        Frauenarbeit im Handwerk 48
        Strukturwandel im Handwerk 50
   2.3 Akademiker und ihre Angehörigen 53

2.4 Dienstleistungsberufe 54
2.5 Soldaten und ihre Angehörigen 57
2.6 Tagelohn 58

IV. Erwartungen an die Ehe 60

1. Strukturen der Geschlechterbeziehungen in der Ehe 61
1.1 Akademiker 63
1.2 Handwerker 70
    Der Fall Ballhoff-Biermann 1776 73
    Die Bedeutung der Mitgift 75
    Zweit- und Drittehen 76
1.3 Kaufleute und Gastwirte 80
1.4 Unterbürgerliche Schichten 81

V. Die Eheklagen 83

1. Zur Bedeutung von Eheklagen im Land Hannover
   und in Göttingen 84
1.1 Die Klagen in Göttingen 85
    Die soziale Verteilung der Fälle 88
    Gründe für die Eheklagen 90
2. Besitz und Gewalt – Determinanten des ehelichen
   Geschlechterverhältnisses 92
2.1 Besitz und Macht 92
    Das Trinken und die gemeinsamen Mahlzeiten 94
    Diebstahl und Verschwendung 97
    Der Fall Clemme-Grashoff 1749 99
    Diebinnen 104
    Der Fall Muhlert-Röhr 1753/54 109
    Wandel der Arbeitsrollen und weibliche Ehre 115
    Der Fall Proffe-Hentze 1815 118
2.2 Gewalt und Macht 122
    Mißhandlung 122
    Die obrigkeitliche Ahndung von Mißhandlungen 125
    Mißhandlungen als Thema einer Eheklage vor Gericht 127
    Das Verhalten der Zeugen 129
    Die Selbstthematisierung von Männern und Frauen im Zusammenhang mit
    Mißhandlung 131

Die Dynamik von verbaler und physischer Gewalt 134
Lebensbedrohung 139
2.3 Ehen ohne Ort 140
2.4 Bürgerliche Ehen – Frauen ohne Stimme 145
Der Fall Cassius-Riepenhausen 1776 150
2.5 Ergebnisse 157

VI. Klassische Ehescheidungsgründe, restriktives Scheidungsrecht und populäre Selbstscheidung 160

1. „Bösliches Verlassen" - ein männliches Phänomen? 160
1.1 Desertion von Soldaten 161
1.2 Bigamie 166
1.3 Desertion von Frauen 168
1.4 Der Fall Casper-Hoffmeister 1765 171
2. Ehebruch 176
2.1 Obrigkeitliche Bewertung und Bestrafung von Ehebruch 176
Sanktionen der Gilden 177
2.2 Das Klageverhalten von Frauen und Männern 179
2.3 Die Definition von „Untreue" durch die Klagenden 180
2.4 Ehebruch als Partnerwahl 182
2.5 Männlicher und weiblicher Umgang mit Ehebruch 183
3. Selbstscheidung als Element populärer Eheauffassungen 184

VII. Das Leben nach der Trennung 189

VIII. Schlußüberlegungen: Die Ehescheidungspraxis – Möglichkeit zur Emanzipation oder Bestätigung der innerehelichen Machtverhältnisse? 192

Anmerkungen 197

Quellen- und Literaturverzeichnis 240

Danksagung 256

Kapitel I

Einleitung

1. Thema und Fragestellung

Entgegen der landläufigen Ansicht ist die Ehescheidung kein Phänomen des 20. Jahrhunderts. Frauen und Männer haben bereits im Mittelalter und in der Frühen Neuzeit versucht, Wege aus gescheiterten Ehebeziehungen zu finden. Die katholische Kirche bot und bietet eine Trennung von Tisch und Bett, d.h. die Möglichkeit einer räumlichen Trennung ohne Aussicht auf eine Auflösung der Ehebande und erneute Verheiratung. Demgegenüber nahmen die protestantischen Theologen der Ehe den Sakramentscharakter und verabschiedeten damit den Grundsatz der Unauflöslichkeit. Mit der Einrichtung von Konsistorien und Ehegerichten sowie der Fixierung der Scheidungsgründe in Kirchenordnungen eröffnete der Protestantismus Männern und Frauen die Möglichkeit einer Trennung und Wiederverheiratung.

Diese Entwicklung steht nur scheinbar im Widerspruch dazu, daß die Ehe in der Reformation durch Aufhebung des Zölibats und Auflösung der Klöster eine Aufwertung erfuhr, denn eine Ehe wurde nur als sinnvoll angesehen, solange sie die angestrebte Ordnungsfunktion erfüllte.[1] Die protestantischen Obrigkeiten sahen eine ordentliche Eheführung als Voraussetzung jeglicher Ordnung an. Ihr Ordnungsmodell beruhte auf der Hierarchie von Mann und Frau in der Ehe, wobei dem Ehemann die Rolle des Repräsentanten dieser Ordnung zufiel. Obwohl in der gemeinsamen Hauswirtschaft die Arbeitsleistungen beider Ehepartner gleichermaßen wichtig waren, waren Frauen der Vormundschaft und Disziplinargewalt ihrer Ehemänner unterstellt.[2] Gerade die Asymmetrie der innerehelichen Machtverteilung führte zu Konflikten, die das gewünschte Bild der natürlichen patriarchalischen Autorität und der weiblichen Unterordnung in Frage stellten. Der Widerstreit von Gleichheit und Unterordnung in den Ehebeziehungen, das Spannungsverhältnis von Ehestereotypen und Geschlechterbeziehungen ist dokumentiert in den aktenkundig gewordenen Ehekonflikten. Die Analyse von Ehegerichtsakten verspricht daher zum einen Auskünfte über Ehekonflikte, zum anderen über die gesellschaftlichen Beziehungen der Geschlechter in der

Frühen Neuzeit: Die Ehe, als Form der institutionalisierten Geschlechterbeziehungen und als die von den meisten Frauen und Männern angestrebte Lebensform, bildete eine Plattform für die Aushandlung „weiblicher" und „männlicher" Handlungsräume, Rollen und Aufgaben. Sie stellte einen Ort beständiger Neuverhandlungen über die Machtverteilung zwischen den Geschlechtern dar. Anhand von Ehekonflikten können das Wechselspiel zwischen Norm und Leben, die Geltungskraft der Geschlechterstereotype und der Umgang mit ihnen analysiert werden.[3]

Das Material, das meiner Studie zugrunde liegt, stammt aus einer Zeit, die nicht nur in der Geschichte der Stadt Göttingen als Phase der Instabilität und des Umbruchs begriffen wird. Verlobung und Ehe, aber auch Ehescheidung wurden beeinflußt und bestimmt von sozioökonomischem Wandel einerseits und obrigkeitlicher Ordnungspolitik andererseits. Schien im 18. Jahrhundert im Zeichen einer Individualisierung der ehelichen Geschlechterbeziehungen die individuelle Lebensgestaltung in Form freier Partnerwahl zumindest möglich, griffen im 19. Jahrhundert strenge Heiratsbeschränkungen in diese Lebensplanung ein. Beide widerstreitenden Strömungen finden ihren Niederschlag in den Verhandlungen über Ehe vor Gericht. Dabei werden schichtenspezifische Varianten sichtbar, die eine Analyse von Ehe in den verschiedenen sozialen Gruppen und besonders der Stellung von Frauen in diesen Gruppen fordert.

Der Diskussionsstand zu Ehescheidung in den verschiedenen beteiligten Disziplinen ist sehr unterschiedlich. Juristische Studien befaßten sich hauptsächlich mit der normativen Ausformung eines protestantischen Ehescheidungsrechts in den deutschen Territorien in Abgrenzung zum kanonischen Recht.[4] Daneben ist das Thema Ehescheidung bisher meist eingebunden in einen größeren Kontext untersucht worden, in dem es um die Durchsetzung obrigkeitlicher Ordnungsvorstellungen ging.[5] Dagegen ist die internationale Sozialgeschichte weit fortgeschritten und bietet eine Fülle vergleichender Arbeiten zur Tätigkeit von Ehegerichten. Vor diesen Ehegerichten wurden nicht nur Ehescheidungsbegehren, sondern vor allem Konflikte bei der Herstellung von Ehe, also Eheversprechens- und Konsensklagen verhandelt. Der Schwerpunkt der Forschung lag bisher hauptsächlich auf diesen Verlobungsklagen; nur wenige Arbeiten zu Ehescheidung stützen sich auf lokale Quellen. Amerikanische Forscherinnen, wie beispielsweise Alison Duncan Hirsch und Nancy Cott, haben Analysen einzelner Ehescheidungsprozesse vorgelegt und daran Entwicklung und Bedeutung des Ehescheidungsrechts mit besonderem Augenmerk auf Frauen aufgezeigt.[6] Martin Dinges hat in seinen Arbeiten zu Gerichtsfällen im Paris des 18. Jahrhunderts auch Ehekonflikte berücksichtigt. Für das Frankreich der Revolutionszeit, besonders für Rouen, liegen umfangreiche Studien von Roderick Phillips vor, der auch die Geschichte der Ehescheidung für Frankreich, England und Nordamerika vergleichend behandelt hat.[7] Im deutschsprachigen Raum wurden solche Studien erst spät aufgenommen: Für die Reformationszeit liegt ein Vergleich der katholischen und protestantischen Rechtsprechung in Konstanz, Freiburg und Basel von Thomas Max Safley vor. Lyndal Roper hat u.a. die Konfliktpunkte in den Ehebeziehungen im Augsburg des 16. Jahrhunderts anhand der städtischen Gerichtsprotokolle analysiert.[8] Hans Medick und David Warren Sabean untersuchten Ehekonflikte für das 18. und 19. Jahrhundert unter Rückgriff auf Kirchenkonventsakten ländlicher Gemeinden. Rainer Beck wertete Offizialatsakten einer ländlichen Region im katholischen Oberbayern des 17. und 18. Jahrhunderts aus, während Rebekka Habermas für den gleichen Zeitraum anhand von Kriminalgerichtsakten Ehekonflikte in Frankfurt am Main analysierte.[9] Im Bereich der Kriminalitäts- und Herrschaftsgeschichte sind Arbeiten entstanden, die sich unter Einbeziehung von Fallanalysen mit Männern und Frauen vor Gericht und damit auch mit Ehekonflikten befassen, so z.B. die Studien von Michaela Hohkamp zu Triberg im 18. Jahrhundert.[10]

Eine herausragende Bedeutung für die Erforschung der Geschichte der Ehescheidung in den deutschen Territorien haben die Publikationen von Dirk Blasius. Anknüpfend an seine Monographie über die Geschichte der Ehescheidung in Deutschland vom Preußischen Landrecht bis zum Ende des Zweiten Weltkriegs hat Blasius in einer Vielzahl von Studien zunehmend Einzelfallbeispiele, zumeist aus preußischen Beständen des 19. Jahrhunderts, in seine rechts- und sozialhistorische Forschung einbezogen. Unter Berücksichtigung der obrigkeitlichen Zielsetzung und Einflußnahme hat er Motive, Verlauf und Konsequenzen von Eheklagen transparent gemacht.[11]

Medick, Sabean, Habermas und Blasius kommen zu den Ergebnissen, daß die ökonomische Zweckgemeinschaft Ehe häufig nicht funktionierte, daß Trennungen auf gerichtlichem oder außergerichtlichem Weg verbreitet waren und daß Frauen die Ehegerichte zunehmend nutzen konnten, da ihre Interessen mit den obrigkeitlichen Ordnungswünschen übereinstimmten. Sabean stellt für das frühe 19. Jahrhundert einen Wandel in der Einstellung der Obrigkeit zu Ehekonflikten fest, gekoppelt an sich verändernde wirtschaftliche Verhältnisse. Stützte die Obrigkeit im 18. Jahrhundert noch die „Meisterschaft" des Mannes – teilweise kam es zu Bündnissen zwischen Pastor und Frau, Obrigkeit und Mann –, so verbündete sie sich im 19. Jahrhundert mit den Frauen in dem Versuch, die Versorgung der Familien sicherzustellen. Blasius geht soweit, für Preußen im 19. Jahrhundert von einer „frauenfreundlichen" Scheidungspraxis zu sprechen.[12] Diese ersten

Analysen von Ehescheidungsrecht und lokaler Ehegerichtspraxis haben es vermocht, die Kenntnisse über eheliche Beziehungen für ein breites soziales Spektrum zu erweitern, die lange Zeit von normativen und autobiographischen Texten der gehobenen sozialen Schichten geprägt waren.

Im Gegensatz zu den bisher dominanten Zugängen zum Thema Ehescheidung über normative Texte oder ausgewählte Fallbeispiele aus meist ländlichen Gebieten geht es in dieser Studie um die Erweiterung des Untersuchungsfeldes auf eine Stadt und auf alle sozialen Schichten. Das Ziel ist eine systematische Analyse sämtlicher für die Stadt Göttingen erfaßbaren Ehescheidungsfälle im Gesamtzusammenhang ihrer wirtschaftlichen und sozialen Entwicklung von der Mitte des 18. bis zur Mitte des 19. Jahrhunderts. Lange stand auch hier die Erforschung der Lebensbedingungen des gehobenen Bürgertums im Mittelpunkt des historischen Interesses, meist losgelöst von wirtschaftlichen Zusammenhängen.[13] Anhand der bisher wenig untersuchten kleinbürgerlichen und unterbürgerlichen Haushalte kann die Wechselwirkung zwischen wirtschaftlicher Entwicklung und Geschlechterbeziehungen analysiert werden.[14] So werden in meiner Arbeit die zentrale Bedeutung des Handwerks, die zunehmende Lohnarbeit im Handwerk, die Ausweitung des Dienstleistungsbereichs und die Entstehung von Manufakturen in Beziehung gesetzt mit den Auskünften über innereheliche Auseinandersetzungen. Das Scheitern von Ehen und die darüber geführten Protokolle zeigen, wie sich Veränderungen in den wirtschaftlichen Grundvoraussetzungen, beispielsweise eines Gewerbes, auf die innereheliche Arbeitsteilung und die Machtverhältnisse zwischen Mann und Frau auswirkten. Ausmaß und Art der Frauenarbeit sowie ihre Bedeutung für die Ehebeziehungen werden durch die Zusammenschau von Einzelfallakten und quantifizierenden Quellen rekonstruiert. Hierbei kann auf die Arbeiten von Wieland Sachse zur Bevölkerungs- und Sozialstruktur Göttingens im 18. und 19. Jahrhundert Bezug genommen werden.[15] Göttingen bietet darüber hinaus die Möglichkeit, das Vorgehen zweier Gerichtsinstanzen – der kirchlich-städtischen Kirchenkommission unter Führung des Konsistoriums einerseits und des Universitätsgerichts andererseits – zu dokumentieren.

Der zeitliche Rahmen dieser Untersuchung – die zweite Hälfte des 18. und die ersten Jahrzehnte des 19. Jahrhunderts – umfaßt einen Zeitraum, der in der Erforschung der Geschichte von Frauen ebenso wie das Reformationszeitalter eine besondere Stellung einnimmt.[16] Während noch in der ersten Hälfte des 18. Jahrhunderts die Fragen nach der gesellschaftlichen Stellung von Frauen auf sozialer, kultureller und politischer Ebene gestellt und in philosophischen und theologischen Diskursen beantwortet wurden, erfolgte im Zuge der sich entwickelnden Humanwissenschaften eine Zuweisung dieses Themas zur „Natur". Der aufgeklärte Diskurs, vermittelt auch durch die spezifische Erziehung von Mädchen und Jungen, hatte die Verinnerlichung von Geschlechterrollen als etwas Unveränderbarem, „Natürlichem" zum Ziel.[17] Im Rahmen dieser Entwicklung wurde die Diskussion um die Stellung der Frau unter neuen Vorzeichen, aber unter Verwertung älterer Konzeptionen von „Männlichkeit" und „Weiblichkeit" geführt.[18] Zwar kam es mit der Vorstellung von der Komplementarität von Mann und Frau erstmals zu einer positiven Definition von Weiblichkeit, doch zementierte sie zugleich die Einschränkung und Ausgrenzung von Frauen.

Ich verstehe meine Arbeit als einen Beitrag zur Geschlechtergeschichte[19] und frage anhand der Verhandlungen über Ehe nach den Mechanismen, die spezifische Geschlechterrollen und damit in der Regel eine Hierarchie von Frauen und Männern entstehen ließen und am Leben erhielten. Angesichts der Untauglichkeit des Patriarchatsbegriffs und des Begriffspaares Öffentlichkeit/Privatheit, die, eingesetzt als Kategorien der historischen Analyse, den Blick auf die Eigeninteressen von Frauen und ihren Anteil an der Gestaltung der gesellschaftlichen Verhältnisse verstellten, kann sich die genaue Rekonstruktion der Lebensbedingungen von Frauen und Männern dazu eignen, einigen der Determinanten der Geschlechterbeziehungen auf die Spur zu kommen.[20]

Zunächst werden die rechtlichen Rahmenbedingungen dargelegt (Kapitel II): Es gibt bisher keine Überblicksdarstellung über das Ehescheidungsrecht im Kurfürstentum und Königreich Hannover, das daher in dieser Studie anhand zeitgenössischer Publikationen und Quellen für das 18. und frühe 19. Jahrhundert erarbeitet wird. Diese rechtshistorische Untersuchung unter Einschluß der Ehegerichtsbarkeit in der Stadt Göttingen bildet den Ausgangspunkt für den Blick auf die Ehescheidungsakten und damit auf die Ehescheidungspraxis. Es folgt eine Untersuchung der Sozialstruktur und der wirtschaftlichen Entwicklung Göttingens mit besonderem Akzent auf der Frauenarbeit (Kapitel III). Die subjektiven Erwartungen, die Männer und Frauen an eine Eheschließung knüpften, und die Voraussetzungen, die sie dafür erfüllen mußten, stehen im Zentrum von Kapitel IV. Den Kern der Studie bildet die Untersuchung der Klagegründe in den überlieferten Eheklagen, unterteilt in die Komplexe „Besitz und Macht" und „Gewalt und Macht" (Kapitel V). Bei der Analyse der Eheklagen unterscheide ich zwei Ebenen: eine schichtenspezifische, wobei die ökonomischen Gründe im Kontext der sozioökonomischen Entwicklung in Göttingen interpretiert werden, und eine problemspezifische Ebene, auf der die einzelnen Merkmale der Ehekonflikte entschlüsselt werden. Neben der Gesamtanalyse der Phänomene in den Prozessen stehen Einzelfallbeschreibungen, die Entstehung, Verlauf und Lösungsstrategien der Konflikte analysieren. Eine detailgetreue Rekonstruktion der Konfliktlage ermöglicht, persönliche Erwartungen und Enttäuschungen der Menschen zu erkennen. Vor allem können die Handlungs- und Gestaltungsspielräume von Männern und Frauen im Spannungsfeld von wirtschaftlichen Veränderungen und obrigkeitlichen Ordnungsgedanken besser erfaßt werden. Die Bedeutung von „böslicher Verlassung", Ehebruch und Selbstscheidung als besondere soziale und rechtliche Phänomene wird gesondert im sechsten Kapitel herausgearbeitet. Abschließend werden in Kapitel VII die Konsequenzen einer Trennung diskutiert und im achten Kapitel die Ehescheidung als Handlungsmöglichkeit zur Lösung von Ehekonflikten im Kurfürstentum Hannover in Theorie und Praxis bewertet.

Aufgrund der spezifischen Charakteristika des überlieferten Aktenmaterials, aber vor allem wegen der inhaltlichen Zielsetzungen, soll in dieser Studie der Schwerpunkt auf einer qualitativen Analyse der Quellen liegen. Wo es möglich scheint und für die Interpretation wertvolle Hinweise erschlossen werden können, arbeite ich ergänzend mit Tabellen.

2. Quellen und Methode

2.1 Quellenlage

Meine Untersuchung stützt sich vor allem auf Archivalien des Kirchenkreisarchivs, des Universitätsarchivs sowie des Stadtarchivs von Göttingen.

Im Kirchenkreisarchiv sind die Verhandlungen in Ehesachen vor der Kirchenkommission und die damit verbundene Korrespondenz mit dem Konsistorium in Hannover überliefert.[21] Die Akten, die teilweise nach Gemeindezugehörigkeit geordnet, teils der Superintendentur unterstellt worden sind, zeichnen sich durch einen höchst unterschiedlichen Grad an Vollständigkeit aus. Die Überlieferung setzt für das Stadtgebiet im Jahr 1707 ein und weist ungefähr ab 1740 eine größere Dichte auf. Für die Zeit ab etwa 1840 finden sich keine detaillierten Prozeßakten mehr.[22]

Neben den Verhandlungen in Eheklagen liegen größere Bestände von „Unzuchtsprotokollen", Verlobungsklagen und Fragmente von Visitationsberichten vor, die wichtige Informationen über Erwartungen an die Ehe, „normabweichendes" Verhalten und die Handlungsräume gerade von Frauen liefern.[23] Hinzu kommt eine größere Anzahl von elterlichen Konsenserklärungen sowie von Prozeßakten, die im Fall einer Konsensverweigerung entstanden sind und Auskünfte zum Verhältnis zwischen Eltern und Kindern zu geben vermögen.[24]

Die Aussagen zu Prozeßakten der Kirchenkommission lassen sich durch die Kirchenbücher der damals sechs Göttinger Gemeinden ergänzen. Sie geben wertvolle Auskünfte zu Herkunft, Beruf, Heiratsalter, Geburtenzahl und Wohnort der klagenden Personen und ihrer Angehörigen.[25] Für den Zeitraum 1809-1813 stehen die ergiebigeren Zivilstandsregister zur Verfügung.[26]

Die Kirchenbucheintragungen werfen für die Erfassung der Geschiedenen Probleme auf. Geschiedene wurden nur ganz selten als solche benannt; bei einer zweiten Heirat ist manchmal eine Erklärung angefügt oder die Braut wird als „Frau" bezeichnet. Bei den Todeseintragungen werden geschiedene Eheleute zumeist mit „Ehemann", „Ehefrau", „Witwer" oder „Witwe" bezeichnet, so daß hier eine Verschleierung der tatsächlich erfolgten Scheidung vorliegt. Bei den aus den Kirchenbüchern ermittelten Scheidungsfällen handelt es sich daher um seltene Vermerke, die von der üblichen Eintragungspraxis abweichen.

Im Universitätsarchiv befindet sich wegen der Autonomie der Universität in Gerichtssachen ebenfalls ein Komplex Ehegerichtsakten aus der Zeit von 1737 bis etwa 1840. Sie sind jedoch nicht thematisch zusammengefaßt, sondern nach Personennamen und Datum gemeinsam mit anderen Gerichtsfällen aufbewahrt.[27] Dies erschwerte zwar das Erfassen der Akten, ermöglichte aber eine Zusammenschau verschiedenartiger Prozesse, die eine Person in einem bestimmten Zeitraum geführt hat. Da es sinnvoll erschien, die Informationsdichte zu einzelnen Personen zu erhöhen, wurden Beleidigungsklagen und Verhandlungsprotokolle zu anderen Delikten, vor allem die zahlreichen Eheversprechens- und Alimenteklagen, einbezogen. Zudem enthalten die Personalakten der Universitätsprofessoren, -dozenten und -bediensteten viele Informationen, die Aufschluß über Dienstzeiten und materielle Lage des Betreffenden und seiner Familie geben.[28] Über die familiäre Situation informieren auch Testamente und Nachlaßinventare.[29]

Die großen Bestände an quantifizierenden Quellen wie Steuerlisten und Einwohnerzählungen[30] im Göttinger Stadtarchiv erlauben ergänzende Forschungen zur ökonomischen Situation einzelner sozialer Gruppen und insbesondere auch der Frauen. Einige der Listen enthalten eine ausführliche Nennung aller männlichen und weiblichen Haushaltsvorstände mit Erläuterungen zum Nahrungserwerb sowie eine Differenzierung von anderen dem Haushalt angehörenden Personen.[31] Einzelbestände geben Auskunft über Gerichtsprozesse, in denen über Geschlechterbeziehungen verhandelt wurde; allerdings liegen Zivilgerichtsakten nur für wenige Jahre der ersten

Hälfte des 18. Jahrhunderts vor.[32] Daher können Vergleiche zwischen den Fällen, die vor dem Stadtgericht verhandelt wurden – beispielsweise von Mißhandlungen oder Beleidigungen – und den Ehesachen nicht durchgeführt werden.

Schließlich lassen Gildeakten das Bild der einzelnen Handwerke differenzierter und klarer hervortreten.[33] Einzelne Schreiben in Kirchensachen ergänzen die im Kirchenkreisarchiv befindlichen Ehescheidungsakten.[34]

2.2 Gerichtsakten als Quellen: methodische Probleme

Bei der Auswertung der zentralen Quellen, den Gerichtsprotokollen kirchlicher und universitärer Provenienz, sah ich mich mit zwei großen Problemen konfrontiert: dem der Repräsentativität der überlieferten Fälle und dem der Fiktionalität der Texte. Welche Aussagen lassen 200 Fälle aus 100 Jahren, von denen nur etwa 50% detailliertere Informationen aufweisen, über Ehe und Ehekonflikte zu? Die Frage der Repräsentativität läßt sich mit Hilfe der ergänzenden Quellen sowie der kirchenhistorischen Forschung beantworten. Einerseits bestätigen Urteilslisten des Kriminalgerichtes aus den Jahren 1790 bis 1840 das in den Eheklagen ermittelte große Ausmaß der innerfamiliären Gewalt und der klagbar gewordenen Ehebrüche. Andererseits kann aus den Protokollen der Pastoren verschiedener Gemeinden sowie aus Arbeiten zu anderen Regionen rekonstruiert werden, wie versucht wurde, Männer, vor allem aber Frauen, von einer Eheklage abzuhalten und eine rasche Versöhnung herbeizuführen.[35] Die jeweiligen Lebensumstände konnten dazu beitragen, eine Eheklage als unzumutbare finanzielle Belastung erscheinen zu lassen. Auch Einschüchterung durch Ehemänner spielte nachweislich eine große Rolle. Schließlich können die außergerichtlichen Lösungsstrategien vor allem in den unterbürgerlichen Schichten erfaßt werden: Selbstscheidung, Wahl eines anderen Lebenspartners, das Verlassen der Stadt waren weit verbreitete und akzeptierte Verhaltensweisen. Dies alles deutet darauf hin, daß den Phänomenen in den vorliegenden Eheklagen eine weit größere Verbreitung zugesprochen werden muß, als die Zahl der Klagen zunächst vermuten ließe.

Die Frage nach der Fiktionalität der Texte erfordert eine Feinanalyse des vorliegenden, oft unvollständigen Materials. Enthalten die Vernehmungsprotokolle und Klageschriften wirklich eine zutreffende Beschreibung der Sachverhalte im behandelten Konfliktfall? Arlette Farge und Michel Foucault haben festgestellt, daß die Bittschriften oft Mustern oder Modellen folgten, die zweifellos von den Schreibern stammten, die sie aufsetzten. Es handelte sich um komplexe Äußerungen, in denen Obrigkeit und Bürger die Grenzen von gutem und schlechtem Betragen festlegten.[36] Auch in den Göttinger Ehegerichtsakten sticht die formelhafte Konzeption der Klageschriften ins Auge. Eine solche Klageschrift führt die Gründe für die Klage an, schildert häufig rückblickend die Geschichte der zu verhandelnden Ehe und gipfelt in den Forderungen der Klage. In der Regel ist sie von einem Advokaten konzipiert worden; nur Akademiker entwarfen ihre Klageschriften gelegentlich selbst. Die Klagegründe der Mandantin oder des Mandanten werden von dem jeweiligen Advokaten nach ihrer Stichhaltigkeit übernommen, verändert oder sogar erst entworfen worden sein.[37] Was sich tatsächlich abgespielt hat, wird in den Gerichtsakten nur ausschnitthaft erkennbar.

Auf die Klageschrift folgt im Regelfall eine Antwort des Beklagten, die in vielen Fällen in einer Gegenklage gipfelt, und für die die gleichen Kriterien gelten wie für eine Klageschrift. Im Idealfall sind Vernehmungsprotokolle der klagenden Parteien sowie der von ihnen benannten Zeugen zu erwarten.

Der Grad der Fiktionalität in den detaillierten, nach den Vorgaben des Klagenden oder Beklagten aufgesetzten Schriften kann für das hier vorliegende Material nur begrenzt durch einen Vergleich mit den Vernehmungsprotokollen erfaßt werden.[38] Kaum eine Gerichtsakte enthält alle oben aufgeführten Elemente – Klageschrift, Gegenklage, Vernehmungsprotokoll der Beteiligten und ihrer Zeugen. Für einige Fälle ist lediglich die Klageschrift überliefert, für andere nur die Zeugenbefragung oder gar der ihr zugrunde liegende Fragenkatalog – ohne Antworten. Andere weisen die Vernehmungsprotokolle der beiden Parteien auf. Das Urteil fehlt meistens, und ein Überblick über den gesamten Prozeßverlauf ist nur sehr selten möglich. Trotzdem lassen sich die tatsächlichen Motive der Kläger, Beklagten und Zeugen neben der taktisch begründeten, oft geschlechtsspezifischen Argumentation häufig deutlich erkennen.[39] Die Einflußnahme des Advokaten, dem es mehr um seinen Verdienst am Prozeß und weniger um dessen erfolgreichen Abschluß ging, stellt ein Problem bei der Analyse der Klageschriften dar, besonders, wenn ergänzende Verhörprotokolle fehlen. Ob die vom Advokaten benutzten Stereotype für männliches und weibliches Verhalten immer auch in der Selbstdarstellung der Kläger und Angeklagten vorkamen, kann nicht generell geklärt, Verbreitung und Akzeptanz dieser Stereotype nicht erforscht werden.[40] Doch die Einflußnahme des Advokaten fand ihre Grenzen in der vehement vorgebrachten Empörung der Kontrahenten über das von ihnen Erlebte. Manchmal erschien die Diskrepanz zwischen den Hauptklagegründen, die wohl aus taktischen Erwägungen vom Advokaten in den Vordergrund der Argumentation gestellt wurden, und den tatsächlichen Motiven der Beteiligten so unüberbrückbar, daß es dem Gericht leicht fiel, die Klage abzuweisen.[41] In den wenigen Fällen, in denen ein Vergleich zwischen Klageschriften und Vernehmungsprotokollen möglich ist, ergeben sich einige neue Aspekte hinsichtlich der Konfliktverläufe; im wesentlichen decken sich aber die in den beiden Dokumenten erzählten Geschichten.[42]

Die Vernehmungsprotokolle sind teils in der mitgeschriebenen „Kladde", teils in einer bereinigten, späteren Fassung überliefert. Vor allem bei der Kirchenkommission muß dabei berücksichtigt werden, daß sie Protokolle im Hinblick auf ihre Berichts- und Rechtfertigungspflicht dem Konsistorium gegenüber erstellte. Dies wird zu einer bestimmten Art von Verschriftlichung und zur Anwendung bürokratischer Kriterien in Stil und Sprache geführt haben, um der übergeordneten Behörde das eigene Vorgehen als möglichst erfolgreich darzustellen.

Daß die Protokolle vom Schreiber überarbeitet worden sind, wird schon durch die gehobene Sprache nahegelegt. Bei der Vernehmung von Dienstmägden und Tagelöhnern tauchen keine mundartlichen Ausdrücke in der Niederschrift auf. Außerdem erscheinen Antworten der Befragten nicht in der Ich-Form, sondern werden in der dritten Person wiedergegeben, wobei oft die wörtliche Rede durch Ausdrücke wie „sie leugnete" ersetzt und zusammengefaßt wird. Dennoch sind Rückschlüsse auf wörtliche Aussagen der Befragten möglich: Sehr emotional oder drastisch vorgebrachte Äußerungen sind wegen ihrer Bedeutung für den Prozeß oft als Zitate festgehalten worden.[43] Besonders eine Drohung, fortzugehen oder eine Gewalttat zu begehen, scheint jeweils wörtlich in das Protokoll aufgenommen worden zu sein.

Die Direktmitschriften sind m.E. identifizierbar durch die häufigen Streichungen, welche schon auf eine gezielte Umformulierung des Gesagten durch den Schreiber noch während der Vernehmung und kurz danach schließen lassen. Die Subjektivität des Schreibenden kann an seinem wiederholten Fehler abgelesen werden, eine Klägerin als „Beklagte" zu bezeichnen; ein Fehler, der den verschiedenen Schreibern während des gesamten Untersuchungszeitraums unterlief und auch nicht immer bemerkt wurde.[44] Ein klagender Mann hingegen ist nie versehentlich als Beklagter aufgeführt worden. In einigen Fällen liegen die Verhörprotokolle nicht in einer Abfolge von Fragen und Antworten, sondern in Erzählform vor, wobei die jeweilige Erzählung im Konjunktiv gehalten ist. Auch hier ist an einigen Stellen die Subjektivität des Schreibenden nachweisbar, wenn er beispielsweise die Aussage einer Frau durch die Wahl eines anderen Modus und Tempus in Frage stellt („soll getan haben" statt „habe er").[45] Frauen und Männer werden bei der schriftlichen Fixierung unterschiedlich wahrgenommen und ihr

Verhalten und ihre Aussagen bereits während der Niederschrift unterschiedlichen Bewertungen unterzogen.

Alle vorliegenden Texte – Protokolle, Klageschriften und Kommentare der Richter – bieten also eine mehrfach veränderte Erzählung der tatsächlichen Begebenheiten. Ausgehend von den Kontrahenten, die sich dem Gericht in ihrer Selbstdarstellung anpaßten, über die Advokaten und Protokollanten erhielt das behandelte Geschehen eine immer neue Gestalt. Es kann sich bei der Interpretation der Texte daher nur um eine Annäherung, ein Herantasten an Abläufe und Zusammenhänge handeln. Häufig gibt es mehr als nur eine mögliche Rekonstruktion eines Eheverlaufes.

Vor Gericht wird neben der Diskussion der sozialen Hintergründe des abweichenden Verhaltens – z.B. das Scheitern einer Ehe oder Verlobung – ein Diskurs über Ehe als Norm, über normabweichendes Verhalten eines oder beider Partner geführt. Beispielsweise werden außereheliches Sexualverhalten von Männern und Frauen oder die ehelichen Pflichten eines jeden Geschlechts thematisiert, die zum Funktionieren eines Haushaltes erfüllt werden müssen. Um sich zu entlasten, entwerfen Männer und Frauen jeweils ein Bild vom anderen und argumentieren mit Geschlechterstereotypen. Eine Konstruktion von Geschlecht findet statt im Zusammenhang der obrigkeitlichen Wiederherstellung der Ordnung zwischen den Geschlechtern, vor allem in der Ehe.[46]

Trotz der vor Gericht teilweise aus strategischen Überlegungen vorgenommenen Verschleierung wirklicher Motive können aus den vorhandenen Materialien viele Informationen über Selbstverständnis und Zielrichtung des Handelns der Betroffenen gewonnen werden. Die taktische Anpassung einer Frau oder eines Mannes an das von der Obrigkeit bereitgehaltene und geforderte Bild einer „Ehefrau", eines „Ehemannes", einer „Hausmutter", eines „Hausvaters", eines „Opfers", eines/einer „Verführten" u.a. geht nicht soweit, daß das Selbstbild völlig verdeckt würde. Das vor Gericht entworfene stereotype Bild kann den Blick auf davon abweichende Motive nicht völlig verstellen; teilweise kommt es sicher auch zu Überschneidungen, indem sich Argumentation und tatsächliche Absicht decken. Gerade die herangezogenen ergänzenden Quellen – andere Prozeßakten, quantifizierendes Material und Gildeakten – erhellen die Situation, in der eine Ehekrise auftrat und lassen so hypothetische Überlegungen über Motive, Handlungsstrategien und -spielräume zu, die vor Gericht nur in Andeutungen faßbar werden.

Kapitel II

Eherecht und Ehegerichtsbarkeit

„In Deutschland ist die Liebe eine Religion, aber eine poetische Religion, welche zu leicht duldet, was sich durch Empfindsamkeit des Herzens entschuldigen läßt. Man kann es nicht in Abrede seyn; der Heiligkeit der Ehe geschieht, in den protestantischen Ländern, durch die Leichtigkeit, womit sie getrennt werden kann, großer Abbruch. Die Frau nimmt sich einen andern Gatten, wie der Dichter eine Nebenscene in seinem Drama abändert. Die Gutmüthigkeit beider Geschlechter macht, daß die Scheidungen leicht und ohne Bitterkeit vor sich gehen; und da es unter den Deutschen mehr Einbildungskraft als wahre Leidenschaft giebt, so ereignen sich bei ihnen die seltsamsten Begebenheiten mit einer seltenen Kaltblütigkeit."[1]

Diese Ausführungen von Madame de Stael wecken die Erwartung, sowohl ein liberales als auch ein frauenfreundliches Scheidungsrecht vorzufinden. Es ist zweifelhaft, ob sie beim Verfassen dieses Textes wirklich Menschen aller Stände vor Augen hatte. Die rechtlichen Voraussetzungen für deren Zugangsmöglichkeiten zu einer Ehescheidung sollen im Mittelpunkt der folgenden Ausführungen stehen.

Die Entstehung des Ehescheidungsrechts und der Ehegerichtsbarkeit in den protestantischen Territorien und die Entwicklung der Scheidungsgründe vollzogen sich im Spannungsfeld zwischen kanonischem Recht und Naturrecht. Zwar hatten die Reformatoren der Ehe die Unauflöslichkeit genommen, doch führten die höchst unterschiedlichen Versuche, die neuen Maximen durchzusetzen, zu Widersprüchlichkeiten. Dem Ehescheidungsrecht konnte, nicht zuletzt unter dem Druck obrigkeitlicher Ordnungswünsche, kein einheitliches Profil verliehen werden. Vielerorts wurde die Trennung von den Bestimmungen des kanonischen Rechts nicht wirklich vollzogen. Die strenge Auslegung der zwei biblischen Scheidungsgründe – Ehebruch und „bösliche Verlassung" – beherrschte lange Zeit die Rechtsprechung, jedoch entwickelte sich unter dem Einfluß naturrechtlicher Gedanken eine erweiterte Auslegung dieser zwei Trennungsgründe. Im Land Hannover galten bis ins 19. Jahrhundert die Bestimmungen zu Ehescheidung, die im 16. Jahrhundert in den Kirchenordnungen der verschiedenen Landesteile festgelegt worden waren. Zeitgenössische Sammlungen von Konsistorialentscheidungen zeigen, daß die Ehegerichtspraxis im Kurfürstentum Hannover auch im 18. Jahrhundert noch von der strengen Rechtsauslegung bestimmt wurde.

1. Die Entwicklung des protestantischen Ehescheidungsrechts seit der Reformation

Die Genese des protestantischen Ehe- und Ehescheidungsrechts ist untrennbar verknüpft mit den sozialen, ökonomischen und rechtlichen Entwicklungen des 15. und 16. Jahrhunderts und der Herausbildung des frühmodernen Staates. Zu dessen neuem Ordnungsfaktor wurde die Ehe, deren Überwachung sich weltliche und geistliche Behörden zu eigen machten, d.h. Vergehen gegen diese Ordnung sanktionierte man in beiden Bereichen. So war beispielsweise Ehebruch ein Delikt, das zunächst eine Untersuchung vor dem Kriminalgericht nach sich zog und anschließend Gegenstand eines Konsistorialprozesses mit dem Ziel der Ehescheidung werden konnte.

Das neue Eherecht wurde vielfach in den Kirchenordnungen geregelt. In den meisten deutschen Territorien übertrugen die Obrigkeiten die Rechtsprechung in Ehesachen sogenannten Konsistorien, eigens für Kirchen- und Ehesachen geschaffenen Institutionen, deren Besetzung mit Theologen oder Juristen sehr unterschiedlich ausfiel. Seit 1584 bestand das Konsistorium in Wolfenbüttel, nach der Erbteilung von 1635 entstand 1636 ein eigenes Konsistorium für das Fürstentum Calenberg-Göttingen in Hannover.[2] In Hamburg übte der Rat die Ehegerichtsbarkeit aus, wobei ein zunächst gewährtes Mitspracherecht der Geistlichkeit immer weiter eingeschränkt wurde.[3] Auch Universitäten konnten neben ihrer gutachterlichen Tätigkeit für diesen Bereich in Ehesachen Recht sprechen, wenn Klagen aus den Reihen der Universitätsbürger geführt wurden.[4] Jacob Friedrich Ludovici, Professor in Halle, bemerkte dazu 1713 in seiner „Einleitung zum Consistorial-Prozeß":

„Unter denen Sachen, welche einzig und allein vor die geistliche Gerichte gehören, finden wir zuerst die Ehe-Sachen [...]. Die Evangelischen haben die irrige Lehre, daß die Ehe ein Sacrament sey, mit gutem Fug verworffen, und also hätte man auch die Ehe-Sachen an die weltliche Gerichte verweisen sollen; allein es ist dieses aus einem Versehen nicht erfolget, und dannenhero können die Ehe-Sachen auch nicht einmal bey der Wiederklage bey denen weltlichen Gerichten anhängig gemacht werden, wie solches bekant ist. An etlichen wenigen Orten hat man die Ehe-Sachen an die ordentliche weltliche Gerichte verwiesen, als zu Nürnberg, [...] in der Pfalz und in Hessen [...]."[5]

Die Ehescheidung wurde auch von den Reformatoren nur als letztes Mittel, als ultima ratio und remedium angesehen. Daher sollten die Konsistorien zu allererst den Erhalt der gefährdeten Ehe fördern, und nur, wenn sich dies als gänzlich unmöglich erwies, konnte eine Scheidung ausgesprochen werden.[6]

Die schon bald nach der Reformation einsetzende Betonung der geistlichen Natur der Ehe, im Widerspruch zu Luthers Auffassung von der Ehe als „weltlich Ding", fußte zum Teil auf der Unfähigkeit der protestantischen Territorien, eine einheitliche und umfassende Kodifikation des Eherechts zu leisten. Deshalb und weil es ihnen widerstrebte, aus theologischen Gründen von einer jahrhundertealten Rechtsordnung abzulassen, benutzten die Juristen in Ehesachen weiterhin vornehmlich das kanonische Recht. Sie wurden so zu Wortführern einer Restauration des kanonischen Rechts im Protestantismus.[7] Aus diesen Gründen war das Scheidungsrecht bereits seit dem 16. Jahrhundert durch den Widerstreit zweier Richtungen geprägt. Die Anhänger einer geistlich verstandenen Natur der Ehe, und damit zumeist die Verfechter des kanonischen Rechts, vertraten die streng biblisch orientierte Auffassung, die lediglich zwei Gründe für die Trennung einer Ehe anerkennen wollte.[8] Diese strikte Fassung des Ehescheidungsrechtes kam beispielsweise in Sachsen zur Anwendung.

Die zwei aus der Bibel abgeleiteten Gründe für eine Trennung der Ehe waren Ehebruch – unter Einschluß des adulterium praesumtum – sowie die „bösliche Verlassung" (malitiosa desertio). Gerade der zweite Scheidungsgrund bot im Verlauf des 17. und 18. Jahrhunderts einigen Konsistorien unter dem Einfluß naturrechtlichen Denkens die Möglichkeit, noch andere Motive für die Trennung einer Ehe zuzulassen.[9] Die weite Fassung der „böslichen Verlassung" führte zur Aufnahme von Klagegründen wie Lebensbedrohung, Verweigerung der ehelichen Pflicht, Empfängnisverhütung, Abtreibung, Landesverweisung, lebenslange Haft, entstellende Strafen und Flucht vor der Todesstrafe. Diese von Justus Henning Boehmer (1674-1749), einem Vertreter der Kontrakttheorie, in seinem „Jus ecclesiasticum Protestanticum" dargestellte Bandbreite von möglichen Scheidungsgründen hält allerdings an der Verschuldensscheidung fest; Krankheit beispielsweise wurde nicht als Grund anerkannt, und eine Scheidung auf beiderseitigen Wunsch war undenkbar.[10]

Im Verlauf des 18. Jahrhunderts wuchs unter dem Einfluß der Naturrechtslehren der Widerstand gegen die Zuweisung der Ehe zu den „geistlichen" Angelegenheiten und damit gegen die Anwendung des kanonischen Rechts.[11] Sah schon Böhmer in der Neigung der protestantischen Rechtslehre zum kanonischen Recht eine bedauerliche Abwendung von Luthers Grundsätzen, so kam der Diskussion über den Vertragscharakter der

Ehe immer größere Bedeutung zu, wenngleich außer im Königreich Preußen keine durchgreifende Liberalisierung des Scheidungsrechts stattfand. Die Entscheidungen der Konsistorien in Ehescheidungsfällen waren zwar formal orientiert an den in den Kirchenordnungen verankerten zwei herkömmlichen Scheidungsgründen, beruhten aber auf Billigkeitserwägungen, und ein Trend zu einer weiteren Auslegung der von der Bibel vorgegebenen Scheidungsgründe und damit zu einer Erweiterung der Scheidungsmöglichkeiten ist zu entdecken.[12] Die Gedanken der Aufklärung fanden auch Eingang in das 1802 von Georg Walter von Wiese beschriebene praktizierte Eherecht, wenn er schrieb, daß eine Scheidung zwar von den Gerichten nicht gefördert werden, jedoch gewährt werden solle, wenn der Zweck der Ehe unerreichbar oder ein Teil in der Ehe ganz unglücklich sei. Neben den bereits von Boehmer aufgezählten möglichen Scheidungsgründen führte Wiese nun auch das Motiv des unauslöschlichen gegenseitigen Hasses an, besonders in Verbindung mit Mißhandlungen. Obwohl Wiese das Scheidungsrecht unter der Prämisse der unbedingten Erhaltung gefährdeter Ehen sah, stand seine Darstellung unter dem Einfluß des naturrechtlichen Gedankens, daß Recht und Moral für die Glückseligkeit des Menschen dasein sollten.[13]

Das Ehescheidungsrecht wies in den zahlreichen deutschen Territorien in der Praxis große Unterschiede auf. Seine Anwendung konnte beispielsweise wie im Königreich Preußen stark von wirtschaftlichen Beweggründen, wie der Bevölkerungspolitik, geprägt sein, die in diesem Fall zu einer liberaleren Auffassung im Sinne des Staatswohles führten.[14] Gleichzeitig jedoch ist eine Entwicklung hin zu vermehrten Eheverboten im Rahmen der „guten Policey", der Kontrolle der sozialen Verhältnisse, zu beobachten, die der Tendenz zu mehr Liberalität in der Scheidungspraxis entgegenzustehen scheint; eine Kombination, die unter dem Aspekt der Bevölkerungspolitik und der Armenversorgung jedoch ihre innere Logik erhält. Die Ehe war ein Privileg, auf das nur ein Teil der Bevölkerung ein Anrecht hatte. Soldaten, Beamte, Studenten u.a. bedurften zur Eheschließung der Genehmigung durch die Obrigkeit.[15]

Bei Scheidungsklagen aus anderen als den traditionellen zwei Scheidungsgründen verfügten die protestantischen Konsistorien meist die aus dem kanonischen Recht übernommene Trennung von Tisch und Bett. Diese Trennung wurde auf begrenzte Zeit verhängt, eine Verlängerung konnte aber im 19. Jahrhundert beliebig oft erfolgen und damit eine Scheidung unmöglich machen. Oftmals wurde die für einige Zeit durchlebte Trennung von Tisch und Bett als Voraussetzung für eine Scheidung angesehen. Die häufige Anwendung dieses Versöhnungsmittels durch die Konsistorien verweist wiederum auf die Priorität, die der Erhaltung gefährdeter Ehen beigemessen wurde.[16]

Aus anderen als den genannten zwei klassischen Gründen konnte man eine Trennung der Ehe auch durch landesherrlichen Dispens zu erreichen suchen. Ebenfalls durch Dispens konnte der schuldige Teil nach einer Scheidung trotz des üblicherweise für ihn geltenden Verbots der Wiederheirat eine Heiratserlaubnis erlangen.[17]

2. Das protestantische Ehescheidungsrecht im Kurfürstentum und Königreich Hannover

Das Eherecht, als Bestandteil der Stadt- und Landrechte, hatte im Kurfürstentum, später im Königreich Hannover kein einheitliches Gesicht. Vielmehr setzten die Obrigkeiten der verschiedenen Landesteile – z.B. Calenberg, Lüneburg und Lauenburg – mit dem Erlaß eigener Kirchenordnungen unterschiedliche Bestimmungen zur Ehescheidung in Kraft.

2.1 Die Kirchenordnungen

Die Calenbergsche Kirchenordnung von 1569, die bis ins 20. Jahrhundert auch für die Stadt Göttingen galt und die Grundlage für die Rechtsprechung des Konsistoriums in Hannover bildete, führte in ihrer Eheordnung die Ermahnung an,

„daß ihr obgehörter unser Eheordnung, so viel sie ein jeden belangen mag, fleißig und gehorsamlich nachkommen, auch hierin gar niemands verschonen, und sonderlich wol bedencken, auch zu Hertzen führen, daß ihr dem Allmechtigen HERRN GOtt, ein sondern gefelligen dienst beweisen, so ihr mit Christlichem Eyfer, helffen befördern, daß der heilig, von seiner Allmechtigkeit selbs eingesetzte Ehestandt, wie sich gebüret, angefangen, und erhalten werde."

Hier wurde bereits die Intention deutlich, die allen Bestimmungen hinsichtlich einer Ehescheidung zugrunde liegen mußte. Eine Versöhnung, also die Erhaltung der gefährdeten Ehe sollte unter allen Umständen angestrebt werden. Die Kirchenordnung ging auf die zwei traditionell anerkannten Scheidungsgründe ein. Zum Ehebruch wurde bemerkt, daß auch hier zunächst die Versöhnung versucht werden sollte. War dies erfolglos und wurde eine Scheidung verfügt, war der schuldige Teil gemäß den Landesordnungen mit Amts- und Landesverweis zu strafen, sein Besitz jedoch dem unschuldigen

Partner zu überantworten. Für eine Wiederverheiratung benötigten Geschiedene eine besondere Erlaubnis.

Zur „böslichen Verlassung" nahm die Kirchenordnung grundsätzlich Stellung, da es offenbar viele Fälle gegeben hatte, in denen die verlassenen Ehepartner ohne Scheidung einfach wieder geheiratet hatten. Dies sollte von nun an unmöglich sein. Eine Scheidung war die Voraussetzung für eine Wiederverheiratung, und zur Erlangung einer Trennung der Ehe mußte der Beweis des Todes oder der Unauffindbarkeit des Ehepartners erbracht werden.

Zu anderen Eheklagegründen findet sich in der Calenbergschen Kirchenordnung nur eine allgemeine Stellungnahme:

„Von versönung und zusamenthetigung der Eheleut. Es tregt sich auch täglich, und an viel örtern zu, daß unter den Eheleuten, je eins gegen dem andern, oder sie beyde gegen einander, grossen Unwillen, Neid, Haß, Grimmen, und Unfreundschafft gefast, damit nicht nachlassen, sondern Eheliche beywohnung, nicht haben noch pflegen wöllen. Darin sollen jeden orts Ampleut und Gericht, auch Eherichter und Räthe, so diese und dergleichen Sachen für sie gebracht, allen müglichen fleiß ankehren, und ernstliche handlung fürnehmen, die verworne Eheleute, auch wo das nützlich und erschießlich, durch Thurm, oder andere gebürende Straff, in Freundschafft zu bringen, auff daß die heilige Ehe und Bandt nicht zertrent, sondern in gutem Willen und Göttlichem Befehl bleibe, und daß der Mann gedencke, wie das Weib ihme von Gott zu einem gehülffen geordnet, Und die Fraw, daß der Mann ihr zu einem Heupt und Herrn gesetzt sey, doch, daß je eins das ander, als seinen eignen Leib, lieb habe." [18]

In der Lüneburgischen Kirchenordnung von 1643 wurden andere Scheidungsgründe als Ehebruch und „bösliche Verlassung" noch drastischer abgelehnt:

„Als auch Eheleute ein Fleisch und Bein von Gott geordnet, daß eines des andern Gehülffe seyn soll, und Christus selbst sagt, Was GOtt zusammengefügt hat, das soll der Mensch nicht scheiden, sie auch beyderseits, für dem Angesichte Gottes und seiner Kirchen, angelobet haben, Glück und Unglück, wie es GOtt schicket, mit einander zu tragen, sich nicht scheiden, noch scheiden zu lassen, auch keines das ander, in Kranckheit, Armuth, Schande oder Noth zu verlassen, so soll keinesweges eine Ehescheidung gestattet noch fürgenommen werden, ausser den zweyen Fällen, die Christus und Paulus im Evangelio zugelassen haben."

Eheleute, die sich aus verschiedenen Gründen nicht vertrugen, sollten

„mit dem öffentlichen Bann, der über sie befohlen werden sol, oder sonst durch gebürliche Mittel, und ernste Straffe, zur Christlichen Beywohnung gedrungen werden, damit dem Hausteuffel gesteuret, Friede gepflantzet, das Gebet befördert, und alle sonsten besorgliche Aergernisse abgewendet werden [...]. In allen solchen und dergleichen gemeinen, auch anderen seltzamen Fällen aber, welche schwerlich in gewisse Regeln gefasset werden können, sollen alle Umbstände fleißig erforschet, erwogen, und dahin gesehen werden, daß

Aergerniß vermiden, grösser Unglück, Gefahr, Sünde und Schande verhütet, und die Gewissen nicht verletzt, sondern gerettet werden."[19]

Dieser Zusatz konnte trotz der vorangestellten strengen Auffassung zu einem Ansatz für die Zulassung von weiteren Ehescheidungsgründen dienen, da er einen gewissen Interpretationsspielraum bot.

Die Lauenburgische Kirchenordnung von 1585 fügte den Bestimmungen der beiden anderen Kirchenordnungen noch weitere, ausführlichere Überlegungen zu anderen Klagegründen hinzu. So sollte es beispielsweise möglich sein, im Falle der Impotenz – die nachweislich schon vor der Eheschließung bestanden haben mußte – nach einer dreijährigen Warte- und Behandlungszeit nach Ausbleiben einer Besserung eine Scheidung zu erlangen. Auch im Falle der Lebensbedrohung war in Lauenburg eine Ehescheidung vorgesehen; als Begründung wurde die Vermeidung größeren Unglücks genannt. Bevor allerdings eine Scheidung erfolgen konnte, sollte

„unser Consistorium in diesem fall, diese Ordnung halten, das für allen dingen, aller groll, unwille, grimm, neid, haß, bittrigkeit, gefahr und feindschafft, zwischen solchen Eheleuten, sampt den ursachen, daher solch übel erquillet, auffgehoben, versönet und zu grunde beigelegt werde, und also mit frieden, liebe und ohne gefahre, beide Personen bey einandern sein, leben und bleiben mügen, und auff des schüldigen Teils seite alles hoch verbürget, vorpfendet und vorpflichtet werden, und von beider teilen Freunden fleissig auffsicht geschehen, das solch gedempftes Fewer nicht widerumb außbrechen müge."

Als weitere Maßnahmen, sollte dies alles nicht genügen, wurden Gefängnisstrafen sowie eine temporäre Trennung von Tisch und Bett in Erwägung gezogen. Erst dann konnte zur Rettung des unschuldigen Ehepartners „für solcher gefahr seines Lebendes und seines Gemahls Tyranneie" eine Scheidung in Betracht kommen. Die Bedenken der Mitglieder des Konsistoriums bei einer Zulassung dieses Scheidungsgrundes wurden deutlich zum Ausdruck gebracht, wenn es heißt:

„Aber wegen solcher ursachen Eheleute zu scheiden, ist uns fast bedencklig, weil die Schrifft diese ursachen nicht meldet."[20]

Die Gefahr, daß Eheleute sich schon wegen des geringsten Streites scheiden lassen könnten, sollte durch die Abforderung genauer Zeugnisse und Beweise für das geschehene Unrecht abgewendet werden. Krankheiten, Unfruchtbarkeit, Landesverweisung und Zuchthausstrafen wurden von der Lauenburgischen Kirchenordnung als Scheidungsgründe explizit abgelehnt.

Während die Calenbergsche und mehr noch die Lüneburgische Kirchenordnung von den beiden klassischen, auf das Neue Testament zurückgehenden Scheidungsgründen nicht abwichen und der Erhaltung der Ehe einen hohen Stellenwert beimaßen, sind in der Lauenburgischen Kirchenordnung bereits erste Ansätze zur Ausweitung des Begriffs der „böslichen Verlassung" hin zur Aufkündigung der Ehe durch elementare Verletzungen ihrer Hauptzwecke zu finden.

2.2 Praktiziertes Ehescheidungsrecht im Kurfürstentum Hannover im 18. Jahrhundert

Die sich im Kurfürstentum Hannover im Verlauf des 18. Jahrhunderts herausbildende Gerichtspraxis in Ehesachen dokumentierte Friedrich Wilhelm Basilius von Ramdohr, langjähriger Angehöriger des Oberappellationsgerichtes in Celle. Er veröffentlichte 1809/10 sein Werk „Juristische Erfahrungen oder Repertorium der wichtigsten Rechtsmaterien in alphabetischer Ordnung". Diese Zusammenstellung informierte auch über das im Kurfürstentum Hannover praktizierte Ehe- und Ehescheidungsrecht.

Über die Rechtspraxis im Land Hannover allgemein bemerkte Ramdohr:

„Das Römische, das Canonische und das Protestantische Recht weichen unter einander in der Lehre von der Ehescheidung ab. Aber das letzte, das Protestantische, läßt sich gleichfalls, wenn man ein Paar Sätze ausnimmt, nicht auf allgemeine Regeln bringen. Jedes Consistorium, dessen Zustimmung bei den Protestanten zur Trennung erfordert wird, hat darüber seine eigene Ansicht, und diese variirt von Jahren zu Jahren. Auch bei dem Tribunale zu Celle, als dem Oberconsistorio der Churhannöverschen Lande, haben sich die Grundsätze, sogar binnen der Zeit, daß ich darin gesessen habe, oft verändert."[21]

Ramdohr betonte, daß der Rechtsprechung in Übereinstimmung mit dem gemeinen Recht immer die Auffassung zugrunde lag, daß eine „willkührliche, vertragsmäßige" Scheidung der Ehegatten unerlaubt war. Diese Stellungnahme gegen eine im naturrechtlichen Sinn als bürgerlicher Vertrag konzipierte Ehe verweist schon auf die konservativere Handhabung des Ehescheidungsrechts im Kurfürstentum Hannover.

Als möglichen Annullierungsgrund führte Ramdohr zunächst die „unziemliche Aufführung" der Frau „mit andern Mannspersonen" vor der Eheschließung an, wobei der Bräutigam von diesem Verhalten seiner Braut nichts gewußt haben durfte. Hatte er sie aber im Wissen um ihren Lebenswandel geheiratet, so konnte er nicht die Aufhebung der Ehe verlangen. Ramdohr stellte darüber hinaus die Frage,

„ob ein Irrthum über die Jungferschaft bei dem einen Ehegatten, oder bei beiden, über Vermögen, Wirthschaftlichkeit, Gesundheit, Stand, die Ehe vernichte oder nicht? Darüber lassen uns die gem. Rechte in Zweifel."[22]

Damit ist die Grauzone erfaßt, in der sich viele Klagende mit ihren vorgebrachten Gründen bewegten, und deren Beurteilung im Ermessen des Konsistoriums lag. Allerdings führte eine nachweisbar aus Arglist herbeigeführte Täuschung des einen Ehepartners zur Annullierung der Ehe.

Als Hauptgründe für eine Ehescheidung nannte Ramdohr die traditionell anerkannten Motive des Ehebruchs – hier erweitert durch die „starken Präsumtionen des Ehebruchs" – sowie die malitiosa desertio. Ehebruch war zunächst als Delikt vor einem Kriminalgericht abzustrafen, bevor dann eine Ehescheidung erwirkt werden konnte. Hatte sich jedoch der Partner des Ehebrechers eine gleichartige Verletzung der ehelichen Treue zuschulden kommen lassen, trat „Kompensation" ein und eine Scheidung konnte nicht ausgesprochen werden. Auch durch eheliche Beiwohnung galt ein Ehebruch als verziehen.[23] Die „bösliche Verlassung", als häufigster Scheidungsgrund, warf nach Ramdohr oft Probleme für das Tribunal auf, da sie vor allem von den höheren Ständen als Scheidungsgrund genannt wurde und die Versuche, die getrennten Ehepartner mit den vorgeschriebenen Zwangsmitteln wieder zusammenzubringen, oft mit einem Skandal verbunden und darüber hinaus erfolglos waren. Während die lebenslängliche Zuchthausstrafe eines der Partner der „böslichen Verlassung" gleichgesetzt und somit als Scheidungsgrund anerkannt wurde, führte eine zeitlich begrenzte Gefängnisstrafe gewöhnlich nicht zur Trennung der Ehe. Ramdohr schrieb im Hinblick auf weitere, von den beiden klassischen Motiven abweichende Scheidungsgründe:

„Ob aber andere Gründe der desertioni malitiosae zu vergleichen sind, darüber sind die Grundsätze höchst vague."

Mißhandlungen, die nicht mit einer unmittelbaren Lebensbedrohung verbunden waren, konnten nicht zu einer Ehescheidung führen:

„Wenn daher der Mann die Frau wider ihren Willen zur Leistung der ehelichen Pflicht zwingt, und sich dabei sogar gewaltsamer Mittel bedient, so giebt dies noch keinen Grund zur Ehescheidung, selbst dann nicht, wenn der Coitus für die Frau schmerzhaft ist. Doch wird alsdann eine separatio a thoro et mensa cum cautione de non offendendo erkannt."

Es hieß in Erwähnung eines Beispiels weiter, daß sogar

„solche Handlungen, als Herumziehen auf der Erde bei den Haaren, Drohen mit dem Messer, blutrünstiges Schlagen und eine solche Behandlung, wornach die Frau Blut ausgeworfen, nicht für zureichend gehalten, die Ehescheidungsklage zu begründen."[24]

Auch Johann Karl Fürchtegott Schlegel vertrat 1802 die Ansicht, daß

„selbst Thätlichkeiten, in so fern sie weder der Gesundheit noch dem Leben Gefahr drohen, können keine Ursache zur sofortigen gänzlichen Scheidung seyn; da in diesem Falle noch immer die Hoffnung zur Besserung und Aussöhnung übrig bleibt."[25]

Sollte eine Eheklage auf Mißhandlung gegründet sein, stand es dem Richter frei, ob er eine sofortige Trennung von Tisch und Bett zulassen wollte. Einer Frau konnte in einem solchen Fall gestattet werden, sich von ihrem Mann zu entfernen. Sie brauchte ihn nicht bei sich aufzunehmen, und er mußte ihr Unterhalt bezahlen.[26] War eine Frau bereit, wieder mit ihrem Mann zu leben, mußte dieser eine Kaution (cautio de non offendendo) stellen, und die Klägerin behielt sich die Wiederaufnahme der Klage vor.[27] Wegen „unversöhnlicher Feindschaft" konnte keine Ehescheidung ausgesprochen werden. Für diesen Fall wurde die Trennung von Tisch und Bett auf unbestimmte Zeit empfohlen. Allgemein wurden

„Haß, Feindschaft und Erbitterung, eine unordentliche Lebensart, unüberwindliche Abneigung, unleidliche Sitten, Kränklichkeit, üble Haushaltung u.dgl."

nicht als Scheidungsgründe anerkannt.[28] Trunksucht der Frau konnte die Trennung einer Ehe nur dann herbeiführen, wenn dieses Verhalten schon vor der Ehe vorgelegen hatte, dem Mann aber verheimlicht worden war. Wie es mit der Trunksucht des Mannes gehalten werden sollte, darüber schwieg Ramdohr. Johann Karl Fürchtegott Schlegel erwähnte in seiner Abhandlung über die Ehescheidung, daß Trunksucht relativ selten als Trennungsgrund vorkomme; häufigster Grund seien Mißhandlungen, gefolgt von „böslicher Verlassung".[29] Wegen Unvermögens zur Erfüllung der ehelichen Pflichten konnte nach erfolgtem Beweis, daß der Beischlaf in drei Jahren nicht stattgefunden hatte, eine Ehescheidung ausgesprochen werden.[30]

Das Tribunal in Celle vertrat weiter die Auffassung, daß ein Ehemann seiner Frau während der Prozeßdauer die Prozeßkosten vorstrecken sowie für ihren Unterhalt aufkommen sollte. Kinder sollten beim Mann bleiben, und einer Frau, die ihre Kinder selbst mit Einwilligung des Mannes und nur auf kurze Zeit mit sich genommen hatte, konnte der Befehl erteilt werden, diese dem Mann zurückzubringen. War eine Scheidung erfolgt, so durften die Eheleute nicht beieinander wohnen. Derjenige Teil, dem das Haus vor der Heirat gehört hatte, besaß den Vorzug, dort zu bleiben. Unter dem Vorwand, Kosten auf das Haus verwendet zu haben, konnte der andere Teil nicht den Mitbesitz verlangen. Dem Konsistorium stand das Recht zu, in seinem Urteil zu bestimmen, welcher der beiden Partner die Wohnung räumen mußte.[31]

Während des Ehescheidungsprozesses oder der Trennung von Tisch und Bett konnte ein Mann den Wohnort seiner Frau nicht bestimmen. Es stand ihm aber zu, Einspruch gegen „aus vernünftigen Gründen auffallende Orte" einzulegen. Das bloße Versprechen eines Mannes, seine Frau in Zukunft besser zu behandeln, reichte nicht aus, die Frau zur Rückkehr anzuhalten. Allerdings sollte die Entscheidung der Frau, nicht zu ihrem Mann zurückkehren zu wollen, nicht notwendigerweise zu einer Ehescheidung führen, und wie bereits erwähnt, war die Stellung einer Kaution vorgesehen, um Frauen bei Fortsetzung der Ehe zu schützen. Bei Fortdauer der Störungen im ehelichen Verhältnis wurde einer Verlängerung der Trennung von Tisch und Bett der Vorzug vor einer Ehescheidung gegeben. Es stand auch im Ermessen des Gerichtes, Eheleute zu einem erneuten Zusammenleben zu zwingen.[32]

Diese von Ramdohr zusammengestellten Grundsatzentscheidungen in Ehescheidungssachen führen deutlich vor Augen, welche Priorität der Erhaltung einer gefährdeten Ehe im Verlauf des 18. Jahrhunderts von den Konsistorien des Kurfürstentums Hannover beigemessen wurde. Die für einige Jahre gegen Ende des Jahrhunderts veröffentlichten Scheidungsstatistiken untermauern diese Erkenntnis: Etwa 40% der verhängten Urteile waren Trennungen von Tisch und Bett. Ein Hauptgrund für die ausgesprochenen Ehescheidungen war die Desertion (26 der 35 Scheidungen von Sept. 1786 bis Sept. 1787). Scheidungen aus anderen Gründen schienen kaum üblich zu sein. Eine Tendenz zur Liberalisierung der Scheidungspraxis läßt sich aus diesem Material nicht erkennen.[33]

Die Geltungszeit des Code Napoleon im Königreich Westfalen von 1807 bis 1813 war zwar kurz, markiert aber dennoch einen Einschnitt in der Praxis des Ehe- und Ehescheidungsrechtes für das Gebiet um Göttingen.[34] Die Gerichtsbarkeit in Ehesachen wurde dem neugegründeten westfälischen Konsistorium in Göttingen 1808/9 entzogen und bis zu seiner Auflösung 1813 dem Distriktstribunal übertragen. Die Ehescheidungsbestimmungen der Revolutionszeit hatten die Ehescheidung bei Einwilligung beider Ehegatten eingeführt. Diese Regelung wurde von der napoleonischen Rechtskodifikation und dem Rheinischen Recht beibehalten, ihre Umsetzung allerdings durch Zusatzbestimmungen erschwert.[35] Doch scheint die Zeit der französischen Besetzung einen Bewußtseinswandel herbeigeführt zu haben. Akten aus Göttinger Landgemeinden zeigen, daß die strengen Bestimmungen der Kirchenordnungen in den ersten Jahrzehnten des 19. Jahrhunderts auf Widerstände stießen. Partnerwahl und Ehe wurden zunehmend als etwas Individuelles begriffen, das man den obrigkeitlichen Zugriffen entziehen wollte.[36]

Dieser Entwicklung traten die Bestrebungen der Restaurationszeit entgegen, die den Kirchenordnungen aus dem 16. Jahrhundert erneut zur Geltung verhalfen. Das Scheidungsrecht schien in Theorie und Praxis im wesentlichen an die vornapoleonische Zeit anzuknüpfen.[37] Die ohnehin nie sehr liberal gehandhabte Rechtsprechung in Ehesachen konnte in einer Periode der Rückbesinnung auf die christlichen Werte der Ehe und einer Ablehnung der Säkularisierung dieser Institution fortbestehen.[38] Es ist anzunehmen, daß in der weiteren Entwicklung wie auch in anderen Territorien die Trennung von Tisch und Bett, die nach nicht erfolgter Versöhnung normalerweise zur Scheidung führte, nun entgegen der ursprünglichen protestantischen Praxis beliebig oft verlängert werden konnte. Die in Hannover herrschenden Rechtsauffassungen können in keiner Weise mit dem liberaleren Preußischen Ehescheidungsrecht verglichen werden, bei dessen Bewertung Dirk Blasius zu dem Urteil gelangt, es habe sich um eine frauenfreundliche Rechtsprechung gehandelt, die sich mit den Frauen gegen schlecht wirtschaftende Männer verbündete und ihnen den Ausbruch aus einer quälenden Ehe ermöglichte.[39] Doch schufen auch in Hannover die Bestimmungen der Prozeßordnung für klagende Frauen Freiräume, so z.B. durch die Erlaubnis, sich während des Prozesses vom Ehepartner zu entfernen.

3. Die Ehegerichtsbarkeit in Göttingen

Ehe- und Verlobungsklagen von Bürgern und Einwohnern, die nicht der Universitätsgerichtsbarkeit unterstanden, wurden – mit Ausnahme der Jahre 1807 bis 1813 – vom 16. Jahrhundert bis 1869, als die Zuständigkeit in Ehesachen auf die Obergerichte überging, vor einer sogenannten Kirchenkommission verhandelt. Diese Kommission, die sich aus dem Superintendenten und dem Bürgermeister der Stadt zusammensetzte, wurde vom Konsistorium in Hannover bzw. Celle einberufen, an das zuvor die Klageschrift vom Advokaten des Klägers oder der Klägerin gesandt worden war. Tagungsort dieses kirchlich-städtischen Gremiums war die Wohnung des Superintendenten, wohin die Beteiligten und Zeugen zu den Vernehmungen geladen wurden. Der Kommission oblag es, nach den Weisungen des Konsistoriums zu handeln und der Berichtspflicht dieser Behörde gegenüber nachzukommen.[40] Universitätsangehörige und -verwandte mußten sich an die in Ehesachen vom Konsistorium in Hannover unabhängige Universitätsdeputation wenden, die sich aus den Dekanen der vier Fakultäten unter Vorsitz des Prorektors zusammensetzte. Beisitzer waren der Universitätssyndikus und der Sekretär, die gemeinsam mit dem Prorektor die Verhöre führten, während der Deputation die Beschlußfassung zukam.[41] Der Universitätsgerichtsbarkeit unterstanden alle Studenten und Lehrenden, ihre Angehörigen und Dienstboten sowie eine Reihe von bei der Universität immatrikulierten Handwerkern.

Es gab verschiedene Wege, wie eine bestehende oder beabsichtigte Ehe klagbar werden konnte. Meist ging einer schriftlichen Klageerhebung eine mündliche Beschwerde beim Gemeindepastor oder eine Klage beim Zivilgericht der Stadt voraus, zumal wenn eine Disziplinierung des Ehepartners und keine Trennung angestrebt wurde. Für zehn der erfaßten Eheklagen ließ sich eine vorangegangene Klage beim Zivilgericht nachweisen, die sich auf die Ehekonflikte bezog; in neun dieser Fälle waren es Frauen, die ihre Männer verklagten. Für alle wegen Ehebruchs Klagenden ist ein Prozeß vor dem Kriminalgericht vorauszusetzen; nachweisbar ist dieser in vier Fällen. Beschwerde bei der Göttinger Polizeikommission hatten ebenfalls wenigstens vier Ehefrauen erhoben, und für ein Soldatenehepaar ist eine Verhandlung vor dem Bataillonsgericht erwähnt.[42]

Mündliche Beschwerden oder Denunziationen durch Dritte konnten zur Vorladung vor den Ministerial-Konvent, die Versammlung aller Gemeindepastoren und des Superintendenten, führen, oder dieser Konvent wurde auf Initiative eines der Pastoren aktiv. Dort wurde durch Anhörung und Ermahnung versucht, die Betroffenen zur Fortsetzung einer christlichen Ehe zu bewegen und eine Eheklage zu verhindern. Für die Versöhnung wurde ihnen eine Frist gesetzt, nach deren Ablauf mit der Beschwerde beim Konsistorium in Hannover gerechnet werden mußte. Diese Verfahrensweise führte in einigen Fällen erst zur Erhebung einer Eheklage durch einen der betroffenen Ehepartner.[43] Nur selten wurde eine Klage von Amts wegen erhoben, meist weil die Eltern die Eheschließung ihres Sohnes oder ihrer Tochter mißbilligten. Die Trauung war in diesen Fällen außer Landes ohne Konsens der Eltern vorgenommen worden, und die Klagen führten zu Annullierungen der Ehen.[44]

Doch es waren vor allem die Ehepartner selbst, die die kirchliche und universitäre Gerichtsinstanz anriefen, um eine Disziplinierung oder eine Trennung zu erreichen. Anna Margaretha Casper suchte 1765 den Superintendenten Feuerlein auf, um sich über eine Trennung beraten zu lassen. Die Frau des Kaufmanns Grashoff beklagte sich 1749 bei einem mit ihr verwandten Pastor über ihren Mann, bevor sie gerichtliche Schritte einleitete.[45] Maria Christina Oettinger gab 1750 in ihrer Klageschrift gegen David Kern an, er habe,

„wie ich dem Herrn Superintendenten Kortholt seine böße Aufführung geklaget, und denselben gebethen, daß er ihn ins Hauß holen laßen, und von seiner Grausahmkeit abmahnen möchte, meinen Beichtvater Kortholt die scheuslichste Antwort gegeben, daß er deßen Ermahnung nicht bedürfte."[46]

Der Soldat Heinrich Anthon Schröter schrieb 1785 aus Utrecht an den Pastor seiner Göttinger Gemeinde und verlangte Aufklärung über einen vermeintlichen Ehebruch seiner Frau. Die Frau des Ladendieners bei der Verlegerin Vandenhoek, Maria Reichenberg, schrieb 1769 an den Superintendenten:

„Ihre Hochwürden nehmen nicht ungütig das ich mich unterstehe an Dieselben zu schreiben diewiel es aber meine betrübten umstände so beschaffen sein [...] es gehet die rede in geheim als wen mein man sich mit einer anteren sich ein laßen will, wie er mir es selber gesagt, und die persohn ihm so sehr nach gehet, und ich arme frau sitze in den eleßen umständen keine versorgung kein bette [...]. Als will ich Ew. Hochwürden [...] bitten mein man vor zu grigen, und ihm es vorzustellen Die umstände, und ihn nicht ehr zum heiligen Abent-Mahl laßen gehen, biß er sich mit mir versehnet [...]."[47]

Handelte es sich um andere Formen unbotmäßigen Verhaltens, sei es übermäßiger Alkoholgenuß oder Gewalt gegen Frau und Kinder, so konnte das Kriminalgericht angerufen werden. Zur Disziplinierung wurde Arrest auf der Wache oder im eigenen Haus angeordnet. Bei Trunckenheit und der damit verbundenen oft gewaltsamen Störung des Ehelebens und des Unterhaltserwerbs ließen Frauen ihre Männer besonders in den ersten Jahrzehnten des 19. Jahrhunderts auf die Wache bringen.[48] Dem Universitätsgericht, das auch als Disziplinierungsinstanz angerufen wurde, stand zur Arretierung der Karzer zur Verfügung. Eine typische Ermahnung der Universitätsdeputation aus dem Jahre 1780 an den Reitknecht Bade und seine Frau Johanna Brennecke lautete,

„sich ruhig zu verhalten, sich einander nicht zu beleidigen und sich liebreich zu begegnen. Nicht weniger wurde selbigen auferlegt, sich nicht aneinander zu vergreiffen und wenn etwas feindseliges vorfallen sollte, solches sogleich dem Gerichte anzuzeigen."[49]

3.1 Der Prozeß[50]

Sollte die Auflösung einer bestehenden Ehe oder Verlobung erreicht werden, kam es zur Beauftragung eines Advokaten, der eine Beschwerdeschrift aufsetzte. Selten, da den bestehenden Rechtsvorstellungen zuwiderlaufend und vor Gericht aussichtslos, wandten sich beide Partner mit der einmütigen Bitte um Auflösung der Verlobung oder Ehe an die Kirchenkommission oder das Universitätsgericht.[51]

Der Konsistorialprozeß basierte auf den Grundsätzen der reformatorischen Auffassung von Ehescheidung als einer ultima ratio. Ein Eheprozeß sollte niemals zur Erleichterung der Scheidung führen dürfen, vielmehr zur Erhaltung der Ehe beitragen. Es sollte

„mit fleiss versuchet werden die Versöhnung, und allezeit lieber und mehr vor, denn wider den ehestand gehandelt werden".[52]

Das Konsistorium verfügte nach Erhalt einer Ehe- oder Verlobungsklage das Zusammentreten der Kommission mit dem Auftrag, zu ermitteln, „wer zu dem entstandenen Wieder-Willen den meisten Anlaß gegeben"[53]. Dieses Prinzip der Erforschung der materiellen Wahrheit wurde auch vom Universitätsgericht verfolgt. Zweck der ersten Vernehmung der Beteiligten sollte es sein, die „Güte zu versuchen", d.h. eine Versöhnung herbeizuführen. Diese Absicht wurde häufig durch Drohungen unterstrichen, vor allem, wenn die erhobene Klage sich nicht im Rahmen der anerkannten Scheidungs- und Beschwerdepunkte bewegte. So forderte das Konsistorium 1753 die Kirchenkommission auf, ein Ehepaar vorzuladen und sie darauf hinzuweisen, daß

„sie allerdings schuldig seyn in christlicher Ehe zu bleiben und solche auf eine friedfertige Arth zu führen, auch nicht zu veranlassen, daß sie dazu von der weltlichen Obrigkeit durch Zwangs-Mittel angehalten werden müssen."[54]

Fanden sich in der Klage Hinweise auf schwere und lebensbedrohliche Mißhandlungen, konnten bereits der ersten Weisung des Konsistoriums ergänzende Verfügungen an die städtische Obrigkeit hinsichtlich der Sicherheit des klagenden Teils beigefügt sein. 1744 beispielsweise wurde gefordert:

„Falls auch die Klägerin in Lebens Gefahr bey dem Beklagten sich finden solte, habt Ihr für Ihre Sicherheit zu sorgen und die deshalben erforderliche vorläuffige Anstalt zu machen."[55]

Im selben Jahr forderte das Konsistorium die Kommissionsmitglieder auf, einem verklagten Ehemann zu befehlen, „daß er an seiner Ehefrau weder mit Worten noch mit wercken sich vergreiffen solle".[56]

Der Magistrat, durch den Bürgermeister in der Kommission vertreten, hatte in solchen Fällen Sorge zu tragen, daß der bedrohten Frau ein gesondertes Zimmer oder eine eigene Wohnung zur Verfügung gestellt wurde. Ihr wurde offiziell gestattet, entgegen dem Prinzip der Kohabitationspflicht getrennt von ihrem Mann zu wohnen, doch diese offizielle Erlaubnis bestätigte oft nur längst geschaffene Fakten. Allerdings traf auch das Konsistorium von Beginn an Vorsorge, daß diese Aufhebung der Kohabitation nicht ausgenutzt werden konnte. Im Fall Oettinger-Kern verfügte es 1750 in der Aufforderung, den Schuldigen zu ermitteln,

„wenn solches auff die Frau gebracht werden solte, selbiger ernstlich anzubefehlen, daß sie wieder zu ihrem Ehemanne gehen solle".[57]

Ein Problem bei dieser, zum Schutz der Ehefrau verfügten zeitweiligen Trennung ergab sich häufig aus den Besitzverhältnissen. In jedem Fall war es die Frau, die die gemeinsame Unterkunft verließ, auch wenn das Haus ihr gehörte und sie den rechtlichen Bestimmungen zufolge bleiben konnte. Oft war es dann im Nachhinein unmöglich, den Mann zum Verlassen des Hauses oder der Wohnung zu bewegen. Zwangsmittel von seiten der Obrigkeit wurden offenbar nicht angewandt.

Ging es um eine von den Behörden angestrengte Klage bezüglich einer unrechtmäßigen Eheschließung, so sollten sich die Angeklagten

„während der Untersuchung des Falles aller Gemeinschaft miteinander enthalten bei Vermeidung nachdrücklicher Strafe".[58]

Erst relativ spät jedoch wurde den ständig auftretenden Schwierigkeiten mit der Versorgung der meist schon während des Prozesses von ihrem Mann getrennt lebenden Frau auch von seiten des Konsistoriums Rechnung getragen. Da eine Frau Anspruch auf Prozeßkosten und Alimentezahlungen durch ihren Mann hatte, auch wenn sie die Angeklagte war, erfolgte im 19. Jahrhundert diesbezüglich schon in der ersten Aufforderung zur Vorladung der Parteien eine Weisung:

„Uebrigens haben die Kirchen Commissarien wegen der, der Implorantin von dem Imploraten zu verabreichenden provisorischen Alimente, eine gütliche Uebereinkunft unter den Partheyen möglichst zu treffen, in deren Entstehung aber unter Berücksichtigung der Vermögens- und Erwerbs-Umstände des Imploraten, das Quantum derselben zu ermäßigen und auszumitteln."[59]

Hatte der klagende Teil allerdings von vornherein der Klage eine Bitte um Gewährung des Armenrechtes beigefügt, dessen Bewilligung den Erlaß der Prozeßgebühren beinhaltete, so mußte die Kirchenkommission die Berechtigungsvoraussetzungen dafür auf Anweisung des Konsistoriums prüfen.

Die übermächtige Verpflichtung, unter allen Umständen eine Versöhnung der zerstrittenen Parteien anzustreben, konnte für den klagenden Teil, vor allem jedoch für eine klagende Frau zu einer bedrückenden Situation führen. Viele der verklagten Männer erklärten sich vor Gericht zu einer Versöhnung bereit, da sie dadurch Bestrafung und eine Trennung der Ehe vermeiden konnten. Sie entkräfteten durch ihr Verhalten die vorgebrachten Argumente der Frau, die nun ihrerseits gedrängt wurde, allenfalls gegen Stellung einer Kaution durch den Mann zu ihm zurückzukehren und die Ehe fortzusetzen.[60] Einige Klagen endeten daher zunächst mit einer Versöhnung, nur um später wieder aufgenommen zu werden, da sich die bedrückende Situation in der jeweiligen Ehe durch die ausbleibende Intervention des Gerichtes nicht geändert hatte. So führten die Beschwerden der Frau des Wrügers Ernst

Christoph Heße, Anna Maria Jünemann, 1744 zu einer vorläufigen Versöhnung, die vor allem durch Kompromisse auf seiten der Frau gekennzeichnet war:

„Endlich haben sich beyde Eheleute dahin verglichen, daß die Frau wieder bey ihm im Hause Tisch und Bette gehen, ihre Hausarbeit gehörig in acht nehmen und beyde miteinander [...] friedlich leben wolten."

Kurze Zeit später ließ Anna Maria Jünemann ein Schreiben an das Konsistorium schicken, in dem sie beschrieb, wie sie unter Lebensgefahr zu ihrem Mann zurückgegangen war, sich seines Haushalts angenommen hatte und bestrebt war,

„mit ihm meine noch wenigen Lebens-Tage in christlicher und ruhiger Ehe zuzubringen [...]. Ob ich gleich zu vor gesehen, daß es nicht lange sich halten werde, so habe ich doch mir selbst Gewalt angethan, um an meiner Seite die Bereitwilligkeit zum Frieden zu zeigen, und nicht in den Verdacht zu gerathen, daß ich an der abscheulichen und ärgerlichen Unordnung unseres Ehestandes Gefallen trüge oder Schuld wäre."[61]

Den Druck, der bei einem solchen Sühneversuch von verschiedenen Seiten ausgeübt werden konnte, dokumentiert auch das Protokoll im Fall der Maria Christine Oettinger gegen ihren Mann, den Senkler Georg David Kern, vom 7. Juni 1750. Dort heißt es:

„derselbe, fals sie wieder zu ihm sich begeben gesonnen, selbe gehörig zu begegnen, und mit dem nöthigen zu versorgen angelobet, da hingegen, auch ihr zu wieder hohlten mahlen die Hand zum Vertrag gebothen hat, er von der frauen gewärtigen wollte, daß sie ihre obliegenheit beobachten und sich allso verhalten würde, wie es ihr zukähme, gestalt er sich auch gefallen ließe, daß sie ihr Recht sich in omnem [...] vorbehielte [...] so hat endlich die Frau auf gar vieles zureden und ebenmäßiges anrathen und guthbefinden von ihrem Vater [...] wie auch von ihrer Mutter [...] sich [bereiterklärt; S.M.] darum zu ihrem Mann zu gehen."[62]

Mit der Versöhnung war rechtlich immer auch der Vorbehalt des klagenden Teils verbunden, die Beschwerde in allen ihren Punkten bei einem neuerlichen Verstoß durch den anderen wieder aufleben zu lassen und gerichtliche Schritte einzuleiten. Da es vorrangiges Interesse der Kirchenkommission oder des Universitätsgerichts war, die Ehe zu erhalten, gingen sie ein Bündnis mit dem versöhnungswilligen Teil ein. Wollte eine Frau ihre Klage aufrecht erhalten, mußte sie dies im 18. Jahrhundert durch ihre hartnäckige Weigerung, zu ihrem Mann zurückzukehren, demonstrieren; oft allerdings hatte es größere Erfolgsaussichten, wenn sie auf mehrere gescheiterte Versöhnungsphasen – meist Trennungen von Tisch und Bett auf ein Jahr – hinweisen konnte. Eine geglückte Versöhnung hatte für die Eheklage allenfalls aufschiebende Wirkung. Zu Beginn des 19. Jahrhunderts konnte eine Frau mit der Beteuerung reagieren, daß sie nicht glaube, jemals wieder Vertrauen zu ihrem Mann fassen zu können und daß die ihr zugefügten Beleidigungen und Mißhandlungen zu groß seien. 1815 stellte sich ein solcher Sühneversuch zwischen dem Gastwirt Petsche und seiner Frau Charlotte Lebarre folgendermaßen dar: Petsche erklärte, er sei zu einer Aussöhnung bereit und äußerte den Wunsch und Vorsatz, seine Ehegattin wieder aufnehmen zu wollen,

„mit der weiteren Erklärung, wie er sich bestreben werde, als ein rechtschaffener Ehegatte in jeder Hinsicht sich zu benehmen und seine Pflichten mit Liebe und Treue gegen sie zu erfüllen [...] näherte sich der Beklagte seiner Gattin, reichte ihr die Hand zur Versöhnung dar und bat um ihre Beystimmung. Die Klägerin war aber hierzu nicht zu bewegen und äußerte vielmehr, wie sie überzeugt sei, daß ihrem Ehemann dies gar nicht von Herzen gehe, sie fühle sich viel zu gekränkt und werde daher in eine Wiedervereinigung nicht willigen können."[63]

Eine Versöhnung wurde von der Obrigkeit noch aus einem anderen Grund angestrebt: Die Prozeßkosten konnten je nach Verlauf sehr hoch sein, und da viele Klagende entweder das Geld für einen solchen Aufwand gar nicht besaßen oder aber durch die Begleichung der Kosten in ihrer Existenz bedroht waren, fielen sie der Armenkasse zur Last. 1797 hieß es daher in einem Schreiben des Konsistoriums an die Kommission,

„daß sie es sich sehr angelegen sein müßten, die Parteien zu vergleichen, als durch Anwendung großer Kosten die Sache durch eine Gerichtsentscheidung zu bringen".[64]

War der Sühneversuch im ersten Verhör der Parteien erfolglos geblieben, mußten die Klageschrift Punkt für Punkt untersucht, die Betroffenen dazu vernommen und Beweise erbracht werden. Die Beweiserhebung über die ehezerstörenden Tatsachen war ein weiterer Grundsatz des Konsistorial- und des Eheprozesses vor dem Universitätsgericht. Hierzu wurden meist Zeugen benannt, vereidigt und nach einem vorgefertigten Fragebogen verhört, der sich an der Klageschrift orientierte. Die klagende Partei hatte drei Wochen Zeit, Beweise für die Klagepunkte vorzulegen und Zeugen zu benennen. In dieser Zeit entstand zumeist auch eine Gegenklageschrift der verklagten Partei, die ebenfalls Zeugen zum Gegenbeweis benennen konnte. Kam es zur Zeugenbefragung, so wurden die Zeugen im Beisein beider Parteien vereidigt, dann jedoch unter Ausschluß der Betroffenen verhört. Das Ziel der gesamten Vernehmungen sollte sein, den für die Störungen in der Ehe Verantwortlichen zu ermitteln. Dieses Schuldprinzip war während des gesamten Untersuchungszeitraumes maßgeblich für die Verhandlung von Eheklagen.

Der Prozeß konnte durch eine Vielzahl von schriftlichen Einwänden, die jeweils in Abschrift durch das Gericht der gegnerischen Partei zugestellt werden mußten, sowie durch permanentes Nichterscheinen einer oder beider

Parteien verzögert werden. Jede eingereichte Schrift zog die Einhaltung bestimmter Fristen zur Beantwortung durch den Gegner nach sich. Erschien der verklagte Teil nie vor Gericht, wurden offenbar nur im äußersten Notfall und nach sehr langer Zeit Zwangsmittel gebraucht, um ihn zu einer Aussage zu zwingen. Jedes Verhör wurde detailliert protokolliert und im Fall der Kirchenkommission in Abschrift nach Hannover gesandt. Bis das Konsistorium neuerliche Anweisungen gab, konnten in den vor der Kommission verhandelten Fällen keine weiteren Schritte unternommen werden. Die Kirchenkommissare fügten ihrem Bericht häufig eine Empfehlung zur Lösung des jeweiligen Falles bei. Diesem Vorschlag schloß sich das Konsistorium aber keineswegs immer an.

Das Urteil in Ehescheidungsklagen, das entweder vom Konsistorium oder der Universitätsdeputation gefällt wurde, wurde zu einem festgesetzten Termin beiden Parteien vorgelesen und ausgehändigt. Es enthielt in jedem Fall die Nennung des „Schuldigen" und verhängte als Bestrafung ein Wiederverheiratungsverbot. Die von dieser Sanktion Betroffenen konnten jedoch im Verlauf des 18. Jahrhunderts und besonders zu Beginn des 19. Jahrhunderts zunehmend darauf hoffen, durch eine Bittschrift die Erlaubnis zur Wiederverheiratung zu erlangen, zumal wenn sie auf die drohenden sittlichen und wirtschaftlichen Gefahren eines ehelosen Lebens hinwiesen. Dem unschuldigen Teil wurde die Wiederverheiratung meist ausdrücklich gestattet.

Im Falle einer Scheidungsklage wegen Ehebruchs mußte zunächst die Verurteilung durch das Kriminalgericht erfolgt sein, bevor der Scheidungsprozeß eingeleitet werden konnte. Hatte die eheliche Gemeinschaft nach dem Ehebruch weiterbestanden, so galt dieser als verziehen. Scheidungsprozesse wegen Ehebruchs zeichneten sich durch kurze Dauer und Eindeutigkeit aus, da die Prozedur der Beweisaufnahme bereits durch das Kriminalgericht erfolgt war.[65]

Eine besondere Form des Scheidungsprozesses war der Desertionsprozeß, für den sich in beiden Göttinger Ehegerichten zahlreiche Beispiele finden lassen. Zeigte ein Ehegatte die „bösliche Verlassung" durch den Partner an, so hatte er oder sie eidlich zu versichern, daß alles Bemühen, den Aufenthaltsort des Betreffenden herauszufinden, vergeblich gewesen war. Daraufhin wurde eine Ediktalladung an „dreier Herren Länder" zum Aushang verschickt, die die Aufforderung enthielt, sich nach Ablauf von 30, 60 oder spätestens 90 Tagen in Göttingen einzufinden. Geschah dies nicht, so wurde die Trennung der Ehe verfügt und dem Abwesenden die Wiederverheiratung untersagt. Es handelte sich hierbei jedoch nicht um ein Versäumnisurteil. Die Ehe wurde nicht geschieden, weil durch das Nichterscheinen des Beklagten das Anliegen des Klägers als erwiesen galt. Vielmehr mußte der klagende Teil die Desertionsabsicht des Beklagten unter Beweis stellen.[66]

4. Ergebnisse

Die Rechtsprechung in Ehesachen im Kurfürstentum Hannover orientierte sich im gesamten 18. Jahrhundert an der strengen Auffassung des protestantischen Scheidungsrechts, die nur zwei Gründe für die vollständige Trennung einer gültigen Ehe kannte: Ehebruch und Desertion. Der Versuch, eine Versöhnung herbeizuführen, hatte oberste Priorität; dem Sühneversuch kam dementsprechend große Bedeutung zu. Dieser Versuch, der der Klageakzeptanz und der Einleitung des Ehescheidungsprozesses durch Konsistorium oder Universitätsgericht vorgeschaltet war, wie auch generell die Einwirkung der Geistlichen und Professoren hielten viele Klagewillige von einer Klageerhebung ab. Der Sühneversuch bot dem verklagten Teil darüberhinaus die Möglichkeit, sich mit den eheerhaltenden Bestrebungen der Gerichte zu verbünden und durch Versöhnungsbereitschaft den Prozeß zu verhindern oder zu verzögern. Entsprechend hatte bei der Urteilsfindung die Verhängung einer Trennung von Tisch und Bett Vorrang vor einer Scheidung. Zwar wurde der Kanon der Motive, die als eine Ehe bedrohend anerkannt und dementsprechend als klagefähig zugelassen wurden, erweitert, doch verhängte man in diesen Fällen lediglich eine Trennung von Tisch und Bett. Dieses Versöhnungsinstitut aus dem kanonischen Recht erfuhr zu Beginn des 19. Jahrhunderts sogar eine Ausweitung.

Gerade in den ersten Jahrzehnten des 19. Jahrhunderts ist allerdings eine leichte Liberalisierung in der Rechtsprechung des Konsistoriums in Hannover festzustellen, da nun auch Scheidungen auf beiderseitiges Ansuchen gewährt wurden.[67] Das Konsistorium hielt auch in diesen Fällen am Verschuldensprinzip fest, denn theoretisch galt die strikte Ablehnung von Scheidungen im Einvernehmen. Die langsame Hinwendung zu einer Anerkennung des beidseitigen Scheidungswunsches erleichterte es aber trotz des unvermeidlichen Schuldspruchs den Ehepartnern und ihren Advokaten, eine durch Verträge abgesicherte Trennung und Versorgung der Eheleute und Kinder ohne langwierige und kostspielige Prozesse herbeizuführen.[68]

Kapitel III

Göttingen 1740-1840

Da Ehekonflikte überindividuelle Konstellationen sind, stehen sie im Kontext wirtschaftlicher und sozialer Bedingungen. Wie in den einzelnen Eheklagen deutlich zu erkennen, bedürfen sie einer Einordnung in die Entwicklung der Lebensverhältnisse in der Mittelstadt Göttingen 1740-1840. Wirtschaftliche Aufschwünge und Krisen hatten einschneidende Auswirkungen auf die Arbeitsverhältnisse und Lebensweisen der Göttinger Bürger und Einwohner. Zeitgenössische Berichte über das Ausmaß der Armut in der Stadt vermitteln die enge Verbindung zwischen größeren ökonomischen Entwicklungen und einzelnen Hauswirtschaften, zwischen Krisen im Arbeitsbereich und Ehekonflikten. In diesem Zusammenhang kommen dem Ausmaß und Wandel von Frauen- und Männerarbeit, der Arbeitsteilung zwischen den Geschlechtern in allen Ständen besondere Bedeutung zu. Die Kenntnis dieser Bereiche ist für die spätere Analyse der Eheklagen unerläßlich, in deren Zentrum auch die Auswirkungen der ökonomischen Verhältnisse auf die innerehelichen Geschlechterbeziehungen stehen. Die Scheidungsakten eröffnen damit neue Einsichten in den Strukturwandel der Stadt. Eine Kurzanalyse der sozialen Lage der einzelnen Gruppen dokumentiert das Ausmaß der Veränderungen, die große wirtschaftliche Zusammenhänge ebenso wie lokale Ereignisse – die Gründung von Manufakturen und der Universität – besonders für Handwerke und Dienstleistungsbereich mit sich brachten.[1]

1. Bevölkerungswachstum und soziale Differenzierung

An der Wende zum 18. Jahrhundert kam Göttingen gemeinsam mit anderen Städten in den Genuß von Maßnahmen der Landesregierung in Hannover, die den Städten des Landes, die sehr unter den Folgen des Dreißigjährigen Krieges zu leiden hatten, zu einem wirtschaftlichen Aufschwung verhelfen sollten. Um 1700 lebten nur etwa 3000 Menschen in Göttingen. Bereits

1740 gab es wieder mehr als 7500 Bewohner. Zuwanderer wurden durch Steuer- und Gebührenerlaß bei Bürgerrechtserwerb und Meisterwerdung begünstigt, Neubauten durch Zuschüsse und Abgabenfreiheit gefördert und staatliche Aufträge an die ansässigen Tuchmacher vergeben.[2] Aus dieser Initiative entwickelte sich die erste Tuchmanufaktur der Stadt. Insgesamt entstanden im Verlauf des 18. Jahrhunderts bis ins frühe 19. Jahrhundert hinein vier solcher Manufakturen.

Die Universitätsgründung 1734 prägte die Entwicklung der Stadt Göttingen entscheidend. Gerade durch die große Zahl unbebauter oder verlassener Grundstücke – etwa 50% der Häuser standen leer oder waren verfallen – innerhalb der Stadtbefestigung empfahl sich Göttingen als Universitätsstandort. Mit den Akademikern und Studenten zogen neue soziale Gruppen nach Göttingen. Besonders der Dienstleistungsbereich profitierte vom Zuzug meist adliger Studenten, deren Zahl von etwa 400 in der Gründungszeit auf mehr als 800 um 1790 und – mit Schwankungen – auf etwa 1500 um 1825 stieg. Das Beherbergungsgewerbe expandierte ebenfalls. Dazu gehörten auch die von Nichtgastwirten und vor allem von Frauen angebotenen Freitische für die Studenten. Kaufleute, aber auch Krämer und Kleinhändlerinnen profitierten von der Universitätsgründung. Die verhandelte Warenpalette wurde vielfältiger, die Handelskontakte erfuhren erstmals seit dem 17. Jahrhundert eine Wiederbelebung, und es kam zum Zuzug von Händlern, die auf besondere Ware spezialisiert waren.[3]

Die Einwohnerzahl stieg bis 1756 zunächst auf über 8000 (jeweils ohne Studenten), ging aber im siebenjährigen Krieg auf etwa 6000 zurück. Bis 1775 war dieser Verlust wieder ausgeglichen. 1795 hatte die Stadt ungefähr 9000 Einwohner. In der Zeit der französischen Kriege wurde diese Zahl erneut unterschritten, doch bereits während der französischen Besetzung begann ein kontinuierlicher Bevölkerungsanstieg. In den dreißiger und vierziger Jahren des 19. Jahrhunderts pendelte sich die Einwohnerzahl schließlich bei etwa 10 000 Menschen ein.[4]

Von den Einwohnern Göttingens war jeweils nur eine Minderheit im Besitz des Stadtbürgerrechts, das eine unverzichtbare Voraussetzung für Haus- und Grundbesitzerwerb, die Ausübung eines zünftigen Handwerkes sowie die politische Partizipation darstellte. Für Frauen galten diese Privilegien allerdings trotz ihres Rechts, das Bürgerrecht zu erwerben, nur sehr eingeschränkt. Bis mindestens in die zwanziger Jahre des 19. Jahrhunderts hinein besaßen höchstens 50% der Göttinger Bevölkerung das Stadtbürgerrecht bzw. lebten in Verwandtschaftsverbänden, in denen zumindest der Haushaltsvorstand das Bürgerrecht innehatte. Viele Menschen wohnten zur Miete und hatten keinen Hausbesitz erworben oder erwerben können, so daß im 18. und frühen 19. Jahrhundert lediglich ein Drittel der Einwohnerschaft, und um die Mitte des 19. Jahrhunderts nur noch 20% der Stadtbewohner über die gesamte private Bausubstanz verfügten.[5]

Einwohnerzählungen, die in Göttingen seit der Mitte des 18. Jahrhunderts zu Militär- und Besteuerungszwecken durchgeführt wurden, ermöglichen es, die sozialen Gruppen und ihre Anteile an der Stadtbevölkerung vorzustellen.[6] Nach Wieland Sachses Auswertung dieser Zählungen setzte sich die Oberschicht in der Mittelstadt Göttingen, neben den begüterten Kaufmannsfamilien, aus Universitätsprofessoren, gehobenen Verwaltungsbeamten und Manufakturbesitzern zusammen. Dazu kamen einige wohlhabende Handwerker, Gastwirte und Offiziere. Stellte diese soziale Gruppe 1763 noch 10,8% der städtischen Bevölkerung, so sank ihr Anteil bis 1861 auf 6,8%. Das gewerbliche Kleinbürgertum, der akademische Mittelbau – ab 1829 auch ein großer Teil der Professorenschaft – und Angehörige des öffentlichen und privaten Dienstleistungssektors dominierten die Mittelschicht, deren Bevölkerungsanteil von 53% 1763 auf 63% 1829 anstieg, um dann bis 1861 wieder auf knapp 50% zurückzugehen. Neben den bereits genannten Berufen zählt Sachse auch einzelne Soldaten und Tagelöhner zu dieser Gruppe; 1829 und 1861 kamen einige Landwirte hinzu. 1829 machte sich bereits das Wachstum des Dienstleistungsbereichs stark bemerkbar, das eine Ausweitung der Mittelschicht insgesamt zur Folge hatte. Die Unterschicht, zu der nach Sachse 1763 Tagelöhner, Bettler, verarmte Handwerker (besonders aus den textilverarbeitenden Gewerben), Dienstboten, Kleinhändlerinnen, Wäscherinnen, Bediente, Gärtner, Witwen, Arbeitslose und Arbeitsunfähige rechneten, verzeichnete einen Anteil von 29,5%. 1829 waren es 27,7%, wobei nun viele Angehörige des öffentlichen und privaten Dienstleistungbereichs zur Unterschicht gezählt wurden und offenbar ein Abschichtungsprozeß neben den textilverarbeitenden auch in anderen Handwerken stattgefunden hatte. 1861 betrug der Anteil der Unterschicht an der Stadtbevölkerung 38%; für dieses Jahr fällt die starke Präsenz von Verwaltungsberufen und Angehörigen des akademischen Mittelbaus auf. Neu hinzugekommen waren nun Eisenbahnarbeiter und -bediente.[7]

1.1 Haushalt, Ehe und Familie

Die durchschnittliche Haushaltsgröße lag 1763 bei 3,7 Personen, stieg bis 1829 auf 4,5 und sank bis 1861 auf 4,1 Personen. Diese Durchschnittszahlen verstellen jedoch den Blick für die oftmals starken Abweichungen innerhalb der einzelnen sozialen Gruppen sowohl hinsichtlich der Kinder- als auch der

Gesellen- und Dienstbotenzahl und besitzen keine Aussagekraft für die Geburtenzahlen überhaupt, da die hohe Kindersterblichkeit berücksichtigt werden muß.[8] Bereits innerhalb eines Teils der zur Mittelschicht gezählten Handwerkerhaushalte konnte die Spannbreite der Haushaltsgröße von Alleinmeistern mit Ehefrau bis zu Werkstätten mit neun oder mehr Gesellen, mehreren Kindern und Mägden reichen.

Zur zahlenmäßigen Verteilung der Lebensformen Ehe und Familie in Göttingen im 18. und frühen 19. Jahrhundert können die Einwohnerzählungen von 1763 und 1795 Auskünfte geben.[9] 1763 standen den etwa 740 Ehepaaren mit Kindern und 240 kinderlosen Ehepaaren rund 400 Haushalte gegenüber, deren Vorstände einzelne Erwachsene bildeten, die entweder einmal verheiratet gewesen waren (geschieden oder verwitwet) oder getrennt lebten. Die überwiegende Mehrheit dieser Haushalte – 360 – hatte einen weiblichen Haushaltsvorstand, der in 194 Fällen einen Mehrpersonenhaushalt führte. Hinzu kamen etwa 54 ledige Frauen mit Kindern. Insgesamt gab es also ungefähr 250 Mehrpersonenhaushalte mit einem weiblichen Haushaltsvorstand.[10]

1795 hatten sich diese Zahlen erhöht: 1000 Ehepaare mit und 250 Paare ohne Kinder standen etwa 920 Haushalten mit einem noch verheirateten oder ehemals verheiratet gewesenen erwachsenen Haushaltsvorstand gegenüber, wobei ungefähr 780 dieser Haushaltsvorstände weiblich waren.[11] Dazu kamen noch etwa 16 ledige Frauen mit Kindern, deren so augenfällig gesunkene Zahl mit der Ausweisungspolitik einerseits und der Praxis, die Kinder auf dem Land in Kost zu geben, andererseits erklärt werden kann.[12] Rund 500 dieser von Frauen geführten Haushalte waren Mehrpersonenhaushalte, 300 Einpersonenhaushalte. Inbegriffen sind hier 113 Soldatenfrauen (97 mit Kindern), deren Ehemänner entweder für einen begrenzten Zeitraum, oft auch für immer die Stadt verlassen hatten, um in verschiedenen Kriegen zu kämpfen.

Neben den Soldaten waren auch andere verheiratete Männer über lange Zeiträume abwesend: wandernde Gesellen, die – entgegen den Gildestatuten – in wachsender Zahl bereits verheiratet waren, wenn sie zu ihren Wanderjahren aufbrachen, und schließlich diejenigen Männer aller Berufe und Schichten, die Frau und Kinder verließen. Frauen nahmen ihre Positionen als Haushaltsvorstände ein. Viele der zurückgelassenen Frauen suchten sich einen neuen oder auch wechselnde Lebenspartner, mit denen sie zusammenwohnten und Kinder hatten. Diese Form des Zusammenlebens wird in den Einwohnerlisten nur selten sichtbar, da die Betroffenen ein Interesse daran hatten, ihre Beziehungen vor der kirchlichen und weltlichen Obrigkeit zu verbergen. Einige Beispiele deuten an, daß Lebensgemeinschaften ohne

Trauung häufiger gewesen sind, als die überlieferten Informationen auswei‑
sen.[13] In der Einwohnerzählung von 1783 konnten 20 getrennt lebende Frau‑
en, meist mit Kindern, als Mieterinnen ausfindig gemacht werden, 1795
waren es bereits 34. Auch das Zusammenleben mehrerer lediger, getrennt
lebender oder verwitweter Frauen mit oder ohne Kinder in einem Haus ist
nachweisbar. Sie konnten sich bei der Kindererziehung helfen und durch
wechselseitige Unterstützung den Erwerb des Lebensunterhaltes erleichtern,
gleichzeitig teilten sie sich die Mietkosten.[14]

2. Die soziale Lage

Die allgemein in der zweiten Hälfte des 18. Jahrhunderts auftretende Teue‑
rung besonders der Güter des täglichen Bedarfs wurde auch in Göttingen
spürbar. In den 80er Jahren beschleunigte sich der Preisanstieg, um in den
Jahren 1805/6 einen vorläufigen Höhepunkt zu erreichen. Bevölkerungs‑
wachstum, Mißernten, Kriege und die Handelskonjunktur waren für diesen
Anstieg vor allem der Getreidepreise verantwortlich. In Göttingen blieben
die auf den Markt gebrachten Getreidemengen im Rahmen der allgemeinen
Hungersnot 1770 um die Hälfte und 1771 noch einmal um ein Viertel hinter
dem Durchschnitt der Jahre 1765-69 zurück. Dies führte zu erheblichen
Preissteigerungen und zu Arbeitslosigkeit aufgrund der gesunkenen Nach‑
frage nach handwerklichen Produkten; die Zahl der Haushaltsgründungen
sank rapide. 1772 wurde ein Werkhaus gegründet, um Armut und Bettelei
unter Kontrolle zu bekommen.[15]

Die Kontinentalsperre während der Napoleonischen Kriege brachte eine
Verschärfung der Lage mit sich.[16] Die Reallöhne sanken, und bei niedrigen
Einkommen konzentrierten sich die Göttinger Einwohner zunehmend auf
den Kauf von Nahrungsmitteln. Es kam zu einer Produktionskrise und zu
einem Anstieg der Arbeitslosigkeit. Im ersten Drittel des 19. Jahrhunderts
wuchs in Göttingen die Zahl der im Handwerk Beschäftigten schneller als
die Bevölkerung.[17] Vor allem für diejenigen Handwerker, die zur Miete
wohnten, also Schuhmacher, Schneider und die größtenteils in Manufaktu‑
ren arbeitenden Tuchmacher, wurde die Situation prekär, da sie keine Ein‑
nahmen aus eigenem Haus-, Land- und Viehbesitz sowie aus dem meist mit
Hausbesitz einhergehenden Braurecht hatten. Die Göttinger Armenkasse
berechnete 1814 die Aufwendungen für einen zweiköpfigen Armenhaushalt
mit 39,5 Talern im halben Jahr, worin keine Beträge für die Neuanschaffung
von Kleidung enthalten waren. Mehr als 63% der Einnahmen wurden für die

Ernährung benötigt.[18] Es folgten eine immer stärkere Systematisierung der Armenfürsorge und die Unterbringung von Kindern in einer Industrieschule. 1805 und 1817 wurden in Göttingen Suppenküchen eingerichtet, und man gab verbilligtes Brot aus. Mehr als 10% der Einwohner nahmen diese Einrichtungen in Anspruch.[19]

Pastor Ludwig Gerhard Wagemann, verantwortlich für die Armenfürsorge, führte Buch über die Entwicklung der Armut im letzten Jahrzehnt des 18. Jahrhunderts. Er listete für 1796 insgesamt 373 erwachsene Almosenempfänger auf. Darunter waren 90 Soldaten und 87 Tagelöhner (jeweils zwischen 23 und 24% aller Almosenempfänger), 103 Handwerker (27% aller Unterstützten, davon 62 Witwen), 34 Gesellen und 31 Gelehrte, Künstler und Kaufleute. Aus der unterbürgerlichen Schicht erhielten neben den Tagelöhnern lediglich fünf Dienstboten, fünf Lohnarbeiter und Kopisten Almosen.

Wagemann unterteilte die Fürsorgeempfänger in zwei große Gruppen: Erstens diejenigen, die seines Erachtens ihre elende Lage selbst verschuldet hatten durch ihre in vielen Spielarten vorgeführte „Verschwendung" oder den Mangel an ausreichenden Arbeitskenntnissen. Die zweite Gruppe bestand aus denjenigen, die unverschuldet in Armut geraten waren. Hierbei spielte vor allem der Zustand der Handwerke eine große Rolle:

„zahlreiche Familien werden bei dem besten Willen zur Arbeit, durch den Mangel an Erwerbe zur Armencasse geführt. Vorzüglich ist das Gewerbe der Zeugmacher, welches hier sehr zahlreich besetzt ist, den unangenehmen Würkungen der unterbrochenen Beschäftigung durch den Mangel an Spinnern am häufigsten ausgesezt."[20]

Daneben sah Wagemann in der Übersetzung einzelner Gewerbe einen Grund für die wachsende Armut, weswegen er Gildeschlüsse und eine Einschränkung der Meisterzahlen befürwortete. Die Gewerbe, die ausschließlich für die Stadt produzierten, waren s.E. besonders gefährdet. Schließlich fügte er noch den „Mangel an Arbeit durch Unvermögen, die nöthigen Materialien zur Arbeit anzuschaffen" als Armutsgrund an.

Es ist unübersehbar, welche Bedeutung Wagemann der Ehe als Voraussetzung für die Erwirtschaftung eines ausreichenden Lebensunterhalts zuwies. In den Rubriken, die er für das Jahr 1797 unter „verschuldeter Armut" zusammenfaßte, machte die „Unbedachtsamkeit beim Heirathen" die größte Gruppe aus. Hinter dem „Mangel an Arbeitskenntnis und -fertigkeit" stand die „Unordnung im Haushalt" an dritter Stelle, und es gibt weitere Punkte, die eindeutig das Zusammenleben und -wirtschaften von Ehepaaren betreffen. Wagemann favorisierte zur Lösung dieser Probleme Heiratsverbote, die 1796 über 12 heiratswillige Paare verhängt worden waren. Doch auch die unverschuldete Armut hatte Wagemann zufolge ihre Wurzeln zum Teil in den häuslichen/ehelichen Verhältnissen: Er berichtete von 18 „böslich verlassenen" Frauen und von Familien, die zu zahlreich waren, um von den „Erwerbern" ernährt werden zu können.[21] Bereits in der Zählung von 1763 findet sich eine große Anzahl von ledigen, getrennt lebenden oder verwitweten weiblichen Haushaltsvorständen, die in verschiedenen Bereichen tätig waren. Jedoch ist für getrennt lebende Frauen mit einer großen Dunkelziffer zu rechnen, da die meisten noch immer ihrem Ehemann zugerechnet wurden und dies aufgrund ihrer häufig illegalen Trennung auch notwendig für sie war. Auch in Wagemanns Bericht ist der Hinweis auf getrennte Eheleute augenfällig: Insgesamt lebten 41 der nicht verwitweten Almosenempfänger nicht bei ihren Ehepartnern, das sind etwa 15%; eine Zahl, die den engen Zusammenhang zwischen ökonomischen Verhältnissen, gemeinsamer Hauswirtschaft und Eheleben betont.[22]

2.1 Frauenarbeit in der städtischen Gesellschaft

Die Dokumentation der Frauenarbeit in Göttingen ist unerläßlich für die Analyse der Eheklagen: Nur die möglichst genaue Kenntnis der Arbeitsfelder und Arbeitsmöglichkeiten von Frauen und Männern in dieser Stadt erlaubt es, die innerehelichen Konflikte und Konfliktlösungsmöglichkeiten zu bewerten. Die Darstellung der sozialen Gruppen und ihrer wirtschaftlichen Lage ist bislang den traditionellen sozialgeschichtlichen Studien gefolgt.[23] Die Arbeit von Frauen, abgesehen von Dienstbotinnen und Tagelöhnerinnen, bleibt in den vorliegenden, von Männern mit Augenmerk auf Männer verfaßten Quellen oft unsichtbar, zumal sie zu einem großen Teil im Bereich der Ökonomie des Haushaltes angesiedelt war und auf dem Arbeitsmarkt für gewerbliche Arbeit wenig in Erscheinung trat.[24] Die soziale und wirtschaftliche Lage der jeweiligen Gruppe ist aber nicht allein aus der beruflichen Situation von Männern heraus zu analysieren, sondern die Arbeit von Frauen ist ebenso wichtig, allerdings mit unterschiedlichen Akzenten in den einzelnen Gruppen.

Die erwähnten Einwohnerzählungen geben Auskunft über die kleine Anzahl von Handwerkerwitwen, die das Handwerk ihres verstorbenen Mannes zumindest für einen begrenzten Zeitraum fortführten. In diesen Zählungen wird die Dominanz von Frauen in allen Bereichen des Kleinhandels mit Backwaren, Eiern, Käse, Wild, Beeren, Äpfeln, Tabak und Töpferwaren etc. dokumentiert.[25] Die Personalakten der Universitätsbediensteten fördern ebenfalls eine Fülle weiblicher Tätigkeiten, von der Anatomiehilfswärterin bis zur selbständig wirtschaftenden Hospitalverwalterin, zutage. Deutlich wird in diesen Akten auch, daß viele den Männern zugeordnete Arbeiten nur von Ehepaaren gemeinsam ausgeführt werden konnten. Zwar wurde nur der Mann bezahlt, doch die Arbeit der Frau war unerläßlich für die Ausübung der Tätigkeit.[26] In den gehobenen sozialen Schichten spielten besonders die Frauen von Kaufleuten eine wichtige Rolle für den Erwerb des Lebensunterhalts; ihnen wurde eine rechtliche Sonderstellung eingeräumt, damit sie Geschäftsabschlüsse tätigen konnten.

Da die Listen vornehmlich zu Besteuerungszwecken, nicht jedoch zur vollständigen Erfassung von Arbeit erstellt wurden, muß im Fall verheirateter Frauen berücksichtigt werden, daß offenbar nur dann die Erwerbstätigkeit notiert wurde, wenn der Lebensunterhalt überhaupt nicht mehr von den jeweiligen Ehemännern (z.B. von Invaliden) verdient wurde. Ehefrauen waren aber in viel größerer Zahl, beispielsweise als Lehrerinnen, Hebammen, Aufwärterinnen u.v.m. erwerbstätig. Zu Beginn des 18. Jahrhunderts wurde im Stadtratsprotokoll vermerkt, daß anstelle der verstorbenen Lehrmeisterin Glaserwitwe Henne eine andere verheiratete Frau zusätzlich zur Witwe Schneemann für die Kinderschule eingestellt werde. Gegen Ende des Jahrhunderts und zu Beginn des 19. Jahrhunderts wird in den Revierlisten deutlich, daß zahlreiche Witwen eigene Schulen unterhielten, in die weniger wohlhabende Familien ihre Kinder schickten.[27] Andere Frauen arbeiteten als Tagelöhnerinnen, trugen Sand für Bauarbeiten oder verrichteten Botendienste.[28] Es gab Gruppen von zusammenarbeitenden Geschwistern, die alle gleichberechtigt mit der jeweiligen Berufsbezeichnung bedacht wurden (Briefträger, Zolleinnehmer, Knopfmacher, Lackmacher etc.). Hier finden sich Beispiele für Schwestern, die selbständig erwerbstätig waren. Viele Frauen und gerade Witwen mit Kindern lebten allerdings an der Armutsgrenze oder darunter, besonders, wenn sie arbeitsunfähig wurden. Manche gingen betteln, und bei einigen Handwerkerwitwen mit vielen Kindern hieß es: „treibt die Profession nicht mehr, weil sie nicht mehr dazu im Stande ist, und währe sehr zurück kommen".[29]

Die Komplexität der Arbeitsverhältnisse und -beziehungen lassen sich nicht nach dem modernen Arbeitsmarktmodell erfassen. Sie sollen am Beispiel von Frauenarbeit im Handwerk dargestellt werden. Das Handwerk war nicht nur die größte und wichtigste Berufsgruppe in Göttingen, sondern auch die soziale Gruppe, für die die meisten Eheklagen vorliegen. Im Anschluß folgt eine knappere Analyse der Situation in den anderen sozialen Gruppen.

2.2 Das Handwerk

Frauenarbeit im Handwerk

„Diesemnach ist eine Frau verbunden zum Nutzen des Mannes, und der Haushaltung, ihre Dienste zu erweisen. Unter den Geschäfften die eine Frau zu verrichten hat, machen die Doct. einen Unterschied, unter denen ordinairen häuslichen Verrichtungen, die einer Frau obliegen, als kochen, waschen, u.d.g. und unter denen, die zu einer gewissen Kunst, oder Metier zu rechnen sind, und meinen, eine Frau sey wohl zu jenen verbunden, aber nicht zu diesen. [...] Aber eine Frau muß wohl alle Verrichtungen, die ihr der Mann befiehlt, über sich nehmen, dafern sie nur ihrem Standt gemäß sind, und Geschicklichkeit darzu hat."[30]

Nach diesem Artikel aus Zedlers Universallexikon von 1735 sollten die Pflichten einer Ehe- und Hausfrau auf den häuslichen Bereich beschränkt und jegliche Arbeit im Gewerbe des Mannes ausgeschlossen sein. Doch bereits in einem Zusatz trug der Verfasser des Artikels der Realität Rechnung, die eine solch klare Teilung der Aufgaben zwischen Männern und Frauen nicht zuließ.

Steuerlisten, Gildeakten, Stadtratsprotokolle und Stadthandelsbücher, die über Anzahl und soziale Lage der Handwerker Auskünfte geben, lassen aus den genannten Gründen nur wenige Rückschlüsse auf die Arbeit der Ehefrauen und Töchter in den Werkstätten zu. Gerade aber bei den in ihrer Existenz bedrohten Handwerken, in denen zumeist Alleinmeister arbeiteten, wird die gewerbliche Arbeit von Ehefrau und Töchtern – über die ohnehin von ihnen verrichteten Aufgaben in Werkstatt und Laden hinaus – unverzichtbar gewesen sein. Obwohl Töchter von der Lehre in zünftigen Gewerben ausgeschlossen waren, erwarben sie doch durch die Anleitung im väterlichen Betrieb Sachkenntnis und mußten, heirateten sie einen Alleinmeister, selbst mitarbeiten.[31]

Lediglich Witwen, die das Handwerk ihrer Männer weiterführten, sowie die außerhalb der Zünfte stehenden, handwerklich tätigen Frauen werden in Gildeakten und Steuerlisten erfaßt. Es gab je eine Zeugdruckerin, Pergamentmacherin, Lackmacherin, mehrere Haarsieb- und Putzmacherinnen, Bäckerinnen, Hutmacherinnen und viele andere, die ohne Interessenvertretung durch die Gilde und häufig gegen erhebliche Widerstände den Lebensunterhalt für sich und für ihre Kinder verdienten.[32] Frauen machten insbesondere den Schneidern den Verdienst streitig, und wenn es 1763 in der Einwohnerzählung bei 131 Frauen hieß „näht, spinnt oder strickt", so werden sich dahinter neben Flickschneiderinnen auch einige Konkurrentinnen für die zünftig organisierten Handwerker verborgen haben. Besonders zu Beginn des 19. Jahrhunderts etablierten sich zunehmend Näherinnen, die Frauenkleidung anfertigten.[33]

Die Arbeitsteilung in enger Angewiesenheit aufeinander spielte in den Handwerkerhaushalten eine große Rolle. Nicht allein für die Kindererziehung und Versorgung der Familie und des Gesindes war eine Handwerkerfrau zuständig. Unter der Versorgung mit Nahrungsmitteln sind bereits die umfangreichen Feld- und Gartenarbeiten auf dem – oft gepachteten – Stück Land, die Vorratshaltung sowie die Pflege des Viehs zu fassen. Die Frau eines Handwerkers mietete Dienstboten an und zahlte Tagelöhner aus, die sie zur Feldarbeit im Sommer benötigte.[34] Im Bereich der handwerklichen Tätigkeit ihres Mannes fielen einer Frau auch dann, wenn ihr Mann Gesellen hatte und sie selbst nicht unmittelbar handwerkliche Arbeiten verrichtete, wichtige Aufgaben zu. Sie erstellte das Budget für den Haushalt und trieb Schulden von den Kunden ein, verkaufte die fertigen Waren und kümmerte sich um die Beschaffung von Rohstoffen.[35] Die Reputation einer Handwerkerfrau und ihr geschäftliches Geschick waren für die wirtschaftliche Entwicklung einer Werkstatt mindestens ebenso wichtig wie das handwerkliche Können eines Mannes. Die Beziehungen zu Nachbarn und zur Kundschaft in der ganzen Stadt wurden zu einem wesentlichen Teil von Frauen geknüpft, zumal sie es waren, die die Ware verkauften.[36] Besonders wenn ein Handwerker zugewandert war und eine Göttinger Handwerkertochter oder -witwe geheiratet hatte, waren es die verwandtschaftlichen, nachbarschaftlichen und geschäftlichen Beziehungen der Frau, die für einen Mann zur Existenzgründung und zum Absatz seiner Ware unentbehrlich waren.[37] Ging das Geschäft schlecht, waren es ihre Arbeiten, die den zusätzlichen, lebensnotwendigen Verdienst einbrachten, sei es durch den Verkauf von Feld- und Gartenfrüchten, durch Waschen, Nähen oder Zimmervermietung. Für das Jahr 1792 erwähnte Pastor Wagemann ausdrücklich, daß es viele Handwerkerfrauen unter den Wäscherinnen gebe.[38]

Die große Bedeutung der Rollenergänzung und der Arbeitsteilung im Handwerk wurde im Konfliktfall von den betroffenen Handwerkern eindringlich formuliert. Der Seiler Samuel Schultze gab 1745 zu Protokoll, er habe durch die Flucht seiner zweiten Frau Dorothea Brummer „einen mercklichen Abgang in meiner Nahrung erlitten".[39] Der Schuster Otto Knauf sagte 1749 nach der Rückkehr seiner jungen Frau in ihre Heimatstadt Karlshafen aus, er müsse eine Frau im Haus haben, denn er könne nicht mit einer Magd wirtschaften. Da mit der jetzigen Ehefrau kein „zu seinem Vortheile abzielender Haußhalt zu hoffen sey", bat er um Scheidung der Ehe.[40] Der Schuster Johann Michael Bihler drängte 1796 nach seiner Scheidung von Regine Busse auf baldige Wiederverheiratung, weil sein „durch der Imploratorin treuloses Verhalten in die größte Verwirrung gerathener Haushalt einer Hausfrau nothwendig bedarf".[41] Der Instrumentenmacher August Ziehe nannte 1814 als unausbleibliche Folgen des „unsittlichen und ausschweifenden" Lebenswandels seiner Frau „Unordnung im Haushalte, Verabsäumung der Geschäfte und Verirrungen des jugendlichen Herzens". In seiner dringenden Bitte um eine Wiederverheiratungserlaubnis, die ihm im Ehescheidungsurteil verwehrt worden war, heißt es:

„Ein Mann im 26ten Jahre seines Lebens, mit schweren und ununterbrochenen Arbeiten in Verfertigung von Instrumenten zum accademischen Gebrauch beschäftigt, muß ich jemand haben, der mir meinen Haushalt besorgt."[42]

Der Weißbinder Daniel Hartwig sagte 1755 bei einer Vernehmung aus, er sei durch die Trennung von seiner Frau sehr ruiniert, da er neun Gesellen halte, mit diesen jetzt aber „in Ermangelung der Pflege" sehr leiden müßte.[43]

Strukturwandel im Handwerk

Während der Anteil von Handwerkern an der Stadtbevölkerung im deutschen Reich zwischen 10% und 35%[44] betrug, kam den Handwerken in der Mittelstadt Göttingen bis zum Ende des Königreiches Hannover eine große Bedeutung zu. In Göttingen waren 1763 sogar 45% aller Haushalte dem Handwerk zuzuordnen.[45] Schuhmacher, Tuchmacher und Schneider waren die zahlenmäßig größten zünftigen Handwerke, gefolgt von Bäckern, Tischlern und Metzgern. Während die Zahl der dem Nahrungsgewerbe zugehörigen Bäcker und Metzger nach einem Anstieg am Ende des 18. Jahrhunderts bis 1829 wieder auf den Stand des Jahres 1763 zurückging, hielten die übrigen Handwerke nach einem rapiden Zuwachs bis 1800 ihr neuerlangtes Niveau. Begleitet wurde diese Entwicklung von zahlreichen, teils erfolgreichen Versuchen der einzelnen Handwerke, einen Gildeschluß durchzusetzen.[46] Eine sichtbare Ausnahme hierbei bildete das Tuchmacherhandwerk. Entgegen dem allgemeinen Trend stieg die Zahl der Meister nicht: Waren es 1763 noch 74 Tuchmachermeister sowie 29 Camelotmacher, so wird ihre Zahl für 1792 mit nur 54 Meistern zuzüglich fünf Camelotmachern angegeben. 1829 war die Anzahl der in dieser Branche tätigen Meister wieder auf 82 gestiegen. Es muß im Hinblick auf die vorhandenen Manufakturen mit einer viel größeren Zahl von Altgesellen als in anderen Handwerken gerechnet werden.[47]

Die Manufakturen unterschieden das Tuchmacherhandwerk von anderen Handwerken in Göttingen. Seit dem Ende des 17. Jahrhunderts waren staatliche Aufträge an die verbliebenen Göttinger Tuchmacher vergeben worden. 1704 folgte die Gründung einer „Churfürstlichen Tuchfabrique", die eine im Verlagswesen organisierte Produktion von Uniformtüchern im Staatsauftrag vorsah. Seit 1707 war diese Produktion unter die Aufsicht privater „Entrepreneurs" gestellt.[48] Was zunächst als Förderungsmaßnahme für das Tuchhandwerk initiiert worden war, entpuppte sich schließlich als staatlich privilegierte Konkurrenz: Fremde Tuchmacher, die mit der Herstellung spezieller Stoffe vertraut waren, wurden unter Umgehung der Gilde nach Göttingen geholt, eine wachsende Zahl von Altgesellen arbeiteten in den im Verlauf des Jahrhunderts entstandenen vier Manufakturen, und nur eine kleine Anzahl selbständiger Meister wurde zeitweise mit der Herstellung von Tuchen beschäftigt – die meisten gingen leer aus und konnten der neuen Konkurrenz nicht viel entgegensetzen. Viele Tuchmacher verarmten, während sich eine neue Gruppe von Manufakturarbeitern herausbildete. Diese lebten größtenteils in eigens für sie errichteten Mietshäusern in der häufig von Überschwemmungen heimgesuchten Neustadt. Bereits 1756 standen 37 arbeitslose Meister nur 19 selbständig und 31 in der Manufaktur arbeitenden Tuchmachern gegenüber.[49] Daher waren es zuerst die Tuchmachermeister, die lange vor den Angehörigen anderer Handwerke ihre Position in der städtischen kleinbürgerlichen Mittelschicht nicht halten konnten und den sozialen Abstieg in die Unterschicht erlebten. Dieser soziale Abstieg war verbunden mit der Ausprägung neuer Arbeitsverhältnisse und damit auch neuer Lebensweisen. Zünftige Normen wurden bedeutungslos sowohl für Manufakturarbeiter als auch für diejenigen Handwerker, die sich im Dienstleistungsbereich neue Arbeitsmöglichkeiten erschließen mußten. Damit verschoben sich auch die Erwerbsmöglichkeiten für Frauen: von den Arbeiten im handwerklichen Bereich, die traditionell den Frauen selbständig arbeitender Meister zufielen – von der Arbeit in der Werkstatt über den Warenverkauf zum Schuldeneintreiben – und im Bereich der Feld- und Gartenarbeit hin zur Lohnarbeit einer Aufwärterin, Wäscherin oder Tagelöhnerin. Es kam zu einer Neuverteilung der Arbeitsrollen zwischen Männern und Frauen.[50] Auch in den Manufakturen oder im Brauhaus wurden für bestimmte Tätigkeiten Frauen eingesetzt. Die Textilhandwerker, Schneider und Schuhmacher wohnten meist in Mietwohnungen, daher entfiel auch die Möglichkeit der Vermietung oder der Einrichtung eines Mittagstisches für Studenten als Verdienstmöglichkeit für Frauen. Der soziale Abstieg war gleichermaßen spürbar; Männer und Frauen mußten Lohnarbeiten verrichten, wobei jede Krise oder Periode der Arbeitslosigkeit den Unterhalt für die Familie gefährdete.

Der Tuchmachergeselle Heinrich Seegers schilderte in seinem Antrag auf Meisterwerdung 1840 seine Lage folgendermaßen: Er war durch den Krieg und eine Augenkrankheit daran gehindert worden, seine Wanderjahre abzuleisten; außerdem hatte er geheiratet und konnte als Familienvater die Stadt nicht mehr verlassen. Seit 23 Jahren war er Werkmeister in der Eberweinschen Tuchmanufaktur in Weende:

„Obwohl nun diese meine Stellung einen solchen Erwerb mir gewährt hat, daß ich mit Frau und Kind mich davon nothdürftig zu unterhalten im Stande war, so ist und bleibt dieselbe doch alle Zeit eine höchst precaire; aus welchem Grunde es jetzt da ich schon 47 Jahr alt bin und mit meiner verstorbenen Ehefrau 4 Kinder auch mich seit kurzem wiederum verheirathet habe, mein sehnlichster Wunsch ist, eine selbständige einträglichere und erwerbsichernde Stellung zu erreichen [...]."

1831 schrieb die Tuchmachergilde zu den Vorteilen einer selbständigen Tätigkeit und der sozialen Absicherung durch die Gilde im Gegensatz zur Manufakturarbeit, daß

„die Familie des Fabrik-Arbeiters mit dem Tode des Familien-Haupts ihren Ernährer und den kärglichen Lohn den er bezog, einbüßt, und so noch dem Mitleiden und dem Elende preiß gegeben wird."[51]

Auch bei Schuhmachern und Schneidern finden sich ähnliche krisenhafte Entwicklungen, allerdings fehlt hier die besondere Arbeits- und Lebenssituation der Manufakturarbeiter. Doch hinsichtlich der Symptome ähneln sich alle übersetzten Handwerke: das Wohnen in Mietwohnungen, die zeitweilige oder ständige Arbeitslosigkeit, die geringen Löhne und die große Konkurrenz. Vor allem das Gewerbe der Schuhmacher war von Verarmung betroffen, hervorgerufen durch Übersetzung und innergewerbliche Konkurrenz. Ihre Zahl stieg zwischen 1763 und 1792 von 86 auf 174 (zuzüglich 24 Witwen, die das Handwerk weiterführten), und fiel dann, vielleicht aufgrund der verhängten Gildeschlüsse, bis 1829 auf 138. Von den 91 Handwerkern, deren Ehen zwischen 1740 und 1840 vor Gericht verhandelt wurden, waren 18 Schuhmacher, das sind 20%. Für 1792 notierte Pastor Wagemann:

„die Ueberhäufung dieser Zunft ist wahrlich zu groß, denn weil Einzelne doch immer die vorzüglichste Arbeit an sich ziehen, so bleibt für viele gar kein Verdienst übrig."[52]

24 Personen aus der Schuhmachergilde erhielten in diesem Jahr Unterstützung aus der Armenkasse, mehr als aus jedem anderen Handwerk mit Ausnahme der Schneider, bei denen der prozentuale Anteil der Almosenempfänger noch höher lag. Das Gewerbe der Schneider, wie die Schuhmacherei wegen des geringen Startkapitals leicht zugänglich, kämpfte ebenfalls gegen Übersetzung und Verarmung. Schneider und Schuhmacher stellten in Göttingen etwa ein Drittel aller im Handwerk Beschäftigten.[53] Gab es 1763 noch 50 Schneider, so waren es 1792 bereits 99 (zuzüglich 16 Witwen), 1829 wurde ihre Zahl mit 95 angegeben. Schneider und Schuhmacher waren zum überwiegenden Teil Alleinmeister.[54] Bereits Ende des 18. Jahrhunderts

stellten Zeitgenossen fest, daß ein Meister, der keine Gesellen halten konnte, arm bleiben mußte; erst die Arbeit mit Gesellen konnte Gewinn bringen.

Der Berufswechsel oder die Umorientierung von Handwerkern hin zu Dienstleistungstätigkeiten oder Tagelohnarbeiten spielte in den übersetzten Gewerben eine große Rolle. Viele folgten dem gegen Ende des 18. Jahrhunderts auftretenden Trend, sich dauerhaftere Einkommensquellen außerhalb ihres Handwerks zu erschließen. Handwerker, die schließlich als Branntweinbrenner, Ratspedell, Brief- und Zeitungsträger, Konzertdiener, „Tabakfabrikant", Mietkutscher, Möbel- und Pferdevermieter, Papierhändler oder Stiefelputzer ihren Lebensunterhalt oder zumindest einen Teil davon verdienten, waren nicht selten.[55] Die Übersetzungstendenzen waren um 1800 und im frühen 19. Jahrhundert verantwortlich für einen ständigen Übergang aus dem kleinbürgerlich-handwerklichen Milieu in die Unterschicht. Zwar konnte ein erheblicher Teil der Handwerker seine Position halten, unterstützt durch die defensive, sozial konservierende Zunftpolitik und die Wirtschaftspolitik des Landes Hannover. Andere schafften es, sich außerhalb der Handwerke neue Erwerbsmöglichkeiten zu erschließen. Doch viele waren Alleinmeister oder Altgesellen und betroffen von Heiratsverboten, Meisterbeschränkungen, Armut und Arbeitslosigkeit.[56]

2.3 Akademiker und ihre Angehörigen

Zwischen 1734 und 1815 lehrten 183 Professoren an der Göttinger Universität. 1763 gab es 30 Professoren, 1829 51 und im Jahre 1861 belief sich ihre Zahl auf 63. Zu unterscheiden ist dabei zwischen außerordentlichen Professoren, die nur ein geringes Einkommen bezogen, und ordentlichen Professoren sowie Hofräten. Das Gehalt eines ordentlichen Professors setzte sich aus dem Grundgehalt, den – häufig nur unregelmäßig eingehenden – Kolleggeldern sowie Einkünften aus ihren Veröffentlichungen zusammen.[57] Bei der Besoldung der Akademiker wurde selbstverständlich davon ausgegangen, daß die Ehefrauen ihre Hauswirtschaft auf „Zuverdienste" durch Vermietung und Mittagstisch, aber auch auf Vorratswirtschaft und sparsamste Verwaltung der Einkünfte gründeten. Gehaltserhöhungen wurden unregelmäßig, abhängig von wissenschaftlichen Leistungen und Studentenzahlen und nur auf eine Petition hin gewährt. Dies führte zu einer großen Spannbreite der Einkommensverhältnisse bei den Professoren. Für 1796 notierte der für die Armenfürsorge verantwortliche Pastor Wagemann unter den erwachsenen Almosenempfängern drei „Gelehrte" und drei „Gelehrtenwitwen".[58] Die Diskrepanz zwischen dem Einkommen und dem Lebensstandard mancher

Professoren gründete teilweise auch auf der begüterten, adligen Herkunft einiger, die von ihren ererbten Besitztümern leben konnten, während andere auf die spärlich fließenden Einkünfte angewiesen waren. Gerade verheiratete Professoren werden auf die Wahrung eines bestimmten Lebensstandards großen Wert gelegt haben, um das Sozialprestige aufrechtzuerhalten, das mit ihrem Beruf verbunden war; dementsprechend wichtig war der Beitrag ihrer Ehefrauen.

War die Professorenschaft nach Sachse 1763 noch insgesamt zur städtischen Oberschicht zu rechnen, so zählte er für das Jahr 1829 bereits 40 von 51 Professoren zur Mittelschicht. 1861 waren es 33 von 63. 1763 gehörten etwa 20 Personen dem akademischen Mittelbau an. 1829 stieg ihre Zahl auf 64 und erhöhte sich bis 1861 nochmals auf 81. Zu diesen zählten bspw. Sprach-, Tanz- und Fechtmeister. 1763 verteilten sich die Lektoren zu gleichen Teilen auf Ober- und Mittelschicht; 1829 waren 56 in der Mittelschicht und fünf in der Oberschicht vertreten. 1861 bietet ein krass verändertes Bild: 36 Personen aus dem akademischen Mittelbau gehörten nun zur Unterschicht, nur mehr 33 zur Mittelschicht und neun zur Oberschicht. Auch hier werden die Spannbreite der Einkommen sowie ein merklicher Negativtrend in der ersten Hälfte des 19. Jahrhunderts verdeutlicht.[59]

2.4 Dienstleistungsberufe

Die Dienstleistungsberufe zeichnen sich durch eine große Heterogenität aus. Die in diesem Bereich Arbeitenden konnten einen sehr unterschiedlichen sozialen Status innehaben, der wiederum in Anlehnung an wirtschaftliche Entwicklungen großen Veränderungen unterworfen war.

Seit der Gründung der Universität 1734 hatte der Dienstleistungsbereich in Göttingen eine Expansion erfahren. Mit den Professoren und Studenten war eine große, als zahlungskräftig geltende Gruppe in die Stadt eingezogen, deren Sozialprestige und Lebensformen die Inanspruchnahme verschiedener Dienstleistungen privater und öffentlicher Natur verlangten. Die Palette der Berufe erweiterte sich um Wohnungs- und Geldmakler, Zeitungsträger, Konzert- und Clubdiener, Stiefelputzer, Möbel- und Pferdevermieter und viele mehr, wobei ganz unterschiedliche Verdienste erzielt werden konnten. Beispielsweise nahmen Studenten in großem Ausmaß das neue Gewerbe der Stiefelputzer in Anspruch, die teilweise ein gutes Einkommen erwirtschafteten. Frauen arbeiteten als Botenfrauen, Briefträgerinnen und Dienstbotenvermittlerinnen.[60] Der Bedarf an Verwaltungsangestellten und Ärzten wuchs ebenfalls. 1763 arbeiteten bereits 26,5% der erwerbstätigen Göttinger im Dienstleistungsbereich; 1829 waren es 30,5% und 1861 schließlich 43,8%.[61]

Bei einer Gesamtbevölkerung von 5.997 gab es 1763 436 weibliche und 48 männliche Dienstboten. 1829 zählte man bereits 1.081 weibliche und 216 männliche Bediente bei einer Einwohnerzahl von 10.238. Diese große Anzahl lediger Männer und vor allem auch Frauen arbeiteten und lebten als Knechte oder Mägde bei den Familien der städtischen Ober- und Mittelschichten. Ein festes Dienstverhältnis dauerte in der Regel ein Jahr und konnte zu Michaelis gekündigt werden. Der Lohn einer Dienstmagd betrug in der zweiten Hälfte des 18. Jahrhunderts etwa ein Taler monatlich zuzüglich Unterkunft und Verpflegung, die mit 30 Groschen wöchentlich angesetzt wurden.[62] Es konnte aber sehr unterschiedliche Vereinbarungen geben, wie bspw. der Prozeß Maria Uhlendorfs gegen ihren Dienstherrn von Brummer und dessen Haushälterin Eleonora Meineken 1774 zeigt. Neben lediglich vier Talern baren Geldes jährlich sollte die Magd zunächst den dritten Teil, später die Hälfte des von den drei Mietern und 46 Tischburschen zu erwartenden Trinkgeldes erhalten. Die Haushälterin wollte diese Beträge jeweils sammeln und sie ihr nach Abzug notwendiger Ausgaben für Kleidung aushändigen. In zwei Jahren und neun Monaten hatte Maria Uhlendorf auf diese Weise 65 Taler verdient, also etwa zwei Taler monatlich neben Unterkunft und Verpflegung.[63] Viel mehr jedoch konnte eine Dienstmagd nicht erwarten. Pastor Wagemann notierte 1805 mit Verwunderung über eine Magd, die für zwei nichteheliche Kinder zwei Taler 12 Groschen monatlich an Unterhaltsgeld zahlen mußte, „es ist unbegreiflich wie sie das auf eine rechtliche Weise kann".[64]

Für viele Frauen kann die Dienstbotenarbeit sicherlich als Durchgangsstadium zwischen dem Leben im Elternhaus und der Heirat gesehen werden; eine Phase, die sie absolvierten, um sich eine Mitgift zu verdienen und eventuell Fähigkeiten zu erlernen oder zu vertiefen, die ihnen in ihrem späteren Haushalt von Nutzen sein konnten. Es gab Dienstbotinnen aus unterschiedlichen sozialen Gruppen mit sehr unterschiedlicher Lebensperspektive: Während viele nach einigen Jahren einen Handwerker heirateten, wobei ihnen die Stadt in Anerkennung ihrer Dienste das Bürgerrecht schenkte[65], blieben andere Frauen sehr lange in Dienst oder arbeiteten ihr ganzes Leben in fremden Haushalten, meist ohne zu heiraten.[66] Bei einer Trennung vom Ehemann oder gravierenden ökonomischen Krisen war es für Frauen selbstverständlich, sich wieder als Mägde in Dienst zu begeben; für die meisten Frauen war dies die einzige Möglichkeit, ihren Unterhalt zu verdienen.[67]

Zu der großen Zahl der fest in einem Haushalt beschäftigten Frauen und Männer trat noch die bedeutende Gruppe der Aufwärterinnen, die in fremde

Haushalte gingen, vor allem aber für Studenten Reinigungsarbeiten verrichteten, ihnen Mahlzeiten von Speisewirten auf die Zimmer brachten und die Wäsche wuschen. Sie gehörten nicht zum Haushalt und sind wohl eher den Tagelöhnerinnen und Wäscherinnen vergleichbar. Vor allem verheiratete Frauen aus den unteren sozialen Gruppen gingen einer solchen Tätigkeit nach. Als Wäscherinnen boten sie häufig spezielle Dienste an, z.B. das Waschen von Seide. Sie verdienten zehn Groschen bei Selbstverpflegung, sechs Groschen, wenn ihnen das Essen gestellt wurde. In das Adreßbuch von 1826 ließen sich 39 Wäscherinnen namentlich aufnehmen.[68]

Zum Dienstleistungsbereich gehörten auch Universitätsbedienstete und städtische Angestellte. Sie bildeten keineswegs homogene Gruppen. Die städtischen Bediensteten, nämlich Pedelle, Wrüger, Feldhüter, Schreiber, Policey-Diener u.a., deren Anzahl in den Jahren von 1750 bis 1850 zwischen 70 und 90 schwankte, erhielten ihre Besoldung meist jährlich zu unregelmäßigen Terminen in ebenso unregelmäßigen Teilbeträgen ausgezahlt. Ein Teil ihres Lohnes wurde ihnen in Deputaten, d.h. Naturalleistungen, gereicht, ein anderer Teil bestand aus den für öffentliche Dienstleistungen zu erhebenden Gebühren, deren Gesamtaufkommen großen Schwankungen unterliegen konnte. Für einen großen Teil dieser Offizianten galt um 1800, daß sie aufgrund ihres geringen Einkommens, der großen Teuerung und ihrer familiären Verhältnisse häufig um Sonderzahlungen bitten mußten.[69] Als Beispiel sei hier der Stadtschreiber und Registrator J.F.Esche angeführt, der 1802 eine Bittschrift an den Rat der Stadt richtete:

„Meine jährliche Einnahme an fixem Gehalte von 90 rth. sowohl, der zu einer solchen günstigen Zeit ehemals bestimmt worden da alle Lebensmittel wohlfeil waren, dessen Erhöhung aber, ohngeachtet sich die Umstände seit solcher Zeit sehr verändert haben, die alte Observanz bisher nicht zuließ, als auch an meinen übrigen wenigen Accidenzien, hat schon, so lange die allgemeine Klage über große Theuerung gewähret, gegen meine in solcher Theuerung gestiegenen Ausgaben für die unentbehrlichsten Bedürfnisse, in so ungleichen Verhältniß gestanden, daß [...] ich ohne anderen wohlthätigen Zuschuß, schon längst in große Verlegenheit würde gerathen seyn [...]. Seit der Zeit ist nun die Theuerung aller Lebensmittel, besonders des Brodkorn auf einen solchen hohen Grad gestiegen, daß es mir äußerst schwer fällt von meiner Einnahme, die zusammen genommen kaum täglich 26mgr beträgt, und wovon Haus- und Gartlands-Miethe, Magdlohn, Wäsche, Schulgeld, Kriegs- und Classen-Steuer und sonstige unumgänglich nothwendige Ausgaben, vorzüglich für Brod, wovon in meinem Haushalt wöchentlich für 1rth consumiret wird, bestritten werden müssen, ferner zu subsistiren [...]."[70]

Die Teuerung verschärfte die Lage der Beamten, deren Einkommen nicht entsprechend der Preissteigerung angehoben wurde. Einige der städtischen und universitären Bediensteten, beispielsweise die Pedellen, lebten allerdings in bescheidenem Wohlstand. Ihr Einkommen betrug Mitte des 18.

Jahrhunderts 100 Taler, 1824 bereits 166 Taler jährlich zuzüglich der „Akzidentien", die sich aus Gebühreneinnahmen für das Siegeln von Verträgen, Lehr- oder Geburtsbriefen, das Zitieren der Parteien vor Gericht u.a. zusammensetzten und deren Höhe sehr unterschiedlich ausfallen konnte (zwischen 300 und 700 Taler im Jahr).[71] Die Ehefrauen der Pedellen wuschen, vermieteten Zimmer und richteten „Freitische" für Studenten ein, an denen man zwei Menüs mit mehreren Gängen essen konnte.

Der größere Teil der universitären Unterbediensteten lebte jedoch ständig am Rande der Armut. Bei vielen Tätigkeiten war von vornherein die Mitarbeit der ganzen Familie Voraussetzung, wie z.B. bei den Reinigungsarbeiten der Auditorien- und Karzerwärter. Wurden die Arbeiten zu umfangreich, mußte auf eigene Kosten ein Knecht angestellt werden.[72] Krankheit oder Tod eines der Eheleute konnte die finanzielle Katastrophe bedeuten. Die Angehörigen dieser Berufsgruppe waren in hohem Maße auf die Arbeit ihrer Frauen angewiesen. Viele der Männer verdienten ihren Lebensunterhalt haupt- oder nebenberuflich als Schreiber, als „Kopist". Der Brief der Kopistenwitwe Maria Sünn an den Stadtrat aus dem Jahr 1823 dokumentiert die vorherrschende Not auch in dieser Berufsgruppe, die mit den zahlreichen Advokaten in Konflikt geriet:

„Seit dem Jahre 1813 nährte sich mein Ehemann von Rechnungen und Revidieren, von Supplikenmachen und Abschreiben. Obgleich diese Art der Beschäftigung nicht zu den eigentlichen Advocaturgeschäften gehörte, so war doch die Zahl der Advocaten hier zu groß, um nicht Mißgunst und auch Verfolgung erdulden zu müssen."[73]

2.5 Soldaten und ihre Angehörigen

Die Militärbevölkerung in Göttingen umfaßte während des gesamten 18. Jahrhunderts mehrere hundert Soldaten und ihre Angehörigen. Sie lebten nicht kaserniert, sondern waren allein oder mit ihren Familien bei Göttinger Bürgern einquartiert. Sie unterstanden der Militärgerichtsbarkeit und benötigten für eine Heirat einen Erlaubnisschein ihrer Vorgesetzten.[74] Zahlreiche Soldatenehen wurden kurz vor Beginn eines Krieges geschlossen, so daß die Paare nur wenige Tage zusammenlebten. Die hohe Mobilität, die von den Soldaten verlangt wurde, führte dazu, daß Frauen und Kinder zwangsläufig für längere Phasen oder auch für immer von ihren Männern bzw. Vätern verlassen wurden und ohne Versorgung waren, falls sie ihnen nicht als Marketenderinnen folgten.[75] Wurden die Soldaten im Kriegsfall einberufen, hörten ihre Angehörigen oft jahrelang nichts von ihnen. Sporadische Briefe oder im Idealfall etwas Geld bedeuteten die einzigen Nachrichten bzw. Lebenszeichen. Viele kehrten nie aus den Kriegen zurück und schlossen sich jeweils neuen Armeen an, um andernorts weiterzukämpfen. Einige nutzten ihren Soldatenberuf dazu, nach Amerika oder in andere Überseeländer zu gelangen und ließen ihre Familien im Ungewissen und meist in Armut zurück.

In Friedenszeiten verrichteten viele der in Göttingen stationierten Soldaten Tagelohnarbeiten oder arbeiteten als „Pfuscher" oder „Bönhasen", d.h. als nichtzünftige Handwerker. Eigentlich sollten diese handwerklich ausgebildeten Soldaten nur für Garnisonsangehörige arbeiten dürfen, doch die lange Liste der Klagen seitens der Zünfte erweist die ständige Übertretung dieses Gebotes. Soldatenfrauen arbeiteten im Tagelohn, sie wuschen, nähten oder waren im Kleinhandel tätig.[76] Unter den Almosenempfängern fand sich eine große Zahl von Soldaten oder Invaliden mit ihren Angehörigen; 1796 waren es beispielsweise 90, von denen neun von ihren Ehefrauen getrennt lebten.[77] Insgesamt scheint der Bereich der Militärangehörigen gekennzeichnet durch einen unregelmäßigen Verdienst und eine hohe Anzahl von Haushalten mit weiblichen Haushaltsvorständen, die die Ernährung der Familien sicherstellen mußten.

2.6 Tagelohn

Viele Bürger und Einwohner Göttingens, darunter Angehörige verschiedener sozialer Gruppen, verdienten ihren Lebensunterhalt mit Tagelohnarbeiten. Für einige war dies die Haupteinnahmequelle, und sie wurden in den Steuerlisten ihr Leben lang als Tagelöhner geführt, für andere war Tagelohn eine Ausweichmöglichkeit bei Arbeitslosigkeit im eigentlichen Gewerbe oder willkommene Gelegenheit für einen zusätzlichen Verdienst. Die Grenzen zu anderen Tätigkeiten, vor allem des Dienstleistungsbereichs, sind fließend; z.B. wurden Wäscherinnen auf Tagelohnbasis „gemietet".

Auf den ersten Blick scheinen in Stadtratsprotokollen, Kämmereiregistern und Steuerlisten sowie in der Literatur nur die männlichen Tagelöhner ins Gewicht zu fallen. Es gab aber eine Vielfalt weiblicher Tagelohnarbeiten, z.B. Gartenarbeit, Lastentragen oder Arbeiten im städtischen Brauhaus.[78] In den Einwohnerlisten heißt es mehrfach bei weiblichen Haushaltsvorständen oder Haushaltsmitgliedern „tagelehnet" oder verrichtet „Tagelohn im Brauhause". Bei allen Tagelohnarbeiten fällt die unterschiedliche Entlohnung für Männer und Frauen auf. Der Tagelohn eines Mannes für Bauarbeiten oder das Tragen von Lasten lag in der ersten Hälfte des 18. Jahrhunderts bei sechs Groschen.[79] Im letzten Jahrzehnt des 18. Jahrhunderts konnte ein Tagelöhner oder Handarbeiter im Sommer für Gartenarbeit acht Groschen erwarten, wenn er selbst für seine Verpflegung sorgte. Im Winter erhielt er für schwere Handarbeit sechs Groschen. Für das Spalten von Holz erzielten Männer einen Tagesverdienst von 12 Groschen. Frauen erhielten für Gartenarbeit sechs Groschen, im Winter für Hausarbeiten vier Groschen, wobei jeweils die Hälfte gezahlt wurde, wenn die Tagelöhnerinnen von ihren Arbeitgebern verpflegt wurden.[80]

Das Ausmaß und die Bedeutung von Frauenarbeit waren in allen sozialen Gruppen sehr groß. Besonders im Zuge der Verschlechterung der Lebensbedingungen für einen großen Teil der städtischen Bevölkerung im späten 18. Jahrhundert kam der Frauenarbeit für das Familieneinkommen eine zentrale Rolle zu. In vielen Fällen übernahmen Ehefrauen allein die Versorgung der Familien, wie die hohen Zahlen der weiblichen Haushaltsvorstände und die Vielfalt der genannten Berufe belegen. Unter diesen Bedingungen veränderten sich zugleich die Arbeitsrollen; besonders im Handwerk trat nun Lohnarbeit für Handwerker und ihre Ehefrauen an die Stelle der traditionellen Tätigkeiten. Die Befunde zur alltäglichen Praxis der Arbeitsteilung zwischen den Geschlechtern weichen stark ab von den Geschlechterstereotypen, die in den autobiographischen und normativen Texten der Zeit und später auch in den Verhandlungen über Ehe vor Gericht begegnen werden. Die Diskrepanz zwischen der in den Quellen aufgefundenen Wirklichkeit und dem Ideal der geschlechtsspezifischen Aufgabenverteilung trug wesentlich zur Konfliktgenese bei.

Kapitel IV

Erwartungen an die Ehe

„Weil aber die Wirthschafft unter die Arten der Klugheit gehöret, und die Wirthschafft gleichwohl ein so nöthiges Stück an einem Weibe ist, so erfordern wir von einer Ehegattin so wohl eine gute Erfahrung in Haushaltungs-Sachen, als eine vernünfftige Einsicht alle Dinge klug einzurichten. Soll ein Haus-Wesen wohl bestehen, so müssen die Häupter desselben einig und die besten Freunde seyn."[1]

„Nun weiß man aber schon, worzu diejenigen, die in einer Societät zusammen stehen, einander verbunden sind. Mit einem Wort, ihre Arbeit und Mühe, und den hierdurch erlangten Vortheile gemeinschafftlich zu haben."[2]

In diesen Lexikonartikeln von 1734/5 wird das gemeinsame, kluge und aufeinander abgestimmte Wirtschaften der Ehepartner als Basis für eine erfolgreiche Ehe genannt. In Anknüpfung an diese Grundvoraussetzung brachten Männer und Frauen neben materiellen Gütern und Arbeitskenntnissen Pläne und Wünsche hinsichtlich der Gestaltung des gemeinsamen Lebens mit in die Ehe. Diese basierten teils auf gesellschaftlichen Erwartungen, verbunden mit dem sozialen Status der jeweiligen Personen, teils auf ganz persönlichen Zielsetzungen. Den rechtlichen Rahmen für eine Ehebeziehung bildete das hierarchisch angelegte Verhältnis zwischen Mann und Frau. Diese Asymmetrie, gegründet auf der Kontrolle des Ehemanns über den gemeinsamen Besitz, seine vormundschaftliche Vertretung und Disziplinargewalt über seine Frau, stand den realen ökonomischen Notwendigkeiten entgegen, die die Verteilung von Arbeitsrollen zwischen Männern und Frauen in der gemeinsamen Hauswirtschaft begründeten. Im Spannungsfeld dieser beiden Bereiche ging das gemeinsame Arbeiten nicht immer konfliktfrei vonstatten, weil die Ehepartner bei der Verfolgung ihrer Ziele an die Grenzen der eigenen Fähigkeiten ebenso wie der rechtlichen, sozialen und ökonomischen Bedingungen stießen. Das Scheitern ihrer ganz persönlichen Erwartungen äußerte sich in Ehekrisen, sozialem Abstieg und Armut. Für das Verständnis der Konfliktgenese ist es unerläßlich, die konstituierenden Elemente von Ehebeziehungen aus der Sicht der Beteiligten zu rekonstruieren, wobei die unterschiedlichen Grundvoraussetzungen der einzelnen sozialen Gruppen be-

berücksichtigt werden. Zu diesem Zweck wurden neben den Scheidungsklagen auch Verlobungsklagen herangezogen.

1. Strukturen der Geschlechterbeziehungen in der Ehe

Die protestantische Ehelehre nahm als Zwecke der Ehe Fortpflanzung, geregelte Sexualität sowie gegenseitige Hilfe an. Emotionale Vereinbarkeit der Charaktere, Respekt und Zuneigung wurden zwar als wünschenswerte Elemente einer ehelichen Verbindung gesehen, ihre Abwesenheit oder ihr Wegfall mußten aber in den Augen der Menschen in der Frühen Neuzeit die Existenz einer Ehe nicht bedrohen. Sie wurden als zusätzlich, wenn nötig, als entbehrlich empfunden.[3] Nur selten finden sich in den Göttinger Akten Hinweise auf mangelnde emotionale Zuwendung als Ursache von Ehekonflikten, wie etwa in der Klage der Charlotte Lebarre, die 1814 anführte, ihr Mann habe ihr bereits nach der Trauung die unter Ehegatten gewöhnlichen Liebkosungen, wie Umarmungen und freundliche Blicke, versagt.[4] Eher noch kamen Gefühle negativer Art zum Tragen, wenn eine auf Gleichmut und gemeinsamer Arbeit gegründete Ehe aus dem Gleichgewicht geriet und „eheliche Liebe"[5] zwischen den Partnern nicht mehr möglich war. Das Fehlen emotionaler Aspekte in Ehekonflikten ist auch begründet in der Überlegung, welche Argumente vor Gericht erfolgreich vorgebracht werden konnten; die strenge Anwendung des Verschuldensprinzips ließ emotionale Unstimmigkeiten als Scheidungsgrund nicht zu. Diese wurden daher nur in ihren stärksten Formen, dem „unüberwindlichen Haß" und der „Lebensbedrohung", berücksichtigt. Verlobungsklagen wiederum zeigen, welche Rolle Gefühle sowohl bei der Partnerwahl als auch im Umgang unter Verlobten spielten. Während Scheidungsklagen im Rückblick den Verlauf und das Scheitern einer Ehe thematisieren, heben Verlobungsklagen diejenigen Aspekte hervor, denen Männer und Frauen große Bedeutung für eine zukünftige Ehebeziehung beimaßen.

Die unentbehrlichen konstitutiven Elemente einer Ehe waren wirtschaftlicher Natur, und mit diesen war das vornehmliche Interesse der weltlichen Obrigkeit an häuslichem Frieden und Stabilität verbunden.[6] Diese Stabilität schien garantiert durch die hierarchische Ordnung innerhalb des Hauses und durch seine Repräsentation nach außen, der Obrigkeit gegenüber: Der männliche Haushaltsvorstand war verantwortlich für alle Haushaltsangehörigen. Er war Mittler zwischen der Obrigkeit und dem Inneren des Haushaltes, dessen Rechtsvertreter er war. Die Ausgestaltung dieses Herrschaftsverhältnisses war in den Predigten über die Ehe, den „Ehezuchtbüchlein" und Hausväterbüchern in Rückgriff auf die antike Ökonomieliteratur sowie auf mittelalterliche Texte seit dem 16. Jahrhundert beschrieben worden.[7] Dem Mann gebührte die Herrschaft im Haus und die Kontrolle über Einnahmen und Ausgaben. Ihm sollte aufgrund des als komplementär begriffenen Geschlechterverhältnisses die Arbeit außerhalb des Hauses zukommen, während als Wirkungskreis der Frau das Innere des Hauses vorgesehen war. Die in den normativen Texten vorgenommene Beschränkung von Frauen auf innerhäusliche Tätigkeiten wurde durch das Bild einer ihr Haus tragenden Schnecke bekräftigt, das Verlassen des Hauses als „Laster" hingestellt.[8] Diese Auffassung von der naturgegebenen Aufgabe der Frau fand auch Eingang in die pädagogischen Schriften des späten 18. Jahrhunderts, und Joachim Heinrich Campe schrieb in seinem „Väterlichen Rath" für seine Tochter schlicht: „Der natürliche Wirkungskreis des Weibes ist das Hauswesen."[9]

Das gemeinsame Haushalten sollte im arbeitsteiligen Zusammenwirken von Mann und Frau organisiert werden, wobei dem Mann die Kontrolle und Entscheidungsgewalt, der Frau die Gehorsamspflicht zufielen. Als wünschenswerte Eigenschaften einer Hausmutter wurden neben Gehorsam besonders Keuschheit, Geduld, Treue, Anpassung an den Mann, Sparsamkeit, Ordnung, Fleiß und Zurückgezogenheit genannt. Ein Mann sollte dieses Verhalten mit Liebe und Sorge für seine Frau entlohnen und so seiner Herrschaft die Härte nehmen. Die Herrschaft selbst durfte aber auf keinen Fall in Frage gestellt werden.[10] Ein Mann besaß als „Hausvater" die Disziplinargewalt über Frau und Kinder und das Gesinde.[11] Das – moderate – Schlagen der Ehefrau stand ihm frei; erst „unvernünftiges Schlagen" wurde als Problem gesehen und rechtlich geahndet. Beschwerden von seiten verheirateter Frauen über Mißhandlung hatten nur Erfolg, wenn sie beweisen konnten, daß eine ernsthafte Gefährdung ihrer Gesundheit oder gar ihres Lebens vorlag.[12] Ein Ehemann vertrat die Angehörigen seines Haushaltes rechtlich. Seine Ehefrau unterstand seinem Willen und konnte ohne Zustimmung keine Verträge eingehen.[13] Er ging normalerweise in ihrem Namen vor Gericht; Väter, Ehemänner oder Brüder traten vor dem Göttinger Zivil- oder Universitätsgericht auf, um die Angelegenheiten ihrer Töchter, Frauen oder Schwestern gerichtlich zu vertreten. Handelte es sich um eine Klage einer Ehefrau gegen ihren Mann oder einer Tochter gegen ihren Vater, übernahm die Obrigkeit vormundschaftlich die „väterliche" Position und die Frau mußte sich einen Advokaten als Beistand vor Gericht nehmen. Nur als Witwe oder als volljährige unverheiratete Frau besaßen Frauen eine gewisse Entscheidungsfreiheit hinsichtlich Besitz, Arbeit und Wohnort. Ehefrauen waren auch in Bezug auf die Wahl des Wohnorts dem Willen ihrer Männer unterworfen und konnten gezwungen werden, diese zu begleiten, wohin sie es wünschten.[14]

Die Gründe für eine Eheschließung waren für Frauen und Männer in den unterschiedlichen sozialen Gruppen ebenso wie der Zeitpunkt, der für den Entschluß zur Heirat gewählt wurde, eng mit der Gründung eines eigenen Haushaltes, einer eigenen Ökonomie verbunden. Durch die Ehe konnten sie sich aus elterlicher oder herrschaftlicher Abhängigkeit befreien, wobei der Beitrag beider Partner an Fähigkeiten und Besitz gleich wichtig war. Mochte es oberflächlich gesehen zunächst nur für die zünftigen Handwerker von zwingender Notwendigkeit sein, zum Zeitpunkt der Meisterwerdung eine Ehe einzugehen, so zeigt sich bei näherer Untersuchung, daß auch in anderen Berufsgruppen eine enge Verzahnung der Beiträge beider Ehepartner zur gemeinsamen Wirtschaft vorlag und ein Haushalt nur durch ihre Zusammenarbeit funktionierte. Eine Eheschließung konnte erst stattfinden, wenn beiderseits bestimmte Voraussetzungen erfüllt waren. Ein Ehepaar war in allen sozialen Gruppen ein Arbeitspaar, dessen Tätigkeiten gleichermaßen zum Lebensunterhalt der Familie beitrugen. Das Angewiesensein auf die Arbeiten des Partners und die Verteilung der Arbeitsrollen konnten allerdings verschiedene Gestalt annehmen. Sie sollen im folgenden für die sozialen Gruppen in Göttingen herausgearbeitet werden, jeweils gemessen an den Erwartungen, die Männer und Frauen beim Eingehen einer Ehe mitbrachten.

1.1 Akademiker

Akademiker erwarteten von einer Ehebeziehung, daß sie ihnen eine standesgemäße Lebensführung ermöglichen und so einen unentbehrlichen Beitrag zu einer erfolgreichen akademischen Karriere leisten würde. Die Grundlage für eine Eheschließung sollte im Selbstverständnis der bürgerlichen Oberschicht allerdings Liebe sein, im Gegensatz zu rein wirtschaftlichen Erwägungen oder arrangierten Ehen, wie sie besonders im Adel vorkamen, von dem das Bürgertum sich abzugrenzen suchte.[15] Arrangierte Ehen sollte es der bürgerlichen Ideologie zufolge nicht mehr geben, da die propagierte Emotionalisierung der Paarbeziehungen eine Individualisierung nach sich zog, die die freie Entscheidung jedes Ehepartners bedingte. Diese Entscheidung eines bestimmten Mannes für eine bestimmte Frau und umgekehrt fand ihren Ausdruck beispielsweise in einer wachsenden Zahl von „Konsensklagen" aus dem bürgerlichen Milieu. Kinder klagten gegen ihre Eltern, weil sie ihnen die Heiratserlaubnis verweigert hatten. Die Obrigkeit erteilte an Stelle der Eltern die Einwilligung zur Heirat; die Wahl der Kinder wog nun schwerer als das Urteil der Eltern, das bis zur zweiten Hälfte des 18. Jahrhunderts unverzichtbar für eine Eheschließung gewesen war.

Der Jurist Heinrich Kahle, Sohn eines Göttinger Superintendenten, bat 1805 im Alter von 27 Jahren um die Befreiung von der elterlichen Zustimmung zu seiner Verehelichung mit der neun Jahre jüngeren Friederike Conradi, Tochter eines Konditors. Trotz des Versuchs von seiten des Kirchenkommissars, eines Kollegen seines Vaters, Kahle von seiner Konsensklage und der geplanten Verheiratung abzubringen, setzte das Paar die Trauung mit Zustimmung des Konsistoriums durch.[16] Doch eine freie Partnerwahl aus Neigung, jenseits aller wirtschaftlichen Kalkulationen wurde trotzdem nur selten getroffen. Das Konzept der „vernünftigen Liebe" setzte sich durch, eine Liebe, die gerade auf den für ein wirtschaftliches Gelingen der Partnerschaft notwendigen Eigenschaften von Mann und Frau beruhte und von jeglicher Leidenschaft abriet. Für Frauen bildete die Ehe die einzig angemessene, sozial akzeptierte Versorgung, wollten sie nicht ihr Leben lang von Eltern und Verwandten abhängen. Daher war für sie die Beschäftigung mit den materiellen Aussichten ihrer potentiellen Ehepartner besonders wichtig. Friederike Conradi schrieb in ihrem Gesuch an das Konsistorium:

„Vor nicht langer Zeit that mir der Doctor juris Heinrich Kahle zu Münden den Antrag, mit ihm in eine eheliche Verbindung zu treten. Da ich gegen seine Person keine Abneigung hegen konnte, und nach eingezogener sorgfältiger Erkundigung mich von seinen reichlichen Auskommen überzeugt hatte, eröffnete ich den mir gemachten Antrag meiner Mutter [...]."[17]

Die gesicherte Versorgung von Frau und Kindern blieb die Voraussetzung für eine Eheschließung bei Männern, allerdings verbrämt durch emotionale Elemente bei der Partnerwahl.[18] Bevor Akademiker heiraten konnten, mußten sie daher den langen Weg zu einer gesicherten Universitäts- oder Verwaltungsstelle hinter sich bringen, damit sie erfolgreich um eine Frau werben konnten. Das Heiratsalter der Akademiker war ausgesprochen hoch, während sie zumeist sehr junge Frauen wählten; Altersunterschiede von 15 Jahren waren die Regel. Diese Altersdifferenz, einhergehend mit einem großen Erfahrungsabstand, verhinderte oftmals Nähe und Partnerschaft, schuf vielmehr eine Asymmetrie.[19] Der Historiker August Ludwig Schlözer heiratete im Alter von 34 Jahren die 16jährige verwaiste Tochter des Medizinprofessors Roederer, Caroline Friederike, die bereits als Sechsjährige von ihm unterrichtet worden war. Verlobung und Ernennung zum Professor geschahen bei Schlözer nahezu zeitgleich, die enge Verknüpfung von beruflicher Existenzgründung und Familiengründung wird deutlich. Schlözers Tochter Dorothea heiratete mit 21 Jahren den 36jährigen Witwer und Kaufmann Rodde.[20]

Wie sahen die jungen Frauen, die „behütet" aufwuchsen und im Gegensatz zu den Männern, bei denen voreheliche Beziehungen und Kontakte zu Dienstmädchen und Prostituierten geduldet waren, keinerlei Erfahrungen haben konnten, ihre Verehelichung? Wilhelmine Heyne teilte ihrer Freundin Marianne Bürger 1796 im Alter von 17 Jahren mit:

„*es ist der Professor Heeren, den ich bald für meinen Herrn und Meister erkennen soll [...]. Bewunderst Du nicht meinen Muth, daß ich mich in meinem achtzehnten Jahre entschlossen habe eine ehrbare, stille Hausfrau zu werden? Im Vertrauen gesagt, es hat mir auch Mühe genug gekostet. Aber wenn man weiß, daß es ein guter vernünftiger Mann ist; wenn man sieht wie sehr es die Eltern wünschen [...] sollte nicht da auch ein jedes andere Mädchen ihrem Herzen ein wenig Zwang angethan, und ja gesagt haben?*"

Und in einem weiteren Brief:

„*Ich liebe Heeren nicht, aber ich schätze ihn sehr hoch und ist dieses letzte nicht besser und dauerhafter als bloße Liebe?*"²¹

Rückblickend schrieb sie im Jahr 1800:

„*Was die Verliebtheit anbetrifft, so kann ich wahrlich hiervon nicht urtheilen, denn ich habe diese Empfindung nie gehabt. Ich heyrathete so früh, daß es mir nie vorher eingefallen war. Nicht als wenn ich nicht einen Mann hübscher und angenehmer als den anderen finden sollen, auch wohl lieber mit ihm als mit anderen sprechen und tanzen, aber daß ich lange hätte an einen denken, mir ihn unter dem Bilde des Liebhabers vorstellen können, dies ist mir nie begegnet. Auch bin ich nie in meinen Mann verliebt gewesen.*"²²

In diesen Briefen spiegelt sich klar das Konzept der „vernünftigen", nicht auf Leidenschaft, sondern nüchternen Zukunftserwägungen gegründeten Liebe, das jungen Frauen durch ihre Erziehung zu akzeptieren nahegelegt wurde. Die für das akademische Milieu typischen frühen Heiraten der Frauen, dieser plötzliche Übergang von der Kindheit in einem Professorenhaushalt zum Dasein einer Professorenehefrau und Haushaltsvorsteherin wird viel zu späteren Konflikten beigetragen haben, auch wenn die Abwesenheit von starken Emotionen andererseits manche Ehe lange funktionieren ließ.²³ Der große Altersunterschied bedeutete auch eine extreme Ausformung der ehelichen Machtverhältnisse zugunsten eines weit älteren und erfahreneren Ehemannes, Strukturen, die im Widerspruch zu einer ebenfalls propagierten geistigen Gemeinschaft der Eheleute standen. Ein Mann konnte seine kindliche Frau ganz im Sinne des von dem Göttinger Theologieprofessor Gottlieb Jakob Planck 1779 publizierten „Tagebuch eines neuen Ehemannes" zur idealen Haushaltsvorsteherin formen.²⁴

In dieser gesellschaftlichen Gruppe waren im Gegensatz z.B. zum Kleinbürgertum die Arbeitsbereiche von Männern und Frauen weitgehend getrennt. Männer gingen ihren Amtsgeschäften nach, entweder außerhalb des

Hauses, oder, wie es in den Jahrzehnten nach der Gründung der Universität die Professoren taten, in speziell dafür vorgesehenen Räumen des Hauses oder der Wohnung. Die Einrichtung eines Professorenhaushaltes erforderte vor der Errichtung zentraler Hörsaalgebäude daher eine große Wohnung oder ein Haus zur Abhaltung der Vorlesungen. Neben einem Studierzimmer, das Raum für die Privatbibliothek bieten sollte, mußte ein weiteres großes Zimmer als Auditorium dienen. Die Trennung in öffentlichen und privaten Raum wurde in den Akademikerhaushalten vollzogen; nur einige Räume waren für Besucher zugänglich, während andere Rückzugsmöglichkeiten für die Familienmitglieder bieten sollten. Gleichzeitig durften die Arbeitsräume eines Mannes von den anderen Haushaltsangehörigen nur selten betreten werden. Sein Ziel war es, in den für Lehre, Arbeit und Forschung genutzten Räumen der meist gemieteten Wohnung oder des Hauses weitgehend ungestört arbeiten zu können. Die Lebensbeschreibungen vieler Göttinger Professoren zeichnen das Bild eines geregelten, von der Uhr bestimmten Arbeitstages, der meist schon vor dem Frühstück im Studierzimmer begann, nur unterbrochen von den Mahlzeiten. Diese nahm ein Gelehrter häufig allein ein, manchmal stand ein Bett für die Nachtruhe zur Verfügung.[25] Um ein so ungestörtes Arbeiten zu verwirklichen, mußte jedoch die Gründung eines eigenen Hausstandes, die Heirat vorausgehen.[26] Den Ehefrauen fiel die Organisation der Hauswirtschaft bzw. Vorratswirtschaft zu, deren Art und Umfang in hohem Maß vom Einkommen der Männer bestimmt wurde. Diese teilten das Haushaltsgeld zu, mit dem ihre Frauen für die täglichen Bedürfnisse, aber auch für den erforderlichen standesgemäßen Aufwand auskommen mußten. Johann Stephan Pütter, Professor der Rechtswissenschaft, formulierte seine Motive für eine Heirat 1751 in seiner Autobiographie 1798 folgendermaßen:

„Mittag- und Abendessen, wie es von Speisewirthen zu haben war, entsprach nicht meinen Wünschen. Einsam zu essen war gar nicht nach meinem Sinne. Andere häusliche Besorgungen von Wäsche, Wein, Bier, Coffee, Zucker u.s.w. waren für mich unangenehme Beschäftigungen."[27]

Beschränkte Pütter, der einer der wohlhabenderen Professoren war und bereits mit 26 Jahren heiratete, seine Motive für eine Eheschließung noch auf einfache häusliche Besorgungen wie die Zubereitung von Speisen und auf seinen Wunsch nach Gesellschaft, so gab es für die überwiegende Zahl der Lehrenden zwingendere Gründe, die sich jedoch ebenso auf die Besorgung der häuslichen Geschäfte bezogen. Nur mit sparsamem Wirtschaften, Vorratshaltung und Verdienst der Frau durch Vermietung von Zimmern an Studenten konnte ein standesgemäßer Lebenswandel aufrechterhalten werden.[28]

Besonders für Professoren und Lektoren ohne größere eigene Geldmittel schien die Lösung ihrer Probleme in einer Heirat zu liegen. Andreas Weber, seit 1749 zunächst außerordentlicher Professor der Philosophie, hatte als Sohn eines Kaufmanns im Eichsfeld kein eigenes Vermögen. Er heiratete 1751 mit 33 Jahren, nach seiner Berufung zum ordentlichen Professor, die 21jährige Tochter des reichen Tuchfabrikanten Johann Heinrich Grätzel, Johanna Dorothea Friederika. Die Mitgift seiner Frau, 10 000 Taler sowie andere Vermögenswerte, verhießen ihm eine sorgenfreie Existenz. Doch die bald nach Hannover gesandten Bittschriften um eine Gehaltserhöhung sprachen eine andere Sprache. Friederika Grätzel, in einem reichen Fabrikantenhaushalt aufgewachsen, trug nicht in dem von ihr erwarteten Maße zum gemeinsamen Einkommen bei, sondern führte ihren gewohnten Lebensstil fort, wobei sie eigene Geldgeschäfte abschloß, Waren orderte und Schulden machte. Weber beschwerte sich darüber, daß Grätzel seine Frau und seine Tochter durch Mitarbeit in der Fabrik und dazu erteilte Vollmachten befähigt habe, Geldgeschäfte zu tätigen und sich zu verschulden:

„Ich habe oftmahls bedauret, daß Er und meine seelige Frau Schwiegermutter meine Ehefrau in ihren Handlungsgeschäften und Commerce jederzeit gebraucht, und zum Betriebe derselben sie bei Tage und Nacht damit beschäftiget haben [...]."[29]

Gottfried August Bürger, außerordentlicher Professor für deutsche Philologie und Witwer in ständigen Geldnöten, schrieb 1790 über seine dritte Heirat mit der 22 Jahre jüngeren Elise Hahn:

„Mein kleines Weib ist eine gute und fleißige Hauswirthin und dies wird hoffentlich nicht wenig dazu beitragen, mir auf den grünen Zweig wieder hinauf zu helfen."[30]

Diese Hoffnung hegten viele Professoren, wie die Frage von Professor Christoph Meiners in seiner im Jahr 1800 erschienenen „Geschichte des weiblichen Geschlechts" belegt:

„Wie würden Hausväter, die bei mäßigen Einkünften eine zahlreiche Familie besitzen, und einen gewissen standesmäßigen Aufwand machen müssen, nur bestehen, wenn sie nicht durch die sorgfältige Haushaltungskunst ihrer Gattinnen vom Untergange errettet würden?"[31]

Daß die hauswirtschaftlichen Fertigkeiten einer zukünftigen Akademikerfrau bei der Partnerwahl im Vordergrund standen, machen auch Gottlieb Jakob Plancks autobiographische Aufzeichnungen aus dem Jahr 1779 über die Anbahnung und die ersten Wochen seiner Ehe deutlich:

„Ob das Mädchen so viel Hausverstand hat, dacht' ich, als du in deiner Lage für deinen Leib und deine Seele von einem Weibe erfordern magst, das wirst du in einem Tage ausfindig machen können, und wenns damit richtig ist, so mache die Augen zu, und schlag ein!"[32]

Planck wollte von seiner Frau in häuslichen Dingen nicht behelligt werden; die Ehe sollte ihn, ebenso wie Pütter, völlig davon befreien. Haushalt und Familie wurden zunehmend zu einer vom Erwerb getrennten Sphäre, in der die „Häuslichkeit", bestehend aus Hauswirtschaft und Kindererziehung, zum Lebensraum der Frauen deklariert wurden. Die Mühen dieser Arbeiten jedoch traten in der bürgerlichen Selbstthematisierung zunehmend hinter den Leistungen der Männer zurück und fanden schon bald keine Erwähnung mehr. Eine sachliche Fundierung der Ehebeziehung durch gemeinsam ausgeübte Aufgaben entfiel.[33]

Plancks „Tagebuch eines neuen Ehemannes" beschreibt minutiös den Prozeß der Erziehung der Ehefrau zu einer guten Haushälterin durch den Mann, der sie „in die Form bringen oder hinein betrügen" solle, sie zu zwingen, tauge jedoch nicht. Sie müsse lernen, sich an die Routine zu gewöhnen und die kleinen, „unbedeutend erscheinenden" Pflichten des Haushaltes zu schätzen. Er sagt ihr ein trauriges Leben vorher,

„wenn die kleinen alltäglichen Auftritte des häuslichen Lebens, die Begebenheiten in deiner Küche und in deinem Garten, die Verhandlungen mit deinen Nachbarinnen und die Angelegenheiten deiner Mägde, wenn alle diese so unbedeutend scheinenden Verwicklungen, die im Grunde doch Mann und Weib und Kinder und Gesinde und Nachbarn und Gevattern zusammenhalten, und Freude und Munterkeit unter ihnen vertheilen, nie wichtig genug für dich werden sollten, um deine Aufmerksamkeit und deine Fühlbarkeit da zu beschäftigen. Gäb' ich doch keinen Pfifferling für's Leben überhaupt, wenn diese Kleinigkeiten nicht darinn vorkämen!"[34]

Planck scheint in seiner Ehe die von ihm gesteckten Ziele erreicht zu haben. In seiner Biographie heißt es:

„Der eigentliche Ort für unsern Planck war das Haus, das friedliche, ruhige, und die geliebte Familie, und in deren Mitte und Schutzes [...] das stille Studierzimmer [...]. Die Frau, still, heiter, fleißig, anspruchslos besorgte und hütete treu des Hauses Ordnung."[35]

Dem Innenraum kam in der Konzeption der Geschlechterbeziehungen in der bürgerlichen Ehe im wörtlichen wie im metaphorischen Sinn eine große Bedeutung zu. Das Bild des „innengeleiteten"[36] Bürgers, dessen inneren Werte aus Mangel an sozialer Verortung zur Abgrenzung gegen Adel, aber auch Kleinbürgertum hochstilisiert wurden, bot die Möglichkeit, die Arbeitsrollen und sozialen Funktionen von Mann und Frau im bürgerlichen Haushalt durch Zuschreibung „natürlicher" innerer Eigenschaften zu zementieren. Eine Frau war demnach zu Kindererziehung und Hausarbeit bestimmt, Duldsamkeit und Anpassung an die Bedürfnisse des Ehemannes lagen in ihrem Wesen. Ein Mann hingegen suchte im von der Frau bereiteten Heim Erholung von den Amtsgeschäften, die er nur durch die ständige Ermutigung und emotionale Anteilnahme der Frau unbeschwert verrichten konnte.[37] Der Haushalt wurde zum von der Öffentlichkeit abgeschiedenen Raum, zu einem Refugium, das der Erholung der Arbeitskraft des Mannes dienen sollte. In dem Maße, wie die Arbeitsrollen von Mann und Frau auf diese voneinander getrennten Sphären verteilt waren und die bürgerlichen Haushalte immer mehr Waren und Dienstleistungen auf dem Markt bezogen, gab es keine Notwendigkeit mehr für bürgerliche Frauen, das Haus zu verlassen. Waren die Haushalte der Handwerker und Bauern offen nach außen und gab es für sie vielfältige soziale Kontrollmechanismen, die bis in die Ehebeziehungen hinein wirkten, so entfielen diese Institutionen – Nachbarschaft, Zünfte, Gemeinden – im Rahmen der Privatisierung, der Abschottung der bürgerlichen Familie nach außen weitgehend.[38] Im Haus spiegelte sich diese Abschottung in der Raumaufteilung, die einen Rückzug der Kernfamilie vor Mietern und Dienstboten ermöglichte. Nicht mehr alle Räume waren zugänglich für Besucher.

Trotz der ideologischen Festschreibung der Frauenarbeit auf reproduktive Tätigkeiten bestanden die häuslichen Aufgaben bürgerlicher Frauen nicht nur aus der sparsamen Verwaltung des vom Mann verdienten Geldes, sondern oft auch in der Erwirtschaftung eigener Einnahmen. Der Französischlektor Bernard Ressegaire bat 1767 um die Erlaubnis zur Wiederverheiratung mit seiner Haushälterin mit den Worten, er habe

„sich entschloßen sie zur Ehe zu nehmen, besonders da er Willens sey auf künftige Ostern wieder einen Tisch anzulegen"[39].

Professorenfrauen und Frauen von Lektoren vermieteten Zimmer oder legten sogenannte „Freitische" für Studenten an, die dort ihre Mittagsmahlzeiten einnahmen.[40] Oft wurden Verwandte in einen Professorenhaushalt aufgenommen, was in manchen Fällen zu zusätzlichen wirtschaftlichen Sorgen führen konnte. Andreas Weber versuchte vergeblich, von seinem Schwiegervater Kostgeld für die von ihm aufgenommenen Geschwister seiner Frau zu erhalten.[41] Neben Verwandten und Bedienten, deren Beaufsichtigung in der Küche und in den übrigen Bereichen zu den Hauptaufgaben der Frau zählte, wohnten oft Studenten im Haus. Der Privatdozent für Rechtswissenschaft Georg Cassius schrieb 1768 in seiner Biographie Christoph August Heumanns, dem Direktor des Göttinger Pädagogiums, dieser

„wurde [...] zum öftern von auswärtigen vornehmen Gönnern, die ihre Söhne Studirens wegen anhero zu senden gesonnen waren, ersucht, selbige mit in sein Haus und an seinen Tisch zu nehmen. Nun hatte er zwar weder Lust noch Geschicke, ein dergleichen weitläufiges Hauswesen erforderlich einzurichten und zu übersehen, maßen sein größtes Vergnügen war, wenn er sich mit häuslichen Geschäfften und Sorgen nicht befassen durfte [...]. Hierdurch erhielte sein Hauswesen einen solchen Zuwachs, daß er sich daher zu Anfang des 1719ten Jahres entschloß, in den ehelichen Stand zu treten."[42]

Wie Heumann vor der Gründung der Universität, nahmen die meisten der Professoren, die nach 1734 in Göttingen lebten, Studenten in ihren Haushalt auf; weniger gedrängt von den Eltern der meist adligen jungen Männer, als von den wirtschaftlichen Notwendigkeiten.

Den bürgerlichen Männern gelang es aber trotz der vielfältigen und wichtigen Aufgaben ihrer Ehefrauen, ihren Statusvorsprung nicht allein durch Zuschreibung bestimmter „natürlicher" Eigenschaften an ihre Frauen zu legitimieren, sondern gerade durch Berufung auf ihre Fähigkeiten und Leistungen, auf denen die sichtbaren Familieneinkünfte beruhten. Die Trennung der Wirkungskreise von Frauen und Männern in häusliche Sphäre und Erwerb führte damit zu einer Entwertung der Frauenarbeit, die ohnehin traditionell gesellschaftlich gering bewertet wurde. Frauen konnten im Bürgertum kaum aus ihrer eigenen Arbeit, sondern vor allem durch die Identifikation mit der Position ihres Mannes Selbstbewußtsein ziehen.[43]

1.2 Handwerker

„Insonderheit gehört zu einer guten Handwerksfrau als eine nöthige Eigenschaft, daß sie sich in den Kram und in das Handwerk ihres Mannes zu schicken wisse, und entweder einiges mit arbeite, oder doch die Waare geschickt und mit Nutzen verkaufen lerne. Sie muß daher gelehrig, etwas gesprächig, klug und witzig, hiernächst aber im Rechnen und Schreiben etwas unterrichtet, und vermögend seyn, mit jedermann, jedoch nach ihrem Stande, in Zucht, Ehrbarkeit und Niedrigkeit umzugehen [...]."[44]

Handwerker erwarteten von ihrer Ehe, daß sie ihnen die Statuswahrung innerhalb des traditionellen zünftigen Handwerks ermöglichen und sie vor dem sozialen Abstieg aus dem kleinbürgerlichen in das unterbürgerliche Milieu bewahren würde. Die Partnerwahl im Handwerk war daher klar geprägt von wirtschaftlichen Erwägungen. Gesellen und zugewanderte Handwerker bewarben sich um Handwerkertöchter oder -witwen und erhielten durch eine solche Heirat große Vergünstigungen bei den Aufnahmegebühren bzw. teilweise sogar die einzige Möglichkeit, Gildemitglied zu werden.[45] Im 19. Jahrhundert wurden diese Möglichkeiten angesichts wachsender Verarmung, Heiratsverboten und Gildeschlüssen immer geringer.[46]

Die Mitgift einer Frau sowie ihre Fähigkeiten in Hauswirtschaft und Handwerk hatten denselben Stellenwert wie die Kenntnisse, die der Mann als Kapital mit in die Ehe brachte. Frauen stützten zumindest in der Anfangsphase oft mit ihrem Geld die gemeinsame Existenzgründung. Viele von ihnen hatten sich durch ihren Dienst als Magd eine Mitgift verdient. Vermerke in den Bürgerbüchern Göttingens weisen darauf hin, daß Frauen, die jahrelang bei Handwerkern als Dienstmägde gearbeitet hatten, das Bürgerrecht bei ihrer Heirat geschenkt wurde.[47] Die Mitgift einer Handwerkerfrau bestand normalerweise aus etwas Bargeld, Hausrat und Möbeln zur Einrichtung eines neuen Haushalts.[48] Im Fall der Catharina Knauf, die 1735 im Alter von 40 Jahren den 24jährigen Hutmacher Andreas Boening heiratete, und ihrer Schwester Anna Margaretha, die mit 42 Jahren einen ebenfalls wesentlich jüngeren Mann ehelichte, kam der Mitgift existenzielle Bedeutung für die Eheschließungen zu. Die Schwestern hatten wichtige Arbeiten im Haushalt ihres Vaters und im angegliederten Branntweinausschank verrichtet. Ihr Bruder Otto hatte nach dem Tod des Vaters das elterliche Haus übernommen, und die Schwestern erhielten zunächst keine Aussteuer. Ihre Ehemänner klagten bald nach der Eheschließung die Mitgift ihrer Frauen bei Otto Knauf ein und erhielten so jeweils 125 Taler. Beide Ehen blieben kinderlos. Der wirtschaftliche Aspekt war ausschlaggebend sowohl für die Verhinderung einer Verheiratung durch Vater und Bruder, als auch für das Eingehen einer solchen Verbindung durch die nicht wohlhabenden, wesentlich jüngeren Ehemänner. Die Mitgift machte die Eheschließung für sie attraktiv.[49]

Gefühle hatten bei der Eheschließung einen untergeordneten Stellenwert. Die überlieferten Eheversprechensklagen aus dem Handwerkermilieu bestätigen die Erwartungen materieller Art, welche die Brautleute aneinander, vor allem jedoch die Männer an die Frauen, hatten. Wurden diese Erwartungen enttäuscht, wurde die Verlobung gelöst. Der Buchdruckergeselle Johannes Daniel Werther formulierte es bei seiner Vernehmung anläßlich der Verlobungsklage von Johanne Fischer 1762 so:

„Weil er nichts und sie auch nichts hätte, wie er ihr ausdrücklich gesagt, daß er sie nicht heyrathen könnte."

Doch gleichzeitig machte Werther eine der wenigen Aussagen emotionaler Natur. Er entschied sich schließlich auf Drängen des Gerichts, Johanne Fischer zu heiraten,

„indem solche so lange er sie gekannt in Jena wohl aufgeführt und er zu derselben in der Zeit eine wahre Zuneigung getragen".[50]

Die Verlobungsklage der Regine Stattmann von 1790 gegen den Sattler Philipp Flentge, der sie während seiner Wanderjahre in Süddeutschland kennengelernt hatte, zeigt deutlich die auf beiden Seiten vorhandenen rationalen

Überlegungen, die einer Eheschließung gewöhnlich vorangingen: Während er ihr vorschlug, nach Göttingen zu ziehen und ihre Mitgift mitzubringen, fragte sie detailliert, was für ein Vermögen er habe und wie er eine Haushaltung gründen wolle.[51] Der 23jährige Weißgerber Johann Henrich Pieper gab zu seiner heimlichen, gegen den Willen des Vaters geschlossenen Ehe zu Protokoll, er

„getraue sich als ein Weißgerber wohl zu nähren, um so mehr da seine Braut im Nähen und Stricken ihm an die Hand gehen könte."[52]

Für Frauen aus Handwerkerfamilien bedeutete eine Heirat die einzige Möglichkeit, meist nach einigen Jahren als Dienstmagd den Gesindestatus hinter sich zu lassen und selbst einem Haushalt vorzustehen. Aber auch für Eltern oder Verwandte konnte es Gründe geben, einer Frau zu einer Verehelichung zu raten oder ihre Wahl zu beeinflussen. Witwen, die sich nicht wiederverheiraten wollten oder konnten und ihre Töchter – und damit oft sich selbst – versorgt sehen wollten, sowie Eltern, die keinen Sohn hatten, aber einen Nachfolger im Handwerk und damit eine gesicherte Altersversorgung im Haus haben wollten, befürworteten eine Ehe für ihre Töchter. Nicht nur über die von beiden Partnern in die Ehe eingebrachten Besitztümer, sondern auch für die Altersversorgung der Braut- oder Bräutigameltern konnte ein Ehevertrag aufgesetzt werden, wie es beispielsweise vor der Verehelichung des Kupferdruckers Johann Carl Müller mit Anna Dorothea Sievers 1777 geschah. Carl Müller erhielt 300 Taler als Brautschatz. Die Eheleute setzten sich gegenseitig als Erben ein, falls einer von ihnen sterben und die Ehe kinderlos bleiben sollte. Teil des Ehevertrages war folgendes Versprechen der Mutter der Braut:

„Zu dem Ende entsage ich die Mutter der Ehefrauen, den mir im Fall, meine Tochter vor ihren Ehemann, und ohne Hinterlaßung eines oder mehrerer Kinder, sterben sollte, gebührenden Pflichttheile, und erkläre hierdurch: daß ich solchen von meinem Schwieger-Sohn nicht fordern will."

Der künftige Schwiegersohn hingegen verpflichtete sich:

„Verspreche ich der Ehemann auf diesen unverhofften Fall: der Mutter meiner Frauen auf Zeit Lebens, eben den Unterhalt zu reichen, so wie solches meine Ehefrau, zu ihrem Theile schuldig gewesen wäre."[53]

Bei der Partnerwahl wird dem Urteil männlicher Familienangehöriger über Arbeitsleistung und Vermögen des Heiratskandidaten großes Gewicht zugekommen sein, da eine Frau kaum an solche Informationen gelangen konnte. Waren die Eltern bereits gestorben, hatte eine junge Frau zwar größere Chancen für eine freie Wahl des Ehepartners, doch konnte auch hier die Einflußnahme der Verwandten, des Vormunds oder Pastors entscheidend sein.[54] Die Waise Margretha Hedewig Sauer heiratete 1742

„auff ohnermüdetes Anhalten meines jetzigen Mannes [...] aber auch auff hefftiges Zureden meines damahligen Herrn Beichtvaters"

den Seiler Jeremias Iesengard. Johanne Mädel gab 1797 an, sie sei

„durch das unaufhörliche, dringende und mit Drohungen unterstützte Zureden meiner Mutter [...] in einem Alter von noch nicht 14 Jahren genöthiget worden",

sich 1787 mit dem Camelotmacher Martin Röhrig zu verehelichen.[55] Für die heiratenden Frauen bedeutete die Eheschließung zwar den Wechsel von der Gruppe der unverheirateten Frauen in die der Verheirateten, doch war damit keine individuelle wirtschaftliche oder rechtliche Unabhängigkeit verbunden. Erst als Witwen konnten sie einer solchen Unabhängigkeit näher kommen, ohne jedoch jemals politische Rechte zu erwerben. Obwohl die Heirat sowohl für Männer als auch für Frauen der Moment war, da sie aus der Abhängigkeit des elterlichen Haushaltes heraustraten und einen eigenen Haushalt gründeten, war damit nur für Männer – vor allem die Handwerker und Kaufleute, die Vollbürger einer Stadt – der Schritt in die volle soziale, finanzielle und politische Unabhängigkeit verbunden.[56]

Der Fall Ballhoff-Biermann 1776[57]

Aus den bei einer Heirat verabredeten Bedingungen konnten auch Konflikte entstehen. Teil der Ehebered ung für die Metzgertochter Regine Ballhoff, die 1774 15jährig den 31jährigen Metzger Heinrich Biermann heiratete, war gewesen:

„daß mein Vater der Bürger Ballauff in Göttingen mich an Imploraten lediglich unter der Bedingung verheyrathet, daß er sich als Kind bey ihm in Brodt begeben, hülfliche Hand leisten und einen Haushalt mit ihm führen solle."

Aus diesem Verzicht auf eigene Werkstatt und Haushaltsführung ergaben sich schon bald Spannungen, und schließlich ging Biermann zu seinen Eltern zurück. Weil alle Versöhnungsversuche des zuständigen Gemeindepastors gescheitert waren, wurde dieser Fall 1776 im Pastorenkonvent verhandelt. Einer der Pastoren schrieb in einer Stellungnahme zu diesem Fall:

„Wenn der junge Biermann blos die Ballofsche Haushaltung mit treiben sol: so ist es billig, daß er auch Genus daran habe. Gesetzet: er isset und trincket mit, woher Kleider u. Schuhe, Toback u. dergl.? Oder er mus nothwendig freie Macht und Hände bekommen, sein eigenes Gewerbe zu treiben, um sich und Frau und Kinder ernähren zu können. Es würde, deucht mir, also um künftigen Friedens willen, nicht nur gut, sondern selbst nöthig sein, hierüber von Ballofscher Seite sich über etwas, als fest, zu erklären."

Die Bestrebung, einem Haushalt eigenverantwortlich vorzustehen, wurde von den Pastoren für einen verheirateten Handwerksmeister als notwendig herausgestellt. Biermann verlangte von seinem Schwiegervater die Überschreibung von 200 Talern als Sicherheit, die dieser ihm aber verweigerte. Damit fehlte Biermann die materielle Voraussetzung, einen eigenen Haushalt zu gründen und seine Frau zu sich zu holen; sie wäre den Rechten nach verpflichtet gewesen, dort zu leben, wohin er gezogen war. Biermann erklärte schließlich, so schilderte Regine Ballhoff in ihrer Klage:

„mich nicht einmahl wieder zu sich zu nehmen, als wenn ich ihm ein Brautschatz zubringen werde, allein ich brauche ihm überall nicht zu folgen, sondern er hat nach der Heyrathes Condition mich verlaßen, und ein Brautschatz kann er gar nicht verlangen, da dieser der Abrede an sich nicht gemäß ist, wie er denn denselben gar bald aufzehren und mich um das meinige bringen würde, da er sich nicht ernähren kann, noch weniger aber eine Haushaltung zu erhalten, und eine Familie zu ernähren im Stande ist. Und dann würde mein Vatter kein solches Vermögen in einem Brautschatz verwenden können, davon nun der Haushalt seine sustentation hernehmen könnte. Übrigens hat er nach seinem Geständniß selbst kein Vermögen, womit er sich und andere noch den Unterhalt verschaffen wollte."

Der Pastor der Mariengemeinde hatte bereits mehrmals versucht, zwischen Ballhoff und Biermann zu vermitteln. Er war der Meinung, es handele sich um einen Generationenkonflikt, und Alte und Junge müßten getrennt leben; dazu bot sich ein Nebenhaus des Ballhoffschen Wohnhauses an. Auch sollte Ballhoff „seinen Kindern beim Anfang beistehen und dem Schwiegersohn zur Treibung seines Handwerks etwas vorschießen". Ballhoff war dazu nur unter der Bedingung bereit, daß seine Tochter immer wissen sollte, was Biermann mit dem Geld tue; außerdem sollte Biermann ihm weiter in der eigenen Metzgerei helfen. Auch dieser Versuch brachte keine Lösung, und Biermann verließ seine Frau endgültig, als das erste Kind geboren wurde. Eine wirkliche Trennung der beiden Haushalte hatte nicht stattgefunden und schien unmöglich. Regine Ballhoff sagte später dazu, „sobald sie von ihren Eltern wegginge, gäbe ihr der Vater nicht das geringste mit". Ludolph Ballhoff wollte sich also eine Altersversorgung schaffen, indem er seine Tochter unter der Bedingung verheiratete, daß der Schwiegersohn in seinen Haushalt „wie ein Sohn" eintreten und auf die Gründung eines eigenen Haushaltes verzichten sollte. Biermann dagegen hatte auf eine Mitgift und Starthilfe für eine eigene Existenz gehofft. Ballhoff hegte auch die Befürchtung, Biermann werde das ihm für seine Frau und sich gegebene Geld für seine eigene Herkunftsfamilie verwenden. Er hatte offenbar seiner Mutter, die noch Mann und drei Kinder hatte, versprochen, ein Leben lang für sie zu sorgen.

Die Familienkonstellationen dieses Falles machen die Loyalitätskonflikte deutlich, die durch eine unter ungünstigen materiellen Voraussetzungen geschlossene Ehe entstehen konnten. Beide Familien stellten hohe Versorgungsansprüche an die jeweiligen Ehepartner und machten ihren ganzen Einfluß auf die Verbindung geltend, so daß die Gründung eines eigenständigen Haushalts unmöglich wurde. Die Ehe wurde von Tisch und Bett getrennt, eine Versöhnung fand nie statt.

Die Bedeutung der Mitgift

Der Schuster Otto Knauf, der 1748 in Karlshafen im Alter von 58 Jahren in zweiter Ehe Dorothea Mitternacht geheiratet hatte, beschwerte sich nach einigen Wochen, daß seine Frau trotz mehrmaliger Ermahnung nichts von ihrem Vermögen mit nach Göttingen gebracht habe und offenbar auch nicht beabsichtige, ihren Besitz holen zu lassen:

> „und ohnerachtet ich ihr die Zeit über nichts zu leid gethan, und sie erinnert, sie sollte ihre Sachen herbringen laßen, so hat sie doch solches nicht allein nicht gethan, sondern auch sich verlauten laßen, sie wollte ihre Sachen nicht kommen laßen sondern lieber selber weggehen, und auch zu meiner Schwiegertochter gesaget, sie wollte mir ihre Sachen nicht zubringen, denn das müßte gantz ein anderer Kerl seyn als ich dem sie es zubringen müßte, endlich ist sie gar heute vor 3 Wochen mit meiner Magd von hier weggegangen [...].“[58]

Dorothea Mitternacht war nach Karlshafen zurückgekehrt. Ein reformierter Prediger berichtete später über ihre Vernehmung in einem Brief an Knauf:

> „sie will sich aber durchaus nicht bewegen laßen, wieder zu Ihnen zu gehen und noch weniger Ihre Sachen einzubringen, gibt vor, es wäre doch kein Haußhalt, man wüßte nicht waß sein, denen Kindern, oder denen Schuldleuten gehöre, wofür sie arbeiten sollte. Ich anwortete darauf, daß solches alles die Ehe nicht aufhebe, sie müßte wieder zu ihrem Manne, allein sie will nicht und lieber in die Welt gehen [...]. Wann Meister Knauff dort das seinige verkauffen und hier her ziehen wollte, so will seine Frau bey ihm gehen und dortige Nahrung hier treiben, aber diß wird wohl in seinem Belieben stehen."

Steuertabellen und Kirchenbücher deuten darauf hin, daß Knauf tatsächlich Göttingen verließ und zu Dorothea Mitternacht zog, die nicht bereit gewesen war, ihre Mitgift in ein Hauswesen einzubringen, dessen Besitzverhältnisse unklar waren. Die Mitgift war hier ganz eindeutig ein Instrument der Frau, um ihre Vorstellungen von einer gemeinsamen Existenz durchzusetzen. Sie konnte als Druckmittel benutzt werden und gab der Frau einen gewissen Rückhalt.[59] Umgekehrt konnte eine Mitgift jedoch auch zum einzigen Motiv für die Wahl einer Partnerin werden und so für große Spannungen sorgen, wenn die gegenseitigen Erwartungen nicht erfüllt wurden. Nicht immer akzeptierten Frauen bloße wirtschaftliche Beweggründe für eine Heirat. Die

Haushälterin bei Professor Meister, Sophie Charlotte Schütze, weigerte sich 1789, ihren Verlobten zu heiraten und gab als Begründung an:

„Da es mir übrigens ganz gleichgültig ist, ob Kläger durch bessere Heiraths Parthien seine oeconomischen Zustände hat verbessern können oder nicht, so bin ich wenigstens sehr zufrieden, daß mir dieses Glück nicht zu Theil worden ist; indem ich jetzt offenbar sehe, daß es demselben mehr um mein Vermögen, als meine Person zu thun gewesen [...]."[60]

Zweit- und Drittehen

Durch Witwenheiraten sowie durch die Heirat älterer verwitweter Handwerksmeister mit jungen Frauen kam es einerseits zu Ehen mit großen Altersunterschieden, andererseits konnten Familienkonstellationen entstehen, in denen Kinder weder mit den Eltern noch mit einem Teil der Geschwister blutsverwandt waren. Stiefkinder und -eltern waren an der Tagesordnung, denn meist heiratete der überlebende Partner sofort nach Ablauf einer festgelegten Trauerzeit, die durch Dispens des Konsistoriums verkürzt werden konnte. Handwerkerwitwen, die keinen erwachsenen Sohn hatten, der das Handwerk weiterführen konnte, wählten zur Existenzsicherung für sich und ihre minderjährigen Kinder oft die Wiederverheiratung.[61]

Die Glaserwitwe Justine Margarethe Hentze beabsichtigte 1759, den Glaser Wallbaum zu heiraten, der bei seiner ebenfalls verwitweten Mutter arbeitete. Nachdem er ihr die Ehe versprochen hatte, schlief sie mit ihm und wurde schwanger. Justine Hentze beschrieb ihr Verhältnis zu Wallbaum und seiner Mutter:

„Ich bin in allen Stücken, als Schwiegertochter ihr zur Hand gegangen, für sie gemahlen, trinken aus dem Brauhause geholet, und alle Dienste geleistet, wie ich denn derohalben öffters mit ihnen speisen müßen. Sie haben überdem noch meine Basen die Schlößer Wredens Ehefrau zu den Herrn Superintendenten Ribow geschicket, ein attestat bey demselben auszuwürken, um auswerts copuliret zu werden, Uhrsache, weilen er noch kein Meister wäre [...]. Ich habe ihm 17 rthl. um Bürger zu werden, vorleyhen müßen [...]. Er hat Handwerkszeug, Glaß, und andere Kleinigkeiten von mir bekommen [...]. Zu den Tischler Mstr. Korden hat die Mutter gesprochen, sie sähe gerne, wenn ihr Sohn mich heyratete, denn ich wüste Bescheid mit der profession, es gefiele ihr in allen Sachen ganz wohl, den Kindern könnte er die profession lehren."[62]

Gerade in der Bemerkung, sie wisse Bescheid mit der Profession, kommt zum Ausdruck, daß es nicht nur um materielle Erwartungen ging, sondern auch um beiderseitige Arbeitsleistungen, die zusammen das Funktionieren eines Handwerkerhaushaltes garantierten. Ohne Mitarbeit der Frau im Handwerk konnte die Werkstatt nicht florieren.

Beim Antrag Wallbaums auf die Meisterwerdung hatte es unüberwindliche Schwierigkeiten gegeben, und auch eine Heirat mit der Witwe Hentze schien ihm nicht den Weg in die Gilde zu ebnen. Vielleicht war das Glaserhandwerk in Göttingen bereits übersetzt. Die Mutter Wallbaums, die für ihren Sohn die Klageschriften der Witwe Hentze beantwortete, beteuerte während des Prozesses um Erfüllung des Eheversprechens und später auf Satisfaktion:

„Am allerwenigsten aber kan unbefugte Klägerin gegenwärtig von meinem Sohne alimenten fordern, als derselbe, wie notorisch, nicht sein eigener Herr ist, sondern unter meiner, seiner Mutter direction stehet [...] und mein Sohn von mir weiter nichts, als notdürftige Kleidung, eßen und trinken und die Wochen über ein paar Groschen zu seiner recreation bekomt, wofür er mir arbeiten und die profession treiben muß, dieses ist auch die Klägerin nicht unwißend."

Sie konnte und wollte aufgrund ihrer eigenen wirtschaftlichen Lage nicht auf die Mitarbeit ihres Sohnes verzichten und verweigerte die Zustimmung zu der Verehelichung. Wallbaum selbst war, da er keine Vorteile aus einer Eheschließung ziehen konnte, nicht mehr daran interessiert, Justine Hentze zu heiraten.

Dieser Fall zeigt die engen Grenzen, die Partnerwahl und Eheschließung aufgrund der wirtschaftlichen Notwendigkeiten gesteckt waren. Justine Hentze versuchte ein letztes Mal, wenigstens angemessene Satisfaktionsgelder zu erhalten und machte geltend:

„daß ich nicht allein eines Bürgers und Handwerkers Witwe bin, sondern auch als eine geschwächte nunmehro alle Hoffnung verlohren, honestam nubendi conditionem zu finden, und dadurch meinen Kindern und mir den Lebensunterhalt zu erleichtern, gestalten jedermann sich vor ein so gutes Werk, eine geschwächte zu heirathen und wieder zu Ehren zu bringen, sehr in Acht nimmt."[63]

Sie hatte wegen des Ehrverlustes kaum Aussichten auf eine Heirat im Handwerk. Angesichts der ablehnenden Haltung des Universitätsgerichts und der schlechten finanziellen Lage Wallbaums konnte sie nicht einmal eine umfangreichere Entschädigung erwarten. Andreas Wallbaum arbeitete weiterhin im Betrieb seiner Mutter und starb etwa 50jährig, unverheiratet.

Die Wiederverheiratung wurde von den Gilden im 18. Jahrhundert zunächst als Möglichkeit der Altersversorgung für Meisterwitwen gefördert und war letztlich der einzig gangbare Weg zur Subsistenzsicherung, wollte eine Frau nicht bis ans Lebensende die Werkstatt selbst leiten. Gegen Ende des Jahrhunderts kam es allerdings angesichts der Übersetzung vieler Handwerke zu Zulassungsbeschränkungen auch bei Witwenheiraten. In der Regel gestatteten die Gilden Handwerkerwitwen, das Handwerk mit Hilfe eines Gesellen weiterzuführen.[64] Auch für Göttingen läßt sich das Recht der

Witwen auf eine Fortführung des Handwerks nachweisen. In den Einwohner- und Steuerlisten des 18. Jahrhunderts sind zahlreiche Witwen mit „Profession" aufgeführt.[65] 1807 inserierte eine Schneiderwitwe im „Göttinger Anzeiger":

> „Meinen Gönnern und Freunden zeige ich gehorsamst an, daß ich die Schneiderprofession fortsetzen werde; daher empfehle ich mich in Damenkleidung von jeder Mode. Verwittwete Schneidermstr. Ros. Kopp. Wohnhaft an der langen Geismarstraße in Sattlers Reinemanns Hause."[66]

Und in einem Schreiben der Tuchmachergilde von 1831 an den Magistrat heißt es,

> „durch Gildenstatuten ist auch wegen Betreibung der Profession durch die Wittwe für das Fortkommen der Hinterbliebenen gesorgt."[67]

Die Bemerkung der Witwe Hentze, sie wisse Bescheid mit der Profession, oder die erwähnte Anzeige der Schneiderwitwe Kopp legen Zeugnis ab von einer eigenen Arbeitsidentität[68], die sich auch aus den erworbenen handwerklichen Kenntnissen speiste, sowie von einem daraus resultierenden Selbstbewußtsein.

Um 1800 heirateten etwa 25% der Göttinger Handwerkertöchter einen Mann mit demselben Beruf wie dem ihres Vaters, so daß sie weiter unter den ihnen bekannten Bedingungen arbeiten konnten. Ca. 50% ehelichten einen Mann aus einem anderen Handwerk und ungefähr 25% wählten einen Nichthandwerker. Bei Witwen war der Anteil derer, die einen Handwerker derselben Profession heirateten, wesentlich höher und lag bei etwa 50%, während rund 30% bei ihrer zweiten Ehe in ein ähnliches Gewerbe einheirateten.[69] Ein Teil der von einer Handwerkerfrau ausgeübten Tätigkeiten, beispielsweise der Warenverkauf, die Beschaffung von Rohstoffen und das Schuldeneintreiben, war jedoch in vielen Gewerben gleich. Daher konnten Frauen wahrscheinlich auch ihre Verbindungen zu Kunden beim Wechsel in ein anderes Handwerk weiterhin nutzen.[70] Bei einer Erst- oder Zweitheirat mußte allerdings die Mehrzahl der Frauen ihre Flexibilität unter Beweis stellen und sich einem ähnlichen oder gar völlig unterschiedlichen Handwerk anpassen. Im Fall einer Trennung war eine doppelte Belastung von Frauen unvermeidlich: Meist verließ der Mann nicht das gemeinsame Haus und die gemeinsame Arbeitsstätte, sondern die Frau gab Wohnung und Arbeit auf.[71]

Besonders in der ersten Hälfte des 19. Jahrhunderts wurden Witwenheiraten nicht nur durch die wirtschaftliche Situation in den einzelnen Handwerken, die vielen Gesellen die Meisterwerdung verwehrte, sondern vor allem durch obrigkeitliche Heiratsverbote erschwert oder unmöglich gemacht. Die Politik der Heiratsbeschränkungen für Arme und Auswärtige sollte verhindern, daß immer mehr Familien der Armenfürsorge zur Last fielen. Sie ging einher mit einer rigiden Ausweisungspraxis, die selbst vor den von auswärts stammenden Frauen Göttinger Bürger nicht halt machte, wenn diese von ihren Männern verlassen worden waren und eine außereheliche Beziehung eingingen; allen voran betraf dieses Vorgehen ledige Mütter und ihre Kinder.[72]

1837 entschloß sich Dorothea Ziegler, die Witwe des Fleischermeisters Barthold Koch, ein zweites Mal zu heiraten. Sie hatte nach dem Tod ihres ersten Mannes den Betrieb mit Gesellen fortgeführt, doch konnte sie den Viehkauf im ganzen Land neben der Beaufsichtigung der Gesellen und des von ihr geführten Freitisches nicht bewältigen. Ihre Geschäftseinnahmen gingen zurück, und dies

> „hat sie in die Nothwendigkeit versetzt, wieder zu heirathen, und da sie hier kein für ihre Jahre passendes Subject finden kann, hat sie sich entschlossen, den Fleischermeister Heinrich Heine aus Bovenden, welcher guten Leumundes"

zu heiraten.[73] Dieser benötigte für die Heirat das Göttinger Bürger- und Meisterrecht. Obwohl Dorothea Ziegler argumentierte, durch ihre Eheschließung mit Heine entstehe kein neues Geschäft, wurde ihr Gesuch um Eheerlaubnis mehrmals abgelehnt mit dem Hinweis, sie solle entweder selbst nach Bovenden ziehen, oder einen Göttinger heiraten. Frauen, denen generell abverlangt werden konnte, zum Ehepartner zu ziehen, erhielten nicht einmal dann eine Ausnahmegenehmigung, wenn sie im Besitz der wirtschaftlichen Grundlagen für die gemeinsame Existenz waren.

Der Pastor der Mariengemeinde, Miede, unterstützte die Witwe in ihrem Ansuchen und schrieb an die Polizeikommission, daß es in Göttingen keinen Mann gebe, der im Alter zu ihr passe,

> „und wäre das auch, so gehört zu einer Heirath doch auch persönliches Vertrauen, welches eine Frau doch nicht darum in jeden setzen kann, weil er ein Göttinger ist [...]. Außerdem ist es hart, wenn eine Bürgerinn und Meisterinn, welche so achtungswerth gehandelt hat, an Taglohn gewiesen werden soll."[74]

Die Stadt war jedoch lediglich interessiert, den Zuzug von außerhalb zu verhindern. Eine Verminderung oder Konstanthaltung der Anzahl der möglicherweise auf Armenunterstützung Angewiesenen hatte Priorität.[75] Diese rigorosen Bestimmungen führten zu einer wachsenden Zahl von nichtehelichen Beziehungen und nichtehelichen Geburten. Im Falle von Handwerkerwitwen konnten sie den Ruin des Betriebes und die Verarmung der Witwe und ihrer Familie bedeuten, wie auch der Pastor in seinem Unterstützungsschreiben argumentierte.

1.3 Kaufleute und Gastwirte

Die Mitglieder dieser Gruppe sind teils dem kleinbürgerlichen Milieu, teils der städtischen Oberschicht zuzurechnen. Die Erwartungen, die sich für sie an eine Eheschließung knüpften, bezogen sich wie auch im Handwerk auf die Wahrung ihres Status. Hinsichtlich der Wohnverhältnisse erforderten Gastwirtschaften oder Läden normalerweise, daß ihre Inhaber ein eigenes Haus besaßen. Die Arbeitsteilung in diesen Haushalten war durch die Merkmale der traditionellen Hauswirtschaft gekennzeichnet: Die Arbeitsbereiche waren kaum voneinander getrennt, das Ehepaar verrichtete die anfallenden Aufgaben in starker Angewiesenheit aufeinander. War die Geschäftsfähigkeit einer Ehefrau normalerweise eingeschränkt, galt dies für Kauffrauen nicht: Sie konnten verkaufen, kaufen, sich verbürgen, verschulden und die Bücher führen. Im Fall des Kaufmanns Johann Ludwig Grashoff, der 1742 die Kaufmannswitwe Dorothea Amalie Clemme geheiratet und dadurch ein Geschäft erworben hatte, bestand seine Frau darauf, im Laden zu arbeiten und verbot ihm, einen Ladendiener anzustellen. Lieber hielt sie zwei Mägde, die sich um Kinder und Haushalt kümmerten. Sie verfügte über das eingenommene Geld und bezahlte Schulden ihres Mannes, für die sie sich verbürgt hatte.[76] Daß der Tuchfabrikant und Kaufmann Johann Heinrich Grätzel gemeinsam mit Frau und Tochter im Geschäft arbeitete, wurde bereits erwähnt.[77]

Gastwirte erwarteten eine intensive Mitarbeit ihrer Ehefrauen. Otto Heinrich Quentin beschuldigte Sophie Rubarth 1823, daß sie sich

„auf ein Zimmer in der 3ten Etage begab, daselbst sich speisen und tränken ließ, bis diese Stunde darauf den ganzen Tage verweilte und seit solchen anderthalb Jahre sich um meinen Haushalt gar nicht bekümmert hat, ohne daß es ihr an Körperkraft gefehlt, so daß ich bei meiner Bäckerprofession und Gastwirtschaft mich zu deren Fortsetzung der Hülfe ganz fremder Menschen, mit Aufwande großer Kosten, und dabey zugleich erlittenen großen Verluste zu bedienen genöthiget sah."[78]

Die Beschwerde Quentins zeigt, daß die von einer Ehefrau erwarteten und verrichteten Arbeiten nicht von Mägden übernommen werden konnten. Der Erfolg einer Wirtschaft hing von den organisatorischen Fähigkeiten und der Aufsicht und Mitarbeit einer Ehefrau ab. Das Beispiel des Wirtes Philipp Dietrich Petsche bestätigt das. Petsche hatte 1813 als Witwer Catharina Charlotte Lebarre geheiratet. Sie hatte die Leitung der Küche übernommen und beschwerte sich, daß ihr Mann in diesen Bereich eingriff und ihre Anordnungen abänderte.[79] Charlotte Lebarre beanspruchte die Weisungsbefugnis gegenüber dem Küchenpersonals für sich und empfand es als Übergriff, wenn ihr Mann dort Anweisungen gab. Das Gesinde unterstand meist der

Frau: Amalie Clemme hielt gegen den Willen ihres Mannes zwei Mägde und Tagelöhner. Generell gaben Männer vor Gericht zu Protokoll, daß Mägde und Diener von ihren Frauen eingestellt und beaufsichtigt wurden. In beiden Bereichen beeinflußten Frauen auch in starkem Maß die Kundenbeziehungen.[80]

1.4 Unterbürgerliche Schichten

Männer und Frauen aus den unterbürgerlichen Schichten verbanden mit Partnerwahl und Eheschließung vor allem die Hoffnung auf einen sozialen Aufstieg, auf ein Heraustreten aus dem abhängigen Leben im Haushalt ihrer Dienstherrschaften durch Gründung eines eigenen Haushalts. Für ärmere Gruppen spielten daher Arbeitsfähigkeit und Besitz in Form von Möbeln und Hausrat, vielleicht auch etwas Geld, eine lebenswichtige Rolle. Gegen Ende des 18. Jahrhunderts konnte das Fehlen dieser Voraussetzung zur Weigerung der Polizeikommission führen, einen Trauschein auszustellen, ohne den eine Trauung unmöglich war. Wurde eine Ehe dennoch ohne die erforderlichen Voraussetzungen geschlossen, mußten die Ehepartner häufig aus wirtschaftlichen Gründen in fremde Dienste gehen und getrennt leben, wobei die Versorgung von gemeinsamen Kindern ein Problem blieb.[81] In den zur Verfügung stehenden engen Mietquartieren war das Leben beschwerlich, besonders, wenn es nur für eine der Hütten im „Klein Paris" genannten Stadtmauerbereich reichte. Das Streben nach einer materiellen Verbesserung der Lebensumstände durch die Partnerwahl stand daher im Vordergrund.[82]

Der Mietkutscher Lorenz Adrian beschrieb 1805 seine Gründe für eine zweite Ehe folgendermaßen:

„Nach dem Ableben meiner Frau war ich wegen des mir zurückgelassenen in der Ehe erzeugten Kindes, und wegen meiner übrigen häuslichen Umstände gezwungen, mich nach einem andern Gegenstande umzusehen, mit dem ich eine anderweite Verbindung eingehen, und einigen Brautschatz erheirathen könnte. Es wurde mir hierauf die rubricirte Provocatin nicht allein als eine unbescholtene ehrbahre, sondern auch als solche Person in Vorschlag gebracht, mit welcher ich 200 Rthlr zum allerwenigsten doch 150 Rthlr baares Geld sogleich in die Ehe bekommen würde [...]."[83]

Nebeneinander stehen hier die materielle Lage und der „unbescholtene" Ruf der Frau, der – zumindest in der öffentlichen Selbstthematisierung – ebenfalls als Kapital gehandelt wurde. Zusammengenommen ergaben beide Elemente die für jeden einsichtige Eignung der Frau als potentielle Ehekandidatin; sie waren gleichzeitig Kern der „vernünftigen" Partnerwahl eines Mannes in dürftigen finanziellen Umständen.

Gerade bei Männern, die neue Dienstleistungen außerhalb des Hauses oder der Wohnung anboten[84], machten sich Veränderungen hinsichtlich der Rollenverteilung bemerkbar. Sie erwarteten nun von ihren Frauen neben einer ständigen Präsenz im Haus auch eine vollständige Erledigung von Hausarbeit und Kinderbetreuung, eine Trennung zwischen den beiden Arbeitsbereichen, wie sie beispielsweise im Handwerk erst in wenigen Bereichen durch wachsende Spezialisierung möglich wurde.[85] Der Universitätsjäger Ruperti begründete 1769 seinen Entschluß zur Heirat mit Anna Casper, mit der er bereits mehrere Jahre zusammengelebt hatte:

„weil sie eine Persohn ist die sich sehr guth zu meiner Haußfrauen wegen ihrer ordentlichen Haußhaltungs führung schicket, ihre Handarbeit als Nehen, Stricken u.d.g. wozu sie angelernet, kann mir umme desto mehr da ich täglich in einer Wäsche und ordentlicher Kleidung gehen muß bey meinen geringen gehalt wohl zu statten kommen [...]."[86]

Wie Ruperti brachten auch einige andere Männer ihre Hoffnung zum Ausdruck, daß ihre zukünftigen Frauen durch Handarbeiten zum gemeinsamen Einkommen beitragen würden.[87] Gerade Kenntnisse in Näh-, Flick- und anderen Handarbeiten eröffneten Frauen, neben der Möglichkeit, zum Familieneinkommen beizutragen, einen eigenen Arbeitsmarkt, dessen Nachfrage mit steigenden Preisen für Lebensmittel und sinkender Kaufkraft für andere Produkte ständig wuchs. Viele Frauen verrichteten Handarbeiten im Auftrag oder verkauften ihre Erzeugnisse von Haus zu Haus.[88]

Die in Verlobungs- und Konsensklagen des 18. und frühen 19. Jahrhunderts überlieferten Erwartungen und Hoffnungen von Männern und Frauen bei ihrer Eheschließung lassen keinen Zweifel daran, was für sie die höchste Priorität hatte: Ihre jeweiligen Ehepartner sollten genügend Arbeitskraft, Fähigkeiten und materielle Güter in die Ehe mitbringen, um eine Familie zu ernähren. Sie wußten um die engen Zusammenhänge zwischen dem gemeinsamen Wirtschaften und Haushalten auf der Grundlage der beiderseits eingebrachten Fähigkeiten und Besitztümer, also dem Funktionieren des ehelichen Tauschverhältnisses einerseits und dem erfolgreichen Unterhaltserwerb andererseits. Dieses Wissen beeinflußte ihre Entscheidungen bei einer Eheschließung ebenso wie ihr Handeln in Ehekonflikten, die zum überwiegenden Teil von ökonomischen Motiven bestimmt wurden. Die Verlobungsklagen boten Gelegenheit, die individuellen konstitutiven Elemente von Ehe jenseits normativer Vorgaben zu ergründen. Die Geschlechterstereotype der normativen Texte jedoch waren entscheidend für das Handeln vor Gericht, obwohl sie den tatsächlichen Erwartungen der Ehepartner aneinander teilweise entgegenstanden.

Kapitel V
Die Eheklagen

Die Analyse von Verlobungs- und Konsensklagen hat gezeigt, welche Erwartungen Männer und Frauen mit Partnerwahl und Eheschließung verbanden. Scheidungsklagen hingegen bieten einen Rückblick auf den Eheverlauf. Männer, in der Mehrzahl jedoch Frauen aller sozialen Schichten und Altersgruppen reichten eine Klage mit dem Ziel der Disziplinierung des Ehepartners, meist jedoch der Trennung ein.

Wie bereits anhand quantitativer Quellen zur städtischen Wirtschaft gezeigt werden konnte, hatten Umstrukturierungen in einzelnen Sektoren weitreichende Auswirkungen auf die Verteilung von Arbeit auf Männer und Frauen allgemein und auf die innereheliche Arbeitsteilung im Besonderen. Die Eheklagen sind daher eine Quelle sowohl für den sozialen Wandel in der Stadt als auch für den Wandel der Geschlechterbeziehungen.

Ihre Analyse wird in die Unterkapitel 'Besitz und Macht' und 'Gewalt und Macht' gegliedert. Im Mittelpunkt steht dabei eine Untersuchung der Paarbeziehungen, der Gründe für die Ehekrisen und der Konfliktlösungsstrategien. Im ersten Unterkapitel werden die Besitzverhältnisse klagender Ehepaare als möglicher Ursprung von Ehekonflikten unter Berücksichtigung rechtlicher Ungleichheit und äußerer ökonomischer Entwicklungen erörtert. Hinter Vorwürfen wie „Verschwendung", „Diebstahl" oder „Trinken" verbergen sich häufig komplexe Konfliktursachen und -verläufe, die es zu eruieren gilt. In der Auseinandersetzung um diese Bereiche kommt die Bedeutung von Geschlechterstereotypen für die Verhandlung über Ehe vor Gericht deutlich zum Ausdruck. Gewalt als Mittel der Auseinandersetzung im Verlauf von Ehekrisen steht im Zentrum des zweiten Unterkapitels: Nicht nur der Umgang der Betroffenen, sondern auch der Obrigkeit und der städtischen Gesellschaft mit der Ausübung der eheherrlichen Disziplinargewalt ist ein wichtiger Indikator für die Wirkungskraft von Geschlechterstereotypen. Gewalt muß allerdings sowohl in verbaler als auch physischer Form berücksichtigt werden, um dem Verhalten von Frauen und Männern in ehelichen Auseinandersetzungen gerecht zu werden. In zwei gesonderten Unterkapiteln werden Konflikte unterbürgerlicher und bildungsbürgerlicher Ehepaare behandelt, da diese sich im Hinblick auf Ehescheidungsklagen von den Angehörigen der kleinbürgerlichen Gruppen unterscheiden. Die Analyse der Eheklagen wird ergänzt durch Einzelfallbeschreibungen. Die Einbeziehung von Gildeakten, weiteren Gerichtsakten, Nachlässen und Kaufverträgen ermöglichte die Rekonstruktion und Bewertung einzelner Eheverläufe.

1. Zur Bedeutung von Eheklagen im Land Hannover und in Göttingen

Für den Zeitraum von 1740 bis 1840 haben sich für die Stadt Göttingen 190 Scheidungsklagen ermitteln lassen.[1] Die Relevanz dieser Klagen liegt zum einen in ihrer vergleichsweise großen Zahl, zum anderen in der Schilderung von Phänomenen, die sicher in vielen Haushalten anzutreffen waren. Daß eine Eheklage den Angehörigen aller sozialer Gruppen in Göttingen als eine Lösungsmöglichkeit für Ehekonflikte erschien, ist nachweisbar: In der Auseinandersetzung der Eheleute David Kern und Maria Christina Oettinger 1750 gab die Frau zu Protokoll, sie habe ihrem Mann gesagt, wenn er sich nicht bessere, müsse sie ihn verlassen, woraufhin er ihr dreimal geantwortet habe, sie könne den Scheidungsbrief in vier Wochen haben.[2] Auch die sozialtopographische Verteilung der Scheidungsfälle läßt darauf schließen, daß viele Ehepaare mit Ehescheidung als Konfliktlösungsmöglichkeit vertraut waren. Allein in der Langen Geismarstraße strengten mehrere Paare gleichzeitig einen Scheidungsprozeß an.[3] In einigen Fällen wurden Eheklagen von bis zu fünf Paaren erhoben, die zum selben Familienverband gehörten.[4] Zwar ist das Scheidungsrecht des Kurfürstentums Hannover nicht mit dem für Schlesien geltenden liberaleren Recht vergleichbar, doch wird die Bewertung, die ein anonymer Autor 1808 über die Häufigkeit von Eheklagen in der Mittel- und Unterschicht vornahm, nicht außergewöhnlich sein:

„Bei den geringern Ständen, die hierin den guten Ton noch nicht weg haben, pflegt man schon öfterer zu diesem Aeußersten zu greifen, und von Jahr zu Jahr werden daher der Ehescheidungen mehrere."[5]

In Berlin lebten um 1800 nach Angabe des Topographen Fr.W.A. Bratring 1020 geschiedene Frauen.[6] Es ist allerdings in Göttingen nachweislich in vielen Fällen über Jahrzehnte nicht zu einem Prozeß gekommen, da der klagende Teil unter dem Druck der Obrigkeit einer Versöhnung zustimmte[7], oder einer der Kontrahenten die Ehe eigenmächtig löste, sich einen anderen Lebenspartner suchte oder die Stadt verließ. Die überlieferten Prozesse stehen stellvertretend für alle diese problematischen oder gescheiterten Ehen.

Die Häufigkeit von genehmigten Ehescheidungen im Land Hannover wird in zwei Tabellen dokumentiert, die 1789 und 1795 in den „Annalen der Braunschweigisch-Lüneburgischen Churlande" erschienen.

Tabelle 1
Übersicht der vom Königlich-Kurfürstlichen Konsistorium zu Hannover in den Jahren 1786/7 sowie von 1790 bis 1794 getrennten Ehen[8]

Jahre	geschieden	getrennt von Tisch und Bett
1786/7	35	15
1790	19	4
1791	29	23
1792	60	25
1793	38	27
1794	32	31

Für den Zeitraum von Michaelis 1786 (29.9.) bis zum Ende des darauffolgenden Jahres wurden auch die Scheidungsgründe erwähnt: 26 Ehen wurden wegen böslicher Verlassung getrennt, jeweils ein Scheidungsurteil erging wegen Wahnsinn, Ehebruch und Bigamie. Bei sechs Urteilen blieben die Gründe ungenannt. Für die 15 Trennungen von Tisch und Bett – deren Zahl während aller aufgeführten Jahre auffällig hoch ist – ist als Hauptgrund Mißhandlung zu vermuten.[9]

1.1 Die Klagen in Göttingen

In den insgesamt 190 Klagen sind zwei Ex-officio-Klagen, die obrigkeitlicherseits auf Anregung von Verwandten des Paares angestrengt wurden und mit einer Annullierung endeten, sowie eine von beiden Ehepartnern gemeinsam eingereichte Klage enthalten. 108 Klagen wurden von Frauen und 80 von Männern erhoben.

Tabelle 2
Ziele der Eheklagen in Göttingen 1708 - 1848

Klageziel	Klagen gesamt	Klagen von Frauen	Klagen v. Männern
Scheidung	156	89	67
Trennung von Tisch u. Bett	13	10	3
Disziplinierung	19	9	10

Bei der Spezifizierung der Klageziele ist zu beachten, daß es Klagen gab, die zunächst als Beschwerde mit disziplinierender Wirkung gedacht waren, dann jedoch in eine Scheidungsklage umgewandelt wurden. Hinter den insgesamt 156 Klagen, die eine Scheidung zum Ziel hatten, verbargen sich 43 reine Desertionsklagen, von denen 14 von Männern und 29 von Frauen angestrengt wurden. Allerdings kam Desertion auch in den Klagen von Männern ein größeres Gewicht zu, als diese Zahl zunächst vermuten läßt, da im Verlauf von etwa 20 weiteren Prozessen gegen Frauen die eigenmächtige Trennung oder Flucht eine Rolle spielte.[10] Aus einem Scheidungsprozeß konnte ein Desertionsprozeß werden, weil der oder die Beklagte die Stadt verließ. Die Trennung zwischen diesen Gruppen ist nicht ganz unproblematisch. Wenn die Klageschrift nicht überliefert ist, kann das ursprüngliche Ziel der Klage häufig nicht erfaßt werden.

Eine Analyse der Ehedauer bis zur Klageerhebung ergab, daß Frauen im 19. Jahrhundert zwar häufiger klagten, jedoch warteten sie länger mit der Erhebung einer Eheklage: Während Frauen in den ersten Jahrzehnten des Untersuchungszeitraums bereits nach sechs Jahren Ehedauer eine Klage einreichten, geschah dies im 19. Jahrhundert erst nach mehr als neun Jahren. Gegen die Möglichkeit, daß die Probleme in den Ehen insgesamt später auftraten, spricht die Tatsache, daß Männer sowohl vor als auch nach 1800 nach sechs bis sieben Jahren klagten.[11]

Tabelle 3
Ausgang der Prozesse

Prozeßergebnis	Klagen gesamt	Klagen von Frauen	Klagen v. Männern
Scheidung	81	46	35
Annullierung	3	–	1*
Versöhnung	11	8	3
Trennung von Tisch und Bett**	13	9	4
unbekannt***	73	44	29
andere ****	9	2	7

* Hinzu kommen zwei Klagen, die nicht von einem der Ehepartner, sondern von der Obrigkeit auf Verlangen von Verwandten angestrengt wurden.
** Bemerkenswert ist weiterhin, daß in Göttingen der im Land Hannover offenbar häufig verhängten Trennung von Tisch und Bett nicht das gleiche Gewicht zukam, wie im landesweiten Durchschnitt. Allerdings könnten sich in der Rubrik „unbekannt" viele solcher Urteile verbergen.
*** Für diese Fälle ist der Ausgang des Prozesses nicht bekannt, da die Urteile nicht überliefert sind und andere Quellen, wie z.B. Kirchenbücher, keine Rückschlüsse auf die gerichtliche Entscheidung zulassen.
**** Diese Zahlen beinhalten ermittelte andere Lösungen, z.B. eigenmächtige Trennung oder plötzlicher Tod eines der Kontrahenten.

Insgesamt gingen weitaus mehr Frauen als Männer vor Gericht und strebten dabei häufiger als diese eine Trennung von Tisch und Bett an. Klagen von Frauen endeten auch öfter mit einer Versöhnung. Die Häufigkeit der von Frauen eingereichten Klagen erstaunt, da Frauen sonst vergleichsweise selten vor Gericht erschienen. Nimmt man die Untersuchungsergebnisse für mittelalterliche und frühneuzeitliche Gerichtspraxis hinsichtlich der geschlechtsspezifischen Konstellationen vor Gericht, so ist die geringe Präsenz von Frauen augenfällig.[12] Zum einen könnte man dies mit den Kosten begründen, die eine Klage und der folgende Prozeß mit sich brachten. Die Gebühren wurden bei den Eheklagen in Göttingen von Frauen zwar als Hindernis empfunden[13], doch konnte dies viele nicht von einer Klage abhalten, zumal häufig das Armenrecht – eine Übernahme der Kosten durch die Obrigkeit – gewährt wurde. Auch die Überlegung, daß das Gericht und die Kirchenkommission ausgesprochen männliche Strukturen aufwiesen und die Befürchtung oder Erfahrung, daß solche Institutionen letztlich aus Solidarität mit den männlichen Ehepartnern handeln könnten, ließ die Frauen nicht vor gerichtlichen Schritten zurückschrecken. Wie andere Untersuchungen ergeben haben, waren Frauen bei Eheklagen immer in der Mehrheit.[14] Dabei ist das Ausmaß der Einschüchterung und die Bedeutung außergerichtlicher Lösungsstrategien nicht zu unterschätzen.[15]

Manche Klagen wurden zunächst nur mit dem Ziel der Disziplinierung des Ehepartners eingereicht, eskalierten dann aber häufig zu einer Klage auf Ehescheidung – meist vom Beklagten als Gegenklage angestrengt[16] oder vom klagenden Teil als Antwort auf die erfolglosen Disziplinierungsversuche erhoben. Auffällig bei dieser Form der Klage ist, daß sie fast nur vor 1800 vorkam: Sieben Männer und acht Frauen versuchten, ihre Ehepartner durch obrigkeitliche Bestrafung an die ehelichen Pflichten zu erinnern und von Fehlverhalten abzubringen; nach 1800 machten nur mehr drei Männer und eine Frau von dieser Möglichkeit Gebrauch.

Schaut man sich die Klagehäufigkeit nach Geschlecht und Jahrzehnten geordnet an, fällt auf, daß zwischen 1760 und 1800 Männer häufiger als Frauen klagten, während Frauen von 1740 bis 1759 und vor allem in der ersten Hälfte des 19. Jahrhunderts öfter als Männer eine Klage vorbrachten, die sich nicht auf Desertion bezog. Die Zahl der Klagen war insgesamt nach 1820 am größten. Desertionen traten gehäuft in den Jahrzehnten zwischen 1780 und 1819 auf, vielleicht verstärkt durch die Kriegszeit.

Die soziale Verteilung der Fälle

Für 180 der 190 Fälle konnten die Berufe der Männer ermittelt werden, die hier für die soziale Zuordnung der Klagenden maßgeblich sein sollen. Bei dieser Zuordnung anhand des von Wieland Sachse für Göttingen entwickelten Schichtenmodells[17] wird die in den Klagen zum Ausdruck kommende ökonomische Situation der einzelnen Paare berücksichtigt. Diese Methode der Einteilung ist ausreichend, um einige Aussagen über die schichtenspezifische Klagehäufigkeit zu treffen. Leider blieb der Versuch, die Besitzverhältnisse der Ehepaare zwischen 1740 und 1840 anhand von Steuerlisten zu untersuchen, ohne Erfolg, da ein großer Teil der Betreffenden nicht aufgefunden werden konnten. 127 der Ehepaare stammten aus dem Kleinbürgertum, 20 waren der Unterschicht zuzurechnen und 10 gehörten der städtischen Oberschicht an. 23 waren Soldaten, wobei sich darunter wenigstens vier Angehörige der Mittel- oder Oberschicht mit einem gehobenen militärischen Rang befinden.

Bei den für Göttingen ermittelten Scheidungs- und Eheklagen entsprechen die von Handwerkern eingereichten 91 Klagen (knapp 50%) etwa ihrem Anteil an der Göttinger Bevölkerung, während beispielsweise Klagen aus den unteren sozialen Gruppen gemessen an ihrem Anteil an der Gesamtbevölkerung selten sind. Die Einbindung in bestimmte Institutionen wie Gilde, Kirchengemeinde etc. erzeugte wohl institutionellen Druck, der in dieser Form in anderen sozialen Gruppen nicht ausgeübt wurde. Wirtschaftliche Erwägungen und die Frage der Respektabilität können bei Klagen von Handwerkern und Handwerkerfrauen eng miteinander verbunden sein.[18] Strebten sie eine Wiederheirat als Existenzsicherung in den gleichen Kreisen an, waren sie auf ein Urteil des Gerichtes mit Erlaubnis zur Wiederverheiratung angewiesen. In der Unterschicht hingegen spielten solche wirtschaftlichen Rücksichten, beispielsweise auf eine Zunftgebundenheit, keine Rolle, und man trennte sich häufiger eigenmächtig.[19]

Von den 91 klagbar gewordenen Handwerkerehen kamen 46 aus den Textilhandwerken (15 Tuch- und Camelotmacher, drei Färber, ein Leineweber und sieben Schneider) sowie 20 aus der Schuhmacherei. Diese Verteilung übertrifft noch den ohnehin großen Anteil dieser Handwerke an der gesamten Handwerkerschaft.

Im handwerklichen Kleinbürgertum wurden 42 Scheidungen sowie zehn Trennungen von Tisch und Bett verfügt. In 25 Fällen ist der Ausgang des Prozesses unbekannt, lediglich für fünf Ehepaare endete die gerichtliche Auseinandersetzung nachweislich mit einer Versöhnung oder dem Zurückziehen der Klage. In vier Fällen trennten sich Frauen auf Dauer eigenmächtig von ihren Männern, drei Frauen richteten sich innerhalb des Hauses ein eigenes Zimmer ein. Allerdings lebten während des Prozesses wenigstens 21 Paare getrennt; meist war es die Frau, die auszog.[20]

Bei Klagen auf Trennung von Tisch und Bett sowie auf Scheidung wegen Desertion waren Frauen mit 8:1 bzw. 13:12 in der Überzahl. Die Trennung von Tisch und Bett konnte für sie theoretisch eine Versorgungsmöglichkeit darstellen.[21] Besonders Frauen, die nicht mehr heiraten wollten oder konnten, mögen diese Form der Trennung angestrebt haben – vorausgesetzt, das Handwerk oder die Arbeit ihrer Männer warf genügend Profit ab, um gesicherte Alimente in Aussicht zu stellen. Desertionsklagen hatten für diese Frauen große Aussicht auf Erfolg: 10 von 13 Klagen wurde stattgegeben, bei den übrigen ist das Urteil nicht überliefert. Drei der zwölf von Männern eingereichten Desertionsklagen wurde entsprochen, bei den übrigen Klagen ist der Ausgang nicht bekannt.[22]

Auch bei Klagen auf Ehescheidung aus anderen Gründen als Desertion waren die Handwerker ihren Frauen gegenüber leicht in der Minderheit: 30 Klagen wurden von Männern, 33 von Frauen angestrengt. Wenigstens 16 Männer gegenüber 13 Frauen konnten eine Scheidung tatsächlich erreichen. Allerdings finden sich auf der Seite der von Frauen eingereichten Klagen 14, deren Ausgang nicht ermittelt werden konnte, während es bei den Männern nur vier sind, so daß sich das Verhältnis zwischen positiv entschiedenen und abgewiesenen Klagen durchaus zugunsten der Frauen gestaltet haben könnte.[23]

Zieht man die ebenfalls zur Mittelschicht gehörenden 36 Klagefälle anderer Berufsgruppen – Wirte, mittlere Verwaltungsbeamte, Kaufleute – heran, so ergibt sich kein von dem obigen Schema abweichendes Bild: Wieder sind die Frauen bei der Klageerhebung geringfügig in der Überzahl (19:17). Vier der Männer und drei der Frauen erreichten eine Scheidung, jeweils eine Klage eines Mannes und einer Frau führten zur Versöhnung und eine Frau wurde von Tisch und Bett geschieden; in einem anderen Fall starb der verklagte Mann während des Prozesses. Da der Ausgang der Klagen in 25 Fällen unbekannt ist, kann keine aussagekräftige Detailanalyse vorgenommen werden.

Bei den Unterschichten überwiegen wiederum die Klägerinnen: Während 13 Frauen klagten, griffen nur sieben Männer zu dieser Möglichkeit. Vier Frauen erreichten eine Scheidung der Ehe, in einem Fall wurde eine Trennung von Tisch und Bett verfügt, und eine Versöhnung kam zustande. Auch zwei Männer erhielten den Scheidungsbrief, in einem Fall verließ die Beklagte die Stadt, eine andere Klage führte zur Trennung von Tisch und Bett. Der Ausgang der übrigen Prozesse ist nicht überliefert.

Für die im akademischen Bereich Tätigen oder dort Ausgebildeten aus der Mittel- und Oberschicht ergibt sich ein anderes Bild: 13 klagende Männer stehen zehn Frauen gegenüber; in den vier Professorenehen waren es ausschließlich Männer, die den Prozeß anstrengten. Bei den insgesamt zehn zur Oberschicht zählenden Paaren verklagten sechs Akademiker ihre Frauen, während die drei Kaufleute und ein promovierter Jurist, dessen Frau aus einer alten Göttinger Honoratiorenfamilie stammte, sich mit den Beschwerden ihrer Frauen auseinandersetzen mußten. Vier der Männer erlangten eine Scheidung, eine Ehe wurde entgegen dem Wunsch der klagenden Frau auf Scheidung nur von Tisch und Bett getrennt, die Urteile in den anderen Fällen sind nicht zu ermitteln.

Gründe für die Eheklagen

1796 notierte Pastor Wagemann in seiner „Nachricht über die Versorgung der Armen in Göttingen", daß 41 von 373 Almosenempfängern von ihren Ehepartnern getrennt lebten, also insgesamt 15% der nicht verwitweten Unterstützten.[24] Wirtschaftliches Scheitern und das Scheitern einer Ehe konnten eng zusammenhängen. Die von Pastor Wagemann für die 90er Jahre des 18. Jahrhunderts beschriebenen Phänomene der sogenannten verschuldeten Armut[25] spielten, obwohl anders formuliert, in den Eheklagen aller sozialer Schichten eine große Rolle: Mißhandlung auf seiten der Frauen und Ehebruch auf seiten der Männer haben mit 35 bzw. 33 Erwähnungen den größten Anteil an den Beschwerden. Frauen klagten nur in 19 Fällen unter anderem wegen Ehebruch, während sich lediglich zwei Männer über durch ihre Frauen erlittene Mißhandlungen beschwerten. Männer warfen ihren Frauen vor, „aus dem Haus zu laufen"; Frauen klagten darüber, daß ihr Ehemann sie „aus dem Haus geworfen" habe. Monierten Männer das schlechte Essen, das ihre Frauen ihnen vorsetzten, so warfen Frauen ihren Männern vor, die Mahlzeiten von ihnen getrennt einzunehmen. Es treten keine nennenswerten Schwankungen hinsichtlich der Häufigkeit der Motive in verschiedenen Zeitabschnitten auf. Lediglich bei Verschwendung und Diebstahl fällt auf, daß Männer diese Klagepunkte nach 1800 kaum noch vorbrachten, während sie vor 1800 vierundzwanzigmal zum Thema einer Eheklage wurden. Es gab geschlechtsspezifisch unterschiedliche Argumente: In den von Frauen erhobenen Eheklagen wurde ein wirtschaftlicher Schwerpunkt gesetzt, wenn sie anprangerten, daß der Ehemann „die Arbeit vernachlässige" und die Familie nicht ernähre. Dieses Motiv kommt dreißigmal vor. Demgegenüber sahen Männer in 14 Fällen den Haushalt durch ihre Frauen schlecht oder gar nicht geführt. Verschwendung spielte auf beiden Seiten eine große Rolle, jedoch erhoben Männer häufiger den Vorwurf des Diebstahls, während Frauen sich wegen des Spielens und Trinkens ihrer Männer beschwerten.

Tabelle 4
Klagegründe nach Geschlecht der Klagenden[26]

Alle in den Klagen erhobenen Vorwürfe	Frauen 1740 - 1848	Männer 1740 - 1848
Mißhandlung	34	2
Ehebruch	18	35
Lebensbedrohung	18	3
Beleidigung	14	4
Verschwendung	15	12
Diebstahl	6	12
Suff/Spiel	18	2
Aus dem Haus werfen	12	–
Aus dem Haus laufen	–	6
Haushalt vernachlässigt	–	14
sorgt nicht für Unterhalt	30	–
getrenntes Essen	4	–
schlechtes Essen	–	7
eheliche Pflicht verweigert	5	6
eigenes Zimmer genommen[27]	4	2

Insgesamt läßt die quantitative Analyse der Eheklagen folgende Tendenzen erkennen:
1.) Die meisten Klagen wurden von Angehörigen des Kleinbürgertums erhoben. Zunftzugehörigkeit und damit verbundener institutioneller Druck führten eher bei Handwerkern zu einer Klage, während es für Angehörige der Unterschichten weniger dringlich war, eine Trennung auf gerichtlichem Weg zu erwirken.
2.) Frauen haben trotz der für sie bestehenden Abhängigkeiten und ihrer minderen Rechtsposition öfter als Männer von der Möglichkeit Gebrauch gemacht, ihren Partner zu verklagen. Dabei war in der Unterschicht der Anteil der klagenden Frauen noch größer als im Kleinbürgertum. Hiervon weichen lediglich die Zahlen für Angehörige der oberen sozialen Gruppen ab.
3.) Männer neigten dazu, gleich eine Scheidung zu verlangen. Für Frauen kam wegen der Versorgungsregelung auch eine Trennung von Tisch und Bett als Perspektive in Frage.
4.) Es bestand eine enge Verbindung zwischen Verarmung, wirtschaftlichen Krisen und Ehekonflikten. Entsprechend wurden die meisten Klagen aus

wirtschaftlichen Gründen erhoben; hinzu kamen bei Männern Ehebruch und bei Frauen Mißhandlung als häufigster Klagegrund.

Die Untersuchung der Beschwerdepunkte und die Analyse einzelner Fälle sollen zeigen, welches Gewicht diesen vorgebrachten Gründen in den klagbar gewordenen Ehen zukam.

2. Besitz und Gewalt – Determinanten des ehelichen Geschlechterverhältnisses

Die Vorwürfe, die Männer und Frauen in ihren Eheklagen gegeneinander erhoben, bezogen sich in den meisten Fällen auf Fragen der Kontrolle über die vorhandenen materiellen Ressourcen und der Gewaltausübung. Diese beiden Bereiche nehmen eine Schlüsselposition für die Ausgestaltung des innerehelichen Geschlechterverhältnisses ein.

2.1 Besitz und Macht

„Die dem Mann trauet, trauet auch den Schulden."[28]

Für eine Heirat, Haushalts- und Existenzgründung – bis Mitte des 18. Jahrhunderts in allen bürgerlichen Schichten Göttingens gleichzeitige, selbstverständliche Ereignisse für Männer[29] – mußten, wie oben geschildert, bestimmte Voraussetzungen von beiden Partnern erfüllt werden. Angesichts von Gildeschlüssen und Heiratsbeschränkungen, hohen Gilde- und Bürgerrechtsgebühren, geforderten Vermögensnachweisen und Arbeitslosigkeit kam bei der Wahl der Ehepartnerin – vor allem für Zuwanderer –, während der Ehe und bei Ehekonflikten der Mitgift zentrale Bedeutung zu. Rechtlich wurde sie vom Ehemann verwaltet, blieb jedoch Eigentum der Frau.[30] In einigen Fällen benutzten Ehepaare die Mitgift, um versetztes Handwerkszeug oder anderen Besitz wieder auszulösen.[31] Die Mitgift war aber auch Gegenstand vieler Auseinandersetzungen. Männer verkauften und versetzten sie oder versuchten, sie bei einer Scheidungsklage zugesprochen zu bekommen. Frauen nahmen sie im Konfliktfall entgegen den gesetzlichen Bestimmungen mit, ein klares Zeichen dafür, daß sie die ehelichen Vereinbarungen als aufgekündigt betrachteten.[32] Viele von ihnen hatten sich durch jahrelangen Dienst eine Mitgift verdient, andere hatten sie von ihren Müttern geerbt oder waren von ihren Vätern ausgestattet worden.[33] Der Besitz des Mannes stand nie im gleichen Maß im Mittelpunkt von Ehekonflikten; die Mitgift hatte allerdings allein durch ihre Bestandteile – Bett, Hausgerät, Möbel – einen weitaus größeren Symbolcharakter für die Ehe und das gemeinschaftliche Haushalten. Die Trennungsrituale und die klaren Vorstellungen von „dein" und „mein" zeigen, daß die in den normativen Texten vertretene Ideologie des gemeinsamen Besitzes unter Verwaltung des Ehemanns nur unter bestimmten Bedingungen Bestand hatte.

Für einige Frauen läßt sich aus den von ihren Anwälten aufgesetzten Schriftsätzen erschließen, daß eine Existenzgründung und ein gemeinsames Wirtschaften auf der Grundlage ihres eingebrachten Besitzes ihr Selbstbewußtsein geprägt hatten. Marie Elisabeth Beuermann, die im Jahre 1800 den neun Jahre jüngeren Tuchmacher David Tucher geheiratet hatte, erinnerte sich 1821:

„Ich ließ ihn von meinem Vermögen Meister werden, kleidete ihn, und gab zur Einrichtung des Handwerks mein sämmtliches baares Vermögen her [...]."[34]

Friederike Eitmann, die 1818 23jährig in zweiter Ehe den Schuhmacher Andreas Christian Eichhorn geheiratet hatte, klagte 1826:

„Ohnerachtet ich demselben aus meinen Mitteln bedeutende Leder-Quantitaeten gekauft, und ihm solchergestalt die Mittel verschafft, sein Gewerbe zu betreiben, und damit mir und den Meinigen den nothdürftigen Lebens-Unterhalt zu verschaffen, so hat doch derselbe entweder gar nicht gearbeitet, und dem entschiedensten Müßiggange fröhnend überall nicht für die nothdürftigste Ernährung seiner Ehefrau und Kinder sorge getragen, oder doch wenn er etwas gearbeitet, das dafür Verdiente heimlich eincassiert, und mit Saufen und Huren durchgebracht [...]."

Friederike Eitmanns Bewertung macht deutlich, daß sie es als ihr Recht ansah, über Einnahmen genau informiert zu werden oder sie selbst zu kassieren, wie es für zahlreiche andere Handwerkerfrauen belegt ist. Sie fügte eine lange Liste der ihr eigentümlichen, von ihrem Mann verpfändeten oder verkauften Gegenstände bei, deren Verlust sie auch bei der Ausübung verschiedener Arbeiten beeinträchtigte:

„Außerdem hat sich derselbe, um seinem Hange zum Müßiggange, zur Völlerey und Liederlichkeit fröhnen zu können, nicht entsehen, mir nach bemerkte mir eigenthümlich zugehörige Gegenstände als 1. Zinnerne Leuchter, ein eisern Balcken von der Waage, Rauchfleisch, Speck und Würste, einen Leihaus-Schein über versetztes Silbergeschirr, einen dergleichen über versetztes Zinnen, 2 zinnen Teller, ein kupfern Weichbütte, eine große Zeuglinie 150 Elle haltend, einen eisern Mörser, einen messingen Eimer und Milchkessel, so wie sein ihm von mir angeschafftes Zeug heimlich abhanden gebracht, und theils versetzt, theils verkauft, und solchergestalt sich Mittel seinen liederligen Lebenswandel betreiben zu können zu verschaffen gewußt."[35]

Der Hinweis auf die ihr gehörenden Leihhausscheine berührt einen wichtigen Aspekt der Beziehung von Frauen zu Geld: Frauen versetzten häufig

Hausgerät, um Bargeld für dringende Anschaffungen zu bekommen. Der Schuhmacher Bock erwiderte 1820 auf die Beschuldigungen seiner Frau, er habe Kleidung versetzt, nicht er habe dieses getan, sondern sie selbst, und das Geld sei für den Haushalt verwandt worden. Aber auch Männer bedienten sich dieser Methode, kurzfristig an Bargeld zu kommen, wobei sie meist Hausgerät und Kleidung oder ihr Handwerkszeug wählten: Der Disputationshändler Bossigel verteidigte das Verpfänden von Hochzeitsgeschenken und Kleidung mit dem Hinweis, er habe Geld für seinen Handel benötigt.[36] Dabei betonte er, wie auch einige andere dieses Vergehens beschuldigte Männer, er habe es nur mit dem Einverständnis seiner Frau getan, ein deutlicher Hinweis darauf, daß Männer nicht völlig frei über das Eigentum ihrer Frauen verfügen konnten. Besitz zu verpfänden, um die Anschaffung von Rohstoffen oder notwendigen Haushaltsgegenständen zu gewährleisten, war eine von Frauen und Männern, aber auch von Paaren aller sozialer Gruppen gemeinsam praktizierte Methode der Geldbeschaffung.[37] Da dabei aber ausgesprochen oft auf den im Haus befindlichen Besitz einer Frau oder auf die Werkzeuge zurückgegriffen wurde, die für die Arbeit eines Mannes notwendig waren, konnte dieses Vorgehen zu einer Belastung der ehelichen Beziehungen werden.

Wie die Gerichtsinstanzen die Belastungen bewerteten, die durch den Kampf um die vorhandenen Ressourcen verursacht wurden, welche Bedeutung sie dabei der Aufrechterhaltung des Funktionierens der einzelnen Hauswirtschaften zusprachen und welcher Stellenwert der ehelichen Disziplinargewalt der Männer beigemessen wurde, soll an verschiedenen Aspekten der Eheklagen erläutert werden.

Das Trinken und die gemeinsamen Mahlzeiten

Ein Hauptmotiv in den Klagen von Frauen ist das Trinken im Zusammenhang mit Verschwendung, häufig auch mit Mißhandlung.[38] Trinken von Alkohol, besonders von Bier und Branntwein, war aber auch Bestandteil der täglichen Ernährung und wurde bei Krankheiten als Heilmethode angesehen.[39] Sowohl während der Arbeit als auch am Feierabend im Wirtshaus hatten Männer vielfältige Gelegenheiten zum Trinken. Trinken konnte ritualisiert sein und war, besonders für zünftige Handwerker, wichtiger Bestandteil ihrer Gruppenkultur.[40] Es gehörte zur Bekräftigung von Rechtsgeschäften wie Verkäufen und Arbeitsvermittlung. Viele Handwerker betrieben neben ihrem Gewerbe Branntweinbrennerei und -ausschank. Auch außerhalb der Zünfte gab es größere Gruppen von Männern, die lohnabhängig arbeiteten und mit den anderen Arbeitern oder Tagelöhnern tranken. Für Manufakturarbeiter ist es vor allem für den Tag der Lohnauszahlung, den Samstag, belegt.[41]

Aus der Sicht klagender Frauen stand das Trinken für den verschwenderischen Lebenswandel von Männern allgemein. Aber der Wirtshausbesuch war auch Ausdruck einer spezifisch männlichen, außerehelichen Identität und exklusiven Öffentlichkeit. Wirtshäuser boten Männern einen sozialen Ort, wo sie unter anderem auch über Frauen redeten.[42] Daher lehnten Frauen oft die Wirtshausgänge ab, die für „Müßiggang", Verschwendung und eine gegen sie gerichtete Gruppenkultur standen, der sie nichts entgegenzusetzen hatten. Sie mußten zu Hause bleiben, arbeiten und auf die Kinder achten.[43] Vor Gericht konnten sie dieses Verhalten vorbringen, weil dem übermäßigen Branntweingenuß als einer Ursache für „Unordnung in Haushaltungen" in der zeitgenössischen Diskussion große Aufmerksamkeit gewidmet wurde.

Das Trinken zeigte besonders deutlich, wer die Kontrolle über das vorhandene Geld hatte. Im Fall des Instrumentenmachers August Ziehe, der 19jährig die 16jährige Weißbindertochter Charlotte Bergmann geheiratet hatte, hieß es 1807 in der Klageschrift seiner Frau:

„Gleich im zweiten Jahre nämlich machte er nicht nur 100 rthl. Schulden, welche mein Vater für ihn bezahlen mußte, sondern er besuchte in den meisten Tagen der Woche, statt wie es einem ordentlichen und rechtschaffenen Ehemann geziemt, zu arbeiten, die Wirtshäuser und Spielbänke, kam gemeiniglich erst des Morgens gegen 2, 3 und 4 Uhr zu hause, und verschwendete auf diese Art das Geld – Wenn ich mit meinen Kindern, Magd, Gesellen und Lehrburschen, essen wollten; so gabe er nie Geld her, sondern ich mußte stets zu meinen Eltern meine Zuflucht nehmen [...]. Auch versetzte er nicht nur damahls schon meine Sachen, sondern auch sein eigenes Zeug."[44]

Die Schilderung Charlotte Bergmanns kann als exemplarisch für eine Reihe anderer Klagen gelten. In 12 von 17 Fällen, in denen Trunksucht eine Rolle spielte, mußten die Frauen mit ihrem Vermögen für den Lebensunterhalt sorgen. Oft war ihre Mitgift von den Männern verbraucht worden.

Männer pflegten sich mit dem Gegenvorwurf zu entschuldigen, das Betragen ihrer Frauen habe sie zum Trinken verleitet. Der Disputationshändler Bossigel schrieb 1787:

„die liederliche Aufführung seiner Frau mußten ihn veranlassen, aus dem Haus zu gehen und seinem Gram Erleichterung zu verschaffen",

und Kaufmann Grashoff argumentierte ähnlich, als er 1749 zu Protokoll gab, seine Frau sei nie „vertraulich", sondern immer mürrisch gewesen, „darüber bin ich leider auf den verfluchten Suff gerathen".[45]

In vier Fällen wurde einer Frau von ihrem Mann Alkoholkonsum vorgehalten; es handelte sich jeweils um eine Abwehrreaktion der Männer auf die

Klage ihrer Frauen.[46] Dabei fand eine argumentative Verknüpfung dieses Motivs mit Liederlichkeit, sexueller Normübertretung oder Nichterfüllung der „weiblichen Pflichten" statt. Frauen tranken – wenn überhaupt – im Haus, meist in Gesellschaft von Besuchern, und hatten in der Regel nur Zugang zum Alkohol des Ehemanns. Trinken wurde bei Frauen als Teil einer unschicklichen Lebensweise angeprangert.[47] Stadtrat, Universitätsgericht bzw. Kirchenkommission bemühten sich dagegen in den überlieferten Fällen kaum, den verklagten Mann davon zu überzeugen, daß das übermäßige Trinken die gemeinsame Haushaltung des Ehepaares gefährdete; es blieb bei 24stündigen Gefängnis- oder Karzerstrafen, obwohl nach den Landesgesetzen höhere Strafen verhängt werden konnten.[48]

Die Klage über den zu häufigen Wirtshausbesuch verbarg neben dem gemeinsamen Alkoholgenuß und dem sozialen, spezifisch männlich geprägten Umfeld noch etwas anderes: Die Einnahme der Mahlzeiten geschah nicht mehr im Haushalt mit Frau, Kindern und Gesinde, sondern im Wirtshaus, wobei der Frau gleichzeitig das Haushaltsgeld für die Anschaffung und Zubereitung der Speisen für alle Haushaltsmitglieder vorenthalten wurde. Diesem Verhalten kam von Frauenseite die Verweigerung des Kochens oder der Versorgung des Mannes gleich. Die Weigerung, gemeinsam die Mahlzeiten einzunehmen, war aber als besonders schwere Störung des ehelichen Teilens von Tisch und Bett anzusehen, die auf sehr komplexe Vorgänge zwischen den Ehepartnern hinweisen konnte.

Der Buchbinder Pliese schilderte 1742 in seiner Beschwerdeschrift, seine Frau Maria Elisabeth Schepeler habe ihren eigenen Vorrat an Butter, Käse und Brot und verstecke ihren Anteil an Fleisch und Fisch. Vermutlich versuchte sie einfach, sich und ihrem Kind, vielleicht auch der Magd, genügend Verpflegung zu sichern und gleichzeitig zu zeigen, daß sie die Verschwendung und ungenügende Versorgung durch ihren Mann nicht hinnahm. Der Entzug der Speisen war in diesem wie auch in anderen Fällen ein Signal der Ehefrau an ihren Mann. Sie leistete die Hauptarbeit zur Versorgung der Familie, während er ihres Erachtens nach seinen Beitrag zur gemeinsamen Wirtschaft nicht erfüllte.[49] Frauen fürchteten das Trinken ihrer Männer aber besonders wegen der unter Alkoholeinfluß ausgeübten Mißhandlungen, wie auch das Beispiel des Buchbinders Pliese bestätigt.

Männer konnten den Spieß umdrehen und den Frauen vorwerfen, sie kämen ihren haushälterischen Pflichten nicht nach, wenn sie nicht für die Mahlzeiten sorgten, das Essen ungenießbar war oder sie einen Kostgänger oder Freund besser bewirteten als den eigenen Mann.[50] Diese Vorwürfe konnten ebenfalls als Rechtfertigung für den Gang ins Wirtshaus benutzt werden.

Diebstahl und Verschwendung

Viele Paare beschuldigten sich gegenseitig des schlechten Haushaltens, der Verschwendung und des Diebstahls. Im Mai 1744 ließ Margaretha Hedewig Sauer, die 1742 nach dem Tod ihrer Eltern im Alter von 20 Jahren den Seiler Jeremias Iesengard geheiratet hatte, eine Klageschrift mit der Bitte um Scheidung der Ehe aufsetzen, die sie selbst nach Hannover zum Konsistorium brachte. Sie schilderte, wie sie zwei Jahre zuvor

„auff ohnermüdetes Anhalten meines jetzigen Mannes, Jeremias Iesengard [...] aber auch auff hefftiges Zureden meines damahligen Herrn Beichtvaters"

geheiratet hatte. Ihr Mann zog zu ihr in das von ihren Eltern geerbte Haus. Bereits vier Wochen nach der Eheschließung habe Iesengard einen ersten „Wahnsinnsanfall" gehabt. Von seinen ehemaligen Nachbarn sei sie „vor Äxten und anderen tödlichen Geräten" gewarnt worden. Ihr Mann habe sein Handwerk nicht richtig ausgeübt und angekündigt, sie zu verlassen und fortzugehen. Schließlich habe er

„meine Kisten und Kasten erbrochen, mein bestes Linnen Geräthe heraus genommen, und solches veräussert".

Auch versuchte er, ihr Haus zu verkaufen, weshalb sie einen Prozeß führen mußte. Sie schloß ihre Klage mit der Bitte, ihr, die noch kinderlos und erst 22 Jahre alt sei, die gänzliche Scheidung von Iesengard zu gewähren, ehe sie in größte Dürftigkeit gestürzt oder gar von ihrem Mann ermordet werde.

Jeremias Iesengard reichte am 3. Juli eine „gründliche Beschwerde über meine sehr unartige Frau" als Antwort auf ihre Eheklage ein. Ohne auf die Anklagepunkte seiner Frau einzugehen, ließ er schreiben:

„1. hat sie mir 3 Thlr aus der profession genommen, so ich von andern Leuthen erfahren, sothanes Geld hat sie nach ihrem Schwager gebracht. 2. Da ich vorm Jahre zum Nörthischen Markt gewesen, hat sie indeßen vor 24 mgr Waare verkaufft, mir aber nur 12 mgr geliefert. 3. Hat sie meine Lade auffgebrochen, obselbe gleich mit doppelten Schlössern verwahrt gewesen, daraus 12 mgr genommen, item eine Bett...[unles., S.M.], drey Halßtücher und 2 Hembden. 4. Der Sprachmeister Obradowick ist den letzten Winter beständig zu ihr gangen, und so wohl Tag als Nacht bey ihr gewesen, und miteinander in die späte Nacht Wein getrunken, da ich dann vor denselben des Lebens nicht sicher gewesen! mithin giebt sie vor es wäre ihr etwas ins Bette gestreuet, so vieleicht dieser ihr Liebhaber kan gethan haben. 5. Hat sie mir den Halß umdrehen wollen, da dann durch meyn Schreyen alle Nachbahrn zu Thür und Fenstern kommen. 6. Hat sie die Barte im Bette unterm Kopfküßen liegen gehabt, um mich des Nachts zu ermorden; so ihr eigener Bruder ausgesagt, daß er sie gefunden. 7. Haben sie die Burschen des Nachts zum Fenster nein gehoben, und zwar gar öffters, wann ich dann ver...[unles., S.M.], ob wären Thür- und Fenster wohl verwahret, so lag sie morgens im Bette, da sie zuvor abends nicht im Hauße gewesen. 8. Wenn sie Korn gemahlen, habe ich ihr Geld vor den Mühlenkopf gegeben, selbiges hat sie behalten und den Mühlenkopf in natura gereichet. item wann sie Brod backen laßen, habe ihr Geld vor den Sauerteig gegeben, solches hat sie gleichfals behalten und den Sauerteig sich decourtiren laßen. 9. Vor einigen Wochen ist sie auff der Masch gewesen, hat alda einen grausamen Lerm gemacht, so daß ein Kerl sie deshalb hat erstechen wollen. 10. Wie sie wieder von Hannover kommen, hat sie in der Thür gesessen, und die aller liederlichsten Lieder gesungen, bey all solcher gottlosen Lebens Art stärket sie jedennoch ihr Schwager! 11. Belüget sie sowohl Geistlich- als Weltliche Obrigkeit, und führet ein solch liederlich gottloses Leben, daß der Himmel davor erschwärtzen mögte; ja ihre Unart ist weder zu beschreiben noch auszusprechen! Obig weniges aber kan ich mit Zeugen sattsam beweisen."[51]

In diesem Schreiben kommen die Arbeitsrollen der Ehefrau zur Sprache: Margaretha Hedewig Sauer verkaufte die Produkte ihres Mannes und erledigte eine Reihe von haushälterischen Aufgaben, in deren Zusammenhang sie über Geld verfügte und notwendige Ausgaben tätigte. Vielleicht hatte sie die erwähnten Ausgaben für „Mühlenkopf" (Naturalabgabe für das Mahlen des Korns) und Sauerteig eingespart, um andere notwendige Anschaffungen machen zu können, vielleicht hatte sie sie aber auch für sich selbst ausgegeben. In diesem Konflikt spielte die angetastete Herrschaft des Ehemannes die Hauptrolle. Er hatte erst von anderen Leuten erfahren, daß seine Frau Geld genommen und zu ihrem Schwager gebracht hatte. Gerüchte über Iesengards mangelnde Kontrolle in materiellen Angelegenheiten, vielleicht auch über die Unfähigkeit, sein Handwerk zu treiben, waren ebenso an die Öffentlichkeit gedrungen, wie die lautstarken und handgreiflichen Streitigkeiten zwischen den Eheleuten. Iesengard beantwortete seine Bloßstellung mit einem massiven Angriff auf die moralische Integrität seiner Frau, bezichtigte sie des „verdächtigen Umgangs" mit anderen Männern und des öffentlichen Lärmens, eines für Frauen nicht akzeptierten Verhaltens. Margretha Sauer wurde von ihrem Mann des Diebstahls und der Verschwendung beschuldigt. Iesengard versuchte, durch Kontrolle und Verkauf ihres Eigentums die finanzielle Notlage abzuwehren.[52]

Der Umgang ihres Ehemannes mit ihrem Eigentum mußte provozierend auf Margretha Sauer wirken. Er hatte versucht, ihr Haus zu verkaufen, das sie mit in die Ehe gebracht hatte. Er fragte sie nicht, als er durch die Versetzung von Gegenständen aus ihrem Besitz Schulden tilgen wollte: Kleidung, die er ihr geschenkt hatte, ließ er durch eine Schustersfrau verkaufen. Er hatte sogar ihren Kasten aufgebrochen, um die Kleider zu bekommen.[53] In beiden Fällen vollzog Iesengard die Trennung von seiner Frau, indem er ihren Besitz auseinanderdividieren wollte: Durch den Hausverkauf hoffte er, 50 Taler, die er in das Haus investiert hatte, zurückzubekommen, und der Verkauf der Kleidung bezog sich lediglich auf Kleider, die er ihr zuvor geschenkt hatte.

Aber auch Loyalität gegenüber der eigenen Familie, Konflikte zwischen den beiden durch die Ehe verbundenen Familien spielten hier wie in zahlreichen anderen Fällen eine Rolle. In Krisen wurden Eltern und Verwandte als Unterstützung mobilisiert. In manchen Ehen waren enge Beziehungen zu den Eltern von Beginn an ein Streitpunkt. Besonders in Fällen von zugewanderten Ehepartnern, die selbst keine Verwandtschaft in der Stadt hatten, konnte dies zu Problemen führen.[54]

Die Kirchenkommission empfahl in ihrem Bericht an das Konsistorium, die Gründe Margretha Sauers, eine Scheidung zu fordern, näher zu untersuchen. Die Mitglieder waren nach der Vernehmung des Ehepaares und aufgrund des vorgetragenen Verdachts auf Wahnsinn mißtrauisch geworden und befürchteten, die Klägerin suche nur nach einem einfachen Weg, aus ihrer Ehe herauszukommen. Der verklagte Ehemann hatte sich mit einer Gegenklage offenbar erfolgreich wehren können.

Lediglich in den Fällen, in denen der wirtschaftliche Ruin der einzelnen Haushalte weitreichendere, die Landesinteressen berührende Konsequenzen hatte, verfolgten die Gerichte das von Frauen beklagte verschwenderische Verhalten ihrer Ehemänner mit Nachdruck – beim Bankrott eines Kaufmanns beispielsweise. Der Bankrott und die dafür verhängten Strafen spielten in allen drei, von den Kauffrauen initiierten Scheidungsprozessen eine entscheidende Rolle.

Der Fall Clemme-Grashoff 1749[55]

Am 28.10.1742 heiratete Johann Ludwig Grashoff aus Stolzenau, früher Apothekengehilfe, zum Zeitpunkt der Heirat „Materialist bey hiesiger Academie", die 22jährige Witwe Dorothea Amalia Clemme, Tochter eines Notars. Ihr erster Mann, der Kaufmann Christian Brauer, war 1741 gestorben. Aus dieser Ehe hatte sie einen 1739 geborenen Sohn zu versorgen. 1743 kam eine Tochter zur Welt, 1745 und 1747 wurden in der Johannisgemeinde Söhne getauft, von denen der ältere bereits 1746, der jüngere 1758 wieder verstarb.

Während der folgenden sieben Jahre kümmerte sich Grashoff weniger um das Geschäft, das er durch die Heirat mit Dorothea Clemme übernommen hatte, sondern ging seinen Vergnügungen nach. Schon morgens begann er mit dem Trinken von Branntwein, der allgemein als Teil des Frühstücks akzeptiert war. Er stellte hohe Ansprüche an die Mahlzeiten, die er mit engen Freunden einnahm. Seine Frau, die er zum Weintrinken überreden wollte, wurde wegen ihrer Weigerung als „Pietistin" beschimpft. Grashoff trank häufig in der Apotheke des Herrn Sachse, wo man Branntwein ausschenkte, in den Weinstuben der Witwe Oliven und des Weinschenkers Lohr sowie beim Coffetier Casper Siebert; seine täglichen Rechnungen für Getränke beliefen sich auf mehrere Taler. Der Apotheker Sachse bemerkte dazu, er wisse, wieviel eine Handlung abwerfen könne, doch die unnützen Ausgaben von Grashoff könne kein Handelsmann aushalten. Gastierten Komödianten in Göttingen, gehörte Grashoff zu den allabendlichen Zuschauern. Er spielte gern und wurde häufig in Begleitung seiner männlichen Freunde – unter anderen des Schwagers von Dorothea Clemme, Victorinus Bossigel – mit Prostituierten gesehen.[56] Seine Frau hatte ihn sogar im Haus mit einer Prostituierten überrascht. Darüber hinaus belästigte und nötigte er regelmäßig die im Haus arbeitenden Mägde. Dorothea Clemme versuchte, über ihren Schwager Pastor Brauer und männliche Freunde der Familie Einfluß auf ihren Mann zu nehmen. Auf seine Ehebrüche und seinen Lebenswandel angesprochen, gestand Grashoff freimütig sein Verhalten und rechtfertigte sich mit den Worten,

„daß dergleichen eine Frau wohl leiden müßen [...]. Er sey sein Lebtage nicht anders gewesen und wolle auch nicht anders werden."

Den Überblick über die im Laden vorhandenen Waren und die Einnahmen hatte Grashoff schnell verloren, nahm ihm doch seine Frau die Arbeit des Verkaufens während seiner häufigen Abwesenheiten ab. Er hatte zwar versucht, einen Ladendiener einzustellen, doch Dorothea Clemme bestand darauf, selbst im Laden zu arbeiten, und mietete lieber eine Magd zur Betreuung der Kinder. Doch ihr Einsatz konnte nicht verhindern, daß der Wert der im Laden vorhandenen Ware nach sieben Jahren auf ein Viertel dessen geschrumpft war, was Grashoff bei seiner Heirat vorgefunden hatte. Die Kunden kamen schließlich wegen der mangelnden Auswahl nicht mehr. Die aufgelaufenen Schulden bei Bremer Kaufleuten waren unbezahlbar geworden.

Schon mehrere Male hatte Grashoff kurze Zeit im Karzer verbracht, weil er seine Frau mißhandelt oder bedroht hatte. Bei zwei dieser Gelegenheiten waren im Haus einquartierte Militärangehörige Dorothea Clemme zu Hilfe gekommen und hatten ihren Mann entwaffnet. Am 22. September 1749 wurde er erneut in den Karzer gebracht, da er seine Frau „im Hause übel tractiret" hatte. Das Universitätsgericht fürchtete um die Sicherheit der Familie und war dieses Mal nicht bereit, ihn innerhalb von 24 Stunden wieder zu entlassen, zumal er von Vergeltung sprach. Dieses Mal unterschied sich aber noch in anderer Hinsicht von seinen vorangegangenen Aufenthalten im Karzer: Seine Frau reichte eine Beschwerdeschrift ein und machte deutlich, daß sie nicht mehr willens war, ihn wieder bei sich aufzunehmen.

Die 22 Punkte der Schrift nahmen vor allem Bezug auf Grashoffs Kontakte zu Prostituierten sowie auf seine Versuche, insgesamt 15 im Haus oder in der Umgebung des Hauses arbeitende Frauen zu sexuellen Handlungen zu zwingen oder zu überreden. Außerdem beklagte Dorothea Clemme die ungewöhnlich hohen Ausgaben, die ihr Mann für Alkohol, Spiel und den Besuch von Komödien gemacht hatte. Die Drohungen und Mißhandlungen durch ihren Mann bildeten den Abschluß ihrer Beschwerdeschrift, in der sie bat, ihn bis zum Ende der Untersuchungen und zur Festlegung einer Strafe im Karzer zu lassen. Sie forderte ihre Mitgift in Höhe von 446 Talern sowie 225 Taler zurück, die aus dem Verkauf eines Landstücks in die Handlung geflossen seien.

Der Beschwerdekatalog Dorothea Clemmes diente als Grundlage für ein erstes Verhör Grashoffs nach sechs Tagen Karzerhaft. Summarisch befragte man ihn nach seinem Lebenswandel, seinen vermeintlichen Ehebrüchen und der Mißhandlung. Grashoff leugnete die Vorwürfe der „Unzucht", auch habe er nicht liederlich gelebt:

„des Morgens habe er wohl seinen thee getrunken, und die Frau habe solchen auch mit genossen und möchte wohl des Morgens zuweilen für zwei Groschen Branntwein gelangt seyn worden es hätten aber öfters andere Leute auch mitgetrunken."

Auf die Frage nach seinen hohen Ausgaben sagte Grashoff, das Geld sei vor allem für den Haushalt verwendet worden; er spezifizierte dies jedoch nicht und das Gericht beharrte nicht auf einer detaillierteren Erklärung. Grashoff fügte hinzu, er habe auch versetzte Gegenstände wieder auslösen müssen, und der Jude schulde ihm diesbezüglich noch 150 Taler.[57]

Indirekt gab Grashoff seine Ehebrüche zu, indem er aussagte, seit dem letzten Aufenthalt im Karzer kein Mädchen mehr angerührt zu haben. Seine Frau habe er nur mit der Hand geschlagen. Doch Grashoff beließ es nicht bei dieser Verteidigung gegen die Vorwürfe seiner Frau: Er reichte seinerseits Beschwerde gegen sie ein, gegründet vor allem auf ihre angeblich schlechte Hauswirtschaft und ihren Hang zur Verschwendung. Allgemein klagte Grashoff über die hohen Prozeßkosten, für die seine Frau verantwortlich sei. Er erwähnte, daß er die Hochzeit für 50 Taler ausgerichtet habe, daß er für 600 Taler Baumaßnahmen an ihrem Haus habe vornehmen lassen und Möbel angeschafft habe. Von den Ammen und Mägden seiner Frau sowie den Burschen sei er bestohlen und betrogen worden. Vor allem aber habe seine Frau kostspielige Entscheidungen getroffen:

„sie hat offt zwei Mädgens gehabt, da sie hat mit einer können zukommen und dabei noch Tagelöhners wenn ich habe davon gesagt so hat es geheißen das verstünde ich nicht."

Die Kunden seien wegen des schroffen Verhaltens seiner Frau ausgeblieben. Er beschuldigte sie, ihm 100 Taler gestohlen zu haben. Außerdem warf er ihr vor zu trinken. Sie hätte auch von ihm verlangt, daß er ihr Kleider kaufen müsse, und hätte sich eine Bügeltasche aus Silber anfertigen lassen, die so schwer sei, daß sie sie nicht benutzen könne.

Mit diesem Katalog von Beschwerden lenkte er die Aufmerksamkeit des Gerichts auf die Klägerin, die nun einem genauen Verhör unterzogen wurde. Dorothea Clemme zeichnete selbstbewußt ein detailgetreues Bild ihrer zweiten Ehe, in der sie unter den Demütigungen ihres Mannes leiden mußte, der sie zum Trinken verleiten wollte. Hinsichtlich ihrer Hauswirtschaft verlangte sie eine Erklärung Grashoffs, woran sie es seiner Meinung nach habe mangeln lassen, da sie doch nichts ohne seinen Befehl und sein Gutheißen getan, gekocht oder angeschafft habe. Kleider habe er ihr allerdings geschenkt, aber ohne von ihr dazu aufgefordert worden zu sein, und die silberne Tasche hatte sie sich aus ihrem eigenen Silber anfertigen lassen „als sie ihren Mann genommen". Auch für die verschwundenen 100 Taler hatte sie eine Erklärung: Sie hatte sich bei Seifenkoch Klettwig für ihren Mann für eben diese Summe verbürgt und sie nach und nach zurückgezahlt, indem sie das Geld heimlich aus dem Laden genommen hatte. Dadurch hatte sie die Unzulänglichkeit ihres Mannes nach außen verbergen wollen, „wofür ihr der Mann mehr obligat sein als sie dadurch zu blamiren suchen sollen". Auch hatte sie ihren Mann durch das Entwenden von fünf oder sechs Talern auf die Probe gestellt:

„allein weil der Mann soviel depensiret, verspielet und verschencket so habe er es hienächst nicht gewußt wo das Geld geblieben und sie habe es ihm alsdann selbst gemeldet daß sie es an einen anderen Ort hingelegt habe, und dabey habe sie ihm auch seyne Nachlässigkeit zu Gemüthe geführet."

Dorothea Clemme wollte, daß ihr Mann seinen hausväterlichen Pflichten nachkam und die Kontrolle über die vorhandenen Geldmittel ausübte, die sie zwangsläufig übernommen hatte. Sie sagte aus, sie könne sich vorstellen, daß Ammen und Mägde Verschiedenes veruntreut hatten, weil sie einen so „familiären Umgang" mit Grashoff gepflogen hätten. Tagelöhner habe Grashoff selbst für das Holen des Branntweins beschäftigt, wogegen sie sich gewehrt habe, da sie bereits zwei Mädchen für die Betreuung der kleinen Kinder annehmen mußte,

„denn wenn der Mann den Spielen und Sauffen nachgegangen, sie aber in dem Laden sein müssen, den Kindern und Burschen doch habe auch aufgewartet werden und die Mädgen bis in die späteste Nacht auf ihren außer Hause schwärmenden Mann warten müssen, so wären freilich zwey Mädgen dazu nötig gewesen, denn sie hätte ja die Leute im Laden aufwarten müssen."

Die Kosten der von ihm angeschafften Möbel schließlich würden nicht soviel betragen, wie der Verlust oder die Abnutzung ihres eigenen Mobiliars. Zu den Vorwürfen hinsichtlich ihrer Geschäftsführung konterte Dorothea Clemme, nur die konfuse und unrichtige Buchhaltung ihres Mannes sei Schuld daran, daß man nun kein richtiges Inventar aufnehmen könne. Sie habe selbst im Laden gearbeitet:

„dieweil der Haushalt einen Diener nicht vertrage so habe sie freilich in den Laden gehen und mit verkaufen müssen, das habe ihr sonderlich auf dem Halse gelegen wenn der Mann zum Gesoffe gegangen und öffters gantze Tage bis in die späte Nacht aus dem Hause geblieben."

Dorothea Clemme machte deutlich, daß sie den Arbeitsbereich ihres Mannes nicht hatte übernehmen wollen, sondern es notgedrungen tun mußte; sie hatte alles versucht, um ihn auf seine mangelnde Kontrolle in Gelddingen hinzuweisen. Den Kunden sei sie nicht übel begegnet; Grashoff habe die Leute selbst abweisen müssen, da keine Waren mehr vorhanden waren. Sie schloß ihre Ausführungen mit einem ganz besonderen Beweis für die Qualität ihrer Arbeit:

„ja sie wollte ihre Aufführung nunmehr auch dadurch justificiren daß seitdem der Mann außer Hause gewesen der Abgang und Nahrung mehr zugenommen und alle Wochen gestiegen, wie erfordertenfalls aus den Manualien gezeiget werden könnte."

Auch den Vorwurf, sie sei mürrisch zu ihrem Mann gewesen und habe sich nie so vertraulich gezeigt, wie eine Ehefrau sein sollte, wies sie entschieden zurück. Ihr Mann

„habe einen liederlichen Ehestand mit ihr führen wollen, dazu hätte sie sich nicht verstehen können, und daher wäre auf des Mannes Seite viel Unwillen erwachsen."

Gestützt wurde Dorothea Clemmes Klage schließlich von einer Eingabe des Vormunds ihres Kindes aus erster Ehe, dem Zinngießer Weigand. Weigand schilderte, daß Grashoff mit etlichen Hundert Talern in Bremen verschuldet sei und damit nicht mehr solvent oder kreditwürdig sei. Er sah in Grashoffs Verhalten einen mutwilligen Bankrott und Betrug an seinen Geldgebern. Grashoff habe die Familie um ihren Besitz gebracht: Die Immobilien seien verkauft, und nicht einmal der vierte Teil der Waren, die bei der Heirat vorhanden gewesen waren, sei noch übrig. Weigand forderte die Bestrafung Grashoffs als mutwilligen Bankrottier, die Anfertigung eines Inventars sowie die Übergabe des Geschäfts an Dorothea Clemme, die es mit Hilfe eines Ladendieners eigenverantwortlich führen sollte.

Diese Eheklage, die zunächst vielen von Frauen eingereichten Scheidungsgesuchen ähnelt, hatte aufgrund der Bankrottvorwürfe ein spezielles

Interesse des Gerichts auf sich gezogen. Dem Wunsch der Klägerin, Grashoff für die gesamte Dauer der Ermittlungen zu inhaftieren, wurde entsprochen. Trotz der offensichtlich begründeten Klagen Dorothea Clemmes aber hatte Grashoff es zeitweise geschafft, ihr Verhalten in den Mittelpunkt der Untersuchungen zu rücken. Erst als der Bankrottvorwurf sich durch die Eingabe des Vormunds und das Ergebnis der Inventarisierung in den Vordergrund schob, wurde das Augenmerk verstärkt auf Grashoffs finanzielle Angelegenheiten gelenkt. Grashoff floh schließlich, nach mehreren unerhörten Bittschriften, aus dem Karzer und kehrte nie nach Göttingen zurück.

Diebinnen

Das Motiv, das sich in den Gegenklagen zahlreicher Männer findet – der Vorwurf der schlechten Hauswirtschaft und die dadurch herbeigeführte Verlagerung der Verantwortung für die materielle Misere vom Mann auf die Frau – gipfelte häufig in konkreten Diebstahlsvorwürfen.

Der Sprachmeister Buffier hatte etwa 1757 die Witwe Magdalene Meineke geheiratet und war mit ihr und ihren zwei Kindern aus erster Ehe nach Göttingen gezogen[58]. Zum Zeitpunkt der Heirat war er 29, seine Frau war 34 und deren Kinder waren vier bzw. sechs Jahre alt. Buffier lebte mit seiner Familie in einem Mietshaus.

Drei Klagen im Abstand von jeweils einigen Jahren – 1759, 1761 und 1766 – wurden von Magdalene Meineke gegen ihren Mann erhoben, wobei Konflikte um die mangelnde Versorgung der Familie und damit verbundene verbale und physische Auseinandersetzungen des Ehepaares sowie die Mißhandlung der Kinder durch den Stiefvater im Vordergrund standen.

Auf die beim zuständigen Universitätsgericht eingereichten Klagen seiner Frau reagierte Buffier nicht nur mit neuer Gewalt, sondern verweigerte ihr und seinen Stiefkindern den Unterhalt, verlangte für die verflossenen Jahre Kostgeld und verstieß Frau und Kinder schließlich völlig aus ihrer gemeinsamen Wohnung. Vor Gericht konterte er die Beschwerden seiner Frau über die grausame Behandlung mit Kritik an ihrer Hauswirtschaft und vor allem mit dem Vorwurf, sie würde ihn regelmäßig bestehlen:

„Er gab für er gebe alles im Hause her, er wißte doch daß sie ihn alle Tage um 2 gr betrüge und es abkniepte und bey sich steckte, er thäte aber als wißte er es nicht, und habe es ihr auch nicht einmal fürgehalten."[59]

Er weigerte sich trotz Ermahnung des Gerichtes, seine Frau wieder aufzunehmen, und begründete seine Haltung:

„Denn 1) hätte ihn die Frau immer betrogen, wenn sie Grütze gekaufft, so habe sie iedes mal 2 pf mehr dafür gefordert, als bezahlet worden. Den Coffée habe er für 16 gr bezahlet, da sie doch nur 14 gr dafür gegeben; mit dem Haußwirthe habe sie dergleichen vorgenommen und 30 gr weniger[60] ihm angesagt, als bezahlet worden [...]. Ja die Frau beschuldigte ihn als habe er mit anderen einen verdächtigen Umgang."

Seine Frau, aufgrund dieser Anschuldigungen verhört, gestand:

„daß sie zuweilen einige Pfennige sich gemacht: er habe ihr alle Tage zum Haushalt nur 6 gr gegeben; allein was sie abgekniepet, das wäre auch wieder in den Haußhalt verwendet worden. Die Frau habe es ihr wegen der Haußmiethe selbst angerathen, dem Manne weniger anzuzeigen damit sie was für ihre Kinder hätte. Sie hätte ihren Mann nicht beschuldigt, als wenn er mit der Schusters Frauen was übels für habe, doch habe er sich mit dem Mädgen abgeben wollen, welche derselben ihren Abschied auch genommen, und abgezogen."

Das Gericht

„verwiß der Frauen ihre gemachte Schwänzelpfennigemacherey und wieß sie zu einer aufrichtigen Verrechnung der einzukauffenden Sachen an; ingleichen wurde sie auch vermahnet, alle jalousie zu abandonniren und [...] sich das leben nicht selbst verdrißlich zu machen. Eheleute müßten Gedult miteinander haben und nicht durch ihre eigene Aufführung sich selbst das Leben verbittern."

Das Gericht prüfte Magdalene Meinekes Vorwürfe nicht und ließ keine Zeugen, die die Mißhandlungen gesehen hatten, vernehmen. Statt dessen versuchten die Professoren, die Herrschaft Buffiers in der Ehe zu stützen. Der Konflikt zwischen den Eheleuten löste sich dadurch nicht, sondern setzte sich fort. Die Verweigerung jeglichen Unterhaltes durch den Mann wiederholte sich. Magdalene Meineke mußte ihm Geld geben, wenn sie essen und trinken wollte; er hatte den Küchenschlüssel an sich genommen und ließ sich seine Speisen aus einer Garküche bringen. Auf seine Vorwürfe, sie würde stehlen und verschwenden, antwortete sie mit dem Hinweis:

„Sie habe seit zwey Jahren auch keine Magd gehalten, sondern sie habe alle Mägde Arbeit selbst gethan und die Mädgen zum ausschicken gedrängt, daß sie auch dadurch den Mägdelohn und Kost vor dieselbe erspart, und das habe sie alles wegen der Kinder erster Ehe gethan, damit er diesen das wenige Brodt nur willigst reichen sollen."

Magdalene Meineke rechtfertigte die Notwendigkeit, für den Haushalt bei der Abrechnung mit ihrem Mann Geld abzuzweigen, indem sie ihren Beitrag zur gemeinsamen Hauswirtschaft betonte. Gleichzeitig hatte sie Geld eingespart, indem sie keine Magd beschäftigte. Buffier seinerseits sah nur, daß sein Einkommen ausgegeben wurde und er keine Kontrolle über die Ausgaben besaß. Das eheliche Tauschverhältnis war vollkommen gestört, die Eheleute kämpften um ihren jeweiligen Anteil, wobei im Verlauf von Auseinandersetzungen die Frau auf ihren und den Besitz ihres ersten Mannes hinwies, den Buffier übernommen hatte, und die Stiefkinder die Zielscheibe für die Aggressionen des Mannes wurden. Im September 1766 klagte Magdalene Meineke erneut wegen Mißhandlung, nun auch ihrer Tochter. Buffier schilderte bei der Vernehmung vor Gericht:

„der Junge habe Zucker gehohlet und hette 2 gr zurückbehalten, und nur 4 pf wiedergebracht, wie der Junge kommen, so hätte dieser der Mutter was in die Hand gedrückt. Es machte die Frau mit ihrer Tochter und Sohn ein Complot wieder ihn aus. Er wolte, daß die Tochter und Sohn aus dem Hause solten."

Zwei Tage später sagte er als Rechtfertigung dafür, daß er die Kinder noch nicht wieder aufgenommen hatte:

„Sagte er zu dem Jungen: er solte in die Kammer gehen und schreiben, so sagte die Frau der Tisch ist meiner oder des Jungens er soll da sitzen bleiben. Und solche Gröberey müßte er mehr verdauen, und er könnte solches nicht länger dulden. Wären die Kinder weg; so würde die Frau wol müssen stille seyn und Friede halten. Er wolte nochmals gebethen haben, daß die Kinder aus dem Hauße sonsten wohin angebracht werden möchten. Hielte die Frau als Mutter ihre Kinder in rechter Zucht, so würde es wol friedlich zugehen können und müßen; allein die Mutter adplicirte nicht die gehörige Zucht, wie solche seyn solte."

Seine Frau, dazu befragt, sagte:

„Er gäbe ihr nichts, als das bisgen Brodt und Mundportion, und schaffte ihr nichts an. Er könnte zu nichts bewegt werden. Er trincke iezo Habergrütze und nicht einmahl Bier, sie hätte sich selbst das Bier müssen anschaffen. Er trincke keinen Coffée mehr. Er gebe ihr ja kein Geld in die Hände, wie er sie denn der Schwänzel Groschen beschuldigen wolte."

Magdalene Meineke versuchte immer wieder, das Gericht von der grausamen und „einer ehrlichen Ehefrau"[61] unangemessenen Behandlung durch ihren Mann zu überzeugen, in der Hoffnung, sie könnte eine Trennung von Tisch und Bett erreichen. Doch auch der Hinweis auf die Grenzen, die ihr Status als Ehe- und Hausfrau der Behandlung durch ihren Mann in den Augen des Gerichts hätte setzen müssen, nutzte nichts. Buffier überzeugte die Richter mit seiner starren Haltung, er sei zum Unterhalt seiner Stiefkinder nicht verpflichtet.[62] Die Universitätsdeputation suchte nach einer Möglichkeit, die Kinder außerhalb in Kost zu geben und die Ehe um den Preis der Trennung von Mutter und Kindern, also zu den Bedingungen des Ehemanns zu erhalten. Das Gericht reagierte auf die Ausführungen der Klägerin mit einer allgemeinen Stellungnahme zur Natur der ehelichen Beziehungen, die die Haltung der richtenden Professoren verdeutlicht:

„Judicium gab ihr zu erkennen mit ihrem wiedrigen Sinn würde sie auch nicht fortkommen. Die Weiber müßten überhaupt nachgeben, und sich durch alle Weise gefällig zu machen suchen, zumal wenn ein Mann die Stiefkinder bey sich haben und unterhalten solte. Sie müßte durch beißende und choquante Reden den Mann nicht verdrießlich machen, und ihm vorrechnen, daß alle meublen ihre u.s.w."

Das Gericht ging deutlich nach ideologischen Standpunkten vor, wenn es das erfolgte Auseinanderbrechen der Ehe und die Verstoßung der Stiefkinder durch den Vater nicht als Anlaß nahm, die Versorgung aller Familienmitglieder zu sichern, sondern auf der Gehorsamspflicht von Frauen ihren Männern gegenüber beharrte und diese noch über das Wohl der beiden Kinder stellte.

Die Ausgaben, die Frauen tätigten und über die sich Männer beklagten, wurden von letzteren häufig als Ausgaben rein persönlicher Natur – und daher als unnötig – charakterisiert. Es war vom Kauf von Kleidung, Schmuck oder Naschereien die Rede, wie im Fall der Dorothea Petri, Frau des Schuhmachers Samuel Scherer, der 1823 schrieb:

„Wenn ich durch sie Leder holen ließ, so forderte sie immer etliche Groschen mehr als dasselbe wirklich kostete, blos um heimlich sich Näschereyen zu kaufen [...]. Wenn ich von meinen Kunden die Forderungen einkassiren wollte, so mußte ich häufig ohnbefriedigt mich entfernen, weil meine Ehefrau heimlich dieselben schon erhoben, und für sich zu heimlicher Ausgabe verbraucht hatte."

Scherer warf seiner Frau vor, heimlich Schulden einkassiert zu haben – ein Vorgang, der üblicherweise in den Arbeitsbereich der Handwerkerfrauen fiel, hier jedoch als Überschreitung der durch die Kontrolle des Hausvaters gesetzten Grenzen dargestellt wurde. Einerseits empfanden Männer in Zeiten wirtschaftlicher Schwierigkeiten die Ausgaben ihrer Frauen als Bedrohung und versuchten, sie zu begrenzen. Andererseits mußte der Kauf von „Näschereien", aber auch von Kleidung nicht notwendigerweise eine Verschwendung bedeuten, sondern dahinter konnten sich normale Ausgaben für den Haushalt verbergen. Männer und Frauen präsentierten vor Gericht eine unterschiedliche Bewertung, was „Luxus" und was notwendige und übliche Anschaffungen waren. Frauen appellierten an einen Konsens über die Basislebensmittel, wenn sie vor Gericht klagten, ihr Mann ließe sie trotz vorhandener Mittel nicht einmal Butter oder Bier anschaffen, sondern die Familie müsse sich von Kartoffeln oder Hafergrütze ernähren.[63] Männern gelang es, ihren Geiz oder ihre prekäre materielle Lage vor Gericht in das Motiv der Verschwendungssucht der Frau umzumünzen. Sogar, wenn ihre eigene Mißwirtschaft zur Debatte stand, konnten sie dieses Argument umdrehen und ihren Frauen die Schuld zuschieben, da es die Frauen waren, die der Hauswirtschaft vorstanden; ihr eigener Mangel an Kontrolle und Macht wurde nicht problematisiert. Die Verantwortung für die schlechte ökonomische Lage wurde den Frauen zugewiesen. Nahmen Männer und Frauen nachweislich Geld für eigene Ausgaben, fand eine geschlechtsspezifisch unterschiedliche Bewertung statt: Während Männern Tabak und Alkohol sowie der Gang ins Wirtshaus zugestanden wurde, hatten Frauen kein Anrecht auf die Befriedigung eigener Bedürfnisse; sie konnten nur mit den Notwendigkeiten des Haushalts argumentieren.[64]

Eine Frau besaß nur so lange Autonomie in ihrem Bereich – der Hauswirtschaft – wie der Mann sie gewähren ließ. Obwohl ihr in den normativen Texten der Zeit die Kompetenz in diesen Dingen zugesprochen wurde, hatte der Ehemann eigentlich die Pflicht, sie zu kontrollieren, den Rahmen für sie abzustecken und sie, wenn nötig, einzuschränken. Einen solchen Eingriff in ihren Kompetenzbereich empfanden Frauen als empörend. Margrethe Engelhardt formulierte ihre Kritik an Victorinus Bossigel im November 1786 folgendermaßen:

„Er führt zugleich die Geld-Caße, und zu jeder in der Haußhaltung vorfallenden Ausgabe muß ich mir jedesmahl von ihm das nöthige Geld erbitten. Wenn er mich nun, ausser dem täglichen Verdrusse, noch mehr ärgern und züchtigen will, so vorenthält er mir das, zur Erhaltung des Haushalts nöthige, Geld, so daß ich weder Eßen noch Trinken anzuschaffen im Stande bin, sondern so dann mit Magd und Kinde bey meiner Mutter speisen muß [...] und am 11ten d.M. hat er sogar auch der Magd den Schlußel zur Holtzkammer bey der Gelegenheit weggenommen, weil ihm, wegen des zu sich genommenen Brantweins, unsere mäßig gewärmte Stube zu heiß vorkam."[65]

Dieses Recht wurde von den Ehemännern sehr weit ausgedehnt, bis hin zur totalen Sabotage der hauswirtschaftlichen Zuständigkeiten der Ehefrauen, die ihren rituellen Ausdruck in der Wegnahme der Schlüssel zur Küche oder zur Leinenkammer fand. Frauen hatten die wertvolleren Gegenstände des Hausrats, wie z.B. Silberbesteck, unter Verschluß. Das Aufbrechen ihres Kastens oder Schrankes[66], das Antasten ihrer Verfügungsgewalt über den Besitz oder das Vorenthalten von Geld veranlaßten einige Frauen, sofort eine Ehescheidungsklage einzureichen, während sie jahrelange Mißhandlungen nicht als ausreichenden Grund dafür angesehen hatten. Männer provozierten ihre Frauen mit dem Zugriff auf die Schlüssel weit mehr als durch physische Angriffe.[67]

Einige Frauen, die ihre Mitgift oder ihre Rechte auf solche Weise gefährdet sahen, erhoben eine Eheklage. Wenn sie klagten, sprachen sie von „mein" und verwiesen den Mann auf „das Seine", wie es Ilsa Muhlert tat, als sie 1754 nach 27 Ehejahren erfolgreich gegen ihren Mann, den Schuhmacher und Ratspedellen Röhr klagte und erreichte, daß er ihr vom Vater ererbtes Haus verlassen mußte.[68]

Der Fall Muhlert-Röhr 1753/54[69]

Der Schuhmachermeister Georg Christoph Röhr (auch Röler) war in den Zwanziger Jahren des 18. Jahrhunderts aus Halberstadt nach Göttingen gekommen. Er heiratete im Alter von 28 Jahren am 18. Februar 1727 Ilsa Maria Muhlert, die drei Jahre jüngere Tochter und sechstes Kind des Schuhmachers Ludolph Muhlert. Mit der Heirat einer Meistertochter erwarb Röhr Gildemitgliedschaft und Stadtbürgerrecht zu besonders günstigen Bedingungen. Das Paar zog in das Haus der Brauteltern in der Groner Straße, einer zentral gelegenen, west-östlichen Verkehrsverbindung. Ihre Nachbarn waren ebenfalls Handwerker. Die Eltern Ilsa Maria Muhlerts waren 1727 bereits über 60 Jahre alt; ihre meist älteren Kinder waren alle aus dem Haus, und Ilsa und ihr Mann sollten das Gewerbe des Vaters im Elternhaus fortsetzen und die Eltern unterstützen. Bei dem Wohnhaus handelte es sich um ein größeres Haus mit Hofraum und Stallungen, auf dem außerdem das Braurecht lag. In diesem Haus fanden neben der Familie mit Gesellen und Mägden ein einquartierter Soldat in der „Soldatenkammer" im ersten Stock sowie einige Mieter Platz.

Am 21. Dezember 1727 wurde der erste Sohn des Ehepaares Röhr geboren und nach dem Paten, dem Großvater mütterlicherseits, Ludolph genannt. Es folgte am 12. Dezember 1729 eine Tochter, die nach der Schwester der Mutter den Namen Dorothea Elisabeth erhielt. In den folgenden zehn Jahren kamen keine weiteren Kinder zur Welt. 1737 starb Ilsa Marias Vater Ludolph Muhlert. Da offenbar seine anderen Kinder abgefunden, gestorben oder weggezogen waren, fielen das Haus und die übrigen Erbstücke an Ilsa Maria und ihren älteren Bruder Johann Friedrich, der ebenfalls als Schuhmacher in Göttingen ansässig war.

Am 10. Januar 1738 wurde vor dem Göttinger Magistrat ein Vertrag aufgesetzt, der den Kauf des brüderlichen Hausanteils durch Ilsa Maria Muhlert und ihren Mann für 200 Taler regelte. Dieser Vertrag beinhaltete zugleich die Zusicherung des lebenslangen Wohnrechts an die Mutter. Sie sollte in der „großen Kammer über der Hausdehl" wohnen und monatlich 24 Groschen Miete zahlen, im Göttinger Vergleich eine beträchtliche Summe. Ihr fiel die Aufgabe zu, den Mietzins von den anderen Mietern einzutreiben und das Geld ihrer Tochter – nicht ihrem Schwiegersohn – auszuhändigen. Brau- und Biertage sowie die Holznutzung sollten zu ihrem Lebensunterhalt beitragen. Die städtischen Steuern und Kosten der Soldateneinquartierung wurden von ihr übernommen. Röhr und seine Frau reservierten sich das Recht, das Haus zu Lebzeiten der Mutter auszubessern oder auszubauen. Auch über das geerbte Acker- und Gartenland sowie ein Stück Bauland findet sich im

Göttinger Stadthandelsbuch des Jahres 1739 ein Erbvergleich zwischen den Röhrs und Johann Friedrich Muhlert.

Am 30. Januar 1740, zehn Jahre nach der Geburt ihres jüngsten Kindes, brachte Ilsa Muhlert eine Tochter zur Welt, die nach einer Nachbarin Anna Catharina genannt wurde. Am 2. Dezember 1743 schließlich gebar sie erneut ein Mädchen; auch für dieses Kind wurde eine Patin aus der unmittelbaren Nachbarschaft gewählt, deren Name Regina Catharina war. 1743, das Jahr ihrer letzten Schwangerschaft im Alter von 41 und das sechzehnte Jahr ihrer Ehe, war rückblickend für Ilsa Muhlert auch der Zeitpunkt, als die krisenhafte Entwicklung ihrer Ehe ihren Anfang nahm.

Georg Christoph Röhr war Mitglied der Familie seiner Frau geworden, ohne selbst vor Ort familiäre Bindungen zu haben. Das Startkapital für seine handwerkliche Existenz kam aus der Familie seiner Frau, die ihm auch die Werkstatt stellte. Der Besitz, den er während seiner Ehe erwarb, stammte aus der Erbmasse der Familie Muhlert. Ilsa Maria Muhlert ließ ihren Notar in ihrer Klageschrift nach 27 Ehejahren selbstbewußt formulieren, daß ihr Mann seine Pflichten ihr gegenüber nicht erfüllt habe,

> „ob er gleich bey mir in meinem eigenthümlichen Hause wohnt [und] von meinem Vermögen große commoda hat [...]. Auch da Bekl. zu mir in mein Väterliches [...] Wohn- und Brauhauß gleich anfangs der Ehe eingezogen und außer seiner Kleidung fast nichts an Vermögen gehabt und mir zugebracht (wenigstens bey diesen Umständen schuldig ist, zu erweisen, was er mir zugebracht oder tempore matrimonii erworben) ich hingegen außer obgedachtem Hause von meinen Eltern Ein 1/2 halb (sic, S.M.) Vorling Ackerland 1/2 Vorling Gartenland, eine wüste Baustelle nebst dahinter belegenem Garten auf dem Masche hieselbst, welche wir aber tempore matrimonii bebauet haben ferner 40 Gulden baares Geld und vieles Haußgeräthe auch Leinen Zinnen und Kupfer zugebracht [...]."

Ilsa Muhlert wandte hier gleichsam die Regel von der weiblichen Mitgift in umgekehrter Form an und sprach davon, was ihr Mann ihr „zugebracht" hatte, eine Redewendung, die sonst für die Braut und den Brautschatz benutzt wurde. Diese Sichtweise zeugt von einer starken Position, die sie befähigte, ihre Besitzrechte einzuklagen.

Georg Christoph Röhr hatte 1745 die Stelle eines Ratspedellen, Bürgerconstabels und Leihhausauktionators angenommen. Er verdiente nun mehr als ein durchschnittliches Handwerkereinkommen und legte sein mit ein bis zwei Gesellen geführtes Schuhmacherhandwerk nieder. Erst 1747 wurde für ihn im Stadthandelsbuch erneut neben dem Pedellenberuf auch das Schuhmacherhandwerk notiert. In seiner Funktion als Pedell trank er häufig mit den von ihm im Namen des Magistrats aufgesuchten Leuten oder den Einwohnern, für die er einen Geschäftsabschluß protokollierte. Bereits zum Frühstück nahm er nach Angaben seiner Frau Branntwein zu sich; kein ungewöhnliches Verhalten. Röhr ließ sich zusätzlich tagsüber für drei Groschen Branntwein ins Haus kommen. Vor Weihnachten 1753 schließlich blieb er eines Tages betrunken auf dem Marktplatz liegen. Zwei Studenten brachten ihn nach Hause, und sein Nachbar, der Sattler Riemenschneider, übernahm es, ihn auszukleiden. Seine Frau war zwar anwesend, und er beschimpfte sie heftig, doch beteiligte sie sich nicht an der Fürsorge für ihn. Später zu diesem Ereignis befragt, betonte er, daß er nicht betrunken, sondern in Ausübung seiner Amtsgeschäfte unterwegs gewesen sei. Er unterstrich außerdem, der Branntwein habe ihn sein eigenes Geld gekostet.

Zu diesem Zeitpunkt herrschte in ihrem Haus bereits seit Jahren eine sehr angespannte Atmosphäre, in der Ilsa Muhlert es so gut wie möglich vermied, ihrem Mann zu begegnen, zumal wenn er getrunken hatte. Sie empfand es als durchaus demütigend, ihm in ihrem eigenen Haus aus dem Weg gehen zu müssen. Die Drohungen, die er regelmäßig gegen sie ausstieß, waren aber nur verbaler Natur. Es kam nicht zu Tätlichkeiten, wenngleich ein „unversöhnlicher Haß" zwischen ihnen herrschte, ständig genährt durch die massiven Beschimpfungen, die Röhr gegen seine Frau ausstieß. Er benutzte dabei sehr starke und höchst ehrenrührige Ausdrücke wie „Canaille, Bestie, Winkelhure". Zu Michaelis 1753 schimpfte und fluchte er während der Zeit der Vormittagspredigt – ein besonders schweres Vergehen – und drohte mit Bezug auf einen kürzlich vorgefallenen Gattenmord:

„ich wäre gar keine Frau vor ihn, es gäbe noch einmahl mit ihm und mir ein Gestradschen Streich."

Das Trinken und die Beschimpfungen gingen einher mit Auseinandersetzungen um die Versorgung der Familie. Röhr kam seinen Pflichten Frau und Kindern gegenüber nur noch unregelmäßig nach. Manchmal gab er ihnen etwas, doch

„zur anderen Zeit aber habe er das eßen im Kasten verschloßen, so daß sie sich und die Kinder so gut es geschehen können, selbsten ernähren müßen."

1752 starb 85jährig die Mutter, und mit ihrem Tod wurde eine Zahlung von 50 Talern an Johann Friedrich Muhlert fällig. Röhr und seine Frau mußten eine Hypothek auf ihr Wohnhaus aufnehmen; es war nicht das erste Mal. Im selben Jahr heiratete ihre Tochter Dorothea Elisabeth den Kürschner Johann Friedrich Ballauf und zog mit ihm in ihr Elternhaus. Für Ilsa Muhlert und ihre beiden jüngsten Kinder wurde der Haushalt des Schwiegersohns und der Tochter zu einer Zuflucht. Ihr Mann reagierte auf die immer deutlicher werdende Vernachlässigung ihrer Pflichten ihm gegenüber mit der Einstellung aller materiellen Zuwendungen. Faktisch war eine Trennung von Tisch und Bett vollzogen. Für Ilsa Muhlert schien der Haushalt ihrer Tochter ausreichende Sicherheit und eine Basis für einen Eheprozeß geboten zu haben; im Unterschied zu den meisten anderen klagenden Frauen ist sie in ihrem Haus geblieben.

Im Winter 1753, kurz vor Weihnachten, wurde Ilsa Muhlert beim Rat der Stadt Göttingen vorstellig. Sie berichtete, ihr Mann habe ihr den Schlüssel zu ihrer Leinenkammer weggenommen, halte die Kammer verschlossen, und bedrohe sie mit Schlägen. In der Leinenkammer bewahrte sie ihre Wäsche, Kleidung sowie andere persönliche Habseligkeiten auf. Röhr wurde von der Obrigkeit anbefohlen, seiner Frau den Schlüssel wieder auszuhändigen und sich friedlich zu verhalten. Er kam dieser Anweisung jedoch nicht nach, sondern gestattete seiner Frau lediglich, unter Aufsicht etwas aus der Kammer zu entnehmen. Danach nahm er den Schlüssel erneut an sich. Ilsa Muhlert akzeptierte diese Verletzung ihrer Rechte und die Einschränkung ihrer Bewegungsfreiheit durch die Beschlagnahmung ihrer Kleidung nicht. Es kam wiederum zu einer Auseinandersetzung um den Zugang zur Leinenkammer, als Röhr eines Tages feststellen mußte, daß diese aufgebrochen worden war. Röhr beschimpfte seine Frau, wollte ihre Argumente nicht anhören und stieß sie schließlich grob zu Boden, wobei sie sich schwere Prellungen zuzog. Sie hatte noch Wochen nach diesem Vorfall Schwierigkeiten beim Atmen. Röhr brachte ein Vorhängeschloß an der Tür zur Leinenkammer an, „damit nicht jeder hinauff lauffen, und was ihm gefällig, hinnehmen mögte", wie er später aussagte. Aufgrund dieser Vorfälle reichte Ilsa Muhlert im Januar 1754 eine Klage auf Ehescheidung beim Konsistorium in Hannover ein.

Die Leinenkammer war ein zentrales Symbol für die Verfügungsgewalt der Frau im Haushalt und ihre Unabhängigkeit, und für Röhr wurde sie das Ziel seiner Übergriffe. Er reagierte auf den Zerfall seines Haushaltes mit Angriffen auf den einzigen verschließbaren Ort, zu dem ausschließlich seine Frau Zugang hatte. Obwohl diese Episode gleichsam beiläufig als fünfter Punkt unter vielen in Ilsa Muhlerts Eheklage erzählt wird, kommt der Leinenkammer doch zentrale Bedeutung zu. Erst als Röhr den Zugang zu diesem Ort beanspruchte und ihn der Frau verwehrte, kam es zu den entscheidenden Auseinandersetzungen, und Ilsa Muhlert gab ihre bisher passive und Konflikte vermeidende Strategie auf. Sie beschwerte sich zweimal bei Rat und Superintendent, und schließlich erhob sie sogar eine Ehescheidungsklage vor dem Konsistorium. Die Grenze des Erträglichen war für sie durch den Übergriff auf ihren Besitz und auf ihre Kompetenz als Hauswirtin klar überschritten. Sie war nicht gewillt, die Einschränkung ihrer Bewegungsfreiheit und Beschädigung ihres Sozialprestiges durch Zurückbehalten ihrer

Kleidung hinzunehmen. Ein Kampf zwischen den Eheleuten um die Herrschaft im Haus hatte begonnen.

Auf die Eheklage seiner Frau reagierte Röhr teils mit Geständnissen, teils mit Gegenbeschuldigungen. Seine Argumentation zur Rechtfertigung der beständigen Beschimpfungen stützte sich hauptsächlich auf eine angeblich ehebrecherische Beziehung seiner Frau zu einem im Haus einquartierten Kanonier Brand.[70] Dieser hatte jedoch bereits vor 12 Jahren die Stadt verlassen. Seine Frau habe ihn, Röhr, während einer Krankheit nicht gepflegt, sondern lieber mit dem genannten Kanonier Tee getrunken. Brand habe

„ihm Bekl [...] wie er ihm verweißlich vorgehalten, daß er sich nicht an einer feinen Schürtze die Hände abtrocknen müßte, Schläge angebothen, und dabey gesaget hätte, er gehöre so nahe zu seiner Frauen der Kläg. Güther, als er Bekl."

Röhr brachte hier seine Schwierigkeiten, den erheirateten Besitz als gemeinsamen Besitz anzusehen und auch als Verwalter desselben zu agieren, klar zum Ausdruck. Darüber hinaus wird seine Strategie im Kampf um die Kontrolle über den Besitz seiner Frau deutlich: Er griff ihre Ehre durch Verdächtigungen an, um ihre Position zu schwächen.

In der Stellungnahme zu den einzelnen Klagepunkten seiner Frau gab Röhr zunächst zu Protokoll, er habe sie 27 Jahre lang ernährt, räumte dann jedoch ein, ihr die Verköstigung zu versagen, weil sie zu seinem Schwiegersohn gezogen sei und sich um ihn nicht mehr kümmerte:

„als sie aber von ihm gegangen, und sich zum Schwieger-Sohn und ihrer Tochter gewendet, habe er ihr eine Weile noch die alimenta gegeben, wie es aber mit ihr zu arg geworden, und sie nichts vor ihn thun wollen, ihr dieselbe versaget. Übrigens aßen die Kinder beständig mit ihm, und mögten sie wohl manches mahl auch von seiner Frauen etwas bekommen, indeßen solten sie so lange er noch Brodt hätte auch den nöthigen Unterhalt von ihm haben."

Den Branntweinkonsum rechtfertigte er ganz in der traditionellen Sichtweise des Branntweins als Nahrungsmittel und Medizin mit seiner Engbrüstigkeit und mit der schlechten Pflege, die er erhalte, „mithin woher einige Erhaltung nehmen müßte". Hinsichtlich der von ihm ausgestoßenen Beschimpfungen fügte Röhr hinzu, daß es wohl passiert sei, daß er aus Ungeduld einige Worte und Flüche ausgestoßen habe. Er verließ sich dabei offenbar auf einen von ihm vorausgesetzten Konsens unter den anwesenden Richtern, daß es zur Disziplinargewalt eines Mannes über seine Frau gehörte, sie verbal zurechtzuweisen, selbst wenn dies mit ehrenrührigen Beschimpfungen geschah.

Am 4. März 1754 berichtete die Kirchenkommission an das Konsistorium in Hannover in ungewöhnlich klaren Worten über den Fall Muhlert gegen Röhr:

„Die Umbstände, welche partes [...] vorgebracht, geben nicht undeutlich zu erkennen, daß die mehreste Schuld woll auf dem Bekl. ruhe [...] daß Bekl. sehr unruhig, und seiner Sinne nicht immer mächtig sey."

Der Frau wurde vorbehaltlos geglaubt, „dazumahlen sie sehr verträglich, und zu solcher Unruhe gar nicht geneigt ist". Ein Ehebruch sei „jedoch von der Kläg. bey ihrem guten Ruff nicht zu vermuthen gegründet".[71] Die Kommission riet zur gänzlichen Trennung der Ehe, und das Konsistorium kam dieser Empfehlung nach. Das Urteil wurde am 10. Mai beiden Parteien verkündet, und die Frage der Alimente wurde erörtert. Ilsa Maria Muhlert wies zunächst auf die Versorgung der noch unmündigen Kinder hin, wie sie es bereits mehrfach während des Prozesses getan hatte. Sie selbst wollte sich

„gern mit wenigem begnügen, auch vor ihre Person gar nichts [...] verlangen, wann nur Kläg. [sic! S.M.] aus dem Haus wäre."

Röhr äußerte sich:

„Die Kinder sey er zu sich zu nehmen, zu alimentiren, zur Schuhlen und Kirchen zu halten erböthig, der Frauen böthe er noch nichts."

Mit dem Rat, sich die Frage der Alimente genau und gründlich zu überlegen, wurden die geschiedenen Eheleute entlassen. Hier brechen die Aufzeichnungen über diesen Prozeß ab. Röhr starb am 9. Juli 1756 im Alter von 56 Jahren. Seine geschiedene Frau Ilsa Muhlert lebte noch weitere 31 Jahre im Kreis ihrer Familie in ihrem Haus.

Dieser Fall stellt in mehrfacher Hinsicht eine Ausnahme dar: Er ist in der ersten Hälfte des 18. Jahrhunderts im traditionellen Handwerk angesiedelt, als die krisenhaften Entwicklungen in diesem Sektor der städtischen Wirtschaft noch nicht spürbar waren. Das Ehepaar lebte fest eingebunden in einen großen Familienverband, eine für die klagbar gewordenen Ehen ebenfalls untypische Erscheinung. Schließlich dokumentiert dieser Fall, daß die Position einer Klägerin vor Stadtrat und Kirchenkommission durch die soziale Einbindung und Reputation ihrer Familie positiv beeinflußt werden konnte. Die klare Parteinahme der Kirchenkommission für die Klägerin ist aber auch durch die Herkunft Röhrs aus einem anderen Ort erklärbar. Röhr hatte weder Verwandte in Göttingen noch Fürsprecher im Stadtrat, obwohl er zeitweise ein städtisches Amt bekleidete.[72]

Wandel der Arbeitsrollen und weibliche Ehre

Die bisher behandelten Gründe für Ehekonflikte ähneln stark den Phänomenen, die Roderick Phillips für Rouen gegen Ende des 18. Jahrhunderts und David Sabean in Neckarhausen für denselben Zeitraum festgestellt haben. Sabean gelingt es, den Zusammenhang zwischen diesen Konflikten und den agrarwirtschaftlichen Umwälzungen der Zeit herzustellen, die zu einer Veränderung der Arbeitsrollen von Frauen und Männern geführt hatten.[73]

In Göttingen kam es zu Veränderungen hinsichtlich der Erwerbsmöglichkeiten von Handwerkern und anderen, die in den seit der Universitätsgründung wachsenden Dienstleistungsbereich wechselten und nun mit ganztägigen außerhäusigen Tätigkeiten andere Erwartungen an ihre Frauen stellten. Im gesamten Zeitraum finden sich klare Anzeichen für eine beständige Auseinandersetzung zwischen Männern und Frauen um das von beiden erarbeitete Geld.[74] Männer beriefen sich dabei auf die hausväterliche Herrschaft – für die sie sich nicht durch Eignung, sondern nur qua Geschlecht legitimieren mußten –, Frauen verwiesen hingegen auf ein Tauschverhältnis zwischen Ehefrau und Ehemann, das auf Rechten und Pflichten beruhte und das ihrer Ansicht nach gestört war. Diese Störungen manifestierten sich besonders in Zeiten wirtschaftlicher Schwierigkeiten teils individuellen Ursprungs, teils hervorgerufen durch generelle Veränderungen im 18. Jahrhundert. Das Zurücktreten der alten Zusammenhänge wie beispielsweise der Zunftzugehörigkeit als festem Rahmen für Arbeit und Leben zugunsten wechselnder Lohnarbeit oder Arbeitslosigkeit für immer mehr Männer führte zu einem Aufbrechen der alten Rollenzuweisungen und der Arbeitsteilung zwischen den Geschlechtern. Frauen, so sie bis dahin von der gemeinsamen Arbeit mit dem Ehemann gelebt hatten, erschlossen sich andere Verdienstmöglichkeiten, oder die bereits von ihnen ausgeübten außerhäusigen Tätigkeiten erlangten eine größere Bedeutung für das Familieneinkommen. Auch ihr vorhandenes Vermögen erhielt angesichts des Ausfalls des männlichen Einkommens ein größeres Gewicht. In vielen Fällen übernahmen sie die Ernährerrolle für die gesamte Familie, und das gemeinsame Wirtschaften existierte nicht mehr. Gleichzeitig wehrten sie sich gegen die Übergriffe der Männer auf ihr Eigentum, das sie als Existenzsicherung für sich selbst und die Kinder begriffen. Wollten sie Lohnarbeit annehmen, benötigten sie allerdings die Erlaubnis ihrer Ehemänner. Das entstandene Ungleichgewicht im ehelichen Tauschverhältnis, begünstigt durch die ohnehin bestehende rechtliche Asymmetrie, führte zu einem Kampf um Herrschaft und Besitz. Es konnte zu einem massiven Streben der Männer nach Kontrolle über Einnahmen und Mitgift der Frauen führen, die sie entweder durch Gewalt oder über den Gang zum Gericht zu erlangen suchten. Dabei zielten ihre Angriffe vor allem auf die Arbeitsrollen und das Verhalten ihrer Frauen, wie die folgenden Beispiele belegen.[75]

Der Gärtner Georg Räke warf 1778 seiner Frau Dorothea Hoff vor, sie sei nie zu Hause gewesen, sondern immer heimlich davongelaufen, weshalb er sie schließlich aus dem Haus geworfen habe. Räke lebte mit Frau, zwei Kindern und seiner gebrechlichen Mutter wahrscheinlich in einer „Ratsbude"[76], also im Armenviertel von Göttingen und hatte kaum Besitz. Er versuchte, die Wiederaufnahme seiner Frau von der Kontrolle über 50 Taler abhängig zu machen, die sie für ihre Kinder angelegt hatte, und von denen sie ihm nur die Zinsen zukommen lassen wollte. Dafür, daß seine Frau wohl die ganze Zeit Lohnarbeiten verrichtet hatte, die voraussetzten, daß sie das Haus verließ, spricht die Tatsache, daß sie nach dem Hinauswurf eine eigene Wohnung hatte und kein Interesse an einer Rückkehr zeigte, sich also allein zu ernähren wußte.[77] Die Unsichtbarkeit des Anteils der Arbeit von Frauen an den einzelnen Tätigkeiten inner- und außerhalb des Hauses und die Tatsache, daß außerhäusige Lohnarbeit für Frauen in den normativen Texten nicht vorgesehen war, machten es den Männern möglich, ihre Frauen vor Gericht als faul zu präsentieren.[78] Mehrere Handwerker warfen ihren Frauen vor Gericht vor, ihnen nicht bei ihrer Arbeit zu helfen. Sie verschwiegen allerdings, daß die Frauen jeweils mehrere kleine Kinder, Gesinde und Gesellen zu versorgen hatten.[79] Auch häufige Abwesenheit wurde Frauen zum Vorwurf gemacht, ohne daß die vielfältigen Aufgaben, die Frauen außerhäusig verrichten mußten, thematisiert wurden. In seiner Verteidigung gegen den Vorwurf des Ehebruchs gab der Schuhmacher Martin Brück 1822 an,

„das sey richtig, daß er s[ich] von s[einer] Ehefrau weggebettet, weil diese immer von ihm gegangen und alle Tage weggewesen."[80]

Der Schuhmacher Johann Heinrich Bock brachte vor, seine Frau

„habe selbst mit anderen sich abgegeben. Er habe den gewes. Bauschr. Stiepel im Bette bey ihr getroffen. Im vergangenen Sommer und Winter wäre sie zu [Stiepel] zur Abendzeit gegangen u. habe sich lange aufgehalten. Vor die Thüre s. Wohnung wäre er auch gekommen."[81]

Wie sich bei der Befragung seiner Frau Marie Charlotte Reddersen herausstellte, hatte sie lediglich mehrmals versucht, bei dem Bauschreiber Stiepel Schulden einzutreiben.

Die Klagen der Männer und die Versuche, die Frauen sowohl in ihrer Arbeit, als auch in ihrer Bewegungsfreiheit einzuschränken, fallen häufig mit den beschriebenen wirtschaftlichen Schwierigkeiten in den jeweiligen Arbeitsbereichen zusammen.[82] In den oben erwähnten Fällen beklagten Männer fast ausnahmslos, keinen Zugriff auf das Vermögen ihrer Frauen oder das von ihren Frauen eingenommene Geld zu bekommen; auch beschweren sich viele, ihre Frauen hätten sie bestohlen. Sie forderten eine Kontrolle über Einnahmen und Ausgaben, die sie offenbar nicht besaßen, und versuchten, das Eigentum ihrer Frauen, zumeist die Mitgift, in die Hände zu bekommen. Um diese Ziele zu erreichen, bedienten sie sich nicht nur körperlicher Gewalt.

Ebenso wichtig war die Ebene verbaler Argumentation vor Gericht, und zwar ein Vorstellungsmuster, das außerhäusige selbständige Arbeit der Ehefrau mit der Gefährdung von deren sexueller Integrität verknüpfte. Diese Argumentation war besonders erfolgversprechend, da die Einbuße der weiblichen Ehre zugleich die männliche Ehre tangierte. Der Wunsch nach Abwendung einer solchen Gefahr mußte verständlich erscheinen.

Der Gang vor Gericht oder ein geschickter Gegenangriff – wenn die Männer die Beklagten waren – mochte sie ihrem Ziel näherbringen: Wurden Frauen für schuldig befunden und ihre Ehen geschieden, konnten ihre Männer deren gesamten Besitz zugesprochen bekommen, während umgekehrt der Besitz der Männer nie in gleichem Umfang zur Disposition stand.[83] Bereits eine Disziplinierung der Frau durch das Gericht konnte zur Wiederherstellung oder Stärkung der Herrschaft des Mannes und seines Zugriffs auf den Besitz der Frau führen.

Die Versuche, Frauen in ihrer Bewegungsfreiheit anzugreifen, müssen angesichts der wirtschaftlichen Veränderungen als ein Zeichen für ein sich veränderndes Rollenverständnis gewertet werden. Für die meisten Paare war zwar die Mitarbeit der Frauen nach wie vor unentbehrlich. Doch im Bereich der schnell wachsenden Dienstleistungsberufe, meist neuer außerhäusiger Tätigkeiten für Männer[84], gab es Spannungen, die mit einer Veränderung der Arbeitsrollen und einer stärkeren Bindung der Frauen an das Haus zu tun hatten. Der Konzertdiener und Zeitungsträger Aderholz beispielsweise argumentierte in seiner Bitte um Scheidung, er sei den ganzen Tag mit Ausnahme „einiger Momente der Erquickung" in Ausübung seiner Aufgaben außer Haus und benötige daher eine Vorsteherin für sein Hauswesen.[85] Männern, die in diesen neuen Bereichen arbeiteten, war es möglich, ihre Frauen auf das Haus zu verweisen und ihre Arbeit abzuwerten, indem sie ihr jeglichen Anteil am Erwerb und damit am Besitz absprachen, wie es der Stiefelputzer Zulauff 1827 tat, als seine Frau ihn der Versetzung ihres Eigentums beschuldigte:

„Ihr, der Klägerin, schon in der Jugend geführter sittenloser Character, [...] hatte sie in einen solchen Stand gesetzet, daß ich mit ihr weiter nichts erheiratet oder bekam, als nur ein sogenanntes Bett, denn die Federn desselben mußte ich erst später zukaufen. Meine übrige Habe während meines Ehestandes habe ich durch mein Bemühen und für mein Geld angeschafft. Welche, ihr gehörenden, Sachen kann ich nun verkauft haben?"

Louise Christine Henne, Tochter eines Handwerkers und Frau des Copisten Mertens, spürte die ungewohnte Rollenfestschreibung, die ihr durch die außerhäusige Tätigkeit ihres Mannes zufiel, wenn sie 1826 schreiben ließ:

„Die Erziehung der Kinder und die ganze Last des Haushalts lag unter diesen Umständen allein auf mir, denn der Beklagte, welcher in der Regel seine Geschäfte außer dem Hause betrieb, brachte seine müssigen Stunden in den Wirthshäusern zu [...]."[86]

Dieses Phänomen ist in Ehen von Stiefelputzern, Kutschern, Schreibern, Universitätsangestellten und für andere, hauptsächlich auf dem außerhäusigen Verdienst des Mannes aufbauende Tätigkeiten feststellbar. Das Einkommen reichte nicht für die Haltung einer Magd, so daß die Frau mangels Kinderbetreuung durch eine dritte Person ganz an das Haus gebunden war. Die Männer erwarteten jeweils, daß sie in ihren Arbeitspausen Mahlzeiten vorfanden und daß ihre Kleidung für ihre öffentliche Tätigkeit in bestem Zustand gehalten wurde.

Der Fall Proffe-Hentze 1815[87]

1815 reichte Johanna Catharina Proffe eine Scheidungsklage beim Konsistorium in Hannover ein, das daraufhin der Göttinger Kirchenkommission den Auftrag erteilte, den Fall zu untersuchen, wenn möglich eine Versöhnung zu erwirken und Bericht zu erstatten. Catharina Proffe hatte 1809 mit 58 Jahren in zweiter Ehe den elf Jahre jüngeren Tuchmacher Justus Hentze geheiratet. Ihr erster Mann, der Leineweber Heinrich Pralle, war 1807 51jährig gestorben; auch ein Sohn, der in Bodenwerder Advokat geworden und offenbar das einzige Kind aus dieser Ehe war, lebte zum Zeitpunkt der zweiten Eheschließung seiner Mutter nicht mehr.

Seit spätestens 1791 hatten Catharina Proffe und ihr erster Mann ein Haus in der Langen Geismarstraße besessen, auf das sie 1791 und 1800 eine Hypothek aufnahmen. Darüber hinaus besaßen sie ein Stück Land und bewirtschafteten einen Garten. Offenbar ernährten sie sich hauptsächlich von der Verarbeitung und dem Verkauf von Tabak, einer Tätigkeit, der Catharina Proffe auch nach dem Tod ihres ersten Mannes und während ihrer zweiten Ehe nachging. Den Verkauf des Tabaks und anderer Kramwaren betrieb sie vom Fenster ihrer Wohnstube aus. Daneben bewirtschaftete sie das Stück Land, mästete Schweine und hatte Einnahmen aus dem Verkauf der Ernte sowie ihres selbst angebauten Gemüses. Die Arbeit ihres zweiten Mannes, des ebenfalls verwitweten Tuchmachers Justus Hentze, bleibt in dem gesamten überlieferten Material unerwähnt. Im Haus lebte kein Geselle, so daß davon auszugehen ist, daß Hentze entweder als Alleinmeister oder in einer der Manufakturen arbeitete. Er könnte auch, wie viele andere Tuchmacher, arbeitslos gewesen sein. Hentze besaß allerdings ein Haus, aus dessen Vermietung und späterem Verkauf er eine beträchtliche Summe Geldes einnahm.

Die Ehescheidungsklage[88] stützte sich auf eine lange Reihe von Ereignissen aus den Jahren 1811 bis 1815. Catharina Proffe warf ihrem Mann schwere Mißhandlungen, Beleidigungen und Morddrohungen vor. Dafür benannte sie zehn Zeuginnen und Zeugen, darunter eine Nachbarin, eine Verwandte, einige Mägde, die bei ihr in Dienst gestanden hatten, sowie einige Handwerker, die entweder als Nachbarn, als Verlobter der Magd oder mit Renovierungsarbeiten beauftragt ins Haus gekommen waren.

Die überlieferten Beweisartikel, die auf ihrer Klageschrift aufbauten, liefern kaum Erklärungen für die aus dem Zusammenhang gerissenen Ereignisse, und die darin benutzten Formulierungen folgen stereotypen Mustern (z.B. wurden bei Mißhandlungen die rechtlich fixierten Ausdrücke „braun und blau schlagen" und „an den Haaren umherziehen" gebraucht). Erst die Antworten der zehn Zeuginnen und Zeugen auf die Beweis- und Gegenbeweisartikel lassen eine Rekonstruktion der jeweiligen Ereignisse zu und vermitteln einen komplexeren Eindruck der Beziehung zwischen den Eheleuten. In den Gegenbeweisartikeln wurde denselben Zeugen nämlich vor allem die Frage nach dem Anlaß für die Mißhandlungen gestellt. Hier sollen drei Ereignisse aufgegriffen werden, die mit den Arbeitsrollen und dem Besitz der Frau und mit den diesbezüglichen männlichen Argumentationsstrukturen zu tun haben.

Das erste Ereignis aus dem Jahre 1811 wurde in der Frage an die Zeugin Elisabeth Sebode, die sich ihrer Aussage nach als Nachbarskind mit 14 Jahren fast täglich bei Catharina Proffe aufgehalten hatte, folgendermaßen formuliert:

„Art.4
Wahr Zeugin zugegen gewesen, gesehen und gehört, daß der Product, als die Producentin eines Tages in der Korn-Erndte des Jahres 1811 aus dem Felde nach Hause gekommen, und den Tagelöhnern das Tagelohn gegeben, auf die Hausdehl getreten, und die Producentin eine alte Canaille, ein altes verfluchtes Luder genannt habe?

Art.5
Wahr auch Zeugin zugegen gewesen und gesehen, daß der Product dabei die Producentin mit der Faust ins Gesicht an die Backe geschlagen, daß der Kopf der Producentin dick aufgelaufen sey."

Die Zeugin bestätigte den geschilderten Hergang und fügte auf die Gegenfrage nach der Veranlassung für die Schläge hinzu, Hentze habe seine Frau geschlagen, weil „er nicht gewollt, daß sie den Leuten das Tagelohn an dem Tage schon verabreichen sollen"[89].

Das zweite Motiv, das in diesem Zusammenhang untersucht werden soll, ist die von der Klägerin angeführte häufige Beschimpfung als „Hure". Die Zeugin Marlene Richter, die als Mädchen von Catharina Proffe ins Haus aufgenommen und zur Schule geschickt worden war, sagte dazu:

„Gewöhnlich wäre es daher gekommen – wenn sie vorn in der Stube am Fenster von ihren kleinen Kram-Waren etwas habe verkaufen wollen, u. dann der Nachbar gegenüber im Fenster gelegen, so hätte er Product diese Schimpfworte ausgestoßen, um zu erkennen zu geben, daß sie da nicht hin gehöre u. nach andern Mansleuten nicht auszusehen brauche."

Als drittes wichtiges Motiv fällt auf, daß Hentze seine Frau häufig wegen der seiner Meinung nach schlechten Mahlzeiten schlug, oder weil sie gar nicht für ihn gekocht hatte, oder auch, weil sie das Bett nicht gemacht hatte. Einmal warf er sie aus dem Haus, als er kein Essen vorfand. Catharina Proffe beantwortete diese Angriffe mit dem Vorwurf, er gebe ihr kein Geld für die Zubereitung der Mahlzeiten, oder mit der Entschuldigung, sie habe erst noch die Schweine füttern müssen.

In allen diesen Zusammenhängen erschien Catharina Proffe in ihren jeweiligen Arbeitsrollen: Sie entlohnte die Tagelöhner, mit denen sie die Erntearbeit verrichtet hatte, verkaufte ihre Kramwaren, fütterte die Schweine und bereitete Mahlzeiten zu. In Ausübung dieser Rollen griff ihr Mann sie an: mit physischer Gewalt, aber auch mit Beleidigungen, die ihre Geschlechtsehre in Zweifel zogen.

Justus Hentze lehnte es ab, daß Catharina Proffe Tagelöhner mietete und entschied, wann sie sie – von ihrem eigenen Geld – bezahlte. Dasselbe Motiv kommt in seinen Gegenbeweisartikeln zum Ausdruck. Einer Magd, von der in den Beweisartikeln gesagt wurde, daß sie bei der Klägerin in Dienst gestanden habe, ließ er die Frage stellen, wie es komme, daß sie bei der Klägerin, nicht aber bei ihm gedient habe, und ob seine Frau ihre eigenen Mägde halte. Die Befragte antwortete, daß die Klägerin sie gemietet, sie aber bei beiden gedient habe.[90]

Justus Hentze wollte auch nicht, daß seine Frau ihren Kramwarenladen aus dem Fenster heraus betrieb, und verknüpfte seinen Angriff auf diese Arbeit mit der Unterstellung, sie schaue nach anderen Männern. Er gab ihr zu verstehen, daß sie „da nicht hingehöre", und quittierte ihre als negativ und bedrohlich empfundene Selbständigkeit mit dem Vorwurf der Hurerei. Catharina Proffe, die aus dem Fenster heraus etwas verkaufte, steht gleichsam für alle Frauen, die eine Arbeit außerhalb des engen Rahmens des

Haushaltes verrichteten und dabei die Grenze zwischen öffentlicher und häuslicher Sphäre überschritten.

Hentze forderte vielmehr, daß Catharina Proffe die häuslichen Pflichten erfüllte, pünktlich das Essen für ihn bereit hielt und das Haus in Ordnung brachte – obwohl er längst innerhalb des Hauses eine Trennung von Tisch und Bett vollzogen hatte, in einem separaten Raum schlief und die gemeinsame Einnahme von Mahlzeiten verweigerte. Viele Männer benutzten bei ihrer Kritik an der Art der Haushaltsführung, beispielsweise an der Qualität der Mahlzeiten, auch den Vorwurf, ihre Frauen liefen aus dem Haus. Mit diesen Argumenten griffen sie verdeckt diejenigen Arbeiten an, die die Frauen neben der eigentlichen Hausarbeit zumeist außerhalb des Hauses verrichteten – auch wenn es sich dabei um unverzichtbare Zuarbeit für das eigene Handwerk handelte. Oft wurden diese Vorwürfe mit Zweifeln an der ehelichen Treue verbunden, die durch die Abwesenheit von zu Hause gefährdet schien.[91]

Bei seinem Angriff auf die Arbeitsrollen und die – auch materielle – Selbständigkeit seiner Frau benutzte Justus Hentze das in Hausväterliteratur und Predigten transportierte Bild der auf das Haus und die häuslichen Tätigkeiten verwiesenen Frau, obwohl es angesichts der sozialen Realität dieses Haushalts nicht lebbar war. Er legte Wert auf die Konstruktion dieses Bildes vor Gericht, wenn er durch die Gegenbeweisartikel die Zeugen dazu brachte, die Motive für sein Handeln offenzulegen. Dieses Bild wurde auch in zahlreichen anderen Fällen wirklich aufgegriffen und die hauswirtschaftlichen Fähigkeiten und das Betragen der Frau wurden an ihm gemessen, während andererseits das Stereotyp für männliches Verhalten nicht in gleicher Weise als Maßstab an das Verhalten der Männer angelegt wurde. Das Gericht bzw. die Kirchenkommission waren schnell bereit, die Arbeit und das Verhalten einer Frau an den herrschenden Normen zu messen, auch wenn sie als Klägerin vor Gericht erschienen war. Das Ideal des Hausvaters hingegen wurde nicht zur Grundlage von Untersuchungen männlichen Fehlverhaltens.[92]

Hentze ging es vor allem um die Kontrolle über Catharina Proffes Einnahmen und ihren Besitz – beispielsweise drängte er sie, als sie während des Prozesses in finanzielle Schwierigkeiten geriet, ihm ein Stück Land zu verkaufen. Er selbst weigerte sich allerdings, einen Beitrag zum gemeinsamen Haushalt zu leisten. Dies war einer der Hauptanlässe für Catharina Proffe, immer wieder mit ihm zu streiten. In ihrem Nachlaß fand sich 1820 eine genaue Aufstellung der Kosten, die Hentze ihr für Nahrung und Unterkunft verursacht hatte: Es waren 1363 Taler und 31 Groschen. Diese Berechnung muß im Auftrag von Catharina Proffe von ihrem Anwalt aufgestellt worden sein, da sie aller Wahrscheinlichkeit nicht schreiben konnte, wie aus einigen von ihr mit Kreuzchen unterzeichneten Verträgen hervorgeht. Die Berechnung bezieht sich wohl hauptsächlich auf die sechs Ehejahre bis zur Erhebung der Klage 1815, wobei nicht klar wird, wie lange Catharina Proffe und Justus Hentze danach noch unter einem Dach lebten. Das Ehepaar wurde von Tisch und Bett getrennt.

Es lag nahe, den Wunsch nach Einengung und Kontrolle über materielle Ressourcen der Frau mit einem Angriff auf die weibliche Ehre zu verbinden. Frauen, die gerade im Handwerk die Hausehre verkörperten, konnten leicht in ihren Arbeitsrollen, die ihnen vielfältige Anlässe zum Verlassen des Hauses gaben, als gefährdet oder gefährdend hingestellt werden. Angeschlossen wurde dann die Kritik an ihrer Haushaltsführung und die Forderung, Frauen sollten sich auf ihre Arbeit innerhalb des Hauses beschränken.[93] Weibliche Ehre wurde also in den Göttinger Eheklagen von Männern als Waffe zur Erlangung der Kontrolle über Arbeit, Verdienst oder Besitz der Frau benutzt. Dieser Taktik bedienten sich Männer aus allen sozialen Gruppen vor Gericht. Das von Kirche und weltlicher Obrigkeit bereitgehaltene stereotype Frauenbild ermöglichte eine solche Argumentation. Die Gerichte, die mit Angehörigen einer Schicht besetzt waren, in deren eigenen Familien dieses Bild aufgrund der wirtschaftlichen Voraussetzungen eher gelebt werden konnte, schenkten den Forderungen der Männer durchaus Gehör.[94]

2.2 Gewalt und Macht

Nicht nur die Frage nach den Besitzrechten, sondern auch nach dem Schutz vor gewalttätigen Angriffen muß vor dem Hintergrund der rechtlichen Ungleichbehandlung von Männern und Frauen betrachtet werden. Wie bereits gezeigt, unterlagen Frauen in der Ehe von vornherein dem Kohabitationszwang, d.h. ihr Aufenthaltsort wurde durch die Ehemänner bestimmt. Sie hatten keine volle Verfügungsgewalt über das gemeinsame Einkommen und ihren Besitz. Männern hingegen waren kaum Grenzen für die Entscheidungsgewalt in innerehelichen Angelegenheiten gesetzt. Diese Position der Stärke fand ihren Ausdruck vor allem in der eheherrlichen Disziplinargewalt, die einem Ehemann die Züchtigung seiner Frau gestattete.

Mißhandlung

Frauen waren nicht nur auf Straßen und Plätzen, sondern gerade in der häuslichen Sphäre oft Gewalt ausgesetzt. Insgesamt konnte dieses Motiv in 35 Fällen festgestellt werden. In mindestens 20 Handwerkerehen spielten

Mißhandlungen eine große Rolle für die Erhebung einer Klage durch Frauen. Es muß aber davon ausgegangen werden, daß Mißhandlung – aufgrund derer keine Scheidung der Ehe, sondern lediglich eine Trennung von Tisch und Bett zu erwarten war – entweder verschwiegen, vor einem anderen Gericht mit dem Ziel der Disziplinierung verhandelt oder aber nicht öffentlich thematisiert wurde.[95]

Schläge waren ein akzeptiertes Mittel der Auseinandersetzung und der Erziehung[96]. Die innerfamiliäre Gewalt muß im Zusammenhang mit der bereits beschriebenen Disziplinargewalt des Hausvaters über seine Familie gesehen werden, aber auch vor dem Hintergrund von Tätlichkeiten als gängigem Mittel der Konfliktaustragung.[97] Ein Beispiel: 1788 verklagte die Ehefrau des Goldarbeiters Wagner den Antiquar Ackermann und dessen Schwester, die offenbar Nachbarn der Klägerin waren. Zwischen beiden Parteien hatte es nach einem Wortwechsel eine Schlägerei gegeben, an der das Ehepaar Wagner, ihre acht Kinder, die Ackermanns und etliche Nachbarn beteiligt waren. Frau Wagner und ihr jüngstes Kind wurden dabei verletzt. Ackermann sagte aus:

„Diesen Morgen habe seine Schwester mit der Klägerin Tochter einen Wortwechsel gehabt weil diese hinter ihr her gespuckt habe. Er sey hinuntergegangen und habe der Klägerin Ehemann angetroffen, daß dieser seine Schwester Commißnudel, schlechte Maam und dergl. geschimpft habe. Er habe demselben Vorstellung tun wollen, allein er habe keine Vernunft annehmen wollen, sondern habe ihn gerade ins Gesicht geschlagen. Darauf habe er sich gewehrt, zumahlen, da die Ehefrau, zwey Töchter und der Sohn des Wagners auf ihn losgegangen. Er wisse nicht ob er ein Stück Holz in Händen gehabt, und ob er die Klägerin geschlagen hätte. Nachdem alles vorbey gewesen, wären sie in seine Stube gekommen und hätten ihn prügeln wollen."[98]

Der Bericht dokumentiert die vorhandene Gewaltbereitschaft auch bei Frauen, die den Männern in nachbarschaftlichen Streitigkeiten nicht nachstanden.[99] Im Bereich von ehelichen Auseinandersetzungen jedoch liegen fast ausschließlich Klagen von Frauen über durch Männer erlittene Gewalttätigkeiten vor. Die Schilderung des Seilers Jeremias Iesengard, der sich 1744 unter anderem darüber beschwerte, daß seine Frau ihm den Hals habe umdrehen wollen und durch sein Schreien alle Nachbarn herbeigerufen worden seien, bildete eine Ausnahme.[100] Selten gaben Männer vor Gericht zu, daß ihre Frau sie im Verlauf von Auseinandersetzungen ebenfalls geschlagen hatte; ein höchst ehrenrühriges Geständnis.[101] Häufiger waren Verdächtigungen, eine Frau habe eine Waffe versteckt mit der Absicht, ihren Mann zu verletzen oder zu töten.[102]

Gewalt von Frauen gegen Männer wurde selten thematisiert, während Gewalt von Männern gegen Frauen allgemein akzeptiert und durch die Disziplinargewalt legitimiert war. Das Gesellschaftsmodell mit der hausväterlichen Herrschaft als Ordnungsfaktor basierte auf Akzeptanz und Institutionalisierung der Gewalt von Männern gegen Frauen.[103] Der Universitätsbuchbinder Pliese mußte sich im Frühjahr 1742 gegen den Vorwurf des Trinkens und der „unvernünftigen"[104] Mißhandlung seiner Frau Maria Elisabeth Schepeler verteidigen, die er 1737 in Münden geheiratet hatte. Er gab Widersprüchliches zu Protokoll:

„Zum ersten steckt sie keinen Finger ins Wasser 2tens 59 Hemden vor das Madgen[105] 3. geht sie nicht aus dem Haus 4. niemt sie mir das gelt unter der Hand weg und kaufft flax 5. hält sie eine Magd, die ich nicht mit 30 rthl daß Jahr unterhalten kan, da ich keine brauche 6. sie rührt keine Hand an zu meiner Arbeit 7. laßt sie schon ein bette machen vor meine kleine Madgen von meinem Geld. 8. Tringt sie den Coffe mit den Gesellen [...] 9. Lest sie von meinen Gesellen aller Hand machen und verschenckt. 10. ich kauffe ein sie verkaufft es wieder ich sehe aber kein Geld. 11. Sie geht gantze Tage aus dem Haus und sagt nicht wohin. 12. hat sie jung und magd geschlagen. 13. wirfft sie mir vor waß ihr ist verboten worden [...]."[106]

Während er unter Punkt zwei vermerkte, daß seine Frau nicht aus dem Haus gehe und unter Nr.21 seiner Beschwerdeliste hinzufügte, daß er deshalb oftmals, sogar an Weihnachten, selbst habe einkaufen müssen, sagte er in Punkt 11, daß sie ganze Tage aus dem Haus gehe, ohne zu sagen wohin. Auch helfe sie ihm nicht bei seiner Arbeit, wie bei Buchbinderehepaaren üblich, und habe ihm das Geld „unter der Hand" weggenommen, um Flachs zu kaufen. Das deutet darauf hin, daß sie vielleicht gemeinsam mit der Magd, die sie gegen den Willen ihres Mannes gemietet hatte, Heimarbeit verrichtete. Pliese behauptete, sie habe auch einiges von den Gesellen machen lassen und es weggegeben; sie hatte also Aufträge angenommen und ausführen lassen. Gleichzeitig hatte sie sich die Züchtigungsbefugnis ihres Mannes angemaßt, indem sie die Lehrjungen geschlagen hatte. Sie wehrte sich auch gegen seine Verbote, wobei Pliese nicht ausführte, was er ihr eigentlich verboten hatte; er thematisierte vielmehr abstrakt die Gehorsamspflicht der Ehefrau. In einigen der anderen Beschwerdepunkte beklagte er sich, daß seine Frau das Essen vor ihm versteckt hatte; sie hatte also keine gemeinsamen Mahlzeiten mehr mit ihm einnehmen und vor allem kein Essen für ihn zubereiten und mit ihm teilen wollen. Pliese schloß seine Beschwerde mit dem Vorwurf der übermäßigen Vertraulichkeit zwischen seiner Frau und dem Gesellen; darüber hinaus habe seine Frau eine ganze Nacht außer Haus verbracht. Er stellte die eheliche Treue seiner Frau in Verbindung mit ihren Arbeitsrollen im Haus und außerhalb des Hauses in Frage, und zwar im Zusammenhang mit seiner schwindenden Kontrolle über

Werkstatt und Gesellen. Er entwarf ein Bild der von ihr ausgeübten Tätigkeiten, das an einen Rollentausch, an den „Kampf um die Hosen" erinnerte.

Seine Frau, zu diesen Punkten befragt, sagte, sie ginge nicht aus dem Haus, weil sie Arbeit im Haus hätte, und die Magd sei von ihrem Geld bezahlt worden. Von ihrem Mann aus dem Haus geworfen, hätte sie eine Nacht im Wirtshaus verbringen müssen. Pliese hatte ihr Prostitution unterstellt und sie aufgefordert, ihm etwas von dem in dieser Nacht verdienten Geld abzugeben. Die anderen Punkte leugnete sie. Die Zeugenvernehmung erbrachte, daß Pliese häufig in betrunkenem Zustand seine Frau mißhandelte.[107]

Ergänzende Akten zum Fall Pliese zeigen, daß der Konflikt zu einem Zeitpunkt vor Gericht kam, als Pliese sich in einer prekären finanziellen Lage befand. Einerseits mußte er vermutlich Alimente für ein 1737 geborenes nichteheliches Kind zahlen, andererseits hatte er 1735 100 Taler aus der Hannoverschen Manufakturkasse geliehen, deren Rückzahlung fällig wurde. Zu Beginn des Jahres 1742 hatte er sich darauf einlassen müssen, seine Schuld durch Arbeit in der Universitätsbibliothek abzutragen, wobei er jeweils nur den halben Lohn ausgezahlt bekam, nicht genug also, um eine Familie zu ernähren und seinen Teil zur gemeinsamen Hauswirtschaft beizutragen. Seine Frau hatte selbst versucht, Einnahmen zu erwirtschaften und dabei in den Tätigkeitsbereich und die Befugnisse des Mannes eingegriffen; als Reaktion griff Pliese sie nun physisch an. Das Universitätsgericht verfügte zunächst eine Trennung von Tisch und Bett. Es gestattete der Frau, die vor Gericht von ihrem Vater unterstützt wurde, ihren Besitz mit sich zu nehmen. Nach der Trennung wurde Pliese bald entlassen, seine Werkzeuge wurden inventarisiert und gepfändet, weil er seinen finanziellen Verpflichtungen nicht mehr nachkam.[108]

Die obrigkeitliche Ahndung von Mißhandlungen

Im Fall von Mißhandlungen konnten sich Frauen an das Universitäts- oder das Kriminalgericht[109] sowie an den Rat der Stadt wenden, wo sie manchmal eine kurzzeitige Festsetzung ihrer Männer auf der Wache erreichten.[110] Ging es ihnen um eine kirchliche Disziplinierung – beispielsweise eine Vorladung beim Pastor oder den Ausschluß vom Abendmahl – oder um eine Trennung der Ehe, wurden ihre Klagen vor der Kirchenkommission und dem Universitätsgericht gehört. Dem Mann wurde dann bei Strafandrohung verboten, seine Frau während der Dauer der Untersuchungen zu mißhandeln. Konnte eine Frau erfolgreich die „ungebührliche Heftigkeit" der empfangenen Schläge beweisen – meist durch ärztliches Attest oder bloße Anschauung der noch sichtbaren Verletzungen sowie durch eindeutige Zeugenaussagen – kam es in manchen Fällen zu einer kurzen Inhaftierung des Mannes. Der Klempnermeister Friedrich Prüfert schilderte 1844, nachdem seine Frau ihn mit der Bemerkung provoziert hatte, daß sie Umgang mit vielen jungen Männern habe, die ihr Geschenke machten und sie nicht verlassen würden:

„Obgleich mich diese Verwegenheit schon im höchsten Grade erzürnte, so ließ ich dieselbe doch noch ungeahndet; ich konnte mich aber nicht enthalten, meiner Frau eine Ohrfeige zu geben, weil sie meine gute selige Mutter, welche eine untadelhafte Wirthschaft geführt hat, im Grabe verfluchte. Diese Rüge benutzte meine Frau zu der ersten Anklage, welche ich in meinem Leben erfahren habe, und sie hatte die Freude, mich wegen der ihr gereichten Ohrfeige zu 48stündiger Gefängnisstrafe polizeilich verurtheilt zu sehen [...]."[111]

Prüfert stellt die geltende Praxis, nachweislich gewalttätige Ehemänner mit Gefängnis zu bestrafen, als frauenfreundlich und ungerecht dar. Eine Frau mußte demnach ihren Mann nur anzeigen, um die erwünschte Bestrafung durchzusetzen, eine Vereinfachung, die der zögerlichen Reaktion der Behörden zum Schutz mißhandelter Ehefrauen in keiner Weise gerecht wird.

Catharina Margaretha Knauf, die 1735 im Alter von 40 Jahren den 16 Jahre jüngeren Hutmacher Andreas Böning geheiratet hatte, gab 1749 zu Protokoll, sie habe ihn in letzter Zeit oft auf die Wache bringen lassen müssen. Doch eine von Frauen veranlaßte Disziplinierung provozierte oftmals neue Gewalt. Der obrigkeitliche Beistand für mißhandelte Frauen war zwar zögerlich und ineffektiv[112], doch vertiefte die erfahrene Haft oder Ermahnung durch das Gericht beim Ehemann gewöhnlich den Haß auf seine Frau, die sich in seinen Augen ungebührliche Macht anmaßte, und die Mißhandlungen nahmen noch zu.[113] Auch Catharina Margaretha Knauf erfuhr, daß obrigkeitliches Eingreifen keine Besserung ihrer Behandlung durch ihren Mann zur Folge hatte. Als sie sich wieder mit ihm versöhnen wollte, fing er erneut Streit an, schlug sie und riß ihr die Mütze, das Zeichen des verheirateten Standes, vom Kopf. Sie hatte sich bei einem Meister um Arbeit für ihn bemüht. Auf diesen Eingriff in die Praxis der Arbeitsvermittlung unter Männern, einen für Frauen verschlossenen Bereich, hatte er heftig reagiert. Sie bat den Rat um Schutz, weil sie nicht einmal auf der Straße vor ihm sicher sei. Andreas Böning gab zu Protokoll,

„daß er seine Frau geschlagen haben solle, wiße er nicht [...] bey der hand habe er sie gefaßt, und sie gebethen, mit ihm nach Hause zu gehen, und könte es woll seyn, daß sie bey der Gelegenheit Schaden genommen."[114]

In diesem Fall kommt bereits das Problem der „ungleichen Paare", der Ehen zwischen Partnern extrem unterschiedlichen Alters zur Sprache, die im Handwerk mit häufigen Zweit- und Drittehen und Existenzsicherung durch Witwenheirat keine Seltenheit waren. Wie Catharina Knauf hatte auch Marie

Elisabeth Beuermann einen wesentlich jüngeren Mann geheiratet.[115] Sie versuchte in ihrer Klageschrift selbst einen Grund für die zunehmenden Mißhandlungen durch ihren Mann, David Tucher, zu finden:

> „Wenn nun hierauf einige Jahre zwar nicht ohne Mißhandlungen doch so ziemlich erträglich verflossen, so sind doch leider seit kurzem dieselben mit doppelter Wuth zurück gekehrt; der Grund warum! ist leicht zu errathen weil ich bereits in den fünfziger Jahren, und wohl 8 bis 9 Jahre älter wie mein Ehemann, mithin ihm zur Befriedigung seiner durch den Trunk häufig aufgeregten Begierden nicht gut genug mehr bin. Er mißhandelt mich deshalb geflissentlich aufs äuserste und lebensgefährlich."[116]

David Tucher wurde von seiner Frau mehrmals angezeigt, mit der Absicht, ihn inhaftieren zu lassen.

Eine von der Obrigkeit verhängte Haft brachte materielle Konsequenzen mit sich, deren Härte allein die Frauen und ihre Familien tragen mußten. Nicht nur der Verdienstausfall für die Zeit der Gefängnisstrafe führte zu einer Verschärfung der meist schon bestehenden schlechten finanziellen Lage. Auch für die Verpflegung ihres Mannes im Gefängnis und für Gerichtsgebühren mußte eine Frau – als Klägerin – oft selbst aufkommen.[117] Daher baten Frauen häufig um baldige Entlassung ihrer Männer.[118]

Mißhandlungen als Thema einer Eheklage vor Gericht

Der Kaufmann Grashoff, der 1749 wegen Mißhandlungen in den Karzer gebracht worden war, rechtfertigte sich, er habe seine Frau seit dem letzten Arrest nicht geschlagen, und vor seiner jetzigen Festsetzung hätte er sie lediglich mit der Hand geschlagen; eine Form des Schlagens, die für Frauen als angemessen angesehen wurde. Der Buchhändler Viktorinus Bossigel schrieb 1787, seine Frau habe viele wohlverdiente Ohrfeigen erhalten. Er leugne es nicht, sie geschlagen zu haben, doch die Gesetze gäben einem Mann das Recht, seine Frau zu züchtigen, und die Umstände ihres Verhaltens hätten ihn sicherlich zur Ausübung dieser Befugnisse berechtigt.[119]

Damit eine Klage wegen Gewalttätigkeit Erfolgsaussichten hatte, bedurfte es angesichts des Züchtigungsrechtes stärkerer Angriffe, die in den Klageschriften oft mit rechtlich fixierten Ausdrücken beschrieben wurden: „braun und blau schlagen", „an den Haaren umherziehen" und „mit Füßen treten".[120] Eine der seltenen Schilderungen ehelicher Auseinandersetzungen aus Männersicht lieferte der Sprachmeister Buffier. Im Februar 1759 berichtete er:

> „Er habe frühmorgens wollen ausgehen, und habe ein Loch am Strumpf gehabt, er habe es wollen zumachen und habe einen Faden Seide gefordert, sie habe den Ort ihm beschrieben, wo er solche finden könnte. Wie er aber solche nicht gefunden, so habe sie den Strumpf ins

Bette gefordert, wo es aber darzu zu dunkel gewesen. Nun wäre sie zwar aufgestanden, wie sie aber von dem Bette weggehen wollen, so habe der kleine Junge angefangen, zu schreien, denn sie hätte solches Kind so stark an sich gewöhnt. Die Frau habe nun das Kind noch trösten und sich mit der Zumachung des Lochs länger aufhalten wollen. Er aber wäre pressiert gewesen auszugehen, er habe also die Frau vom Bette weggestossen, die Ruthe genommen und den Jungen des Schreyens halber gepeitschet. Das habe die Frau verdrossen, und habe gesagt, sie wolle den Lütten nehmen solchen den Leuten und der Obrigkeit zeigen, damit jedermann sehen könnte, wie derselbe zugerichtet sey. Darüber wäre er hitzig worden, habe die Elle, so etwa einen Finger dick jedoch schmahl, vom Bette genommen und sie mit solcher geschlagen."[121]

Buffiers Frau, Magdalene Meineke, drohte ihrem Mann, sie werde seine in der Privatheit der Wohnung ausgeübte Disziplinargewalt öffentlich in Frage stellen und ihn wegen der Schläge anzeigen.[122] Diese Drohung hatte neuerliches Schlagen zur Folge.

Die Angriffe mit Fäusten, aber auch Gegenständen und Waffen konnten lebensbedrohliche Ausmaße annehmen. Eine Zeugin, von einem Kind zu Hilfe geholt, berichtete 1815 über eine Szene im Haus des Metzgers Möhle, der seine Frau und seine Kinder schwer mißhandelt hatte:

„Hierüber aufgebracht sey sie nach Möhlens gegangen und habe dem Producten Vorstellung deshalb gemacht, worauf er seine Frau die Producentin beym Kopfe gekricht und sie in der Maaße an die Wand gebucket habe, daß sie gleich aus Nase und Mund zu bluten angefangen [...]."[123]

Daß Publikum unter Umständen zu größerer Brutalität reizen konnte, zeigt auch das Beispiel von Anna Casper, deren Mann, der Soldat Hoffmeister, ihr vor ihres Bruders Augen „um ihm zu zeigen, wie er mit ihr umgehen könne, die linke Hand abgebrochen" hatte.[124] Marie Louise Müller, Frau des Ziegeldeckers Anton Eisel, beschwerte sich 1821 nach 19jähriger Ehe in ihrer einzig auf den Vorwurf der Mißhandlung gegründeten Eheklage, ihr Mann habe sie

„mit unerträglichen Schlägen tractiret, daß ich der Lebensgefahr dabey ausgesetzt gewesen. So hat er nach mir verschiedentlich theils mit einem Spinnrade geworfen, theils mit einem großen schweren Holz nach mir gestoßen, welcher Lebensgefahr ich kaum zu entgehen vermogt. Insonderheit aber hat mich derselbe am 27. Octbr. vorigen Jahres des Abends beim Hinausgehen aus der Stube dermaßen rückwärts auf die Erde geworfen, daß nicht nur mein Kopf eine sehr heftige Confusion erhielt, sondern hauptsächlich auch meine Schaamtheile durch den Sturz auf das Kreuz sehr bedeutend gelitten, woran ich 7 Wochen darnieder gelegen und dadurch zur Verrichtung der ehelichen Pflichten gänzlich unfähig geworden bin [...]. Ueberhaupt hat mich der Beklagte so übel behandelt, daß ich durch sein Betragen den Verlust meiner Gesundheit verspüre."[125]

Louise Müller mußte zu ihrem Stiefsohn fliehen, obwohl das gemeinsam mit ihrem Mann bewohnte Haus ihr Eigentum war. Sophie Graun, die aus Bovenden stammende Frau des Seifenkugelhändlers Antoine Laplante, wurde von ihrem Mann „auf eine unvernünftige Art geschlagen", gewürgt, getreten und mit einem Messer beworfen, das ihr in der Zunge hängen blieb.[126] Es ist anzunehmen, daß Frauen auch an den Folgen brutaler und langanhaltender Mißhandlungen starben. Catharina Louise Vollmer, Ehefrau des Schuhmachers Georg Friedrich Kaufmann, erhob 1819 nach 25jähriger Ehe Scheidungsklage wegen Mißhandlung und Beleidigung. Auch sie hatte mehrmals vergeblich versucht, nach zeitweiliger Trennung ein neues Leben mit ihrem Mann zu beginnen. 1828 starb sie 51jährig an „inneren Schäden".[127]

Das Verhalten der Zeugen

Das Zusammenleben in einem klein- oder unterbürgerlichen Haushalt gestaltete sich meist recht eng, besonders wenn kein Hausbesitz mehr vorhanden war. Um die Wende zum 19. Jahrhundert nahm die Zahl der Bürger und Einwohner, die in gemieteten Wohnungen lebten, aufgrund der wachsenden Bevölkerung und der schlechten wirtschaftlichen Lage vieler Handwerke stark zu. Neben einer Wohnstube, gegebenenfalls einer Werkstatt und einer Küche bestand ein solcher Haushalt in der Regel aus einer oder mehreren Schlafkammern für das Ehepaar, die Kinder, Gesellen und Mägde. Dabei kam es häufiger vor, daß ein Ehepaar sich entweder mit den Kindern oder die Kinder sich mit dem Gesinde eine Kammer teilten. Konnte ein Zimmer erübrigt werden, vermietete man es, um zusätzliche Einnahmen zu bekommen. Eine Frau hatte keinen abgetrennten Raum für sich, wie auch die gesamte Familie nicht zwischen repräsentativem Wohnraum und „privatem Bereich" unterschied[128], ein Rückzug war praktisch kaum möglich. Daher ist es als durchaus ungewöhnlich anzusehen, wenn einige Frauen sich im Haus eine eigene Kammer nahmen und sich räumlich von ihrem Mann und den Kindern trennten. Vielen Frauen wird diese Möglichkeit wegen der vor allem in Mietwohnungen herrschenden Enge gar nicht zur Verfügung gestanden haben.[129]

Gegenüber den Mietern waren die übrigen Räume des Hauses nicht verschlossen, man teilte sich Abtritt und Küche. Die Türen des Hauses standen offen[130], Nachbarn kamen unangekündigt herein; in den Fenstern zur Straße hin „lagen" die Hausbewohner und beobachteten die Straßenszenen, und Passanten und Nachbarn hatten so gleichermaßen Einblick in das Familienleben. Öffentlichkeit und Familienleben waren nicht getrennt, man sah sich, hörte sich und wußte über wesentliche Entwicklungen in den benachbarten Familien Bescheid. Mieter und Gesinde wurden, freiwillig oder ungewollt, Zeugen familiärer Auseinandersetzungen oder Entscheidungen. Im Konfliktfall griffen die Parteien auf unmittelbar im Haus lebende Personen und Nachbarn zurück, um ihre Version der Krise zu stützen.

Es gab verschiedene Reaktionen auf oft mit Lärm und öffentlichem Aufsehen verbundene tätliche Angriffe von Männern auf ihre Frauen. Mehreren Männern wurde vom Vermieter oder der Vermieterin die Wohnung gekündigt, eine Sanktion, die die ganze Familie betraf. In anderen Fällen wurden Hauswirt bzw. Hauswirtin von Nachbarn herbeigerufen, damit sie Auseinandersetzungen in ihrer Funktion als Hausvater oder Hausmutter des vermieteten Hauses beendeten.[131] Die öffentliche Kontrolle durch die Nachbarn schien in manchen Fällen einschüchternde Wirkung zu haben, wie die Bemerkung des Reitknechtes Bade belegt, der auf das Schimpfen seiner Frau angeblich nicht reagiert habe, um sich bei den Nachbarn nicht verdächtig zu machen.[132] Es ging jedoch eher darum, nicht durch Mangel an Kontrolle, an Herrschaft, öffentlich aufzufallen, als darum, daß die Mißhandlung als Unrecht gesehen wurde. Männer lösten diesen Konflikt auch durch Aussperrung der Öffentlichkeit, wie der Tuchmacher David Tucher, der nach dem Eingreifen eines Gesellen die Stubentür verriegelte. In anderen Fällen führte eine direkte Einmischung von Nachbarn, wie bereits erwähnt, zu verstärkter Brutalität. Sybille Frey ließ 1821 schreiben:

„Diese so groben theils wörtlichen, theils thätlichen Beleidigungen wurden immer heftiger und unerträglicher, je mehr meine Hausgenossen mir beystanden, und mich gegen dergleichen Beleidigungen und Mißhandlungen meines Ehemannes in Schutz nahmen."[133]

Viele der Zeugen, die vor Gericht befragt wurden, hatten den Mißhandlungen häufig nur zugesehen. Ein couragiertes Eingreifen wie von seiten der Zeugin im Fall Töpperwien-Möhle war sehr selten und kam eher von Frauen, wohl auch wegen des unangefochtenen ehelichen Züchtigungsrechtes. Die Zeuginnen liefen dabei Gefahr, selbst angegriffen zu werden: 1732 klagte Maria Juliane Brunschwing gegen den Tischler Adam Schilling,

„daß derselbe am jung vergangenen Sontage seine Frau geschlagen und einen lerm im Haus gemacht, so wäre sie darzukommen und gesaget daß sie doch friede haben möchten, so wäre Bekl. zu sie eingefahren, sie bey dem Halse und an die Kehle gefaßet, zurück über eine Tonne gestoßen, daß ihr der Halß davon einige Tage weh getahn, und dabey sie vor Hure Canaille und dergleichen außgescholten."[134]

Männer griffen oft erst ein, wenn es lebensgefährlich für die Frau zu werden drohte. Johanne Mädel führte aus, daß sie sicher schon tot wäre, wären ihr nicht andere Leute zu Hilfe gekommen. Als Marie Elisabeth Beurmann von Daniel Tucher von sieben bis zehn Uhr abends mißhandelt wurde, schritt der Tuchmachergeselle Hoffmann erst ein, als Tucher zum Messer griff. Im oben geschilderten Fall Proffe-Hentze[135] lief die Magd zum Nachbarn, um von den Schlägen, die Hentze seiner Frau gab, zu berichten, woraufhin der Riemergeselle Kirchhoff hinüberging, die Vorgänge beobachtete und sich wieder entfernte.[136] In den meisten Fällen griffen Männer nicht ein, sondern sahen sich die Szene lediglich an, wobei sie teilweise das Haus betraten, teils durch das Fenster zusahen. Im Fall Töpperwien-Möhle 1815 gaben mehrere männliche Zeugen an, sie seien einige Zeit täglich unter dem Fenster der Wohnung des Ehepaares zusammengekommen, um den Streitigkeiten zuzuhören. Die drei befragten Frauen hingegen schilderten, daß sie Hilfe geholt hatten.[137] Männer schienen sehr darauf bedacht gewesen zu sein, ihr eigenes Recht auf Züchtigung ihrer Frauen nicht durch ein Eingreifen in anderer Leute Ehestreitigkeiten in Frage zu stellen. Auch die späten Klagen mancher Frauen zeigen, daß bei ihnen vielleicht eine Akzeptanz der Abfolge von verbaler Gewalt und physischer Gewalt als Mittel in Auseinandersetzungen zu vermuten ist, in denen sie durchaus nicht immer die Schwächeren waren. Trotzdem bedeuteten die wegen Mißhandlung eingereichten Klagen der Frauen, daß sie die Schläge, aber auch vorfallende psychische Grausamkeiten nicht für eine angemessene Form des Umgangs mit ihnen hielten.[138]

Die Selbstthematisierung von Männern und Frauen im Zusammenhang mit Mißhandlung

Die Schilderungen von Frauen, die sich wegen andauernder Mißhandlungen zu einer Eheklage entschlossen hatten, ähneln sich. Zunächst fällt auf, daß die Klagen erst nach einer langen Zeit des Leidens erfolgten. Meist hatten die Frauen zehn bis 20 Ehejahre unter sehr quälenden Bedingungen mit ihren Ehemännern verbracht. Rückblickend erzählten einige Frauen, wie oft sie ihre Ehemänner, die sie schlugen, sie und die Kinder nicht ernährten und häufig auch Beziehungen zu anderen Frauen unterhielten, wieder aufgenommen hatten. Eine wichtige Rolle in ihren Schilderungen spielte zwar auch die Inszenierung weiblicher Ohnmacht, der eigenen Schwäche, doch fällt auf, daß Frauen viel und lange aushielten, bis sie sich zu einer Klage entschlossen.[139]

Marie Elisabeth Beuermann ließ 1821 schreiben, sie habe ihren Mann, den Tuchmacher David Tucher, bereits 1801, im ersten Jahr ihrer Ehe, krank wieder aufgenommen, nachdem er acht Tage in Gasthäusern zugebracht hatte. Ein Jahr darauf verschwand er abermals für acht Tage.[140]

„Ich war so gutwillig den Reuenden in der Hoffnung der versprochenen Besserung aufzunehmen, allein dieselbe war nicht von langer Dauer. Nach Verlauf einiger Zeit kam er Sonntags während des Nachmittagsgottesdienstes betrunken zu Haus, mißhandelte mich aufs äußerste und verwundete mich durch eine an den Kopf geworfene Porcellain-Terrine [...]."[141]

Diese Vorgänge wiederholten sich leicht abgewandelt immer häufiger und heftiger. Doch selbst als ihr Mann auf der Flucht vor der Obrigkeit längere Zeit aus Göttingen abwesend gewesen war, nahm Marie Elisabeth Beuermann ihn wieder auf. Caroline Brandes, Ehefrau des Schneidermeisters Oldendorf, berichtete 1814 nach 19 Ehejahren:

„dreymahl habe ich ihn wieder bey mich genommen, von Ungeziefer gereiniget und kleiden müssen, und ihn zu der Ordnung eines rechtlichen Ehemannes zu bewegen gesucht aber alles war vergeblich [...]. Seine ausschweifende Lebensart brachte mich zu dem Schritt mit meinen 4 Kindern wieder nach Hannover zu begeben und nun überließ ich ihn seinem eigenen Schicksahl, denn arbeiten wollte er nie und Saufen und Huren sind stets seine Beschäftigungen [...]."[142]

Eine Versöhnung knüpften Frauen teils an Hoffnungen auf Besserung, teils an pflichtgemäßes Verzeihen und stellten sie in der Regel als freiwilligen Akt dar; die Obrigkeit, die sie ja auch zur Kohabitation mit ihrem Mann zwingen konnte, wurde nicht erwähnt.

Die Selbstthematisierung von Frauen erfolgte in den vorgegebenen Grenzen: Ihre wirkliche Motivation blieb verborgen hinter Stereotypen, damit ihre Klage eine Chance auf Erfolg hatte. Demnach wurden Frauen als verantwortlich für das emotionale Funktionieren einer Ehebeziehung begriffen und Männer schlugen nicht ohne Grund auf ihre Frauen ein. Daher wandten sich Frauen gleichsam entschuldigend an die Obrigkeit, eine Strategie, die halb von taktischen Momenten, zur anderen Hälfte aber auch von der Tatsache bestimmt worden sein dürfte, daß ein Öffentlichmachen der Eheprobleme nicht nur die Ehre des beschuldigten Mannes, sondern auch die Ehre der klagenden Frau tangierte.[143]

Die Klägerinnen betonten vor allem, daß die erfahrenen Mißhandlungen ohne jede Veranlassung geschehen waren; weiterhin, daß sie ihrer Pflicht nachgekommen waren, den Mann positiv zu beeinflussen und „im Verborgenen" auf ihn einzuwirken. Auf dieses Modell, das im Widerspruch zu den eigentlich propagierten ehelichen Machtverhältnissen stand, da es der weiblichen Einflußnahme und männlichen Schwäche Raum gab, griffen Männer in ihrer Verteidigung zurück. Um eigenes Versagen zu entschuldigen, behaupteten sie, ihre Frauen hätten keinen positiven Einfluß ausgeübt und sie nicht von ihrem unrechten Weg abgebracht. Ein Modell der gescheiterten männlichen Erziehungsversuche hingegen wurde in Klagen von Männern herangezogen, um deutlich zu machen, daß die Gründe für das Scheitern der Ehe im Wesen der Frau, in ihrem Charakter und nicht in den Interaktionen des Paares zu suchen waren. So beschrieb der Instrumentenmacher August Ziehe seine Frau Charlotte Bergmann als eine Person,

„die als einzige Tochter ihrem eigenen Willen stets überlassen, im Hinblick auf ihre Erziehung gänzlich verwahrlost worden ist. Mit allen Anlagen zur Ausschweifung versehen, und für jeden Eindruck eines bessern moralischen Gefühls verschlossen, blieben alle meine Bemühungen und Versuche, sie zu einer auch nur erträglichen Ehefrau zu bilden fruchtlos und vergeblich."

Er führte weiter aus, daß

„ihr Herz für eheliche und häusliche Glückseligkeit stets unempfindlich blieb [...]. Ihr unsittliches, ausschweifendes und tadelhaftes Leben führte natürlich zu Unordnung im Haushalt, Verabsäumung der Geschäfte und Verirrung des jugendlichen Herzens."[144]

Der Kaufmann Grashoff wehrte sich 1749 gegen die Vorwürfe seiner Frau Amalie Clemme mit der Beschuldigung, sie sei

„niemals so vertraulich gegen ihn gewesen wie eine gute Ehefrau zu ihrem Mann sein solle, sondern immer mürrisch".

Er selbst hingegen beantwortete die Vorhaltungen seiner Freunde hinsichtlich seines Lebenswandels mit der Feststellung, er sei nie anders gewesen und wolle auch nie anders sein.[145] Der Disputationshändler Viktorinus Bossigel gab in seiner Antwort auf die Klage seiner Frau Magdalena Engelhardt zwar zu, getrunken zu haben, stellte aber dem Gericht die Frage:

„Aber, wäre dann nicht die Pflicht einer guten Hausfrau gewesen, mit Sanftmuth und Freundschaft den Mann zu beruhigen; solte nicht eine kluge und gute Ehefrau sogar einen Mann wenn so etwas zur Gewohnheit bey ihm werden wolte, auf bessre Wege leiten können?"[146]

Der Schuhmacher Samuel Scherer schrieb 1823, daß er seine fünfzehnjährige Ehe mit Dorothea Petri nur in der Hoffnung ertragen habe, er könne seine Frau durch „gütliche Vorstellungen" und Nachsicht wieder zur häuslichen Ordnung bringen.[147] Der Stiefelputzer Zulauf beklagte 1827:

„Aber die, dem weiblichen Geschlecht gleichsam in der Natur liegende Sanftmuth und Nachgiebigkeit ist der Klägerin, wenigstens gegen mich, nie eigen gewesen, wodurch sie sich auch bei anderen Personen verhaßt gemacht hat."[148]

Zulauf baute hier auf die allgemein verbreitete Ansicht, Frauen sollten von Natur aus sanft und zur Unterordnung bereit sein; das dementsprechend widernatürliche Verhalten seiner Frau schloß sie in seinen Augen aus der Gesellschaft aus. Einige Männer versuchten, mit dem Klischee der „gemütskranken" Frau die Beschwerden ihrer Frauen – die aus ökonomischen Gründen erhoben wurden – als Ausdruck einer Verwirrung oder Krankheit zu präsentieren.[149]

Die Adaption der bereitgehaltenen „natürlichen" weiblichen Eigenschaften durch klagende Frauen – oder zumindest durch ihre Anwälte – und ihr Einsatz vor Gericht dokumentiert das Beispiel der Ehefrau des Faktors Brauer, Johanne Ellissen, 1807:

„Wenn ein liebevolles und gefälliges Betragen einer Gattin den Ehemann glücklich machen kann so mußte der meinige es durch mich werden, und bis zu dem jetzigen unglücklichen Zeitpunkte habe ich in dieser Hinsicht alles getan, was man von einer Ehefrau fordern kann. Ich verschloß selbst den stillen Kummer bey mir, aus dem äußern Betragen meines Ehemanns abnehmen zu müssen, daß seine Liebe gegen mich erkaltet und erloschen war, und zu sehen, daß seine öconomischen Umstände sich verschlechterten; denn er war nicht häuslich; liebte das Spiel und Vergnügen außer Haus sehr; war nicht genug auf den Erwerb bedacht, geriet in Schulden, wurde hin und wieder verklagt, und ich mußte auch in dieser Hinsicht einer traurigen Zukunft entgegen sehen."[150]

Christine Margarethe Kübler, Ehefrau des Galanteriehändlers Knieriem, versicherte 1825, daß ihre mehrjährige Geduld leider nicht positiv auf ihren Mann eingewirkt habe. Louise Christina Henne, Frau des Copisten Mertens beteuerte 1826:

„kein Mittel ist bislang von meinen und von den Bekannten des Beklagten unversucht gelassen, um ihn auf andere Wege zu bringen."[151]

Sie erweckte den Eindruck, ihre Klage habe über die „private" innereheliche Beziehung hinausreichende Bedeutung und versicherte sich der Unterstützung im Freundeskreis gegen ihren Mann.

Die Dynamik von verbaler und physischer Gewalt

Am Vergleich dieser männlichen und weiblichen Argumentationsstrukturen wird deutlich, daß Frauen hauptsächlich über sich und ihre Reaktionen redeten, während Männer über ihre Frauen sprachen, weniger über ihr eigenes Verhalten. Dies entsprach dem Vorgehen des Gerichts, eher das Verhalten von Frauen einer Prüfung zu unterziehen, auch wenn diese als Klägerinnen auftraten. Mißtrauisch wurde von den Gerichten jede Frau beäugt, die die Disziplinargewalt ihres Mannes in Frage stellte, ob sie nicht selbst Anlaß für die Schläge gegeben hatte. Sie mußte beweisen, daß Anlaß und Art der Mißhandlung den Rahmen des Rechtes auf maßvolle Züchtigung bei weitem überschritten hatten. So wurde beispielsweise Catharina Margaretha Iesengarten, die nach Prügeln ihres Mannes, des Bäckers Johann Daniel Schepeler, 1758 einen Schlaganfall erlitten haben sollte, ermahnt, ihm keine Ursache für die Züchtigungen zu geben.[152] Ein Beispiel für gerichtliches Vorgehen bietet folgender Auszug aus den Kriminalgerichtsprotokollen von 1735:

„Am 24.11.1735 klagte Johannes Schodders Ehefrau gebohrne Bruggemanns wieder ihren jetzt genandten Ehemann, daß derselbe sie gar übel mit schlagen tractirte und noch letzthin des Nachts im Bette gar hart geschlagen und zu bette hinauß stoßen wollen, bahte ihr gegen dieses Verfahren ihrer Sicherheit zu verschaffen und ihren [Mann; S.M.] dahin anzuhalten, daß er mit ihr wie einem Manne gebihrte [leben; S.M.] müste, wiedrigenfalß denselben zu bestraffen, damit er davon abstünde.

Bekl. gestehet daß er seine Frau geschlagen, aber in Bette nicht [...] es wären 3 mg weg kommen weswegen er dieselbe in Verdacht gehabt und meinte hieran kein Unrecht getahn zu haben. Beyden Eheleuten ist zugeredet sich in Güte mit einander zu betragen, und insonderheit der Mann angewiesen die Frau nicht so barbarisch und hart zu tractiren, dann der Frau bedeutet, ihrem Manne gleichfalß mit spitzfindigen und zanksüchtigen Wordten nicht Gelegenheit zum eyffer zu geben."[153]

Hier klingt, neben den bereits analysierten Motiven der Auseinandersetzung um Geld, die Dynamik der Anwendung von physischer Gewalt als Folge ehrenkränkender Beleidigungen an.[154] Die wenigen überlieferten Kriminalgerichtsprotokolle sowie viele Klagen vor dem Universitätsgericht zeigen, wie häufig Gewaltanwendung auf Beleidigungen folgte, die als ehrenkränkend verstanden wurden.

Der Sprachmeister Buffier sagte 1759 zu dem Vorwurf, seine Frau Magdalene Meineke wiederholt geschlagen zu haben:

„Als er am Sonnabend citiret worden und hierauff zu der Frauen gesaget: Nun haste mich verklaget! Worauf sie ihm zur Antwort gegeben, ja, es ist geschehen, Du sollst nun den Stock über den Buckel kriegen, Du hast nun Deinen Mann gefunden, sie aber hätte ihren Beystand. Bey diesen einer Frau unanständigen und ihm empfindlichen Worten habe er derselben Spinn Rocken mit dem Flachs genommen und solche damit geschlagen."[155]

Für Magdalene Meineke und für die anderen klagenden Frauen war das Gericht die Instanz, die ihren Ehemann züchtigen konnte, das Instrument für eine Bestrafung, die sie selbst nicht vornehmen konnten und durften.

Die Ehegerichtsbarkeit hatte hier mit der Möglichkeit, Mißhandlung vor Gericht zu bringen, eine deutliche Verbesserung für Frauen gebracht. Von den Göttinger Gerichten allerdings wurde vorausgesetzt, daß ein Mann seine Frau immer aus gerechtem Grund strafte, während eine Frau ihren Mann nicht strafen konnte, auch wenn sie ungerecht behandelt wurde. Die untergeordnete Position der Frau in der Ehe wird an diesem Punkt besonders klar. „Freche Reden" wurden nicht nur vom Ehemann, sondern auch nachträglich durch das Gericht durch die Legitimierung des männlichen Verhaltens geahndet. Das Gericht befand, die Frau sei „allzu hitzig [...] der Mann aber ziemlich vernünftig und gelassen", die von ihm ausgeübte Gewalt wurde innerhalb des Rahmens der „vernünftigen" Züchtigung gesehen. Besonders der Vorwurf der „Hitzigkeit", des Auslebens von Aggressionen und das Äußern von Widerspruch, wurde von Männern unter Hinweis darauf erhoben, daß sich ein solches Verhalten für eine Frau nicht schickte, in Anlehnung an die Säftelehre gleichsam „widernatürlich" war. Das Selbstbild von Männern hingegen operierte mit den der männlichen Natur zugeschriebenen legitimen Zornausbrüchen.[156] Der Wrüger Jünemann gab 1744 zu Protokoll:

> „daß er seine Frau so übel und grausam tractiret, sey nicht an dem; wann sie es darnach gemachet, und ihm gar schlecht begegnet, so habe er ihr woll Schläge mit dem Stocke gegeben."[157]

Diese „Bestrafung" hatte er beispielsweise angewendet, als seine Frau 14 Taler Schulden gemacht, Frucht verkauft und vier Seiten Speck und die Betten aus dem Haus getragen hätte. Das Gericht untersuchte den unmittelbaren Anlaß für eine Mißhandlung und prüfte, ob sie im Rahmen der erlaubten Herrschaftsausübung stattgefunden hatte und ob die gezüchtigte Frau einen ausreichenden Grund für die Gewalt gegeben hatte. Der Stiefelputzer Zulauf gab in seiner Antwort auf die wegen Mißhandlung erhobene Klage seiner Frau Louise Koch 1827 zwar nicht zu, daß er sie geschlagen hatte, ließ aber schreiben:

> „Kann ein Mann mit aller Geduld und Nachgiebigkeit bei einem solchen entehrenden Character seiner Xantippe wohl immer gelassen bleiben? Kann oder muß er gleichgültig annehmen, wenn er von derselben durch die entehrendsten Schimpfwörter herabgewürdigt wird? Wenn ich daher in Zorn geriet, so wurde ich leider! dazu von ihr gereizt."

An anderer Stelle rechtfertigte Zulauf die von ihm ausgestoßenen Morddrohungen mit der Erklärung, er habe dies vielleicht in der Hitze empörter Leidenschaft gesagt, gereizt durch die Schimpfreden seiner Frau, gleichsam um sie zu schrecken und sie dadurch zur Vernunft und Ordnung zurückzubewegen. Zu dieser Methode habe er greifen müssen,

> „weil dergleichen Geschöpfe, deren Character moralisch verdorben ist, sich nicht mit Sanftmuth leiten lassen."[158]

Er behauptete also, sein Vorgehen beruhe trotz aller „Hitzigkeit" letztlich auf methodischen Überlegungen, da es einen erzieherischen Zweck verfolgte. Der Stiefelputzer Rottenbach bezeichnete die Ausübung physischer Gewalt als Reaktion auf die „Unverschämtheiten seiner Frau", und Sprachmeister Buffier gab an:

> „Die starken Drohungen ihn zu verklagen und zu prostituiren hatten ihn so in Hitze gebracht."[159]

Zum einen wird hier deutlich, welche wichtige Rolle die eigene Ehre, die auch durch die Ausübung der legitimen Herrschaft im Haus und über die Ehefrau definiert wurde, für die Männer spielte, und wie stark die Drohung, ihre Unzulänglichkeit könne an die Öffentlichkeit gelangen, auf sie wirkte. Zum anderen durften Frauen keineswegs leidenschaftlich reagieren und agieren, obwohl sie allgemein als „unvernünftig" galten, während sich die Männer entgegen dem auf Vernunft gegründeten gängigen Selbstbild „empörte Leidenschaft" und Drohungen zugestanden. „Hitzigkeit", in Zusammenhang gebracht mit dem Züchtigungsrecht des Mannes, erschien in dem von den verklagten Männern analog zu den normativen Vorgaben entworfenen Selbstbild als gerechtfertigt, zumindest verständlich, für Frauen jedoch – wie jede Form von Eigenwilligkeit und „Aufsässigkeit" – als unentschuldbar. Männer konnten ihr gewalttätiges Vorgehen immer mit Erziehungsversuchen in Verbindung bringen, so daß sich selbst ihre Brutalität noch als Ausdruck männlicher Vernunft und Verantwortung lesen ließ.

Der Reitknecht Bade wurde auf Bitten seiner Frau N.Brennecke 1780 für einen Tag auf die Wache gebracht, wo er laut Protokoll des Universitätsgerichtes seinen Rausch ausschlief. Er hatte seine Frau am Morgen geschlagen. Vor seiner Entlassung wurden beide Eheleute gemeinsam ermahnt,

„sich ruhig zu verhalten, sich einander nicht zu beleidigen und sich liebreich zu begegnen. Nicht weniger wurde selbigen auferlegt, sich nicht aneinander zu vergreifen und wenn etwas feindseliges vorfallen sollte, solches sogleich dem Gerichte anzuzeigen."[160]

In der Sichtweise des Gerichtes konnten beide Ehepartner einander gleichermaßen angreifen, sowohl physisch als auch verbal. Diese Sichtweise mutet angesichts der zahlreichen Klagen von Frauen aufgrund schwerer Mißhandlungen merkwürdig an, deutet aber bereits auf einen wichtigen Aspekt der Dynamik von verbalen und physischen Verletzungen hin: Sie wurden als gleichwertig empfunden.[161] Die von den Beleidigungen ihrer Frauen getroffenen Männer zeigen in ihren überaus heftigen Reaktionen, daß die empfangenen Ehrenkränkungen mindestens als gleichermaßen schwerwiegend angesehen wurden, wie die den Frauen zugefügten Mißhandlungen. Vor Gericht wurden sie allerdings entsprechend dem hierarchischen Verhältnis von Männern und Frauen unterschiedlich bewertet. Während Männer ihre Schläge als Ausdruck der eheherrlichen Disziplinargewalt verstanden wissen wollten, konnte Frauen leicht vorgeworfen werden, daß es sich bei ihren Beschimpfungen um ungebührlichen Ungehorsam handelte.

Bade ließ einen Advokaten an das Universitätsgericht zu seiner Verteidigung schreiben:

„Es hat bereits viele Jahre gedauert daß meine dermalen gegen mich freventlich klagende Ehefrau auf die Gottloseste- und unverantwortlichste Weise mit mir und zwaren fast täglich gezancket hat; wodurch ich so denn mehr [...unles., S.M.], selbige der Gebühr nach wegen ihrer übertriebenen Bosheit als Ehemann zu bestrafen, hätte mit recht befugt seyn können; allein: als ein vernünftiger Mann, habe ich mich nicht zu blamiren und mich nur nicht bey denen Nachbaren verdächtig zu machen, diesem Weibe ihren Gottlosen Schimpfen immer nachgegeben; wodurch sie denn auch in ihrer Bosheit dermaßen verstärkt geworden ist; daß sie sich nunmehr auch gantz vorstellt, sie könne [...] nach ihrem selbsteigenen Gefallen mit mir umgehen; wie sie denn auch durch ihren dermahlen erlangten Endzweck; daß ich auf ihren Antrag so gleich gefänglich eingezogen worden bin; aber ohne Überlegung ihrer selbsteigenen Gottlosigkeit als welche die wahre Ursach ist, freudig triumphiret; [...] so will ich annoch gehorsamst ausführen; daß diese meine Gottlose Ehefrau, wie meine unschuldig Kinder bey denen nichts falsches vermuthet werden kan, die Wahrheit von ihrem Betragen zeugen können und werden, täglich ein groses und mörderisches Meßer gegen mich träget, ia mir auch, ohne der täglich gegen mich ausstosenden greulichen Lästerreden nicht zu gedenken den Garaus zu machen gedräuet hat."[162]

Bade schilderte sich als geduldigen, eher schwachen Ehemann, der das Züchtigungsrecht gegen seine herrschsüchtige Frau trotz Berechtigung nicht ausübte. Zwar sei er ihrem Wüten immer kaltblütig aus dem Weg gegangen, doch habe sie sich am Tag zuvor ganz außerordentlich und unüberlegt betragen und ihn einen Spitzbuben und Schelmen genannt. Er sei nicht in der Lage, alle die von ihr benutzten ehrenrührigen Schimpfwörter zu wiederholen, um sich nicht dem Gelächter preiszugeben. Da er in Gegenwart seiner Frau nicht zu Wort komme, bitte er das Gericht, seine Frau, die er von seinem „sauren Lohn" unterhalten müsse, anzuweisen, sich „ferner richtig und stille, wie es einer Ehefrau gebühret" zu betragen. Auch in diesem Fall erschien das Gericht als Instrument zur Wiederherstellung gestörter ehelicher Machtverhältnisse: Das Gericht sollte der Frau befehlen, in Gegenwart des Mannes still zu sein; der Mann selbst konnte sich nicht mehr durchsetzen und gab dies auch öffentlich zu.

Der Arzt Michael Weber bediente sich in seiner Gegenklage 1751 der Strategie, die durch seine Frau Marie Christine Gehre erlittenen Beschimpfungen so drastisch wie möglich wiederzugeben. Er hat aber mit seiner erfolgreichen Argumentation auch zur Überlieferung einiger allgemeiner Gedanken zum Bild der schimpfenden Frau beigetragen. So heißt es in seiner Klageschrift:

„Es heget Klägerin von Natur ein boshafftiges, rachgieriges, intrigantes, niederträchtiges und lügenhafftes Gemüthe, woraus alles Unglück uhrspründlich herzuleiten, und in die 32 Jahr mit größter Geduld ertragen müßen. Gegenwärtig derer gotteslästerlichen und iniuriensen Reden nicht zu gedenken, die sie alltäglich ausgestoßen, und damit sich sowohl an Gott, als ihren Nächsten versündiget, welches eben mir mein Leben sehr sauer und kümmerlich gemacht hat. [...] Wie kan man aber sich was unvernünfftigeres vorstellen, als wann diejenige, die mein Brod ißet, mich unter die Füße tritt? Diejenige, die mir meine zeitliche Wohlfahrt und Ehre zudanken hat, mich in Schimpff und Schande und umb meinen ehrlichen Nahmen zu bringen, sich alle Mühe giebet? Vor welche Gut- und Wohlthaten sie mir alle Liebe, wie billig, keines weges aber einen tödlichen Haß erweisen sollen. Weiter anstatt daß sie sich müssen angelegen seyn laßen, meine Nahrung zu befördern, ist sie denen Leuten nicht nur grob und unhöfflich begegnet, sondern hat mich auch angeschwärtzet und verkleinert, wodurch das Zutrauen von mir abgewendet [...].“[163]

Weber und der Reitknecht Bade waren zwei der wenigen Männer, die einige der erlittenen Ehrenkränkungen vor Gericht wiederholten. Männer konnten normalerweise auf das allgemein verbreitete Bild der zanksüchtigen und ehrenrührig schimpfenden Frau zurückgreifen, ohne ins Detail gehen zu müssen.[164] In einigen Fällen kamen die von Frauen benutzten Schimpfworte bei der Zeugenbefragung zur Sprache. Die Kränkungen zielten zum Teil auf die Berufsehre, wie z.B. Dieb, Spitzbube, Racker, Schelm, Hund – Ausdrükke, die dem Beschimpften Unehrlichkeit unterstellten[165]. Einige Beleidigungen mit sexueller Konnotation, meist Anspielungen auf Ehebrüche – wie z.B. Hurenbulle – oder auf mangelnde sexuelle Potenz, griffen Ehre und Männlichkeit an. Vor Zeugen ausgesprochen, hatten solche Enthüllungen eine außerordentlich starke Wirkung, und in der gerichtlichen Untersuchung wurde Wert darauf gelegt, genau festzustellen, wie stark die Beschimpfung durch die Frau gewesen war und ob die verbale Gewalt von seiten der Frau die Auseinandersetzungen begonnen hatte.[166] Frauen hingegen trugen die ihnen von den Männern zugefügten verbalen Kränkungen vor Gericht vor: Hure, Canaille, diebische Canaille, Bestie und Luder waren die am häufigsten gebrauchten Ausdrücke. Der Bezug zur sexuellen Ehre, aber auch zur angeblichen Unehrlichkeit der Frau war in den meisten Fällen gegeben.[167]

Lebensbedrohung

Die Beschimpfung von Frauen durch ihre Männer ging oft in eine wesentlich stärkere Form verbaler Gewalt über, die auch als Scheidungsgrund akzeptierte Lebensbedrohung. Männer warnten ihre Frauen, daß „noch einmal ein Mord geschehen wird", wobei sie bildreich schilderten, daß sie dafür auch den Tod am Galgen auf sich nehmen würden. Der Tuchmacher Hentze riet seiner Frau 1811, sie solle sich ertränken; bei anderer Gelegenheit drohte er ihr, er wolle ihr den Hals abschneiden, ihr „den Knochen am Leib abschlagen", er wolle eine Peitsche kaufen und „sie schlagen, daß sie alle 4 strecken solle".[168] Kaufmann Knieriem kündigte seiner Frau Christine Kübler 1825 an, es solle „eine Seltenheit passiren", es solle „anders werden, er habe Groll im Herzen, der nie wieder aus solchem käme" und er wolle ihr

„das Messer im Leibe umdrehen".[169] Der Gastwirt Arnemann, 1824 von seiner Frau des Ehebruchs verdächtigt, drohte, „er wolle der Producentin das Messer im Balge umweiden [...]". Bei anderer Gelegenheit sollte er gesagt haben, wenn seine Frau jetzt in die Stube käme, so würde er „die Bouteille nehmen und sie damit auf den Kopf schlagen, daß der Brägen heraus komme". Als seine Frau ihren Garten verkaufte, kündigte er an:

> „er wolle sich an der Producentin rächen, und wenn er an den Galgen käme, er wolle noch mit rother Tinte schreiben, sein Name solle stinken von hier bis Hannover."

Die Gefahr, die in solchen Drohungen tatsächlich lag, war der Kirchenkommission bewußt. Sie riet dem Konsistorium, eine Trennung von Tisch und Bett zu verfügen, da andernfalls von einer erzwungenen Fortsetzung der Ehe angesichts des „sehr heftigen Temperamente(s) des Imploraten" und der

> „unfreundlichen und störrischen Gemüthsbeschaffenheit der Implorantin [...] sich für beyde Theile die bedenklichsten Folgen davon mit Grunde befürchten lassen".[170]

Aber auch in diesem Fall, wo Zeugenaussagen die vorgebrachten Beschuldigungen der Ehefrau stützten, war die Kommission nicht bereit, die Schuld eindeutig dem Mann zuzuweisen, sondern brachte den Charakter der Frau als die Handlungen des Mannes provozierend ins Spiel. Die Struktur ehelicher Auseinandersetzung wurde immer begriffen als unmittelbare Folge der Nichtanpassung einer Frau an das vorgegebene Rollenklischee. Auf diese Nichtanpassung, die ein In-Frage-Stellen der ehelichen Herrschaft bedeutete, „reagierte" ein Ehemann im Selbstverständnis der betroffenen, aber auch der zu Gericht sitzenden Männer mit der Ausübung seiner Disziplinargewalt.

2.3 Ehen ohne Ort

In der Unterschicht gab es im 18. Jahrhundert Verheiratete, die von Beginn an in Lohnverhältnissen lebten und daher keinen gemeinsamen Haushalt gründen konnten. Angehörige dieser Gruppe – meist Dienstboten – wurden gegen Ende des 18. Jahrhunderts im Zuge der Ehebeschränkungen weitgehend an einer Eheschließung gehindert, wenn sie nicht genügend Geld oder entsprechende Stellungen nachweisen konnten, die ihnen die Haushalts- und Familiengründung ermöglichen würden.[171]

Rosine Henne aus Bollensen heiratete 1788 Christoph Hümme, der als Diener eines Hauptmanns in Einbeck arbeitete. Das Paar hatte bereits eine Tochter, die im Februar 1786 auf die Welt gekommen und deren Geburt Gegenstand einer Alimenteklage beim Garnisonsgericht in Einbeck geworden war. Das Gericht hatte Hümme zur Zahlung der Wochenbett- und Taufkosten sowie zur Unterhaltszahlung bis zum 14. Lebensjahr des Kindes verurteilt. Rosine Henne lebte auch nach der Heirat hauptsächlich in Bollensen, während Hümme zunächst in der Garnison, dann bei seiner neuen Herrschaft, Professor Schlözer in Göttingen, wohnte. Ein gemeinsamer Haushalt existierte in den drei Jahren der Ehe bis 1791 nicht. Konflikte entstanden aus dieser Situation, weil Hümme kein Unterhaltsgeld an seine Frau und seine Tochter zahlte und sich auch nicht an den Arzneikosten beteiligte, die Rosine Henne für ihre Genesung nach einer Fehlgeburt anwenden mußte. Schließlich nahm sie bei einem Besuch in der Unterkunft ihres Mannes 20 Taler aus seinem Koffer, woraufhin er Klage wegen Diebstahls erhob. Es entspann sich ein Streit, der auf seiten Rosine Hennes um die Einforderung des Unterhalts, auf seiten Christoph Hümmes um eine Scheidung wegen Kränklichkeit der Frau ging. Hümme stand auf dem Standpunkt: „Sie allein und ohne daß sie selbst arbeiten dürfe zu ernähren war ich nicht verbunden."[172] Der Bruch in ihrer Beziehung war kaum zu überwinden, da die Voraussetzungen für eine Ehe im Sinne eines gemeinsamen Wirtschaftens nicht gegeben waren und auch nicht geschaffen werden konnten.

In einer ähnlichen Situation befanden sich 1771 Maria Reichenberg und ihr Mann, der Ladendiener Bücking. Bücking, der im Buchladen Vandenhoek arbeitete und getrennt von seiner Familie leben mußte, konnte Frau und Kind nicht ernähren, so daß das Kind schließlich in ein Waisenhaus gegeben werden sollte. Als Maria Reichenberg zu Ohren kam, daß ihr Mann „sich mit einer anderen einlassen" wollte, bat sie den Superintendenten, mit ihm zu sprechen und ihn nicht zum Abendmahl zuzulassen,

„biß er sich mit mir versehnet, mein man ist jeder Zeit gegen mich treu und redlich gewest aber weil die unglücken umstände eingerißen, hatt er mich aus sein Hertzen gelaßen [...]."[173]

Sie betonte, daß seine Herrschaft nichts davon erfahren dürfe. Einige Zeit später handelte das Ehepaar einen Vergleich vor dem Universitätsgericht aus. Darin wurde festgelegt, daß Bücking seiner Frau zur Anschaffung von Kleidung 10 Taler zahlen müsse, damit sie in Dienst gehen könne. Diese Summe mußte er sich von Vandenhoek leihen. Das Kind wollte er für zwei Jahre in Kost nehmen, danach in ein Waisenhaus in Jena bringen.

Im Idealfall konnten verheiratete Dienstboten im selben Haushalt leben und arbeiten, doch normalerweise schieden Bedienstete bei ihrer Heirat aus dem Dienstverhältnis aus. Wer sich keine andere Existenz gründen konnte, mußte entweder unverheiratet bleiben oder riskierte das Scheitern der Ehe. Beide Partner arbeiteten und wohnten in verschiedenen Haushalten, Kinder mußten zur Versorgung weggegeben werden; die räumliche Trennung führte häufig zur Aufnahme anderer sexueller Beziehungen.[174] Das Leben unterschied sich so kaum von dem unverheirateter Dienstboten.

Daneben gab es „wilde Ehen" – Paare, die sich in Lebensgemeinschaften zusammenfanden, die sie zwar eheähnlich gestalteten, aber nach wirtschaftlicher Zweckmäßigkeit als auflösbar betrachteten. Die kirchliche Legitimation schien nicht wichtig oder unerreichbar; mögliche Ehehindernisse obrigkeitlicherseits wurden durch diese Form des Zusammenlebens vermieden und Kosten, die eine Eheschließung mit sich brachte, erspart. Selbst Gemeindepastoren waren oft überrascht, wenn sie eine dieser Lebensgemeinschaften entdeckten.[175] Nachbarn schienen im allgemeinen keinen Anstoß an dieser Lebensform zu nehmen, da sie meist der gleichen sozialen Schicht angehörten: Vor allem für Manufakturarbeiter, Tagelöhner und Soldaten sind eheähnliche Gemeinschaften bezeugt; bei Soldaten spielte die häufig nicht erteilte Heiratserlaubnis eine Rolle. Die betroffenen Frauen wurden oft einfach mit dem Namen des Mannes angeredet, so daß auch äußerlich der Anschein einer Ehe gegeben war. Problematisch und damit aktenkundig wurden diese Partnerschaften erst, wenn eine dritte Person, z.B. ein ehemaliger Ehepartner, verwickelt war und Ansprüche stellte. Der Tuchmacher Günther beispielsweise lebte einige Jahre mit der Ehefrau des Grenadiers Nusbaum, Catharina Torneden, zusammen. Bei der Einwohnerzählung 1795 gaben sie sich als Ehepaar aus. Erst als Nusbaum 1796 eine Eheklage einreichte, forderte die Kirchenkommission das Paar zur sofortigen Trennung auf. Im Fall der Dorothee Kruse, die 1770 den Drechsler Ernst David Zerst geheiratet hatte, nahm der Verlauf ihres Ehebruchs und Zusammenlebens mit dem Bäcker Töpfer eine für sie glückliche Wendung: Ihr Mann war nach Celle gezogen, wohin sie ihm nicht folgte; statt dessen blieb sie bei ihrem Geliebten. Zerst reichte zwar 1784 eine Klage ein, in der er ihr den Ehebruch verzieh, aber nachdrücklich forderte, daß sie ihm nach Celle folgen müsse. Diese Beschwerde blieb ohne Folgen. Anders die Desertionsklage, die Dorothee Kruse 1789 erhob: Sie erreichte die Scheidung von Zerst und heiratete Töpfer.[176]

Die Ehefrau des Camelotmachers und Manufakturarbeiters Johann Georg Müller, Dorothea Juliane Seger, ging 1770 als Amme bei einem Professor in Dienst, da ihr Mann kein Geld mehr nach Hause brachte. Nach Aussage ihres Mannes hatte der Fabrikant Grätzel an einem Wochenende keinen Lohn ausgegeben; Müller hatte das Geld jedoch offenbar vertrunken. Dieser Verdienstausfall zwang Juliane Seger, für sich und die beiden Kleinkinder bei der Justizrätin Ayrer „etwas zu leben zu holen", woraufhin ihr Mann nach einem schweren Streit das Haus verließ und sich mehrere Tage in der Grätzelschen Fabrik aufhielt.

„Sie sey dieserhalben aus Noth beym Herrn Prof. Matthiae in den Dienst gegangen, und selbst ihr Mann habe schon seit 14 Tagen ihr gesagt, sie solle sich wietr vermieten; wie sie vor einiger Zeit bey der Frau von Döhring gethan; übrigens wolle sie ein Kind veralimentiren, und den andern möge ihr Mann Unterhalt schaffen; sie könne nicht wietr zu ihm gehen, weil er sie zu oft geprügelt, und sie ihres Lebens bey ihm nicht sicher sey."

Juliane Seger weigerte sich, zu ihrem Mann zurückzugehen, und verschloß ihm gleichzeitig die gemeinsame Wohnung, „weil alle die Sachen, die unter dem Schloße wären, die ihrigen wären". Obwohl ihr gerichtlich befohlen wurde, für die Verpflegung und Erziehung ihrer Kinder mit Sorge zu tragen[177], konnte sie doch in der Realität dieser Forderung nicht nachkommen. Sie hatte realistisch angeboten, ein Kind, wahrscheinlich das jüngste, zu verpflegen; sie hätte es wohl mit in ihren Ammendienst bringen dürfen. Müller hatte sich indessen um eine neue Stelle in der Tuchfabrik in Holzminden bemüht und brachte von dort eine Bescheinigung, die besagte:

„Seine Einrichtung erfordert einen Haußhalt, und dieser nothwendig, daß er seine Frau bey sich haben muß."[178]

Als Manufakturarbeiter benötigte Müller eine Frau, die sich um die sonstigen Belange seines Haushalts und vor allem um seine Versorgung kümmerte.

Alkohol, Mißhandlungen und materielle Probleme spielten eine entscheidende Rolle. Aus der Eheklage wurde schließlich eine Klage auf Ehescheidung, da Juliane Seger sich weigerte, mit ihren Kindern nach Holzminden zu ziehen. Müller beabsichtigte, durch den Scheidungsprozeß die Erlaubnis zur Wiederverheiratung zu erhalten und den gesamten Besitz seiner Frau zugesprochen zu bekommen.

Die 1788 geschlossene Ehe des Camelotmachers Johann Martin Röhrig und der Johanna Christiane Elisabeth Mädel zeigt ebenfalls die Schwierigkeiten, die in der neuen sozialen Gruppe der Manufakturarbeiter auftraten.[179] In einem Gartenhaus als Tochter eines Invaliden aufgewachsen, war Johanna Mädel nach dem Tod ihres Vaters bereits mit 15 Jahren von der Mutter zur Heirat gezwungen worden. Röhrig war, ebenso wie sein Vater vor ihm, nur Zeugmachergeselle, und die Manufakturlaufbahn verhieß keine Meisterschaft mehr. 1789 war ein Kind geboren worden, das im darauffolgenden Jahr starb, weitere Kinder folgten nicht. 1795 lebte das Ehepaar mit neun anderen Mietparteien in einem der Miethäuser in der Neustadt, die der Manufakturbesitzer Grätzel für seine Arbeiter errichtet hatte. Martin Röhrig trank regelmäßig sehr viel und schlug seine Frau. Johanne Mädel sah sich gezwungen, in Dienst zu gehen und sich von ihrem Mann zu trennen. Selbst als Magd wurde sie von ihrem Mann verfolgt und überfallen; noch immer war er im Besitz ihrer wenigen Habseligkeiten, Hausgeräte und Kleidung. Sie bat schließlich um Ehescheidung und Herausgabe ihres Eigentums.[180]

Ein weiterer Fall aus dem Manufakturarbeitermilieu dokumentiert die Komplexität der sich herausbildenden Lebensformen, die sich von der Lebenswirklichkeit eines traditionellen Handwerkerhaushaltes wegentwickelten. Der Wollkratzer Christian Ohms hatte 1749 Maria Catharina Lüdemann geheiratet. Diese erhob 1753 zum dritten Mal Klage gegen ihren Mann, weil er sie mit der Begründung verlassen habe, er sei nicht der Vater ihres 1750 geborenen Kindes. Maria Lüdemann verstrickte sich im Verlauf der Verhöre in Widersprüche. Behauptete sie zunächst, Ohms sei selbstverständlich Vater ihres Kindes, so gab sie später zu Protokoll, er sei impotent und könne keine Kinder zeugen, weswegen er sie auch weggeschickt und ihr freigestellt habe, sich anderweitig zu verheiraten. Es stellte sich heraus, daß Ohms in den vergangenen drei Jahren bei seiner Mutter, nicht bei seiner Frau gewohnt und ihr auch kein Geld mehr gegeben hatte. Maria Lüdemann lebte mit dem Invaliden Engelhardt zusammen, von dem sie bereits zwei Kinder hatte und der zu ihrem Lebensunterhalt beitrug. Die Kirchenkommission gab in ihrem Gutachten an das Konsistorium zu verstehen, daß man eine Scheidung für zweckmäßig hielt; allerdings erwähnten die Kommissare nicht, welchen der Ehepartner sie für schuldig erachteten.

Zwölf Jahre später erschien Ohms bei dem Gemeindepastor der Marienkirche und beschwerte sich, daß seine Schwester, die ihm den Haushalt geführt hatte, ihn verlassen habe und mit einem Tuchmacher namens Meier in der Neustadt zusammenlebte. An eine Heirat sei nicht gedacht. Der Pastor lud daraufhin das Paar zu einem Gespräch, doch niemand erschien. Nach einer neuerlichen Beschwerde von Ohms ließ der Pastor das Paar nochmals vorladen, diesmal mit Androhung obrigkeitlicher Sanktionen. Der Tuchmacher Meier kam und versprach, demnächst, wenn seine Lebensumstände und Erwerbsmöglichkeiten sich gebessert hätten, heiraten zu wollen. Der Pastor verfügte eine Frist von vier Wochen für die Trauung; sollte diese bis dahin nicht vollzogen sein, würde er die Angelegenheit dem Superintendenten übergeben. Er bot Meier darüber hinaus an, Aufgebot und Trauung zu einem niedrigeren Preis zu verrichten. Meier betonte seinen Willen zur Eheschließung und schien gerührt, zumal er und seine Partnerin seinen Angaben nach seit Jahren nicht zum Abendmahl gewesen seien. Es kam jedoch nicht zu einer Heirat.[181]

2.4 Bürgerliche Ehen – Frauen ohne Stimme

Die Bereiche „Besitz und Macht" und „Gewalt und Macht" sind bisher für Angehörige des Kleinbürgertums sowie der unterbürgerlichen Gruppen untersucht worden. Im Zentrum der Auseinandersetzungen stand dabei das gemeinsame Wirtschaften von Männern und Frauen. In den bildungsbürgerlichen Haushalten hingegen war die Trennung der Arbeitsbereiche von Mann und Frau vollzogen, wobei Frauen weitgehend auf das Haus als Wirkungskreis beschränkt waren. Stärker als in allen anderen gesellschaftlichen Gruppen wurde von Akademikern – klagten sie gegen ihre Frauen – auf diese festgeschriebenen Aufgaben der Ehefrauen und ihre eingeschränkte Bewegungsfreiheit Bezug genommen. Der Diskurs zwischen klagenden Männern und Richtern gleicht einer selbstaffirmativen Thematisierung des Leitbilds der bürgerlichen Ehe und der normativ festgeschriebenen Eigenschaften von Männern und Frauen.

Besonders dem „Raum" und damit einer „Grenzüberschreitung" kommt in den Klagen bürgerlicher Männer große Bedeutung zu. Die verklagten Frauen verließen den ihnen gesteckten engen Rahmen kaum noch in Ausübung ihrer Arbeiten, die sie ja nicht mehr aus dem Haus führen sollten, sondern in Verfolgung individueller Interessen.[182] Meta Wedekind nutzte die Reiseerlaubnis ihres Mannes nicht nur zu dem vorgesehenen Familientreffen, sondern reiste nach Mainz, wo sie an den revolutionären Unruhen der Jahre 1793 und 1794 teilnahm. Eleonore von Weise begleitete französische Offiziere, die im Siebenjährigen Krieg Göttingen besetzt hielten, und Elise Hahn verbrachte viele Tage mit Ausflügen in das Göttinger Umland.[183] Die Frau des Notars Börges, Marie Elisabeth Lesser, ging öffentlich spazieren und fuhr schließlich 1778 nach dem Verkauf ihres Besitzes unter falschem Namen nach Kassel, wo sie einen Studenten traf und mit ihm die Kutsche nach Holland bestieg. Johanna Elisabeth Henriette Katenkamp kehrte 1794 nach fünfmonatiger Ehe von einem Besuch bei ihrer Mutter in Braunschweig nicht zu Prof. Johann Gottlieb Buhle zurück. Johanne Regine Clar ging 1762 auf Reisen, woraufhin der Jurist Bellmann sich weigerte, sie wieder bei sich aufzunehmen. Johanna Charlotte Schulz trennte sich heimlich unter Mitnahme ihres Besitzes von Universitätschirurg Bodenstein und suchte Zuflucht bei ihrer Familie.[184]

Frauen äußerten sich nur in wenigen Fällen zu den gegen sie erhobenen Klagen, meist in Form eines Schuldbekenntnisses. Dieses Schweigen und Stillhalten fällt angesichts der vehement geführten Klagen und Gegenklagen von Frauen in anderen gesellschaftlichen Gruppen auf. Zum einen kann die Tatsache, daß im Gericht ihnen bekannte Kollegen ihrer Männer saßen, sie von einem Gerichtstermin abgeschreckt haben. Diese Kollegen empfingen sie vielleicht als Freunde in ihren Häusern, sie ersetzten oft sogar familiäre Bindungen in der fremden Stadt. Zum andern ist aber die Teilhabe von Frauen an der gesellschaftlichen Position ihrer Männer, und damit auch am von ihnen ausgeübten Einfluß, in dieser sozialen Gruppe bemerkenswert; allerdings gründet sich diese nicht zuletzt auf die starke ökonomische Abhängigkeit von Frauen und die nicht vorhandenen Lebensalternativen.[185] Je mehr die Arbeiten von Männern und Frauen noch miteinander verbunden waren, wie z.B. im Handwerk, desto stärker war zunächst die Verhandlungsposition von Frauen vor Gericht, da sie ein eigenes Bewußtsein ihrer Arbeitsidentität und der ökonomischen Bedeutung ihrer Tätigkeiten für das gemeinsame Haushalten besaßen. In den Akademikerehen war der weibliche Beitrag zum Einkommen größtenteils unsichtbar und die geforderte Anpassungsleistung von Frauen an ihre Männer war größer, da es außerhalb der Ehe keine Versorgungsmöglichkeit für sie gab bzw. geben sollte.

Die klagenden Männer äußern klare Vorstellungen über die Aufgaben ihrer Ehefrauen, die diese nicht erfüllt hatten. Ihre Schriften erinnern an die lebhaft geführte öffentliche, häufig an autobiographische Beispiele angelehnte Diskussion über den bürgerlichen Haushalt und die Aufgaben der Frauen, z.B. an das „Tagebuch" von Gottlieb Jakob Planck.[186] Auch die detaillierten Briefe und Rechtfertigungsschriften August Bürgers, die teils für seine Frau Elise Hahn, teils für ihre Mutter bestimmt waren und noch zu Lebzeiten Elise Hahns veröffentlicht wurden, enthalten Passagen, die die Aufgaben einer Ehefrau klar umreißen. In der Kritik am Lebenswandel seiner Frau verknüpfte Bürger die häuslichen Tätigkeiten mit „Achtung" und „Liebe":

„Laß uns erstlich dich als Hausfrau betrachten, laß uns deinen täglichen Lebenslauf untersuchen, und sehen, ob du etwas, und wie viel du thust, was wahre Achtung, und mithin auch Liebe verdient."

Seine Liebe gründete sich auf Elises Bereitschaft, die häuslichen Angelegenheiten zu übernehmen und zu ihrer beider materiellen Nutzen zu regeln. Sparsamkeit und Zurückgezogenheit stehen dabei im Zentrum seiner Erwägungen; durch sie konnte sich Elise Hahn seine Liebe verdienen. Bürger schilderte eine gute Hausfrau folgendermaßen:

„Einer guten Hausfrau gebührt es durch die ganze Welt, auf Küche, Keller, Vorrathskammer, kurz auf alles zu achten, was sie im Hause hat, damit sowohl die Consumtibilien gehörig zu Rath gehalten, als auch andere Sachen so lange erhalten werden, wie möglich. Es liegt der Hausfrau nicht sowohl ob, Geld zu erwerben, als vielmehr, des vom Manne erworbenen Geldes in allen, auch noch so geringfügigen Stücken möglichst zu schonen. Zu dem Ende geht nicht leicht ein Tag hin, da sie sich nicht fast überall im ganzen Hause, zum mindesten in Küche, Speise- und Vorrathskammer mehr als Ein Mahl sehen ließe. Sie läßt keineswegs das Gesinde für sich und allein schalten; sondern geht dem Gesinde überall nach, und sieht auf alle sein Thun und Lassen."

Bürger hatte mehrfach seiner Hoffnung Ausdruck gegeben, durch die Heirat wieder „auf den grünen Zweig" zu kommen, eine Erwartung, in der er sich zutiefst enttäuscht sah durch die Geselligkeit und mangelnde „Eingezogenheit" seiner Frau. Elise Hahn antwortete auf Bürgers Vorhaltungen mit einem sorgfältig ausgearbeiteten Zeitplan, in dem sie alle privaten Tätigkeiten – wie die Führung ihrer umfangreichen Korrespondenz oder Besuche – an den Rand ihres Arbeitstages verbannte und die von Bürger geforderte Aufmerksamkeit für Haushaltsbelange ins Zentrum setzte. Sie gestand später, daß sie durch

„verwahrlosete Hauswirthschaft, und übertriebenen Aufwand ihrem bisherigen Ehemanne sehr nachteilig gewesen ist".[187]

Obwohl ihre Ehe wegen Ehebruchs geschieden wurde, fanden dennoch die Aspekte ihrer haushälterischen Tätigkeiten vor Gericht Beachtung.

Wie auch die Ehefrauen von Professor Buhle, Universitätschirurg Bodenstein, Musikdirektor Forkel oder Notar Börges wehrte sich Elise Hahn nicht gegen die Vorwürfe, entzog sich jedoch der Bloßstellung vor Gericht, indem sie die Stadt verließ. Sie ersparte so auch ihrem Mann ein öffentliches Zurschaustellen der „privaten" innerehelichen Angelegenheiten. Beide hatten ein Interesse an der Vermeidung eines Skandals. Allen diesen Frauen war gemeinsam, daß auch sie die Scheidung von ihren Männern wünschten, sich nicht vor Gericht zu der Klage äußerten, sondern durch Schuldbekenntnisse oder Stillschweigen reagierten und die Trennung der Ehe abwarteten. Im Fall von Johanna Charlotte Schulz, Ehefrau des Chirurgen Carl Bodenstein, ging die Passivität so weit, daß eine durchaus erfolgversprechende Klage wegen Ehebruchs aufgrund der Abwesenheit der Klägerin und ihrer Weigerung, vor Gericht Stellung zu beziehen, schließlich trotz des Schuldeingeständnisses ihres Mannes abgewiesen wurde. Das Universitätsgericht trennte die Ehe trotzdem: auf Ersuchen Bodensteins, der eine Gegenklage anstrengte und seine Frau zur „böswilligen Verlasserin" erklären ließ. Daß das Fernbleiben der Frau vom Gericht als taktisches Vorgehen begriffen werden konnte, zeigt das Gutachten eines der Professoren, der die Klägerin beschuldigte, das Ziel der Scheidung durch „Desertion" erreichen zu wollen. Interessanterweise mußte das Gericht dieser Taktik, sollte sie wirklich als solche angewendet worden sein, folgen, um Bodenstein in seiner Gegenklage Recht zu geben. Johanna Schulz nahm den Schuldspruch als Preis für eine unkomplizierte Scheidung und für die Wahrung der Diskretion in Kauf, ebenso wie Johanna Elisabeth Katenkamp, die 1794 nach nur fünfmonatiger Ehe mit Professor Buhle zu ihrer Mutter zurückgekehrt war. Elf Jahre später erhielt sie die Erlaubnis zur Wiederverheiratung.[188]

Der Musikdirektor Forkel, von dem es in Therese Hubers Biographie heißt, er sei als Student der Liebhaber ihrer Mutter gewesen[189], war seit 1780 mit Meta Wedekind verheiratet, die als Schriftstellerin arbeitete und in Mainz 1792 an den revolutionären Unruhen teilnahm. Forkel schrieb 1793 in seiner Bitte um Scheidung rückblickend, daß Meta Wedekind ihn bereits fünf Jahre zuvor wegen einer unglücklichen Liebelei verlassen, er sie jedoch wieder aufgenommen hätte. Sie habe damals von einer Sinnesänderung gesprochen und davon, nun die Herrschaft über ihre Leidenschaften zu besitzen und ihren jugendlichen Leichtsinn abgelegt zu haben. Sie habe den Vorsatz beteuert, ihre Pflichten zukünftig aufs Heiligste zu erfüllen. Er, Forkel, habe gehofft, seine Nachsicht durch liebevolles Betragen, gewissenhafte Besorgung des Hauswesens und mütterliche Sorgfalt in der Erziehung belohnt zu sehen. Doch ihr unruhiger Geist, der mit tausenderlei Einfällen die häusliche Ruhe und das häusliche Glück störte, und ihr Hang zu Liebeleien hätten sie 1791 wiederum auf Reisen gehen lassen. Zwar sei sie mit seiner Erlaubnis in Begleitung ihrer Mutter nach Mainz gefahren, sei jedoch dann, statt in ihrer Familie anständig, ordentlich und eingezogen zu leben, wider die Schicklichkeit und ohne Rücksicht auf ihn in fremder Gesellschaft weitergereist. Auch nach ihrer Rückkehr habe sie mehr Wert auf die Unterhaltung ihrer Korrespondenz als auf die Erfüllung ihrer häuslichen und mütterlichen Pflichten gelegt. Forkel begründete seine Bitte um Scheidung:

„Mein häuslicher Wohlstand, die Erziehung meines Kindes, meine Gemüthsruhe, die ohnehin durch eine nicht unansehnliche Reihe an Jahren hindurch schon merklich gelitten hat, kurz alles, was das Leben eines vernünftigen Mannes glücklich und nützlich machen kann, würde bey noch längerer Dauer einer solchen Verbindung endlich völlig zu Grunde gehen müssen. Lange und kaltblütige Überlegungen haben mich nunmehr überzeugt, daß ein unruhiger Geist, Hang zu Liebeleyen und öffentlichen Aufsehen und langjähriger Entwöhnung von weiblichen Geschäften, eine Ehefrau stets verhindern wird, nach stiller häuslicher Ruhe und Glückseligkeit zu streben, oder für einen Mann eine solche Gattin zu werden, die ihr, sein und seiner Kinder Glück durch endliche Erfüllung ihrer Pflichten aller Art gründen könnte."[190]

Forkel machte deutlich, daß alles, was sein Leben glücklich machen konnte, vom häuslichen Verhalten seiner Frau abhing. Meta Forkel hatte an den revolutionären Unruhen in Mainz teilgenommen und seit Jahren Übersetzungs- und Forschungstätigkeiten unter Benutzung der Göttinger Universitätsbibliothek ausgeübt. Diese eigenständigen Aktivitäten erwähnte Forkel mit keinem Wort, sondern sprach lediglich von Reisen persönlicher Natur und „Korrespondenz", d.h. privaten Briefkontakten.[191]

Doch nicht nur das häusliche Glück, auch die Ausübung der Amtsgeschäfte eines Professors wurden allgemein als gefährdet angesehen, vermochte es die Ehefrau nicht, den an sie gestellten Erwartungen gerecht zu werden. Professor Weber, dessen Frau Dorothea Grätzel offenbar die Auseinandersetzung mit ihm suchte, verlangte, daß sie in ein anderes Haus gebracht werde, damit er in Ruhe arbeiten könne. Das Gericht erließ den Befehl an seine Frau, sich ruhig zu verhalten und ihn nicht zu stören – eine Verhaltensanweisung, die sich in anderen gesellschaftlichen Gruppen ausschließlich an Männer richtete, die ihre Frauen mißhandelten. Darüberhinaus wurde Dorothea Grätzel wie auch Eleonore von Weise die „Direktion des Hauses" von ihren Männern streitig gemacht – ein starker Eingriff in den Kompetenzbereich der Frauen.[192] Gewalt wurde in den Klagen Göttinger Akademiker nicht thematisiert, wahrscheinlich, weil die betroffenen Frauen sich nicht äußerten.[193]

Frauen waren zuständig für die Pflege der Beziehungen zu anderen Akademikern. Diese nahmen in der fremden Stadt oft die Stelle verwandtschaftlicher Kontakte ein, waren aber auch für die Karriere von großer Bedeutung. Eine Frau gab Gesellschaften und sorgte mit ihrer Hauswirtschaft für eine angemessene Repräsentation des Mannes in seinen Kreisen, was für den beruflichen Aufstieg wichtig war. Gleichzeitig hatten sie selbst für ihre Person jegliches öffentliche Aufsehen zu vermeiden. Der emotionale Rückhalt, den eine Frau durch ihre Häuslichkeit und ausschließliche Sorge für Mann und Familie bereitstellen sollte, war von enormer Wichtigkeit, betonten Akademiker doch einhellig, bei Störungen des ehelichen Verhältnisses nicht mehr in der Lage zu sein, ihrem Amt nachzugehen.

In ihrer Bitte um Wiederverheiratung schrieb Meta Wedekind im Dezember 1794 an das Universitätsgericht:

„Meine Heyrath an den Herrn Doctor Forkel ist bekanntlich gleichsam in meiner Kindheit geschehen, wo ich noch keine hinlängliche Einsicht, und Überzeugung von der ehelichen Verbindung und deren Verpflichtung haben konnte [...]. Dagegen bin ich nun durch bittere Erfahrung zu besserer Überzeugung gekommen, und dadurch weiser gemacht, kann ich mich fähiger hoffen, bey einer anderweitigen Verheyrathung die Pflichten einer Gattin und Mutter zu erfüllen."[194]

Meta Wedekind betonte in diesem Bittschreiben, daß sie sich nun der Natur der weiblichen Verpflichtungen in der Ehe bewußt sei, einer Ehe, die nicht auf leidenschaftlicher Liebe, sondern auf Gleichmut, zueinander passenden Charakteren und ökonomischen Verhältnissen beruhte. Ökonomische Zwänge schließlich waren es, die Frauen auch nach einer Trennung wieder heiraten ließen. Selbst wenn es innerhalb ihrer zweiten Partnerschaft für Meta Wedekind möglich war, eine eigene Identität jenseits der Mutter- und Gattinnenrolle, nämlich als Übersetzerin und Schriftstellerin, zu leben, konnte sie kaum davon ihren Unterhalt bestreiten. Um eine Erlaubnis zur Wiederverheiratung zu erhalten, mußte sie nach außen die an eine bürgerliche Frau gestellten Erwartungen erfüllen. Sah ein zuständiges Gericht keine ausreichenden Anzeichen für den Willen seitens der Frau, die ihr zugedachten ehelichen Aufgaben zu akzeptieren, so verweigerte es diese Erlaubnis. Im Fall der Eleonora von Weise, die als schuldiger Teil von Professor Johann Henrich Christian von Selchow geschieden worden war, konnte sich das Universitätsgericht nicht zu einem positiven Bescheid durchringen. Von Weise hatte von Selchow mit 16 Jahren geheiratet und rechtfertigte elf Jahre später im Rückblick das Scheitern ihrer Ehe mit dem Ungestüm und der Gefährdung der Jugend. In beiden erwähnten Eheverläufen hatte also das geringe Heiratsalter der Frauen eine wesentliche Rolle gespielt.[195] In einer erneuten Heirat, schrieb Eleonora von Weise weiter, sehe sie ein Mittel gegen die ständigen Reize der Verführung – eine deutliche Anspielung auf die Frau als Triebwesen, die Versuchungen hilflos ausgeliefert ist und eines geordneten Rahmens für ihre Sexualität bedarf. Da sie sich noch im „Frühling ihres Lebens" befände, halte sie eine neuerliche Verehelichung für notwendig. Das Universitätsgericht verwies sie jedoch an den König als einzige Instanz, die ihre Bitte noch gewähren könne.[196]

Der Fall Cassius-Riepenhausen 1776[197]

Die 1750 geschlossene Ehe zwischen Charlotte Margarethe Riepenhausen und dem Notar Georg Andreas Cassius wies alle Merkmale einer erfolgversprechenden Verbindung zwischen zwei bedeutenden Oberschichtsfamilien der Stadt auf. Charlotte Riepenhausen war die Tochter des Bürgermeisters und Commissarius Otto Riepenhausen, Georg Andreas Cassius gehörte zur Familie des Stadtsyndikus. Sie heirateten im Alter von 22 bzw. 33 Jahren. Der Zeitpunkt der Heirat wird im Fall der Charlotte Riepenhausen eine besondere Bedeutung gehabt haben, denn ihr Vater, Otto Riepenhausen, war im selben Jahr verstorben.

Das Paar lebte in einem Haus aus dem Besitz von Otto Riepenhausen in der Weender Straße. Hier, in bester Wohnlage, waren ihre Nachbarn unter anderen der Jurist Professor von Selchow[198] sowie Professor Lowitz, ein Schwager Charlotte Riepenhausens, der auch bei dem 1759 geborenen Kind Dorothea Regina als Pate auftrat. In schneller Folge kamen in dem mit zwei Mägden geführten Haushalt bis 1772 zehn Kinder zur Welt. Als weitere Paten bei den übrigen neun Kindern wurden sowohl Universitätsprofessoren als auch Verwandte aus beiden Familien gewählt. 1776 waren von den ursprünglich zehn Kindern noch sieben im Haus.

Im Frühsommer dieses Jahres hatte sich Magdalene Schäfer, das Dienstmädchen Charlotte Riepenhausens, in wohlhabenden Haushalten um Näharbeiten für ihre Herrin und deren älteste Tochter beworben. Doch wie so oft zuvor war ihr geantwortet worden, daß man ihnen keine Arbeiten anvertrauen könne, solange Cassius im Haus sei. Diese Arbeiten waren jedoch in den letzten Monaten die Grundlage für den Lebensunterhalt von Charlotte Riepenhausen und ihren sieben Kindern geworden. Schließlich faßte sie den Entschluß, sich an das Universitätsgericht zu wenden:

„Es hat der Beklagte, nachdem er mit meinem ihm zugebrachten Vermögen, welches 5500 rthlr betragen, nunmehr völlig reine Bahn gemacht hat, und nicht im Stande ist meinen Kindern den nothdürftigen Lebens Unterhalt zu reichen, mich nothwendig zu dem Entschluß bringen müßen daß ich, mit Beyhülfe meiner ältesten Tochter selbigen durch meiner Hände Arbeit zu erwerben suche. Zu dem Ende habe ich eine Person, namens Magdalene Schäfern, zu mir ins Haus genommen, damit dieselbe mit uns gemeinschaftlich arbeiten könne; auch diese Person dahin persuadiret, daß sie die zu verfertigende Arbeit, welche im Nehen bestehet, zu mir ins Hauß bringt."

Magdalene Schäfer war eigens für die Beschaffung der Näharbeiten eingestellt worden, da ihre gesellschaftliche Stellung es Charlotte Riepenhausen verbot, selbst aus dem Haus zu gehen und um Arbeit zu bitten. In diese demütigende Situation war sie geraten, da die Familie von Beginn der Ehe an von ihrem Vermögen lebte. Cassius lehrte von 1758 bis 1764 an der Universität, dürfte jedoch den Gehältern im universitären Bereich entsprechend gering besoldet worden sein. Nicht nur das von Charlotte Riepenhausen in die Ehe eingebrachte Bargeld war aufgezehrt worden, zahlreiche Einträge in den Stadthandelsbüchern zeugen davon, daß auch durch den Verkauf ihres Landbesitzes Geld beschafft werden mußte. Allein für das Jahr 1762 sind vier Landverkäufe für das Ehepaar Cassius vermerkt. Zwei Jahre später liehen sie sich 1200 Taler von der Bremer Witwenkasse, wobei vermerkt wurde, daß diese zur Tilgung von Schulden bestimmt waren. Charlotte Riepenhausen mußte dafür mehrere Morgen Acker-, Wiesen- und Gartland mit einem darauf befindlichen Haus als Sicherheit verpfänden, und zwar unter ausdrücklichem Verzicht auf ihre „weiblichen Rechte" nach dem Vellejanischen Ratschluß sowie auf ihr „Vorrecht in Ansehung des Brautschatzes und des Eingebrachten". Das bedeutete, daß sie ausdrücklich dem weiblichen Vorrecht, sich für niemanden verbürgen und in Rechtsgeschäften nicht zur Verantwortung gezogen werden zu können, entsagte und im Fall eines Konkurses ihres Mannes auch mit persönlichem Besitz und der Mitgift für die entstandenen Schulden haften würde. 1774, nachdem das Ehepaar die 1200 Taler nicht zurückzahlen und auch die Zinsleistungen nicht aufbringen konnte, wurden die verpfändeten Grundstücke öffentlich versteigert.

Damit kam es zu einer Eskalation der Finanznöte für Cassius, deren Konsequenzen er sich jedoch weitgehend entziehen konnte. Eine Anzahl von Gläubigern erhob Klage gegen ihn, und auch einige Mägde mußten ihren ausstehenden Dienstlohn gerichtlich einfordern. Cassius jedoch erschien nicht zu den vom Gericht festgesetzten Terminen. Lediglich seine Frau versuchte, sich mit seinen Gläubigern zu vergleichen und betraute ihren Anwalt mit der Regelung dieser rechtlichen Angelegenheiten. Die Weigerung ihres Mannes, Verantwortung für die finanziellen Schwierigkeiten zu übernehmen sowie seine Neigung, ihren Besitz für laufende Ausgaben zu veräußern, brachten Charlotte Riepenhausen spätestens 1775 dazu, auch öffentlich auf Distanz zu ihm zu gehen, wie eine Akte aus dem gleichen Jahr zeigt. Der Bäckermeister Schepeler klagte auf Rückzahlung von 50 Talern, die sich Charlotte Riepenhausen unter Verpfändung einer Wiese 1772 von ihm geliehen hatte. Er hatte damals das Nutzungsrecht der Wiese erhalten, nun aber hatte sie diese an einen anderen verkauft, daher verlangte Schepeler die 50 Taler zurück. Charlotte Riepenhausen schrieb in ihrer Verteidigungsschrift:

„Die Handschrift selbst ergiebet, daß die darin genannten 50 Taler, wegen mangelnden Verdienstes meines Ehemannes und des daher fehlenden Unterhaltes für ihn und dessen Familie erborgt sind, und das daher die Gelegenheit zu dieser Anlehe nicht durch mich, sondern durch meinen Mann veranlaßet worden. Weil dieser schon leider sehr viele Schulden gemacht hatte, so konnte er leicht einsehen, daß ihm niemand mehr Geld leihen würde, und sollte ich also zu diesem Anlehe den Namen hertun, und um der Sache ein gewisses Ansehen zu geben; das ganze Ding ist eine verstellte Härte, ich sollte und mußte, und zwar mit Gewalt, das Mittel sein, ihm Geld zu beschaffen."

Charlotte Riepenhausen berief sich in dieser Schrift ganz explizit auf ihre weiblichen „Vorrechte", die es ihr ermöglichten, sich der Verantwortung für die geliehenen Gelder und ihre Rückzahlung zu entziehen. Dabei merkte sie an, daß nicht sie, sondern ihr Mann von Gott und Rechts wegen schuldig sei, seinen Kindern Unterhalt zu verschaffen. Daher sei er auch der Verantwortliche für die zur Unterhaltssicherung geliehene Summe. Sie betonte, daß sie nicht verbunden sei, einen Mann zu ernähren, der nicht arbeite. Charlotte Riepenhausen wurde vom Gericht von der Klage entbunden unter dem Vorbehalt, daß der Kläger nicht beweisen könne, daß das Geld hauptsächlich zum Nutzen der Beklagten verwendet worden war.

Der tiefe Bruch, der zu dieser Zeit und wahrscheinlich auch schon früher zwischen den Eheleuten bestand, wird in den Prozeßakten dieser Jahre kurz vor der Ehescheidungsklage besonders deutlich. Charlotte Riepenhausen war nicht mehr bereit, vor Gericht die schwere Krise in ihrem Hauswesen nach außen zu kaschieren. Schließlich reichte der noch vorhandene Besitz nicht mehr aus, um die neunköpfige Familie und die zwei Mägde zu ernähren. Cassius verweigerte seiner Frau Unterhaltszahlungen. Charlotte Riepenhausen entschloß sich zu dem Schritt, selbst zu arbeiten. Doch auch diese Absicht wurde durch Cassius' Verhalten zunichte gemacht, da sein schlechter Ruf dazu beitrug, daß seine Frau keine Aufträge bekam. Später schilderte sie diese Umstände folgendermaßen:

„Gleichwie es auch stadtkundig ist daß der Beklagte nicht allein sein beträchtlich gewesenes Vermögen, sondern auch das meinige verschwendet, und alles dasjenige, was er hiervon nur hat habhaft werden können, heimlich und öffentlich entwendet hat, und verkaufen laßen; so ist es eine natürliche Folge, daß ein jeder sich scheuet mir Arbeiten ins Hauß zu geben, weil befürchtet wird, daß diese Sachen das nemliche Schicksahl haben möchten: folglich wird, bey so bewandten Umständen, ein jeder leicht erachten können, daß mein fast nicht zu beschreibendes Elend einen solchen Grad erreicht hat, daß selbiges nun nicht mehr zu ertragen stehet, und daß der Beklagte unmöglich länger bey mir im Hause bleiben könne."

Cassius versuchte, Magdalene Schäfer, die unentbehrliche Hilfe für Charlotte Riepenhausen, aus dem Haus zu werfen. Auch bedrohte er seine Frau, so daß sie ihren eigenen Angaben zufolge ihres Lebens nicht mehr sicher war. Solchermaßen in ihrer neuen, auf eigener Arbeit beruhenden Existenz sowie in ihrer physischen Unversehrtheit bedroht, erhob Charlotte Riepenhausen zu Beginn des Monats Juni 1776 Klage vor dem Universitätsgericht. In dieser Klageschrift, die noch ganz auf ihre mißliche wirtschaftliche Lage abgestimmt war, bat sie das Gericht, Cassius zur Räumung des Hauses anzuhalten und ihre Ehe zu trennen.

Das Gericht reagierte auf ihre Klageschrift zunächst mit einem Schreiben, in dem Cassius angehalten wurde, sich ruhig zu verhalten und seine Frau nicht zu beleidigen. Außerdem wurde für den 17. Juni ein Termin für den „Versuch der Güte", d.h. für eine Versöhnung, anberaumt. Zu diesem Termin und zu dem darauf folgenden auf den 24.6. festgelegten Verhandlungstermin erschien Cassius nicht, ein Verhalten, das er in den vergangenen Jahren bei allen Prozessen gegen ihn gezeigt hatte und auch in dem nun anhängigen Ehescheidungsprozeß erfolgreich praktizieren sollte. Als Jurist kannte er alle ihm zur Verfügung stehenden Möglichkeiten, den Prozeß hinauszuzögern, ohne sich auf die Klage seiner Frau einlassen zu müssen. Statt dessen wandte er sich an den zuständigen Gemeindepastor und forderte ihn auf, seiner Frau zu bestellen, sie solle die Klage zurücknehmen und sich in Zukunft aller Beschwerden enthalten. In diesem Vorgehen drückte sich Geringschätzung für den Versuch seiner Frau aus, eine unerträgliche Situation durch gerichtliche Klärung zu beenden, vielleicht aber auch Furcht vor einer

Bloßstellung vor Gericht. Vielmehr wandte Cassius sich an den Beichtvater Charlotte Riepenhausens, eine moralische Instanz, die er in Ehesachen vollkommen auf seiner Seite wähnte und deren Einfluß er für sich nutzen wollte.

Charlotte Riepenhausen lehnte die Forderung ihres Mannes ab. Anfang Juli schließlich erschien Cassius auf erneute Vorladung vor dem Universitätsgericht. Er gab zu Protokoll, daß er zu einem Vergleich bereit sei. Er könne aber dahingehend noch keine Vorschläge machen, da er eine Verbesserung seiner wirtschaftlichen Umstände in Aussicht habe, von der er erst in etwa 14 Tagen berichten könne. Das Gericht entsprach seiner Bitte und vertagte die Verhandlung um zwei Wochen. Nach Ablauf dieser Frist unternahm das Gericht keine Schritte, um Cassius zur Einlassung auf die Klage zu zwingen. Vielmehr wurde der Termin nochmals von Ende Juli auf Ende August verschoben.

Zu diesem Zeitpunkt schließlich richtete Cassius ein Schreiben an das Universitätsgericht, in dem er kurz auf die Klage Charlotte Riepenhausens einging. Er forderte Beweise für alle von ihr erhobenen Klagepunkte. Weiterhin schrieb Cassius, er habe seine Frau liebenswürdig behandelt und ermahnt. Die Klage sei übel ersonnen und werde nur ihr und den Kindern Unglück bringen. Er, Cassius, müsse Sorge tragen,

„sie werde ihren vermeintlichen Freunden utriusque sexus ein ferneres unbedachtsahmes Gehör geben, mithin sich lieber wiederspenstig und zancksüchtig, als friedliebend, erweisen wollen."

Cassius nahm Bezug auf das Motiv der zanksüchtigen Frau und versuchte auf diese Weise, die Klagepunkte Charlotte Riepenhausens herunterzuspielen und ihre Glaubwürdigkeit in Frage zu stellen. Er reduzierte die vorhandenen Eheprobleme auf die seiner Meinung nach typisch weiblichen Schwachpunkte im Verhalten seiner Frau und auf ihren Unwillen, sich seiner Führung zu unterwerfen.

In der Antwort Charlotte Riepenhausens auf das Schreiben ihres Mannes, in der sie ihre Klagepunkte erneut ausführte und einige neue hinzufügte, schlug sie auch Zeugen für den geforderten Beweis vor. Die Notwendigkeit, dem Gericht den Zustand ihres Hauswesens eindringlicher vor Augen zu führen, ließ sie zu Detailschilderungen greifen: Wenn Cassius einmal etwas Geld verdient hatte, habe sie zusehen müssen, wie es

„in lauter Leckerbischen blos für seinen Mund verzehrt werden mußte [...]. Er verzehrt nicht nur alles für sich, sondern verlangt auch jedes mahl, wenn er einen Groschen für Brodt hergibt so viel Milch davor, daß ich sein Geld gar nicht als eine Unterstützung des Haußhalts ansehen kan: Denn wenn ich die ihm zu reichende Milch an fremde Leute verkauft hätte, würde ich eben so viel dafür an Gelde aufgenommen haben, als er mir gegeben."

Sie mußte ihren Lebensunterhalt häufig bei Freunden und Verwandten erbitten. Dieser erweiterten Darstellung der schlechten wirtschaflichen Fähigkeiten ihres Mannes und seiner Obstruktion ihrer Hauswirtschaft schloß sie den Vorwurf an, daß er durch seine Beschimpfungen ihr gegenüber die Erziehung der Kinder erschwert und diese gegen sie aufgebracht habe. Er habe sie in Gegenwart der Kinder „Contradicir Teufel, Canaille, ein tolles Weib" genannt:

„Durch dieses beständige Toben verursacht er nun daß die Kinder seinen Beyspiel folgen, und mir nicht mehr so willig gehorchen, als sie solten."

Eine weitere Aussage über den negativen Einfluß Cassius' auf seine Kinder deponierte Charlotte Riepenhausen 1777 vor dem Universitätsgericht, als sie den gerichtlichen Konsens für die Handwerkslehre ihres Sohnes forderte, den Cassius verweigert hatte. Sie gab an, Cassius sei zu den Kindern genauso „fühllos" wie zu ihr, er lasse sie „nackt und bloß" gehen und sei aufgebracht, wenn sie sich „um Brot bewarben". Der älteste Sohn sei mit 19 Jahren

„durch die Nachlässigkeit des Vaters in den nothwendigsten Kenntnissen so weit zurückgeblieben, daß er schlechterdings auf keine andere Art als durch die Erlernung eines Handwerkes sein Brodt verdienen kann."

Weil ihr die Last, sieben Kinder von ihrem geringen Verdienst zu ernähren, zu schwer falle, verlangte sie die gerichtliche Zustimmung für die Perükkenmacherlehre ihres Sohnes; sie nahm dabei den sozialen Abstieg, den eine Handwerkslehre bedeutete, in Kauf. Das Gericht gab ihrer Bitte statt, zumal Cassius zu dem angesetzten Termin erneut nicht erschienen war.

Durch die Verzögerung des Scheidungsprozesses aufgebracht, erwähnte Charlotte Riepenhausen nun auch persönliche Motive für ihren Willen zur Trennung. Sie ließ schreiben, daß Cassius „voller Ungeziefer sitze". Er habe außerdem den Holzfußboden zum Verheizen aus den Räumen herausgerissen, so daß auch das Haus voller Ungeziefer sei. Als Zeuginnen für alle von ihr angeführten Punkte nannte Charlotte Riepenhausen die von ihr angestellte Magdalena Schäfer sowie ihre Magd Johanna Helfrig.[199] Das Universitätsgericht hatte erstmals den 24.10. als Termin für die Zeugenvernehmung anberaumt. Cassius vermochte es jedoch erneut, sich dem Fortgang der Untersuchung zu entziehen bzw. den Prozeß selbst zu stoppen. Er brachte das Gericht dazu, den Zeugenvernehmungstermin aufzuheben. Nur einer der im Gericht vertretenen Professoren, der Universitätssyndikus Johann Friedrich Hesse, bezichtigte Cassius der Verzögerungstaktik. Die anderen Mitglieder des Gerichtes verlangten, die Vernehmung auszusetzen. Im Dezember brachte Charlotte Riepenhausen ihren Unmut über die Kunstgriffe zur Verzögerung des Prozesses zum Ausdruck. Sie verlangte, daß ihr „Ruhe in ihrer Stube verstattet werde". Cassius habe seine besondere Wohnung im Haus, trotzdem beunruhige er sie täglich und versuche, sie auf alle möglichen Arten zur Rücknahme der Klage zu bewegen. Doch dieser Versuch sei zum Scheitern verurteilt. Das Gericht konnte sich ihrem mit Nachdruck vorgebrachten Verlangen nicht entziehen und setzte einen neuen Termin für die Zeugenvernehmung im Januar an. Auch diese Vernehmung fand jedoch nicht statt. Cassius gelang es noch mehrere Male, den Prozeßverlauf in seinem Sinne zu beeinflussen bzw. ihn zum Erliegen zu bringen. Als er seiner Frau nachweislich Möbel aus ihren Zimmern entwendet hatte, unternahm das Gericht nichts, um Charlotte Riepenhausens Ansprüche zu unterstützen. Erst am 20. März 1777 wurden unter Fernbleiben von Cassius die beiden Zeuginnen vereidigt und vernommen. Sie bestätigten Charlotte Riepenhausens Aussagen hinsichtlich des Verhaltens ihres Mannes im wesentlichen, äußerten sich jedoch zum entscheidenden Punkt, nämlich der Beeinträchtigung ihrer Arbeit, nicht.

Der Entscheid des Gerichtes aufgrund der Zeugenaussagen lautete auf Trennung von Tisch und Bett auf ein Jahr. Die Räumung des Hauses durch Cassius wurde jedoch nicht verfügt; vorher sollte Charlotte Riepenhausen eine neuerliche Erklärung abgeben. Für sie bestätigte das Urteil den Status Quo, in dem sie mit ihrem Mann ohnehin lebte. Sie hatten getrennte Zimmer, er lebte von ihrem Besitz, bestahl sie und belästigte sie täglich. Er behinderte ihre Arbeit und weigerte sich, zur Ernährung der Familie beizutragen. Eine Trennung von Tisch und Bett konnte ihr im selben Haus keine Erleichterung verschaffen. Darüber hinaus war nicht über den wichtigen Punkt der Alimentezahlung verhandelt worden, eine Verhandlung, die allerdings angesichts der Zahlungsunfähigkeit und -unwilligkeit Cassius' kaum Aussichten auf Erfolg hatte. An den Lebensumständen von Charlotte Riepenhausen und ihrer Kinder hatte das Gerichtsurteil nichts geändert. Sie ließ an das Universitätsgericht schreiben:

> „In der That eine solche Separation hat sich Beklagter wohl schon längst gewünscht! und ist gewiß nicht die geringste Hofnung, daß er sich unter diesen Umständen beßern wird."

Das Gericht jedoch verhielt sich weiterhin passiv. Es forderte Cassius mehrmals auf, sich im Haus ruhig zu verhalten und auf die Schrift seiner Frau zu antworten, doch Cassius, offenbar im Bewußtsein, keinerlei Zwangsmittel fürchten zu müssen, änderte weder sein Verhalten, noch ließ er sich auf die Klage seiner Frau ein. Im Juli beschwerte sich Charlotte Riepenhausen, daß, obwohl sie mit ihrem Mann in keiner häuslichen Gemeinschaft mehr lebte, er beständig von ihr verlange, daß sie ihn bediene und für ihn kochen sollte. Er enthielt ihr das Holz zum Heizen vor und sehe es als ihre Schuldigkeit an, ihn zu ernähren.

Das Gericht änderte sein Verhalten nicht, der Prozeß brach ohne Urteil ab. Cassius und Charlotte Riepenhausen wurden nie geschieden. 1778 wurde knapp vermerkt, daß Cassius „wegen äußerster Dürftigkeit" nicht in der Lage war, eine Gerichtsgebühr von zehn Groschen zu bezahlen.

Die Herkunft Charlotte Riepenhausens aus einer einflußreichen Ratsfamilie nutzte ihr vor dem Universitätsgericht nichts; die Loyalität der Akademiker untereinander verhinderte Zwangsmaßnahmen gegen Cassius, der sich dem Prozeß entziehen konnte. Charlotte Riepenhausen mußte vor den Kollegen ihres Mannes Details über ihre Ehe enthüllen, ein Vorgang, der einer Frau schnell als unschickliches Verhalten ausgelegt werden konnte.

Cassius wurde gerichtlich nicht zur Zahlung des Unterhalts an seine Familie gezwungen. Charlotte Riepenhausen jedoch konnte als Angehörige der städtischen Oberschicht ihren Lebensunterhalt nicht durch außerhäusige Arbeit erwerben; eine Möglichkeit, die den meisten anderen Ehefrauen offenstand. Frauen der gehobenen sozialen Schichten waren auf das Erteilen von Unterricht oder die Verrichtung von Näharbeiten in ihrem Haus beschränkt. Sie waren dabei auf die Hilfe von Angestellten angewiesen, die die Arbeit für sie einwerben und die fertiggestellten Näharbeiten austragen mußten. Doch das Verhalten ihrer Männer, das von der universitären oder städtischen Obrigkeit nicht korrigiert wurde, konnte selbst die Ausübung solcher Tätigkeiten gefährden.

2.5 Ergebnisse

Die Krise, die in Göttingen im Zuge wirtschaftlicher Veränderungen in der zweiten Hälfte des 18. Jahrhunderts besonders im Handwerk spürbar wurde, hatte direkte Auswirkungen auf das innereheliche Geschlechterverhältnis. Übergriffe auf die Mitgift zur Deckung des Lebensunterhaltes, Machtkämpfe um die Kontrolle über Einnahmen aus gemeinsamer oder getrennter Arbeit wurden häufiger und schärften das Bewußtsein für „mein" und „dein". Diese Auseinandersetzungen bedrohten die Grundlage des Wirtschaftens, das auf der Basis des gemeinschaftlich genutzten Besitzes unter Aufsicht des Ehemanns stehen sollte; sie stellten damit die innereheliche Hierarchie insgesamt in Frage.

Die Umstrukturierung im Handwerk hatte vermehrte Lohnarbeit und Arbeitslosigkeit für Männer zur Folge. Die traditionellen Arbeitsrollen beider Ehepartner änderten sich: Statt gemeinsamer Arbeit im Handwerk standen nun außerhäusige Arbeiten im Vordergrund; gleichzeitig kam dem weiblichen Besitz und Einkommen eine stärkere Bedeutung zu. Ledige und verheiratete Frauen aller sozialen Schichten mit Ausnahme der Oberschicht arbeiteten in vielen Bereichen außerhalb des Hauses. Lediglich in einigen neuen Berufen des expandierenden Dienstleistungsbereichs lassen sich Tendenzen zu einer Beschränkung der Ehefrauen auf häusliche Tätigkeiten nachweisen, eine Rollenverteilung, wie sie sonst nur in der städtischen Oberschicht üblich war. In den anderen Bereichen übernahmen Ehefrauen die Ernährerrolle, wenn ihre Männer keinen Verdienst mehr hatten oder ihn anderweitig ausgaben. Häufig verklagten sie ihre Männer wegen Verschwendung des vorhandenen Besitzes und ihrer Einkünfte. Die Gerichte ahndeten das schlechte Haushalten von Männern aber im allgemeinen nicht; eine Ausnahme bildeten Kaufleute, deren Bankrott Landesinteressen berührte. Es gelang den klagenden Frauen, die männliche Kontrolle über Einkünfte zu unterlaufen, und sie forderten insgesamt mehr Mitspracherecht in finanziellen Angelegenheiten. Männer beantworteten diese Klagen mit Diebstahlsvorwürfen und versuchten so, von ihren eigenen Defiziten als Ernährer abzulenken. Sie pochten auf ihre Rechte und brachten ihre Frauen mit Rollenstereotypen vor Gericht in Bedrängnis. Die verbreitete und in Krisenzeiten anwachsende außerhäusige Arbeit von Frauen war im traditionellen Frauenbild nicht vorgesehen. Diese Diskrepanz zwischen Stereotypen und realen Notwendigkeiten führte dazu, daß Frauenarbeit vor Gericht mit moralisch verwerflichem Verhalten in Verbindung gebracht werden konnte. Männer griffen die Ehre der Frauen an mit dem Ziel, eine Eheklage abzuwehren und obrigkeitliche Unterstützung für eine stärkere Kontrolle über ihren Besitz zu erhalten. Dabei versuchten sie nicht nur, Frauen in ihren außerhäusigen Tätigkeiten einzuschränken, sondern griffen auch in den Bereich der Hauswirtschaft ein.

Von ausschlaggebender Bedeutung für die Wirksamkeit dieser Strategien von Männern ist, daß die Gerichte sie in ihrem Bestreben unterstützten. Letztlich waren es aber die Männer selbst, die Frauen in ihren Arbeiten behinderten und erst in zweiter Linie Gilden oder städtische Obrigkeit. Nicht die rechtlichen Vorgaben führten per se zu einer Einschränkung weiblicher Handlungsräume, sondern erst in Verbindung mit der Initiative der Männer, einen entsprechenden Gerichtsbeschluß zu erwirken.

Ein weiteres wichtiges Element in den innerhelichen Geschlechterbeziehungen war die Gewalt. Sie spielte in vielen Ehekonflikten eine Rolle und wurde oft von beiden Partnern ausgeübt, wobei sich Frauen der verbalen Gewalt bedienten, die Männer mit Mißhandlungen beantworteten. Allerdings gab es entscheidende Unterschiede zwischen beiden Gewaltformen: Nicht nur behielten Männer durch die von ihnen ausgeübte physische Gewalt in der jeweiligen Situation die Oberhand, sondern diese Gewalt war auch rechtlich legitimiert. Demgegenüber entbehrten die verbalen Attacken von Frauen einer solchen Legitimation. Sie wurden vor dem Hintergrund des wirkungsmächtigen Stereotyps der geschwätzigen und scharfzüngigen Frau als Angriffe auf die Herrschaft des Mannes geahndet.

Vor Gericht sprachen Frauen im Zusammenhang mit Gewalt hauptsächlich über sich, Männer hingegen über ihre Frauen. Dies entsprach dem Vorgehen des Gerichts, eher das Verhalten der Frauen zu überprüfen; gerade im Hinblick auf Mißhandlungen wird diese Ungleichbehandlung deutlich. Ein Mann kam zwar als Täter und Beklagter vor Gericht, konnte sich aber auf die Rechtsposition der legitimen Züchtigung zurückziehen, die das Gericht gegen Angriffe von Frauen verteidigte. Das Gericht gestand durch sein Vorgehen – die Suche nach dem Anlaß, den die Frau für die Bestrafung geboten haben mußte – den schlagenden Männern „Vernunft" zu und stützte so das wichtige Element der Herrschaft, die hausherrliche Disziplinargewalt. Der Appell der sich verteidigenden Männer an das Gericht als züchtigende Instanz hatte Erfolg. Der Wille zum Festhalten an der Disziplinargewalt durch die Männer selbst spiegelt sich auch im Verhalten männlicher Zeugen, die bei Mißhandlungen nur im äußersten Notfall eingriffen.

Zwar war rechtlich vorgesehen, daß die Obrigkeit einem Mann zu verstehen geben konnte, daß er seine Frau während des Prozesses bei Androhung einer Strafe in Frieden lassen sollte; zwar erreichten Frauen, daß sie sich für die Dauer des Prozesses – oft jedoch im selben Haus – von ihrem Mann separieren durften; zwar wurden auf Drängen der Frauen und ihrer Anwälte Inventarlisten des in den Händen der Männer befindlichen weiblichen Eigentums aufgestellt – doch in der Realität konnten Frauen nur mittels Selbsthilfe ihren Besitz und ihre körperliche Unversehrtheit bewahren. Die rituell anmutende Mitnahme der Mitgift bei einer – heimlichen – Trennung ist denn auch weniger Symbol und Signal der Aufkündigung des Ehevertrags als vielmehr der einzig mögliche Weg, die materielle Basis für ein Leben nach der Ehe oder für eine weitere Eheschließung, unter Umständen auch für eine Flucht sicherzustellen.

Kapitel VI

Klassische Ehescheidungsgründe, restriktives Scheidungsrecht und populäre Selbstscheidung

1. „Bösliches Verlassen" – ein männliches Phänomen?

Das Kirchenbuch der Gemeinde Sieboldshausen bei Göttingen verzeichnet 1827 folgenden Todeseintrag:

„Christine Dorothee geb. Emme, alt ungef. 63 J. Ehefrau von Aloisius Koch vom Eichsfelde, der vor mehrern Jahren Frau und Kinder verlassen, darauf unter der deutschen Legion in Spanien gedienet, und nach seiner Rückkunft ohne von seiner ersten Frau geschieden zu seyn, in der untern Gegend eine zweyte geheyrathet hat, die noch leben soll. Er selbst soll sich jetzt in Weende aufhalten."[1]

Männer hatten vielfältige Gründe für längere Abwesenheiten von zu Hause: Als Soldaten konnten sie jahrelang für verschiedene Armeen in weit entfernten Teilen der Welt kämpfen, galten aber trotzdem nicht zwangsläufig als „bösliche Verlasser". Handwerker oder Tagelöhner sahen sich nach besseren Existenzbedingungen in anderen Städten um. Bedienstete folgten ihrer Herrschaft, häufig ins Ausland, andere nutzten Reisen oder Kriegshandlungen zur Auswanderung. Elisabeth Manniskorb ließ 1797 an das Konsistorium schreiben:

„Mein Ehemann der rubricirte abwesende Beklagte ist aus Petersburg gebürtig, woher er vor 6 Jahren mit einem jungen Herrn bei welchem er als Bedienter stand, und der allhier in Göttingen studirte, gekommen war, mit mir in Bekanntschaft gerieht und mich heirathete. Ich hatte bereits zwei Kinder, wovon jedoch das eine jetzt verstorben ist, mit ihm erzeugt, als er vor circa 4 Jahren mich und seine Kinder böslich verließ, erst nach Holland und von da zu Wasser weiter gegangen ist, so daß ich seit dieser Zeit nichts von ihm jemals erfahren habe[...]."[2]

Nur in seltenen Fällen hörten die zurückgelassenen Familien von den Männern, wie die Frau des Tuchmachergesellen Wilhelm Decke, Christine Wenzel, die 1815 nach zwölf Jahren einen Brief aus „Vitburg ohnweit Baltimore" erhielt.[3]

Männer besaßen sowohl die Mittel und Kenntnisse als auch die Legitimation, sich zu bewegen; ganz abgesehen davon, daß sie nicht so schutzlos waren wie alleinreisende Frauen. Frauen hingegen hatten weniger Gelegenheiten zu reisen, es sei denn als Soldatenfrauen oder zu regionalen Märkten zum Verkauf ihrer Waren.[4] Diejenigen, deren Familien nicht in Göttingen lebten, erhielten zwar meist die Erlaubnis ihrer Männer, ihre Verwandten zu besuchen; doch Reiseverlauf und Dauer konnten vom Ehemann festgelegt werden. Zog ein Mann in eine andere Stadt oder wollte mit seiner Familie auswandern, war es rechtlich verbindlich für seine Frau, ihm zu folgen. Schließlich wurden selbst Armeen im Krieg von einem großen Troß Frauen und Kinder begleitet, unter denen sich neben Marketenderinnen auch viele Ehefrauen befanden.[5]

1.1 Desertion von Soldaten

Das Soldatenleben prädestinierte für häufige Abwesenheiten und Trennung der Ehe durch „bösliches Verlassen". Zwischen 1740 und 1840 sind Hinweise auf insgesamt 25 Scheidungsprozesse im Soldatenmilieu überliefert.[6] Desertion und Ehebruch bildeten die hauptsächlichen, in einer Klage vorgetragenen Motive in dieser sozialen Gruppe.[7] Sie stehen in so engem Zusammenhang, daß sie an dieser Stelle nicht getrennt behandelt, sondern gemeinsam dargestellt werden sollen.

Aus der Zeit zwischen 1750 und 1820 sind sechs Scheidungsersuchen ausführlicher überliefert. In vier Fällen wurden die Klagen vom Ehemann angestrengt, in einem Fall klagte eine Soldatenfrau; ein gut dokumentierter Trennungswunsch erwuchs aus einer „ex offizio"-Klage. Hinzu kommt ein aussagekräftiger Prozeß wegen Bigamie. In allen diesen Ehen spielt eine längere Abwesenheit des Mannes von Frau und Familie eine große Rolle.

Marie Elisabeth Nolte beschrieb 1769 ihre 1750 geschlossene Ehe mit Johann Henrich Schaerfig: Ihr Mann hatte ein „unordentliches Leben" geführt. Er verließ sie mehrmals, um in verschiedenen Truppen zu dienen, von denen er immer wieder desertierte. Sie hatte zwei Kinder von ihm, doch unterstützte er seine Frau und die Kinder nicht, sondern brachte auch noch ihren Verdienst durch. Zuletzt hatte er im Königlich-Dänischen Infanterieregiment als Korporal gedient. Von dort war er schließlich 1767 desertiert. Eine von ihr angestrengte „Citation" in Hamburg und Frankfurt war erfolglos geblieben, so daß sie nun um Scheidung bat.

Nach den Regeln für ein derartiges „Citationsverfahren" mußte dem Kläger oder der Klägerin der Eid abgenommen werden, daß sie bzw. er nicht wisse, wo sich der Ehepartner aufhalte, aber alles getan habe, um dessen Aufenthaltsort herauszufinden. Daraufhin erfolgte eine Edictal-Citation in „dreier Herren Länder". In diesem Aufruf, der meist in den Hauptstädten erfolgte und zudem noch in Zeitungen veröffentlicht wurde, forderte man den verschwundenen Ehepartner auf, sich bis zu einem bestimmten Termin, häufig jedoch spätestens nach drei Monaten, an seinem Aufbruchsort einzufinden. Erschien die betreffende Person bis zum Ablauf der Frist nicht, wurde die Ehe durch das Konsistorium geschieden, wobei dem unschuldigen Teil die Erlaubnis zur Wiederverheiratung erteilt, dem schuldigen dagegen verweigert wurde. Dieses Ergebnis wurde dann vom zuständigen Pastor am folgenden Sonntag von der Kanzel öffentlich verlesen.

Ein solches auf Desertion beruhendes Scheidungsersuchen hatte gute Erfolgsaussichten und der damit zusammenhängende Prozeß erwies sich zumeist auch nicht als so langwierig, wie andere Verfahren mit beiden anwesenden Parteien. So wurde Marie Elisabeth Nolte am 22. Juli 1769 mit der ausdrücklichen Erlaubnis zur Wiederverheiratung von Johann Heinrich Schaerfig geschieden.[8]

Der Fall von Dorothea Marie Jürgens und dem Soldaten Johann Otto Linne lag komplizierter, auch wenn ihn schließlich eine Desertionsklage entscheiden sollte. Ihr Mann war seit 1779 auf Menorca. Dorothea Marie Jürgens hatte bis 1785 drei außereheliche Kinder zur Welt gebracht. Das erste Kind stammte von dem Soldaten Johann Dietrich Borchers, die folgenden zwei von dem Soldaten Hans Albrecht, der jedoch betonte, Dorothea Jürgens nicht heiraten zu wollen. Nach der Geburt des dritten nichtehelichen Kindes erhielt das Konsistorium in Hannover einen Bericht über Dorothea Marie Jürgens. Die Behörde entschied am 25.10.1785, daß sie der Kirchenbuße zu unterwerfen sei. Nach der Geburt des ersten außerehelich gezeugten Kindes im Jahre 1779 hatte der zuständige Pastor Dorothea Jürgens ermahnt, sie aber doch zum Abendmahl zugelassen. Die Kirchenbuße wurde ausgesetzt, bis ihr Mann eine Erklärung abgegeben haben würde, daß er ihr den begangenen Fehltritt verzeihen wolle. Im Verhör nach der Geburt ihres zweiten außerehelich gezeugten Kindes hatte der Pastor im Protokoll vermerkt:

„Sie führet hier einen sehr frechen Lebenswandel und giebt zur Entschuldigung nichts weiter an, als, sie sey 27 Jahre alt, und werde auch nächstens [...] die Scheidung von ihrem Mann nachsuchen, dem sie doch damals, bey seinem Abmarsch von hier, weil sie von ihm schwanger war, bis Hannover nachgegangen, und auch daselbst mit ihm copuliret ist."[9]

Auch nachdem das dritte außereheliche Kind im März 1785 geboren worden war, nahm man Kontakt zu Otto Linne auf und befragte ihn zur Wiederannahme seiner Ehefrau. Er gab zur Antwort, daß er die Ehe mit ihr nicht fortsetzen könne, da sie während seiner Abwesenheit die eheliche Treue zu wiederholten Malen gebrochen habe. 1785 reichte er von seinem Aufenthaltsort aus die Scheidung ein; das Verfahren verlief jedoch außerordentlich schleppend.

Vier Monate vor der Geburt des vierten außerehelichen Kindes schließlich fand eine Untersuchung durch die Kirchenkommission statt. Zu diesem Termin kam es, weil Dorothea Jürgens – wahrscheinlich unter dem Eindruck ihrer neuerlichen Schwangerschaft – jetzt ebenfalls eine Bittschrift auf Scheidung, und zwar aufgrund der Desertion ihres Mannes, eingereicht hatte. Daraufhin hatte sich Otto Linne, der offenbar benachrichtigt worden war, zwar über sie beschwert, blieb aber selbst dem Prozeß fern. Während des Verhörs am 6. November 1786 gab Dorothea Jürgens zu Protokoll, sie habe im ersten Jahr der Abwesenheit ihres Mannes eine Nachricht aus Menorca erhalten, für die sie einen Taler, 13 Groschen und vier Pfennig Porto habe bezahlen müssen. Danach habe sie keine Nachricht mehr von ihrem Mann bekommen und geglaubt, daß er tot sei. Das Gericht gab ihr zu verstehen, daß ihr Ehemann

„wegen ihrer schlechten Aufführung sich schlechterdings in keinen Vergleich mit ihr werde einlaßen wollen und man von ihr erwarte, womit sie ihre leichtfertige ehebrecherische Aufführung zu entschuldigen gedächte."

Darauf antwortete Dorothea Jürgens selbstbewußt:

„Sie müsse zu ihrer Entschuldigung anführen, daß ihr Ehemann ausser das erwähnte einzige mal, weder an sie geschrieben, noch ihr Geld hinterlassen oder geschickt habe, wie andere, nach Minorca gegangene Soldaten gethan hätten, wesfalls sie als eine verlassene Frau Leute gesucht die sich ihrer angenommen. Weil sie nur wenige Stunden erst copuliret gewesen, wie ihr Ehemann fortgegangen, so habe sie sich gar nicht als Ehefrau angesehen."[10]

Noch im November 1786 erhielt Dorothea Jürgens die Scheidung von ihrem Mann. Sie heiratete den Soldaten Albrecht, Vater ihrer zwei letzten außerehelich gezeugten Kinder, erst nach der Geburt des dritten gemeinsamen Kindes 1787, vermutlich auf Grund der vorgeschriebenen Fristen zwischen Scheidung und Wiederverheiratung. 1788 kam ein weiteres, jetzt eheliches Kind zur Welt. Doch die Ehe schien in der Folgezeit nicht glücklich gewesen zu sein, da sich dem Todeseintrag von Dorothea Jürgens von 1811 entnehmen läßt, daß sie von Albrecht verlassen worden war.

In Dorothea Jürgens' Aussage kommt deutlich zum Ausdruck, was die Konflikte in den Soldatenehen hauptsächlich verursachte: Oft waren die Ehen erst kurz vor dem Abmarsch der Soldaten geschlossen worden, weil die Frauen schwanger waren. Ein gemeinsamer Haushalt hatte nie bestanden. Die langjährige Abwesenheit, gekoppelt mit der schlechten Besoldung und die ungeregelte Versorgung der zurückgelassenen Familien führten dazu, daß die Frauen aus wirtschaftlicher Notwendigkeit oder Neigung Bindungen zu anderen Männern eingingen. Die niedrigen Frauenlöhne ermöglichten einer Frau in der Regel nicht, ihre Familie zu ernähren und ihre Kinder zu erziehen.

Dieses Grundproblem kam auch 1785 im Fall von Dorothea Amalie Eddigehausen und Heinrich Anton Schröder zur Sprache. Schröder war einige Zeit zuvor nach Utrecht gegangen und erkundigte sich im Februar 1785 brieflich bei seinem Gemeindepastor in Göttingen nach seiner Frau. Er hatte in Erfahrung gebracht, daß sie etwa 12 Monate nach seinem Weggang ein Kind geboren hatte. Er schrieb:

„Seyn Sie so gütig als ich Sie bitten darf, und helfen Sie mir. Den Sie hat mir nicht geschrieben wie alt daß Kindt ist oder waß es ist; ist Sie nun oder finden Sie daß sie mich ehrlich behandelt hat, so will ich Ihr nun auch helfen, wo aber nicht, mich von Ihr scheiden laßen, den mein Herr hat mir daß gesagt, daß ich danach fragen muß, um die Wahrheit zu hören."[11]

Der Gemeindepfarrer von St.Jacobi, Superintendent Christian Julius Luther, antwortete auf Schröders Anfrage am 14.3.1785. Er schrieb einen sehr gefühlsbetonten und moralischen Brief, in dem er die Sache der Frau und Kinder vehement vertrat und Schröder aufforderte, diesen beizustehen und ihnen Unterhalt zu zahlen. Unter anderem wies er Schröder darauf hin, daß Dorothea Eddigehausen ihm bei der Heirat 30 Taler gegeben habe und daß es ihr jetzt schmerzlich nahegänge, nichts von ihm zu erhalten, sondern sich ganz von ihm verlassen zu sehen. Zur Frage des Ehebruchs schrieb der Pastor:

„Sollte Er nun so früh abgereiset seyn, daß er glauben könte, das Kind wäre nicht von Ihm, so hätte er sich die Schuld daran selbst beyzumeßen; den, ist es wohl recht, eine Frau, die er selbst zuerst zum Beyschlafe verleitet, und hernach geheirathet hat, so bald nach der Copulation zu verlaßen? Und sie auf keine Weise zu unterstützen? Jetzo nun ist es eine Gewissens Sache; und ob er gut handelt, diese Frau nun mit ihren beyden Kindern hungern zu laßen, und besonders den ältesten Sohn so zu vergessen, das wird er bey sich selbst überlegen."[12]

Im April 1785 schrieb Schröder erneut an den Göttinger Superintendenten. Inzwischen war ihm das genaue Geburtsdatum des Kindes zugegangen, und er weigerte sich, das Kind anzuerkennen. Darüber hinaus forderte er die Scheidung von seiner Frau, die Ehebruch begangen habe. Gleichzeitig erklärte er aber:

„Jedoch will ich sehr gern daß erste Kind wen es die Mutter meine gewesene Haußfrau zustimt, vor meine Rechnung zu mir nehmen und erziehen."[13]

Schröder beschrieb in seinem Brief an den Superintendenten anschaulich die wirtschaftliche Situation, die zur Trennung von seiner Frau geführt habe:

„Dabey nehme ich mir noch die Freyheit, Ew.HochEhrwürden zu melden, daß wir mit beiterseits Einwilligung und Zustimmung; um daß wir nichts zu leben hatten, von einander geschieden sind: ich habe durch Eyfer und Fleiß mein Brod suchen zu verdienen, und solches hätte sie auch thun müßen, demnach habe ich bey aller meiner Mühe und Arbeit nichts übersparen vielweniger etwas übersenden können."[14]

Schröder schob also der Frau die Pflicht zu, durch eigene Arbeit nicht nur sich selbst, sondern auch das gemeinsame Kind und die kranke Mutter zu ernähren. Gleichzeitig gestand er ein, daß eine Ehe, ein gemeinsames Haushalten in ihrem Fall gar nicht lebbar waren.[15] Aus der Sicht seiner Frau ist ebenfalls eine Schilderung der wirtschaftlichen Lage nach Abreise ihres Mannes überliefert. Sie hatte ihm am 8. August 1784 von der bevorstehenden Geburt eines Kindes geschrieben. In diesem Brief hieß es:

„Gleich wie nun unsere Mutter die Woche vor Pfingsten ist gestorben [...] und deß wegen habe ich eine große Last gehabt und mein Zeug zur versetzung im Hause laßen müßen, den ich habe daß Kind da, und habe alles verkauffen müßen was ich gehabt, folglich wird mich mein lieber Mann unter die Armen greiffen und mir ein wenig Geld schicken daß ich mir helfen kan [...]."[16]

Auch der Bruder Dorothea Eddigehausens schrieb an Schröder, bat ihn, sie nicht zu vergessen und bekräftigte in Anspielung auf ihren Ehebruch, sie habe „es aus Not getan". Dorothea Eddigehausen und Anton Schröder sind offenbar nicht geschieden worden. 1788 kam ein gemeinsames Kind zur Welt.

Bei allen Frauen in den bisher besprochenen Fällen handelte es sich um Soldatentöchter. Das soziale Umfeld der Soldatenfamilien führte zu ausgeprägten Heiratskreisen, und auch bei Abwesenheit der Ehemänner wählten Soldatenfrauen hauptsächlich Soldaten aus, die deren Platz einnehmen sollten. Marie Charlotte Torneden, die Frau des Grenadiers Karl Nußbaum, den sie 1789 geheiratet hatte, war die Tochter eines Musketiers. Allerdings bildete sie hinsichtlich des zuletzt genannten Punktes eine Ausnahme, da sie nicht mit einem anderen Soldaten, sondern mit dem Tuchmacher Christoph Günter zusammenlebte, als ihr Mann sich auswärts aufhielt. Gegen diese Verbindung klagte ihr Mann 1796. Das Konsistorium in Hannover erteilte dem Kirchenkomissar in Göttingen den Befehl, dafür zu sorgen, daß

„alle fernere Gemeinschaft der Nußbaumschen Ehefrau mit Günter, gänzlich aufhöre, und alle Uneinigkeiten zwischen letztern und den wiedervereinigten Eheleuten vermieden werden."[17]

Eine Notiz besagte, daß der Tuchmacher einige Wochen zuvor Göttingen verlassen habe. Noch 1795 hatten Marie Charlotte Torneden und Günter sich bei der Einwohnerzählung als Mann und Frau ausgegeben.[18]

Die Frauen einfacher Soldaten mußten häufiger als andere Frauen auf sich gestellt arbeiten und soviel verdienen, daß sie eine Familie allein ernähren konnten, wollten sie keine neue Partnerschaft eingehen oder auf die Armenfürsorge angewiesen sein.[19] Bei ihnen ergaben sich die Konflikte, die zur Scheidung führten, noch zwingender aus der ökonomischen Situation als in anderen Sozialgruppen. Die Inhalte einer „christlichen Ehe" konnten unter den Bedingungen einer Soldatenexistenz kaum nachgelebt werden. Zwar wurde der Ehezweck der Kinderzeugung meist erfüllt, doch weder die gegenseitige Unterstützung und Hilfeleistung noch das gemeinsame Leben als Schutz vor einem „unsittlichen" Lebenswandel konnte bei jahrelanger Abwesenheit des Ehemannes gewährleistet werden. Auch die Erziehung der Kinder erfolgte nicht gemeinsam. Oft blieb es ungewiß, ob der Ehemann überhaupt noch am Leben war. Wie Dorothea Jürgens es formuliert hatte, „habe sie sich gar nicht als Ehefrau angesehen".[20] Wenn die Frauen eine freiwillige Verbindung mit einem anderen Mann eingingen, der ihnen an Ort und Stelle wirtschaftliche Unterstützung geben konnte, taten sie nichts anderes, als die Lücken zu füllen und die Voraussetzungen für die eigentlichen Zwecke einer Ehe als Lebensgemeinschaft zu schaffen.

Daß das besondere Elend der alleingelassenen Soldatenfrauen bekannt war, zeigt der Einsatz von Superintendent Luther im Fall der Dorothea Ediggehausen sowie die vergleichsweise milde Behandlung von Dorothea Jürgens nach der Geburt ihrer vier außerehelich gezeugten Kinder. Das Soldatenleben mit seiner großen Mobilität, unsteten Lebensweise und ungeregelten Heimataufenthalten bot Männern Gelegenheit, sich einer unerwünschten Ehe zu entziehen.

1.2 Bigamie

Bigamie, ein mit hohen Strafen belegtes Vergehen, sollte eigentlich durch komplizierte Verordnungen und Anforderungen bei kirchlichen Trauungen, vor allem aber durch die öffentliche Kontrolle unmöglich gemacht werden. Heiratswillige Paare mußten nicht nur durch den Konsens der Eltern, sondern durch Aufgebote an ihren letzten Wohn- und Aufenthaltsorten nachweisen, daß kein Ehehindernis in Gestalt einer Verlobung oder Ehe bestand. Erst nach Vorlage der entsprechenden Scheine beim Gemeindepastor, der die Trauung vollziehen sollte, konnten sie – der Verordnung nach – auf einen Termin hoffen. Gegen eine konsequente Durchführung dieser Regelung sprach allerdings, daß die Pastoren noch bis ins 19. Jahrhundert hinein einen erheblichen Teil ihres Lebensunterhalts durch die bei Trauungen und anderen Amtshandlungen anfallenden Gebühren bestritten und daher ein Interessenkonflikt zwischen obrigkeitlichen Kontrollversuchen und dem Broterwerb der Pastoren entstand. Immer wieder beschwerten sich Pastoren über Kollegen, die Paare getraut hatten, denen man anderswo eine Trauung verwehrt hatte. Darüber hinaus gab es einflußreiche Familien, die für ihre Hochzeiten regelmäßig die Erlaubnis für „Privatcopulationen" erwirkten, d.h. nichtöffentliche Trauungen ohne vorangegangenes Aufgebot. Aufgrund dieser Sachlage konnte es zu Zweitehen kommen, ohne daß der erste Ehepartner gestorben oder eine Scheidung ausgesprochen worden wäre.[21]

Johann Sigismund Schede heiratete zu Beginn des Siebenjährigen Krieges am 16.11.1756 in Dresden Christiane Henriette Achilles. Bei Kriegsende war er in Göttingen mit der Witwe des Schreibmeisters Vogler, Maria Magdalene Steppe, verheiratet. Christiane Achilles, die 1763 nach Göttingen kam, gab vor dem Universitätsgericht zu Protokoll, daß sie sich bereits 1752 durch den Austausch von Ringen mit Schede verlobt hatte. Als sie die Verlobung wegen Schedes Lebenswandel lösen wollte, hatte sein Vater ihr zugeredet, sie könnte ihn noch bessern. Schede habe einmal einen Brief aufgebrochen und Geld daraus gestohlen. Sie hatte ihn aus dieser mißlichen Lage nur durch den Verkauf von Kleidern retten können. In preußischer Gefangenschaft erklärte er, er wolle sich mit ihr trauen lassen; zwei Tage nach der Trauung war er desertiert. Offenbar war die Trauung für ihn lediglich Mittel zum Zweck, zur Flucht aus der Gefangenschaft, gewesen. In Leipzig solle er mit einer Frau zusammengelebt haben, dann über Regensburg zu den Sächsischen Truppen nach Ungarn gezogen sein. Schließlich hatte er während der Kriegshandlungen in der Nähe von Esebeck im Quartier gelegen, wo sie ihn im August 1760 besuchte. Zuvor hatte sie im April das dritte Kind geboren.

Nach ihrem Besuch in Esebeck erhielt sie keine Briefe mehr von ihm. Von ihren drei Kindern, von denen das erste bereits vor der Eheschließung gezeugt worden war, lebte 1763 nur noch das zweite im Alter von sechs Jahren. Christiane Schede hatte sich während der Abwesenheit ihres Mannes durch Arbeit als Amme und Kinderfrau ernährt. Sie gab in Göttingen klar ihre Absicht zu Protokoll, von Schede geschieden zu werden. Sie wollte ihn auf keinen Fall wieder als Ehemann annehmen. Das Gericht ließ sich von ihr versichern, daß sie selbst während der vergangenen Jahre keinen Ehebruch begangen habe.

Schede sagte aus, er habe Christiane Achilles bei seiner Einquartierung im Haus ihrer Eltern kennengelernt. Er leugnete das Eheversprechen und sagte, er sei so mit ihr umgegangen, „wie es Soldaten zu tun pflegten". Er habe sich im Zwang während der Gefangenschaft mit ihr trauen lassen und folglich habe er die Trauung als unverbindlich und nicht geschehen angesehen. In Esebeck habe er sie nur seine Frau genannt, um sie wieder loszuwerden. In seiner Argumentation berief sich Schede auf die Ungültigkeit einer Zwangsheirat. Das Gericht jedoch folgte der Gegendarstellung seiner Frau, er habe die Trauung gewollt und danach zwei Tage mit ihr verbracht.

Bei einer Gegenüberstellung Schedes mit Christiane Achilles gab Schede zu, sich an einige Geschenke, aber nicht an den Ring zu erinnern. Schede glaubte wohl in der Tradition populärer Eheauffassungen, daß gerade der Ring einen hohen Symbolcharakter für eine Verlobung besaß; vor Gericht allerdings zählten lediglich die Gegenwart zweier Zeugen sowie die Zustimmung der Eltern.[22] Schede gestand schließlich die Verlobung ein, betonte aber, es sei keine feierliche gewesen. Er charakterisierte ihre Bekanntschaft folgendermaßen:

„Eine Gewohnheit, die wol allen Soldaten gemein ist, und die bequeme Gelegenheit, verursachte, daß ich mit der Achillesin eine Bekanntschafft errichtete; welche bey der leicht nachgebenden, freien und lustigen Aufführung derselben, gar bald vertraut wurde, und endlich so weit ging, als es möglich war. Wie leicht eine solche Eroberung gewesen seyn müße, kann auch ein jeder Fremder aus dem frechen Anstande, mit welchem sie sich noch jetzt darstellet schließen."

Schede bediente sich in seiner Darstellung des altbewährten Motivs der „liederlichen Frau", die dem unschuldigen Mann durch ihr unsittliches und aufforderndes Verhalten Gelegenheit zum Beischlaf gab.[23] Doch das Universitätsgericht folgte der Darstellung Christiane Achilles', zumal bei der zweiten Verehelichung Schedes in Göttingen weder ein Aufgebot in Sachsen erfolgt, noch ein Zeugnis über seinen ledigen Stand gefordert worden war, da seine guten Beziehungen ihm zu einer Konzession für eine nichtöffentliche Trauung verholfen hatten. Schedes Besitz wurde versteigert, er selbst zu drei Jahren Festungshaft verurteilt, welche später in ewigen Landesverweis umgewandelt wurde. Seine zweite Frau, deren wirtschaftliche Lage sehr schlecht war, mußte mit einer Bestrafung wegen Unzucht rechnen; auch machte das Gericht klar, daß sie sich um den Erweis seiner Ledigkeit hätte kümmern müssen.[24]

1.3 Desertion von Frauen

Der Tagelöhner Johann Heinrich Schachtebeck klagte 1788 auf Scheidung seiner Ehe mit Anna Maria Rümpler, die ihn 18 Jahre zuvor verlassen hatte. Er berichtete, daß sie in den anderthalb Jahren ihrer Ehe öfter in Streit gelebt hätten:

„bey einem solchen Streit wäre seine vorgedachte Ehefrau einesmals des Nachmittags weggegangen, habe ihre wenigen Sachen, und das mit ihm erzeugte Kind mitgenommen. Er, Comparent habe als Tagelöhner sein Brod verdienet, und geglaubt, daß seine entwichene Ehefrau von selbst wieder zu ihm kommen würde, habe auch nachhero erfahren, daß sie wohl zwey Jahr als Magd auf dem Kerstlingeroder Feld gedienet habe."[25]

In wenigstens 31 von Männern angestrengten Eheklagen spielte eine Form von Desertion eine große Rolle.[26] In mehr als der Hälfte dieser Fälle hatten die Frauen die Stadt auf Dauer verlassen, wobei drei von ihnen kurz nach der Eheschließung zu ihren Familien zurückgekehrt waren. Drei unternahmen längere Reisen ohne Erlaubnis, wenigstens sechs mieteten sich eine eigene Wohnung. Manche Frauen hatten durch ihre Kenntnisse Chancen auf eine Anstellung, beispielsweise als Magd, Haushälterin oder Amme, wie Henriette Hunnesrück, die nach der Trennung von ihrem Mann, dem Gürtler Steinhof, als Haushälterin auf dem Gut der Kommende arbeitete.[27]

1822 erhob Sergeant Georg Henne gegen seine Frau Jeanette Auclair eine Desertionsklage. Nach seinen Angaben hatte er sechs Jahre mit ihr in einer glücklichen Ehe gelebt. Seine Schilderung gleicht den Klagen der Angehörigen anderer Berufsgruppen bei Ehebruchsfällen und ist daher nicht als typisch für die soziale Gruppe der Soldaten zu sehen. Es ist die einzige Klage aus dem Soldatenmilieu, in der die längere oder häufige Abwesenheit des Mannes nichts mit der eingetretenen Trennungssituation zu tun hatte.[28] Henne und Auclair hatten ihre Ehe weitgehend gemeinsam verbringen können, da Henne nicht ins Feld mußte, so daß die Konflikte, die sonst zur Scheidung von Soldatenehen führten, ausgeblieben waren. Jeanette Auclair hatte sich in einen anderen Mann verliebt, sich heimlich mehrmals mit ihm getroffen und schließlich, als Henne Klage erhob, Göttingen mit ihm verlassen. Henne hatte keine Mühe, aufgrund der Desertion seiner Frau und der erfolglosen Edictalcitation eine Scheidung zu erhalten.[29]

Während Männer ihre Frauen, oft aber auch Familien nach Jahren des gemeinsamen Lebens verließen, um drückenden ökonomischen Verhältnissen zu entgehen, kommen die Reisen, manchmal die Flucht von Frauen hingegen erst auf den zweiten Blick ans Tageslicht, da sie eingewoben sind in komplexere Ehegeschichten. Beispielsweise wandelten sich „gewöhnliche" Eheklagen in Desertionsklagen, weil einige Frauen nach ermüdenden Jahren des Prozesses die Stadt für immer verließen.[30] Maria Margretha Johrdans, Frau des Weißbinders Daniel Hartwig, packte 1755 eines Morgens, nachdem sie ihren Mann auf einen Besuch bei seinem Vater in Schönhagen geschickt hatte, einen Korb mit ihren Habseligkeiten, erzählte den Nachbarinnen, sie müsse Schulden in Weende eintreiben, hinterließ den Hausschlüssel unter der Matte und nahm mit ihren zwei kleinen Kindern die Kutsche nach Northeim. Ihre Treffen mit einem anderen Mann bei Kaffee und Wein waren Gegenstand von Eifersucht und Gerede geworden. Ob Maria Johrdans ihren Freund auf der Flucht traf, oder ob sie allein blieb, ist nicht überliefert.[31] Die Frau des Arztes Michael Weber, Marie Christine Gehre, war nach Aussage ihres Mannes 1751 während der 32 Jahre ihrer Lebensgemeinschaft[32] immer viel und gern gereist. Zuletzt unternahm sie eine längere Fahrt durch Sachsen, ihre Heimat, auf der Suche nach vertrauten Erwerbsmöglichkeiten und in der Hoffnung, ihr Mann werde ihr bald folgen. Als sie vergeblich auf ihn wartete, entschloß sie sich zur Rückkehr, mußte jedoch feststellen, daß Weber nicht bereit war, sie wieder aufzunehmen. Beide warfen sich gegenseitig Desertion vor, Weber wegen der Reisen seiner Frau, Gehre, weil ihr Mann sie nicht in seiner Wohnung leben lassen wollte.[33]

Die Grenzen zwischen Wohnungswechsel, heimlicher Trennung, Reisen und Desertion waren besonders im Bezug auf Frauen fließend. Verschwanden Männer, meist ohne je wieder ein Lebenszeichen von sich zu geben, kehrten Frauen auch nach verbotenen Reisen, Ehebrüchen oder heimlichen Trennungen häufig zurück, nicht zuletzt wegen familiärer Bindungen und mangels Geld und Erwerbsmöglichkeiten. Manche Frauen griffen unter äußerstem Druck zum Mittel der Flucht, oft angekündigt in der Drohung, sie wollten lieber „in die Welt gehen", als sich fügen.[34] Ihre Form des „böslichen Verlassens" war meist nur letztes Glied in einer Kette schwerwiegender Unstimmigkeiten in der Ehe, sie bot dem Mann aber die Möglichkeit, mit einer Desertionsklage zu einer für ihn günstigen Lösung zu gelangen. Nur Frauen aus bürgerlichen Familien verließen die Stadt für immer und geplant zur Vermeidung eines Skandals, hatten sie doch Besitz, Unterkunfts- und Versorgungsmöglichkeiten in anderen Städten oder auf dem Land bei Familienangehörigen.[35] Andere verkauften ihre Habe, brachen alle Brücken ab und flohen unter falschem Namen mit einem Geliebten ins Ausland. Doch die meisten kehrten zurück – von Reisen zu ihren Familien, zu Geliebten, von der Suche nach einer neuen Erwerbsmöglichkeit. Viele Frauen nahmen sich im Verlauf einer Ehekrise eine eigene Wohnung – auch dies wurde als Desertion gewertet; schon der Bezug eines eigenen Zimmers im gemeinsamen Haus konnte als „bösliches Verlassen" eingestuft werden. Weigerten sich Frauen, diesen Zustand zu beenden und die eheliche Gemeinschaft mit ihrem Mann wieder aufzunehmen, gerieten sie während des Prozesses unter großen Legitimationsdruck. Allerdings wurden die meisten dieser eigenmächtigen Trennungen durch das hannoversche Prozeßrecht gestützt, das ein getrenntes Wohnen während der Dauer des Verfahrens vorsah.

Der Zugang zu einer Scheidung nach dem klassischen Scheidungsgrund „bösliches Verlassen" war für Männer leichter, da die geschlechtsspezifischen Voraussetzungen für die Definition von Desertion sie begünstigten. Das Kohabitationsgebot, das eine Frau an den Wohnort des Mannes band, bot Männern auch im Desertionsprozeß Vorteile: Allein die Abwesenheit einer Frau konnte als ein Vergehen gewertet werden, das einen Schuldspruch im Scheidungsverfahren rechtfertigte. Andere Gründe für die Konflikte in der Ehe traten im Desertionsprozeß gegen eine Frau oft in den Hintergrund. Eine Klägerin hingegen mußte beweisen, daß es keinen Anlaß für den Weggang ihres Mannes gegeben, daß sie ihm also keinen Grund dafür geboten hatte.

1.4 Der Fall Casper-Hoffmeister 1765[36]

Anna Margaretha Casper kam 1762 im Alter von etwa 25 Jahren nach Göttingen, begleitet von ihrer 47jährigen verwitweten Mutter und ihrer elfjährigenTochter. Bei ihrer Wohnungssuche mag ihnen vielleicht Anna Caspers Bruder, ein 26jähriger entlassener Soldat, behilflich gewesen sein, denn sie fanden schließlich Aufnahme bei dem Sergeanten Johann Heinrich Ruperti. Ruperti bewohnte ein Haus zur Miete und arbeitete bei den Universitäts- und Polizeijägern. Zur Zeit ihrer Ankunft war er schwer krank, und Anna Casper und ihre Mutter pflegten ihn gesund. Als Dank für diese Pflege behielt Ruperti sie nicht als gewöhnliche Mieter in seinem Haus, sondern teilte mit ihnen seinen Verdienst. Als Gegenleistung führten ihm die drei Frauen seinen Haushalt. Dieses familienähnliche Arrangement, das zunächst als wirtschaftliche Zweckgemeinschaft beiden Seiten von Nutzen war, führte bald zu einer Liebesbeziehung zwischen Anna Casper und Johann Heinrich Ruperti. Die Nachbarn Rupertis schienen das Zusammenleben mit Anna Casper als eheähnliche Gemeinschaft zu akzeptieren oder waren getäuscht worden, jedenfalls nannten sie Anna Casper in Zukunft Anna Ruperti. Anna Casper und Ruperti sorgten wahrscheinlich dafür, daß keine Schwangerschaft auftrat, damit die Grenze der Unauffälligkeit nicht überschritten wurde.[37] Um die Voraussetzungen für eine Eheschließung scheinen sie sich bereits 1763 bemüht zu haben, denn aus diesem Jahr stammen das Zeugnis für Johann Heinrich Ruperti über seine eheliche Abkunft und den anständigen Lebenswandel seiner Eltern in Clausthal sowie drei Attestate über gute und treue Arbeitsleistungen. Ruperti benötigte diese Zeugnisse sicher für seine neue Stellung bei den Universitätsjägern, aber auch Pastoren verlangten solche Dokumente, bevor sie das Aufgebot und die Eheschließung ansetzten.

Daß ihr bis dahin kirchlich nicht legitimiertes Zusammenleben keinen Anstoß erregt hatte, begründete Ruperti später unter anderem damit, daß „sonst viele dergleichen Haußhaltungen verdächtig und strafbahr werden müßten". Die Einwohnerzählung aus dem Jahr 1763 erfaßte Johann Heinrich Ruperti, 28 Jahre, gewesener Jäger, mit Frau, 26 Jahre, im Haus Nr. 126 bei Hans Jürgen Bornemanns Erben aufgeführt. Bei ihm lebten laut Einwohnerzählung die Witwe Casparus' Casper, 48 Jahre, die sich von Tagelöhnerinnenarbeit ernährte, sowie deren Sohn, 26 Jahre, ebenfalls gewesener Jäger.

Erst die Bemühungen Anna Caspers und Rupertis, die Voraussetzungen für eine Eheschließung zu schaffen, sollten die Aufmerksamkeit des Gerichtes auf sie lenken, denn es gab ein wesentliches Ehehindernis für sie. Anna Margaretha Casper war 1750 im Alter von 14 Jahren mit Johann Heinrich Hoffmeister verheiratet worden. Der Soldat Hoffmeister hatte Anna Casper in der Nähe ihres Heimatdorfs im Eichsfeld mehrmals vergewaltigt. Als sie schwanger wurde, überredeten ihre Eltern sie zur Ehe. Ihr Vater hatte zunächst zögerlich reagiert, da er Johann Heinrich Hoffmeister für einen Menschen „schlechten Gemüts" hielt. Doch ihre Mutter setzte sich mit dem Argument, Anna Casper sollte „keine Hure bleiben", durch. Auch gegen den Widerstand der Mutter Hoffmeisters, die meinte, Anna Casper solle „lieber zum Galgen als mit ihrem Sohn in die Kirche" gehen. Die Ehe wurde 1750 in der Göttinger Kreuzkirche geschlossen. Sie zogen in das Dorf ihrer Eltern auf dem Eichsfeld, wo Anna Casper eine Tochter zur Welt brachte. Hoffmeister befand sich damals auf Urlaub von der Armee und vergewaltigte Anna erneut im Wochenbett, kurz nach der Geburt ihres Kindes. Sie konnte nicht gehen, mußte sich in ärztliche Behandlung begeben und bezeichnete ihre Gesundheit als ruiniert. Trotzdem zwang Hoffmeister sie nur vierzehn Tage später, ihm mit dem Kind zum Regiment zu folgen. Dort gab er ihr nichts für ihren Unterhalt, und sie mußte zunächst von den Almosen der Tochter des Generals von Zastrow leben. Schließlich aber lernte sie, mit Arbeit ihren Unterhalt zu verdienen:

„Ich fing an zu arbeiten nach Krieges frauen gebrauchs als Waschen und Nehen, auch sudelte ich mit Brandtwein."

Den so erarbeiteten Lohn nahm ihr Hoffmeister regelmäßig weg. Er schlug sie und versuchte mehrmals, sie umzubringen. Während einer erneuten Schwangerschaft trat und prügelte er sie, so daß sie eine Fehlgeburt erlitt. Mit gebrochenem Arm war sie ungefähr ein dreiviertel Jahr krank, woraufhin ihr Bruder Hoffmeister zur Rede stellte. Als Antwort darauf brach Hoffmeister seiner Frau vor den Augen ihres Bruders erneut die Hand. Schließlich schrieb Anna Casper an ihre Mutter, die nach dem Tod des Vaters bereit war, zu ihr zu ziehen. Gemeinsam mit den Brüdern arbeiteten die Frauen als Marketenderinnen, wobei sie hauptsächlich mit Lebensmitteln handelten. Das auf diese Weise verdiente Geld wurde Anna Casper wiederum gewaltsam von ihrem Mann weggenommen. Als dieser von der Armee entlassen wurde, verließ er sie schließlich mit einer anderen Frau. Seit diesem Zeitpunkt hatte Anna Casper Hoffmeister nicht mehr gesehen. Gegen Ende des Siebenjährigen Krieges begab sie sich mit ihrer Mutter nach Göttingen.

Anna Casper war also noch verheiratet. Um dieses Hindernis zu überwinden, entwarf sie mit Heinrich Ruperti im März 1765 einen Scheidungsbrief, den sie an Hoffmeister schickte, der in Sachsen eine Stellung als Gärtner angenommen hatte. Anna Casper führte in diesem Brief ihren Unverstand und ihre Kindheit zum Zeitpunkt der Eheschließung an sowie den Zwangscharakter, den diese Eheschließung für sie gehabt hatte.[38] Sie gab später zu Protokoll, daß sie auch beim Superintendenten Feuerlein gewesen sei und ihn um Beistand für eine Scheidung gebeten habe. Dieser habe ihr geraten, sich einen Advokaten zu nehmen, wofür ihr jedoch die Mittel fehlten. Hoffmeister glaubte sich nach Erhalt des Scheidebriefes in der Lage, sich wiederverheiraten zu können. In einem Brief an das Universitätsgericht schrieb er:

„[...] wie ich gemeynet, daß da Einliegendes von meiner gewesenen Frau mir zugeschickt, ich nunmero gantz sicher, mich wieder verheyrathen könte, [...] und mich bey Einer adel. Herrschafft den Herrn Major von Schuch allhier in Dienst begeben, woselbst mein Brodt, und eine Frau ernehren kann, ich habe mich auch mit einer, luttherischen religion versprochen, womit ein gott gefälliges Leben zu führen gedencke, allein das gedachte Closter hat an den hiesigen Prediger, welcher mich schon zweymahl proclamiret geschrieben, daß ich Eine Frau in Göttingen, und nach unsern Kirchen Gesetze keine andere nehmen dürfte, weshalb er mit den Aufgeboth einhalten möchte."

Nachdem ihm die Trauung trotz zweimaligen Aufgebots verweigert worden war, wandte sich Hoffmeister an das Göttinger Universitätsgericht mit der Bitte, ihm einen Beleg darüber zu schicken, daß seine ehemalige Frau wirklich wieder verheiratet und er somit von ihr geschieden sei. Seinem Bittschreiben legte er den von seiner Frau ausgestellten Scheidebrief bei.

Das Gericht strengte sofort eine Untersuchung des Zusammenlebens von Anna Margaretha Casper mit Johann Heinrich Ruperti an. In den seit dem 7. Dezember 1767 folgenden täglichen Verhören von Anna Casper, Heinrich Ruperti, Anna Caspers Bruder sowie ihrer Mutter wurde das Szenario der von Gewalt geprägten Zwangsehe mit Heinrich Hoffmeister der auf Freiwilligkeit und Zuneigung beruhenden Beziehung zu Ruperti gegenübergestellt. Auf Befragen, ob sie und Ruperti wie Mann und Frau gelebt hätten, antwortete Anna Casper, daß sie nicht beieinander schliefen. Sie schlafe mit ihrer

Mutter, die gleichfalls bei Ruperti wohne, im selben Zimmer. Sie tue weiter nichts, als daß sie Ruperti die Haushaltung führe, obwohl die Leute sie nach seinem Namen nennten. Anna Casper und Ruperti leugneten in ihren getrennten Verhören zunächst jede sexuelle Beziehung. Ruperti beschrieb das Verhältnis zu Anna Casper und ihrer Mutter als Zweckgemeinschaft, die beiden Seiten von großem Nutzen gewesen sei. Er habe seine Reinlichkeit und Bequemlichkeit gehabt, sie seien sparsam und fleißig in der Haushaltung gewesen und die Mutter, die sich auf andere Art nicht ernähren konnte, habe ihr Auskommen gefunden: „Ich betrachte sie als meine Freundinnen und Haußhälterinnen." Offenbar hatten Anna Casper und ihre Mutter über die Hausarbeit hinaus Tagelohn- und Spinnarbeiten angenommen. Anna Casper brach aber schließlich unter den drängenden Fragen der Richter zusammen und gab zu, daß sie wie Mann und Frau zusammengelebt hätten. Ruperti blieb bei der Darstellung, daß kein gewöhnlicher Beischlaf zwischen ihnen stattgefunden habe. Als Beweis für diese Behauptung führte er an, daß sie in den fünf Jahren ihres Zusammenlebens keine Kinder bekommen hätten, obwohl Anna Casper zuvor viermal schwanger gewesen war. Schließlich mußte auch Ruperti zugeben, daß er mit Anna Casper ein Verhältnis sexueller Natur eingegangen war. Von diesem Punkt an konzentrierten sich die Fragen der Richter vornehmlich auf die Art der sexuellen Beziehungen und deren Häufigkeit. Ruperti beteuerte weiterhin:

„Doch sey es auch kein ordinairer Beyschlaf gewesen, er habe sich nicht fleischlich mit ihr vermischet, sie hätten nur miteinander genecket."

Ruperti versuchte hier, die Schwere ihres Vergehens zu modifizieren. Für die Richter war es deshalb wichtig, eine klare Aussage über den Grad der sexuellen Beziehungen zwischen Anna Casper und Ruperti zu erhalten. Da ein klarer Ehebruch nur bei einer sogenannten „fleischlichen Vermischung" stattgefunden hätte, mußte eine Aussage in dieser Richtung gemacht werden. Daher wurde Anna Casper auch gefragt, ob es mit Ruperti so gewesen sei, wie mit ihrem Mann. Sie lachte und wollte darauf nicht antworten. Schließlich gab sie zu, mit Ruperti geschlafen zu haben. Ruperti blieb bei seiner Behauptung und sagte:

„Sie verstehe selbst nicht was eine fleischliche Vermischung sey, er könne es keine fleischliche Vermischung nennen."

Hatten die Aussagen der Frau über ihre Ehe und ihr bisheriges Leben kaum Gewicht vor dem Universitätsgericht, glaubten die Richter ihr jedoch sofort, als sie endlich bereit war, die sexuellen Beziehungen zu Ruperti in vollem Umfang einzugestehen.

Der Verteidigungsschrift Anna Caspers, die minutiös die einzelnen Stationen ihrer unglücklichen Ehe mit Hoffmeister beschrieb, wurde in diesem Prozeß vom Gericht kein Gewicht beigemessen, da es sich nicht um einen Scheidungsprozeß handelte, sondern um einen Strafprozeß wegen Ehebruchs und unsittlichen Verhaltens. Die Verteidigungsschrift Heinrich Rupertis jedoch erwirkte im weiteren Prozeßverlauf eine Milderung für ihn. Dem Gericht ging es vornehmlich darum, ein illegales Zusammenleben und eine eigenmächtige Unterwanderung der obrigkeitlichen und kirchlichen Normen zu sanktionieren, und dies besonders im Hinblick auf die ehebrecherische Frau.

Eine Wendung nahm der nur zwei Wochen in Anspruch nehmende Prozeß, als Hoffmeister selbst in Göttingen erschien. Er hatte seine Absicht, sich mit einer anderen Frau zu verheiraten, angeblich aufgegeben und gab vor Gericht zu Protokoll, er sei jederzeit bereit, seine Frau Anna Casper wieder zu sich zu nehmen.[39] Er bat daher um eine nur geringe Bestrafung seiner Frau. Dieser demonstrativen Versöhnungsbereitschaft konnte aber auch die Absicht zugrunde liegen, auf jeden Fall als unschuldiger Teil aus einer Scheidung hervorzugehen und sich die Erlaubnis zur Wiederverheiratung zu sichern. Anna Casper lehnte das Angebot ihres Mannes, wie vorhersehbar, ab und blieb trotz verschiedener Überredungsbemühungen seitens des Gerichts bei ihrer Haltung, daß sie nicht zu ihm zurückkehren könne. Ihr Bruder, der versuchte, mit neuerlichen Aussagen über das brutale Vorgehen Hoffmeisters gegenüber seiner Frau eine Strafmilderung für Anna Casper zu erlangen, hatte keinen Erfolg. Für das Gericht waren beide Fälle nur durch den von der Frau begangenen Ehebruch verbunden, für den es keine mildernden Gründe geben konnte. Ruperti wurde zu einer Gefängnisstrafe verurteilt, die später in eine Geldstrafe umgewandelt wurde. Anna Casper jedoch sollte für vier Jahre des Landes verwiesen werden. Nur gemeinsame Bitten der Mutter und des Bruders führten dazu, daß ihr genügend Zeit gelassen wurde, für die Abreise zu packen. Auch die Tatsache, daß Anna Casper und Ruperti inzwischen getrennt lebten, half nichts.

Für Ruperti und Anna Casper folgten Jahre des Wartens und der vergeblichen Bemühungen, die Strafe zu mildern. Erst nach zwei Jahren gestattete das Konsistorium Anna Casper, die inzwischen in Magdeburg die Scheidung von Hoffmeister errreicht hatte, die Einreise ins Land Hannover. Ende April 1770 konnte das Paar in der Göttinger Nikolaikirche heiraten. Zwei Wochen später starb Anna Casper an der Schwindsucht.

2. Ehebruch

2.1 Obrigkeitliche Bewertung und Bestrafung von Ehebruch

Ehebruch war neben der „böslichen Verlassung" oder Desertion einer der beiden klassischen, biblisch begründeten Ehescheidungsgründe, die relativ problemlos anerkannt wurden. Selbst ein adulterium praesumtum, ein vermuteter Ehebruch, gehörte unter die „causas primarias divortii". Allerdings durfte nach dem Ehebruch kein Beischlaf der Ehepartner mehr erfolgt sein, sonst galt der Fehltritt als verziehen; eine Regelung, die angesichts des ungleichen innerehelichen Machtverhältnisses zu Lasten von Frauen ging. Hatten beide Partner Ehebruch begangen, sah das protestantische Scheidungsrecht keine Trennung der Ehe vor.[40]

Um eine Scheidung zu erlangen, mußte zunächst eine Aburteilung des Ehebrechers durch das Kriminalgericht erfolgen. Noch 1814 notierte Professor Willich in einem Gutachten zur Eheklage Charlotte Bergmanns gegen den Instrumentenmacher August Ziehe, daß nach den Landesgesetzen von 1569 und 1593 einfacher Ehebruch mit Landesverweis und Staupenschlag bestraft werden sollte. Nach der Verordnung vom 4.8.1734, die seines Wissens noch gültig war, sollten die Delinquenten zu „operas publicas", die Frauen aber zu vier bis sechs Wochen Gefängnis, davon die Hälfte bei Wasser und Brot, nach Ermessen auch zu einer Zuchthausstrafe verurteilt werden. Willich merkte an:

„Ob nun gleich diese Verordnungen nicht ausdrücklich aufgehoben und abgeschaffet sind so ist gleichwohl die größte Strenge in neuen Zeiten nicht zur Anwendung gekommen, sondern es pflegt gemeiniglich auf mäßige Gefängnisstrafe erkannt zu werden."[41]

Die Bestrafung wies trotz aller Milderung klare geschlechtsspezifische Unterschiede auf. Wurde August Ziehe, der verheiratet war und sich somit eigentlich eines schwereren Vergehens schuldig gemacht hatte, zu vier Wochen Gefängnis, davon acht Tage bei Wasser und Brot verurteilt, erhielt die ledige Amalie Fuhrmeister aus Hildesheim, seine Haushälterin und Lebensgefährtin, eine Haftstrafe von drei bis vier Wochen, halb bei Wasser und Brot, sowie den Verweis aus der Stadt.[42] Die im Universitätsgericht sitzenden Professoren hielten eine Ausweisung mehrheitlich für notwendig, um den „Umgang" des Paares miteinander zu beenden. Da Amalie Fuhrmeister sich der Haftstrafe durch Flucht entzog, beschloß das Gericht, sie nicht weiter zu verfolgen, weil man nun sicher sein könnte, daß sie die Stadt nicht wieder betreten werde.[43] Eine Umwandlung der Haftstrafe für August Ziehe in eine Geldstrafe hielten die Professoren nicht für ratsam, denn diese würde zu Lasten seiner Ehefrau oder seines eigenen wirtschaftlichen Fortkommens gehen. Das Gericht stimmte schließlich einer Haftunterbrechung jeweils Mittwochs und Donnerstags zu, damit Ziehe zu Hause arbeiten konnte.[44]

Für einen Schuldspruch mußten Zeuginnen und Zeugen aufgeboten werden, die einen tatsächlichen, versuchten oder geplanten Ehebruch unter Eid bezeugen konnten. In den meisten Fällen kamen Nachbarn und Mieter dafür in Frage; in Akademikerfamilien wurden fast ausnahmslos Dienstboten als Zeuginnen und Zeugen benannt, da die Abgeschiedenheit der Privaträume die Anwesenheit familien- und haushaltsfremder Personen beschränkte. Wichtig war dem Gericht eine Beschreibung eindeutiger sexueller Handlungen; noch bis in die zweite Hälfte des 18. Jahrhunderts hinein reichte es nicht aus, wenn Männer und Frauen anläßlich geselliger Zusammenkünfte auf dem Bett lagen oder „unter einer Decke steckten".[45] Die Enge der Wohnverhältnisse erschwerte eine Grenzziehung zwischen harmlosen sozialen Kontakten und unschicklichem, ehebrecherischen Verhalten. Beklagte betonten daher immer wieder, sie hätten zwar im selben Zimmer, nicht aber im selben Bett geschlafen; eine Situation, die nicht eindeutig gegen sie sprach, da Ehepaare, Kinder und Dienstpersonal oft in einer Kammer übernachten mußten. Doch der Einhaltung der Schamgrenzen wurde gegen Ende des 18. Jahrhunderts größere Aufmerksamkeit gewidmet, und die Definition des Schicklichen, an dem sich weibliches Verhalten orientieren sollte, ermöglichte eine weit strengere Kategorisierung von außerehelichen Sexualkontakten. Raum und Bewegung, aber auch Sozialkontakte von Frauen wurden durch diese enge Konstruktion der Schicklichkeit in Frage gestellt. Gleichzeitig erfolgte jedoch eine Lockerung der Strafbestimmungen, nicht zuletzt eine Konsequenz viel älterer Bemühungen der Landesherren, Strafen wegen „Unzucht" nicht zu einem wirtschaftshemmenden Faktor werden zu lassen.

Sanktionen der Gilden

In den wenigen überlieferten Protokollen des Göttinger Kriminalgerichtes aus der ersten Hälfte des 18. Jahrhunderts fallen die Klagen auf, die wegen Beleidigungen von Frauen in ihrer Geschlechtsehre erhoben wurden. Darin finden sich auch ganz konkrete Hinweise auf außereheliche Beziehungen. Der Kupferschläger Johann Christoph Karsten klagte 1733 gegen Catharina Elisabeth Pieper, weil diese seine Frau als Hure und als unehrlich beschimpft hatte. Dabei sollte sie gesagt haben:

> „Sie Bekl. ginge nicht so wie seine Frau gantze und halbe Tage mit Kerls spatziren, und verdiente Geldt, und das Geldt so selbe verdiente würde ihr nicht gedeyen [...] und mancher müste Kinder großziehen und wüste nicht ob selbe seine wären."[46]

Karsten war durch den Vorwurf des Ehebruchs gegen seine Frau in seiner eigenen Ehre als Hausvater, als Handwerker und als Mann getroffen worden. Die Ehre der Ehefrau stand für die „Hausehre", deren Gefährdung alle Haushaltsmitglieder gleichermaßen betraf.

Die Aufsicht der Gilde über die sittliche Lebensführung der Gildemeister und ihrer Angehörigen konnte Nichtehelichkeit und Ehebruch zu einem Problem existenzieller Natur machen.[47] Für einen Handwerker war es ungleich wichtiger als für Angehörige anderer sozialer Gruppen, ein abweichendes Verhalten in dieser Richtung entweder zu vermeiden oder zu vertuschen. Doch wurde schon früh versucht, durch landesherrliche Eingriffe eine solche Bestrafung zu verhindern.[48] Der Schuhmacher Christoph Bode, der sechs Jahre zuvor einen Ehebruch begangen und diesen mit vierzehntägiger Gefängnisstrafe gebüßt hatte, klagte 1714 in einer Bittschrift an den Geheimen Rat in Hannover:

„[...] so will doch die Schustergilde hieselbst mir meine Ehre disputiren, und mich nicht für einen Ehrlichen Gildebruder erkennen sondern berufen mich nicht zu ihren Zusammenkünfften wollen auch nicht zugeben, daß ich Jungens annehme, und ihnen das Schuster Handwerk lernen soll."

Hannover wies den Göttinger Magistrat an, die Vertreter der Gilde vorzuladen und ihnen unmißverständlich nahezulegen, Bode wieder zuzulassen, „damit er seyne Nahrung ungehindert fortsetzen kann".[49]

Auch in den Fällen der Beziehungen zwischen Herr und Magd gab es trotz der Liberalisierung von Strafe und Zurückdrängung des Gildeeinflusses viele Versuche, die außerehelichen Kontakte zu vertuschen, besonders, wenn sie mit der Geburt eines Kindes verbunden waren. Vergleiche, wie sie der Bäckermeister Johann Justus Engelhardt mit seiner Magd Christine Scheuffler 1838 abschloß, werden daher nicht selten gewesen sein: Für die Rücknahme der Behauptung, Engelhardt habe „in Unehren mit ihr zu thun gehabt" und sei der Vater ihres Kindes, und für die Angabe eines anderen Vaters erklärte er,

„wie er lediglich zur Belohnung jener seinen guten Namen und Ehre rettenden offenen Erklärung der letztern, zugleich auch zur Belohnung ihrer treuen Dienste und aus Mitleiden zu deren hülflosen Lage [...]",

die Alimentation des Kindes sichern wolle.[50] Dem Pastor von Deiderode jedoch gestand Christine Scheuffler, daß Engelhardt und niemand anders der wahre Vater ihres Kindes sei.

2.2 Das Klageverhalten von Frauen und Männern

Einer auf einem Schuldspruch wegen Ehebruchs fußenden Ehescheidungsklage wurde in der Regel stattgegeben. Das Wissen um die guten Chancen eines solchen Scheidungsbegehrens könnte die Kläger bzw. ihre Advokaten ermutigt haben, einen solchen Tatbestand in den Mittelpunkt ihrer Klagen zu stellen. In 53 überlieferten Fällen spielte die Anschuldigung des vollzogenen oder vermuteten Ehebruchs, der außerehelichen Lebensgemeinschaft, des „verdächtigen Umgangs" oder der „Koketterie" eine Rolle.[51] 35 Männer beschuldigten ihre Frauen, Ehebruch begangen zu haben. Ein Mann warf seiner Frau kokettes Verhalten vor, ein weiterer unterstellte seiner Partnerin vertrauten Umgang mit den Gesellen sowie Prostitution, ein dritter brachte ebenfalls den „verdächtigen Umgang" seiner Frau mit anderen Männern ins Spiel. Interessanterweise klagten acht Männer ihre Frauen an, kurze Zeit oder sogar seit mehreren Jahren mit anderen Männern in einer Lebensgemeinschaft gelebt zu haben, während diese Anschuldigung umgekehrt nur einmal vorkam.[52] 18 Frauen verklagten ihre Männer wegen Ehebruchs, neun von ihnen mußten sich mit einer Gegenklage, fußend auf derselben Anschuldigung, auseinandersetzen.

Außereheliche Beziehungen bedrohten alle wichtigen Aspekte des gemeinsamen Lebens: Sozialer Status, Prestige und wirtschaftliche Sicherheit von Frauen und Männern basierten zum größten Teil auf ihrer Ehe. Die geringere Anzahl klagender Frauen überrascht angesichts der insgesamt größeren Klagefreudigkeit von Frauen in Ehesachen; ein bemerkenswertes Phänomen, das auch durch die Urteilslisten des Kriminalgerichts aus der ersten Hälfte des 19. Jahrhunderts bestätigt wird.[53] Ein Ehebruch der Frau tangierte die Ehre des betreffenden Mannes und forderte eine Klage heraus.[54] Stellten daher Männer in Klagen und Gegenklagen auf Ehescheidung das Motiv des Ehebruchs in den Mittelpunkt, so führten Frauen dasselbe höchstens als verstärkendes Moment ins Feld, um ihren sonstigen Klagegründen mehr Gewicht zu verleihen. Für sie stand der gesamte Eheverlauf mit anderen Verfehlungen im Zentrum der Eheklage, während Männer den vermeintlichen Ehebruch ihrer Frauen hervorhoben. Weitere Aspekte des Eheverlaufs wurden von ihnen nicht erläutert. Allenfalls kurze Charakterbeschreibungen ihrer Frauen ergänzten den Vorwurf der ehelichen Untreue, um dem Gericht begreiflich zu machen, daß eine so geartete Persönlichkeit einen Ehebruch sehr plausibel erscheinen ließ und auf eine Versöhnung, eine harmonische Ehe mit wechselseitiger Erfüllung der Pflichten nicht zu hoffen war. Der Riemer August Rust begann 1815 seine knappe Klageschrift mit der Einschätzung, seine Frau sei von Beginn der Ehe an zänkisch, boshaft, rachsüchtig und halsstarrig gewesen, um dann den kurz formulierten Ehebruchsvorwurf vorzubringen.[55]

Frauen hingegen zögerten häufig aus wirtschaftlichen Erwägungen, wegen Ehebruchs vor Gericht zu gehen. Die Tatsache, daß Ehefrauen um eine Strafmilderung für ihre inhaftierten Männer nachsuchten, weil der Arbeitsausfall und die Kosten für die Verpflegung des Mannes im Gefängnis die Familie gefährdeten, bestätigt dies.[56] Von seiner Frau verklagt, hätte ein Mann geltend machen können, daß er erneut mit seiner Frau geschlafen hatte und ihm der Ehebruch somit verziehen worden war. Vielleicht fürchteten Frauen eine öffentliche Konfrontation mit dem Thema Ehebruch, weil ihnen bewußt war, daß die Bewertungsmaßstäbe für weibliche und männliche Sexualität inner- und außerhalb der Ehe unterschiedlich und für Frauen nachteilig gestaltet waren. Frauen konnten schnell in Verruf gebracht werden.[57] Jedenfalls benutzten Frauen diesen Vorwurf meist nur rückblickend, um ihre Forderung nach einer Scheidung zu bekräftigen, die sie aus anderen Gründen erhoben.

2.3 Die Definition von „Untreue" durch die Klagenden

Die in Eheklagen thematisierte „Untreue" konnte auf sehr verschiedene Weise beschrieben werden: miteinander Spazierengehen bei Tag oder bei Nacht; bessere „Aufwartung" für einen im Haus logierenden Gast; auf dem Schoß sitzen, sich gegenseitig flöhen und gemeinsam hinter dem Ofen liegen; Pfänderspiele; Besuche bei Prostituierten; sexuelle Kontakte zu Mägden; Aufenthalte bei Nachbarn.[58] Es gab bestimmte Abstufungen und erschwerende Umstände, die den Verdacht eines beabsichtigten Ehebruchs noch plausibler erscheinen ließen, z.B. wenn ein Mann mit einer Magd in Gegenwart seiner Frau „gescheckert", oder während seine Frau im Wochenbett lag ihr „was angesonnen" und „etwas zugemutet" hatte.[59] Sybille Frey ließ 1821 schreiben, daß ihr Mann Georg Schreiber einen

„verdächtigen Umgang mit einer sehr leichtfertigen Person, einer gewissen Ertel in Göttingen gepflogen; hat dieselbe wider meinen Willen und ohne mein Vorwissen zu sich in das Haus genommen; ist mit derselben zu Tanze gegangen; und hat überhaupt mit derselben einen sehr vertrauten Umgang gepflogen, den nur höchst vertraute Verliebte mit einander pflegen können [...]."[60]

Der Buchbinder Pliese warf seiner Frau Maria Schepeler 1742 vor, sie soll mit dem Gesellen „so gemein zusammen gewesen sein, daß einer den anderen hat Butterbrodt geschmieret".[61] Der Gastwirt Petsche soll 1815 seine Schwägerin mit Liebkosungen bedacht haben, die nach dem Verständnis seiner Frau nur einer Ehefrau zukamen. Er aß mit ihr, während er seiner Frau gemeinsame Mahlzeiten verweigerte, und ging allein mit ihr spazieren.[62] Der Weißbinder Daniel Hartwig litt unter der intensiven Freundschaft seiner Frau Maria Johrdans zu ihrem Mieter, dem Cantor Meyer:

„Wie er dann auch dieselben unterschiedenen Mahlen betroffen, daß sie das Haus verschloßen gehabt, und zur Zeit, wann er aus der Arbeit gekommen, beyde allein beym Caffee gesessen hätten, ja es wäre soweit gegangen, daß dieser Meyer da seine Frau am Michael p.a. kaum einen Tag zuvor nieder gekommen sich ins Haus eingedrungen, und sie hätte sprechen, er aber ihn durchaus nicht zulaßen wollen."[63]

Eine Zeugin sagte später aus, Maria Johrdans habe Meyer weit besser aufgewartet als ihrem Mann. Der Ratspedell Röhr beklagte sich über den bereits zehn Jahre zurückliegenden Umgang seiner Frau mit dem im Haus einquartierten Kanonier Brand:

„in dem er sie öffters bey einem Canonier nahmens Brand gefunden, daß sie in einem kurtzen Rock, entblößeten Brüsten, in der Küchen oder Cammer bey ihm gewesen; wie sie denn auch zur Zeit seiner schweren Kranckheit ehr diesen im Hause logiert gewesenen Canonier als ihn auffgewartet, und ihm Thee Waßer gebracht, auch würckl. gesaget, daß sie mit demselben, nicht aber mit ihm Bekl. Thee trincken wollte."[64]

Caroline Brandes beschwerte sich in ähnlicher Weise 1814 über den Schneider Oldendorf, daß

„er in Göttingen ein Mädgen gehabt, das von ihm ein Kind erzeuget und solches öffentlich aus der Stadt gebracht, so sehe ich nicht ein, wie ich mit einem solchen Mann meine Lebtage zubringen kann, da er nie für mich und seine Kinder gesorgt, es bleibt mich dahero nichts anders übrig als von ihm ganz trennen zu müssen, um auf vortheilhaftere Art und Weise für mich und meine Kinder ferner sorgen zu können."[65]

Sexuelle Untreue stand hier gleichberechtigt neben einer Vernachläßigung der Versorgung und der Bevorzugung einer anderen Person. Aus dem 'Negativ' Ehebruch läßt sich auf das 'Positiv' Ehe schließen: Die verschiedenen Definitionen von Treubruch offenbaren viel über die Erwartungen von Frauen und Männern an ihre Ehen. So stand der häufig erhobene, auch in Beleidigungen von Frauen eine große Rolle spielende Vorwurf der „Hurerei" als Symbol für die Verletzung des geordneten gesellschaftlichen Zusammenlebens, vor allem für eine Gefährdung des Haushaltens.[66] In diesen Zusammenhang passen die von Männern vorgebrachten Beschwerden über die unordentliche Hauswirtschaft ihrer Frauen, deren „Liederlichkeit" sowohl in unschicklichem, ehebrecherischem Verhalten als auch in mangelnder Aufmerksamkeit für ihre häuslichen Pflichten gesehen wurde.[67]

2.4 Ehebruch als Partnerwahl

Im 18. Jahrhundert belegte das Konsistorium eine Person, die des Ehebruchs für schuldig befunden und aus diesem Grund geschieden worden war, mit einem Wiederverheiratungsverbot. Da jedoch die Ansicht vorherrschte, daß es besser sei, in einer Ehe zu leben, um weiteren Verfehlungen vorzubauen, konnte dieses Urteil gemildert werden. Gelang es dem oder der Betreffenden, durch eine Petition die Erlaubnis für eine neue Eheschließung zu erhalten, galt in jedem Fall die Regel, daß er oder sie nicht die Person heiraten durfte, mit der der Ehebruch begangen worden war. Diese Einschränkung scheint im 19. Jahrhundert keine generelle Gültigkeit mehr gehabt zu haben. Ein Phänomen wird sichtbar, das sicher auch im 18. Jahrhundert verbreitet gewesen sein wird, dem jedoch die Legitimierung durch die Trauung verweigert blieb: Ehebruch als Ausdruck einer Partnerwahl. Die wegen Ehebruchs verklagten und geschiedenen Personen heirateten nun in vielen Fällen diejenigen, mit denen sie während ihrer Ehe eine Beziehung begonnen, oft schon Kinder gezeugt hatten. Die Erkenntnis, daß Eheleute nicht zusammen paßten, führte nicht nur zu schweren innerehelichen Konflikten, sondern häufig auch zur Aufnahme langfristiger Beziehungen zu potentiellen zukünftigen Partnern.[68]

Der Instrumentenmacher August Ziehe, der 1801 mit 19 Jahren die sechzehnjährige Weißbindertochter Charlotte Bergmann geheiratet hatte, wurde von seiner Frau hauptsächlich wegen ökonomischer Unstimmigkeiten verklagt, da ein gemeinsames Haushalten auf der Grundlage ihrer Mitgift und der Einkünfte Ziehes nicht möglich schien. Allerdings erwähnte sie auch seine Besuche bei Prostituierten und eine Geschlechtskrankheit, an der er gelitten hatte. Als das Zusammenleben unmöglich wurde, trennte sich das Paar zunächst, ohne geschieden zu sein, und Ziehe verließ für einige Zeit die Stadt. Charlotte Bergmann verspürte keine Lust, mit ihren Kindern Göttingen zu verlassen und fand schließlich in dem Leutnant Ernst Koch einen passenden Partner, mit dem sie, unterstützt von ihren Eltern, spätestens 1814 zusammenzog. Als Ziehe zurückkehrte, verweigerte Charlotte Bergmann ihm ein „eheliches Zusammenleben". Er empfand es als demütigend, daß sie mit anderen Männern

„den verdächtigsten Umgang führte, sie öffentlich liebkoste, sie du und Bräutigam nannte, und mich so in die Augen aller auf das empfindlichste zu kränken suchte".

Charlotte Bergmann hingegen hatte sich schon 1807 beklagt, daß ihr Mann

„mit einer leichtsinnigen Person einen unerlaubten Umgang pflege, und daß er sogar gegen andere Personen eingestanden und geäusert hat, daß wenn dieselbe schwanger sey und ein Kind wolle, so sey dies von keinem anderen, als von ihm."

1814 wurde die Scheidung ausgesprochen. Der des Ehebruchs mit seiner Haushälterin Amalie Fuhrmeister für schuldig befundene August Ziehe erhielt auf sein Bitten die Erlaubnis zur Wiederverheiratung. Er heiratete seine Lebensgefährtin, die bei Charlotte Bergmanns Mutter kochen gelernt und ihm bereits seit seiner Rückkehr nach Göttingen den Haushalt geführt hatte. Im gleichen Jahr ließen sich auch Charlotte Bergmann und Ernst Koch trauen, die ein Kind erwarteten.[69]

2.5 Männlicher und weiblicher Umgang mit Ehebruch

Ein geschlechtsspezifischer Umgang mit Ehebruch ist den Argumenten von Frauen und Männern vor Gericht leicht zu entnehmen: Mußten Frauen jegliche außerehelichen Kontakte ableugnen, konnten Männer Wege finden, eine gesellschaftliche Akzeptanz für ihr Verhalten zu mobilisieren.[70] Besuche bei Prostituierten, bezahlte sexuelle Kontakte generell schienen kein Problem für sie darzustellen. Auch die Art der sexuellen Handlungen bestimmte offenbar eine Definition von Ehebruch, die im Gegensatz zur obrigkeitlichen Auffassung viele Nischen für das Ausagieren männlicher Sexualität ließ. Männer thematisierten ihr Handeln als legitim oder zumindest unverschuldet, während das Verhalten der beteiligten Frauen als unschicklich galt und diese Frauen damit für den gesamten Vorgang allein verantwortlich gemacht wurden; eine Einschätzung, die sich in den Gutachten der Gerichte wiederfand.

Der Kaufmann Grashoff äußerte die Ansicht, eine Frau müsse die Ehebrüche ihres Mannes tolerieren („müsse dergleichen wohl leiden").[71] Der Buchhändler Bossigel gab auf den Vorwurf, sich mit einer Frau in einem bestimmten Zimmer seines Hauses zum Zweck des Geschlechtsverkehrs eingeschlossen zu haben, lapidar zu Protokoll, sie habe ihn nur „manustuprirt". Außerdem hatte er sich in einer Kneipe damit gebrüstet, die Schwestern und die Mutter seiner Frau am ganzen Körper berührt zu haben, da sie die Gabe der Zurückhaltung nicht besäßen. Sein männlicher Stolz auf die Vielzahl seiner Sexualkontakte kam in seiner Verteidigung deutlich zum Ausdruck und überwog den Versuch, sich zu entlasten. Er betonte, seine Frau könnte ihm lediglich diejenigen Beziehungen zur Last legen, die in die Zeit ihrer Ehe fielen, nicht jedoch die vorehelichen. Doch auch Bossigel fühlte sich durch die Freundschaft seiner Frau Dorothea Engelhard zu einem

Jugendfreund, dem Buchhändler Peter Kübler, so verletzt, daß er Briefe an Küblers Vater schrieb in der Hoffnung, dieser könne seinen Sohn zum Abbruch der ehebrecherischen Beziehung bewegen. Besonders die häuslichen Szenen, die sich ihm boten, weckten seine Wut. Kübler und Dorothea Engelhard saßen zusammen auf dem Bett oder lagen hinter dem Ofen; sie lauste ihn; er legte seine Füße in ihren Schoß. Schließlich verließ Dorothea Engelhard mit Küblers Hilfe die eheliche Wohnung und zog mit ihrem Kind zu einer Schwester. Bossigel starb im Mai 1789 noch während des Scheidungsprozesses 40jährig an der „Auszehrung". Seine Witwe bekam im März 1790 ein nichteheliches Kind von Kübler, gab jedoch noch Bossigel als Vater an. Erst 1795, nach der Geburt des zweiten nichtehelichen Kindes, heirateten Kübler und Dorothea Engelhard.[72]

Selbst im Fall der zahlreichen Beziehungen zu Dienstmägden beriefen sich Männer darauf, daß ihre Frauen für die Einstellung der Magd verantwortlich seien und sie selbst daher keine Verantwortung trügen.[73] Der Schuhmacher und Schankwirt Martin Brück unterhielt eine lange Beziehung zu seiner Magd Johanne Hoppe, mit der er schließlich sogar das Zimmer teilte, während seine Frau in einem anderen Zimmer schlief. Als Johanne Hoppe ein Kind erwartete, schickte er sie aufs Land zu ihrer Mutter, wo er sie besuchte. Nach der Geburt nahm sie ihren Dienst bei ihm wieder auf; beide leugneten, daß Brück Vater ihres Kindes sei. Schließlich, als Johanne Hoppe 1824 erneut schwanger wurde, ließ Brücks Frau Dorothee Haroth sich nach vierjähriger Ehe scheiden. Brück und Hoppe heirateten, Dorothee Haroth bekam 1825 ein nichteheliches Kind und heiratete 1826 ebenfalls.[74]

3. Selbstscheidung als Element populärer Eheauffassungen

Im Dezember 1816 ging ein Bericht der Kirchenkommission über die Fortschritte im Fall der Catharina Hentze geb. Proffe gegen den Tuchmacher Justus Hentze an das Konsistorium. Für Mitte Dezember war eine Zeugenbefragung im nunmehr über ein Jahr dauernden Scheidungsprozeß anberaumt gewesen, doch die Eheleute hatten sich offenbar außergerichtlich geeinigt, wobei die Abtretung eines Grundstücks durch Catharina Proffe im Mittelpunkt stand:

„so erschienen beyde Theile und zeigten mündlich an, wie sie sich verglichen hätten, haben auch hiernächst auf unser Anverlangen schriftliche Anzeige deshalb eingereicht und denselben die Vergleichs Urkunde in beglaubigter Abschrift beygefügt. Wenn nun aus solchen

Actenstücken [...] hervorgeht, daß diese Eheleute durch conventionelle Uebereinkunft sich separiret haben, so möchte dieß den bestehenden Gesetzen nicht angemessen erscheinen."⁷⁵

Die Kommission empfahl eine Bestrafung des Advokaten Goltze, der den Vergleich aufgesetzt hatte. Das Konsistorium erklärte die solchermaßen beschlossene Trennung für ungültig und verlangte die Fortsetzung des Prozesses.

Solche außergerichtlichen Vergleiche, die einer rechtswidrigen Trennung gleichkamen, sind sicher nicht in allen Fällen bekannt geworden. Der Seiler Samuel Schultze, der in zweiter Ehe die Witwe Dorothea Brummer geheiratet hatte, stimmte nach zwei Ehejahren 1747 einem ähnlichen Vergleich zu. In diesem Vertrag ließ sich Schultze gegen das Versprechen,

„allen ehelichen Anspruchs an ihre Person mich künfftighin und zu ewigen Zeiten zu begeben, Sie meine gewesene Ehegattin, Marie Dorothea Brummern, sie lebe und halte sich auf, wo sie wolle in Ruhe und Friede zu laßen: ja dieselbe künfftighin nicht als meine gewesene Ehefrau, sondern als eine frembde mir unbekannte Frauens Persohn, mit der ich niemahlen das mindeste zu schaffen gehabt, betrachten und würcklich dafür halten wolle",

das gesamte Barvermögen seiner Frau zusichern. Dieser Sachverhalt gelangte nur an die Öffentlichkeit, weil der Notar Engel Schultze die in dem Vergleich verabredete Summe Geldes nicht auszahlen wollte, wogegen Schultze beim Universitätsgericht klagte. Das Gericht sah die Hauptschuld bei dem Notar:

„das Judicium erstaunet über dergleichen Unfug des Notarii Engels, der sich nicht entblödet zwischen so einen einfältigen Mann und Frauen dergleichen Ehe-Scheidung zu unternehmen."⁷⁶

Anna Casper, die nach einer Möglichkeit suchte, den Sergeanten Ruperti zu heiraten, verabredete 1764 mit ihrem Mann Heinrich Hoffmeister die gegenseitige Zustellung von selbst verfaßten Scheidebriefen. Hoffmeister knüpfte daran die Bedingung, ein Drittel ihres Besitzes zu bekommen. Ihr Briefwechsel dokumentiert verbreitete Eheauffassungen, die sich nur teilweise mit den obrigkeitlichen Eheordnungen deckten. Am 17.1. schrieb Hoffmeister an Anna Casper:

„Anna Margreta Caspern schreib ich so du es doch gerne hörest. Ich bin in erfarung durch einen bekandten aus Göttingen gekommen das du den Jäger noch bey dich in habest und mit ihn wirdtschafst, da ich nun sehe das du nicht von ihm laßen kanst, wie es auch dein untreues Hertze gegen mir nicht zulaßen wirdt, so ergeht mein ansuchen du wolles dich in güte, mit mich abfinden Ursache diese von denselbigen was wier zusahmen erworben haben. Erslich das unser Kind mit einen theil versehen, und ein theil vor mich, da du nun solches, mit mir eingehen wirst so wirdt unsere sache bald zu Ende kommen, damit du auch durch deiner schlechten aufführung aus dero Leute Meuler kommest [...] ich verhoffe das dieser Vorschlag dier nicht mißgeraden wirdt in dehm es doch dein wille gewesen das nun [...] die

Scheidung vorsich gehet so weistu wer du bist und ich weis wer ich bin ich befinde mich in meinen ledigen stande ser vergnüg [...].‟

Anna Casper antwortete im März des folgenden Jahres mit Hilfe ihres Lebensgefährten Ruperti:

„Ich Endes unterschriebene Anna Margaretha gebohrne Caspern, bekenne hier mit, waß maßen Heinricus Hoffmeister mir bey meiner Jugend Jahre, da ich ohngefehr 14 Jahr alt gewßen Ehelich vertraut worden ist, da ich nun aber zu solcher Ehe theils mit Gewalt, und theils aus Unverstand und Kindheit gezogen und gezwungen worden bin, Solche Ehen aber bey Gott nicht angenehm und gültig sind, wie auch bey Menschen nicht Constitutions mäßig und recht sind, so ist dieser Satz und die gezwungene Ehe bey Gott und Menschen geschieden.

2) Da ich auch in solcher gezwungenen Ehe ein mühsames und Elendes Leben mit den mir mit Gewalt angetrauten Henricus Hoffmeister als einen Ehe Gatten führen müßen; Auch beständig Zorn, Zwietracht und Uneinigkeit zwischen uns verknüpft war, deswegen auch heilig, und Einigkeit nicht bey uns seyn konte; Gott aber befohlen hat, daß die Ehe heilig seyn soll, deswegen ist unsere geführte Ehe vor Gott nicht angenehm und gültig geweßen, sondern ebenfals geschieden.

3) Da auch Henricus Hoffmeister bereits 2mahl, lange Zeit von mir ist weggegangen, auch mich nicht vor seine Frau erkandt und gehalten hat; Gott aber doch befohlen daß keines sich von andern enthalten soll; so ist er auch zum dritten mahl schon 3 Jahr lang wiederum weg geweßen, und hat sich selbsten von mir geschieden; das aber die Scheidung unserer Ehe gültig ist, kann oben erwiesen werden; so will ich auch meinen gantzen Willen Henricus Hoffmeister darzu geben, nehmlich daß selbiger nach seinen Gefallen sich wieder verehligen kann, ich werde auch nicht sagen noch glauben, daß ich Henricus Hoffmeister zum Ehe Gatten gehabt habe. Es soll und muß mir auch, ebenfals Henricus Hoffmeister einen Scheidebrieff überschicken, und ausliffern, denn ich ruffe Gott zum Zeugen an, daß ich den selben nicht wieder annehme als einen Ehegatten; zu unserer Scheidung und Verstattung derselben, habe diesen Brieff ausgefertigt und Eigenhändig unterschrieben.

Anna Margaretha gebohrne Caspern‟[77]

In Anna Caspers Ehe fanden sich laut Scheidebrief zentrale Annullierungs- oder Scheidungsgründe des protestantischen Eherechts, wie Zwangstrauung und Desertion. Gleichzeitig wurden andere geforderte Wesensmerkmale der Ehe wie Eintracht und Heiligkeit, die eigentlich gegen eine Aufhebung der Ehe sprachen, instrumentalisiert, um eine Trennung legitim erscheinen zu lassen. Die Vorstellung, eine gegenseitige Lossprechung könne die eheliche Gemeinschaft, die in ihren einzelnen Elementen den Anforderungen an eine christliche Ehe nicht genügte, einfach aufheben, war stark ausgeprägt.[78]

Bei allen Vergleichen spielte die Abtretung von Besitz durch die Frau an den Mann eine zentrale Rolle. Der Ehemann, aufgrund des Kohabitationszwangs in einer überlegenen rechtlichen Position, bot als Gegenleistung für materielle Zugeständnisse an, von einer weiteren rechtlichen Verfolgung des

Ehescheidungsprozesses abzusehen und die räumliche Trennung stillschweigend zu akzeptieren.[79] Der Druck, der gesellschaftlich, gerichtlich und durch den Ehemann auf scheidungswillige Frauen ausgeübt wurde, führte zu deren Bereitschaft, für eine Trennung große finanzielle Opfer in Kauf zu nehmen.[80]

Daß Frauen und Männer die Eheordnungen nur begrenzt zur Grundlage ihres Handelns machten, zeigt die Häufigkeit eigenmächtiger Trennungen. Männer mieteten sich neue Wohnungen, in die sie ihre Frauen und Kinder nicht aufnahmen, Frauen zogen unter Mitnahme ihres gesamten Besitzes aus. Dabei bedienten sie sich teilweise ritueller, symbolischer Akte, um den Charakter der Trennung zu unterstreichen: Das Zurücklassen des zerbrochenen Eherings oder das dreimalige Beschwören des bevorstehenden Ereignisses setzten ein unübersehbares Zeichen.[81] Diese Trennungen erregten längst nicht immer die Aufmerksamkeit der Gerichte. Der Sprachmeister Bernhard Ressegaire, dessen Frau Marie Obry ihn 1752 verlassen hatte, verteidigte sich 1767 nach der Geburt seines nichtehelichen Kindes gegen den Vorwurf des Ehebruchs damit,

„daß man ihm weisgemacht habe, daß wenn eine Frau 15. bis 20. Jahr, wie die seinige abwesend gewesen, die Ehe von selbst zu scheiden wäre."[82]

Die Ehefrau des Notars Johann Ludewig Börges, Maria Elisabeth Lesser, schrieb nach ihrer Flucht im September 1777 an das Universitätsgericht:

„Da ich auch fernerhin im Ehestande zu leben nicht willens bin, so sage ich ihn auch wegen der unter uns geschlossenen Ehe frey und loß und gebe ihm hierdurch freie Macht und Gewalt auf die Ehescheidung [...] zu klagen, ohne daß ich dieserwegen den geringsten Anspruch auf seine Persohn oder Vermögen machen will."[83]

Hier vermischten sich populäre Auffassungen des „Lossagens" mit rechtlich korrekten Vorstellungen von einer gerichtlichen Trennung der Ehe.

Die Betrachtung der klassischen Ehescheidungsgründe „Bösliches Verlassen" und Ehebruch hat gezeigt, daß es keineswegs eindeutige Auslegungen durch die Klagenden selbst oder die Obrigkeit gab, was unter Desertion und Untreue zu verstehen war. Es gab eine breite Palette von Motiven, die Frauen und Männer als „Treubruch" empfanden und auf deren Basis sie die Trennung ihrer Ehe verlangten. Das obrigkeitliche Festhalten an der strengen Variante des Scheidungsrechtes, das eine vollständige Trennung nur aufgrund eines dieser beiden Gründe zuließ, wird Klagende und vor allem ihre Anwälte bewogen haben, die individuellen Motive für eine Scheidung unter einem dieser Etiketten zusammenzufassen, um der Klage eine Chance einzuräumen. Die Strenge des Scheidungsrechts förderte andererseits das Fortleben überlieferter populärer Selbstscheidungshandlungen, die teilweise an das Eheverständnis des 15. und 16. Jahrhunderts anknüpften, bevor Eheschließung ein Gegenstand obrigkeitlicher Kontrolle wurde.

Kapitel VII

Das Leben nach der Trennung

Was bedeuteten die verschiedenen möglichen Urteilssprüche in einem Ehescheidungsprozeß für Männer und Frauen? Welche Gestaltungsmöglichkeiten für ihr weiteres Leben eröffnete oder verschloß ihnen das Urteil des Konsistoriums oder des Universitätsgerichts?

Für Frauen konnte die Trennung einer Ehe sowohl eine Verbesserung der Lebensumstände – wenn der nächste Partner schon feststand und ein günstigerer Verlauf der gemeinsamen Wirtschaft zu erwarten war, oder wenn durch die Scheidung körperliche Unversehrtheit und Besitz gerettet wurden – als auch sozialen Abstieg und gesellschaftliche Mißachtung bedeuten. Meist brachte eine Trennung der Ehe für Frauen, ob „schuldig" oder nicht, den Auszug aus dem gemeinsamen Haus und den Wechsel des Arbeitsplatzes bzw. die Suche nach andersartiger Arbeit mit sich. Männern gelang es, auch bei einem Schuldspruch Wohnort und Arbeit beizubehalten, obwohl sie den rechtlichen Bestimmungen zufolge verpflichtet gewesen wären, die Häuser ihrer Frauen zu räumen. Ein Schuldspruch mit völliger Trennung der Ehe hatte für Frauen neben dem Verbot der Wiederverheiratung den Verlust ihres Brautschatzes, d.h. gewöhnlich ihres gesamten Besitzes zur Folge. Ihre Männer legten auf die Ausführung dieser rechtlichen Bestimmung meist großen Wert. Auch Männer konnten bei einem Schuldspruch wegen Ehebruchs theoretisch zur Abgabe eines Teiles ihres Besitzes verpflichtet werden, doch nur in einem Fall wurde dies in einem freiwilligen Vertrag zwischen den Ehepartnern festgehalten, während die Klagen auch „unschuldig" geschiedener Frauen, ihre ehemaligen Ehemänner wären noch im Besitz ihrer Habseligkeiten, zahlreich sind.[1] Frauen konnten ihre diesbezüglichen Ansprüche kaum gerichtlich durchsetzen. Die entsprechenden Bestimmungen in der zeitgenössischen Rechtsliteratur, die auch in die Enzyklopädien der Zeit aufgenommen wurden, scheinen in der Praxis kaum Anwendung gefunden zu haben.[2] Das innereheliche Machtverhältnis ermöglichte es einem Mann selbst im Fall eines Schuldspruchs, über den Besitz seiner Frau zu verfügen, und die Gerichte taten kaum etwas, um dieses Ungleichgewicht auszugleichen. Zwar konnten die Auswirkungen eines Schuldspruchs durch

Petition und Gnadenerweis gemildert werden, indem das Verbot zur Wiederverheiratung abgewendet wurde. Doch besitzrechtlich und sozial blieben geschiedene Frauen Männern gegenüber im Nachteil.

Die Verfügung, die Mitgift den Ehemännern zu überlassen, brachte für die Gerichte eine Schwierigkeit mit sich: Als schuldiger Teil konnten Frauen die Gerichtsgebühren nicht zahlen, da sie mittellos waren; die ehemaligen Ehemänner fühlten sich aber nicht verantwortlich für die ausstehenden Zahlungen.[3] Durch den Verlust ihrer Mitgift waren Frauen auf dem Heiratsmarkt in einer sehr schwierigen Situation. Viele von ihnen brachten nichteheliche Kinder zur Welt und blieben bis zu ihrem Tod unverheiratet.

Eine „Trennung von Tisch und Bett" hieß für die Betroffenen, daß sie entweder im selben Haus getrennte Haushalte führen oder sich in zwei verschiedenen Häusern aufhalten sollten. Nach einem oder drei Jahren mußte ein erneuter Sühneversuch durch die Kirchenkommission oder das Universitätsgericht vorgenommen werden, nach dessen Scheitern schließlich die Scheidung ausgesprochen werden konnte. Obwohl bereits die Trennung von Tisch und Bett dem kanonischen Recht entliehen war, sollte zumindest eine Trennung auf Lebenszeit ohne Möglichkeit zur Scheidung und Wiederheirat in bewußter Absetzung vom katholischen Eherecht vermieden werden. Von dieser Regelung wich das Konsistorium allerdings zu Beginn des 19. Jahrhunderts ab: Nun konnte eine Trennung von Tisch und Bett beliebig oft verlängert werden.[4]

Schon während des Prozesses war ein Mann verpflichtet, seiner Frau Alimente und einen Prozeßkostenvorschuß zu zahlen. Bei einer Trennung von Tisch und Bett, aber auch nach einer Scheidung mußte er Frau und Kinder ernähren, vorausgesetzt, die Frau war als unschuldiger Teil aus dem Prozeß hervorgegangen.[5] Rechtlich gehörten die Kinder zum Vater. Auch um Alimentezahlungen zu sparen, versuchten einige Männer, eins oder mehrere Kinder bei sich zu behalten. Frauen hingegen argumentierten mit der Notwendigkeit der mütterlichen Pflege gerade bei Kleinkindern und nahmen auch finanzielle Einbußen in Kauf, wenn sie die Kinder behalten konnten. Einige Männer äußerten die Ansicht, Frauen seien allein für die Versorgung ihrer Kinder verantwortlich.[6] Kinder wurden in Eheklagen meist zur Untermauerung der Klagepunkte erwähnt, beispielsweise wenn sie unter der schlechten Versorgung der Familie litten, Zeugen oder Ziel von Mißhandlungen waren. Ihre Erwähnung hatte lediglich argumentative Bedeutung, um dem Ehepartner Vergehen nachzuweisen und die eigene Position zu stärken. Hauptsächlich wurden sie jedoch in den Alimenteverhandlungen genannt. Kinderlosigkeit und Fehlgeburten wurden als Argument für eine Scheidung ganz im Sinn des protestantischen Eherechts eingesetzt, das das Kinderzeugen und -erziehen als Ehezweck sehr hoch einstufte. In den Eheklagen ging es aber vor allem um die Geschlechterbeziehungen in der Ehe, nicht um Kinder und Familie.

Die Nachspiele eines abgeschlossenen Scheidungsprozesses bestanden nicht selten aus jahrelangen Verhandlungen über die Höhe der zu zahlenden Alimente. Doch auch wenn diese Frage entschieden war, weigerten sich die Männer meist, den Zahlungsaufforderungen nachzukommen. Die Bittschriften der betroffenen Frauen zeigen, daß gerichtlicherseits kaum etwas unternommen wurde, um diesem Zustand abzuhelfen. Viele der Männer konnten allerdings auch keine Zahlungen leisten, weil ihre wirtschaftliche Situation schlecht und nicht selten Grund für die Ehekonflikte gewesen war. Einige Frauen verzichteten auf ihre Unterhaltsansprüche, um den endlosen Verhandlungen und Drohungen ihrer Männer ein Ende zu machen. Wenn Frauen keine Aussicht auf eine erneute Verheiratung hatten oder nicht mehr heiraten wollten, mußten sie sich und ihre Kinder meist von ihrem Besitz und ihrer Arbeit ernähren. Die Frau des Papierhändlers August Ramsahl, Catharina Handwerk, verdiente ihren Lebensunterhalt nach der Scheidung 1826 als Obsthändlerin[7], andere gingen als Mägde oder Ammen in Dienst.[8]

Der Protest einiger Frauen gegen eine vom Ehemann bewirkte Trennung oder gegen den Ablauf des Prozesses macht auf die Probleme aufmerksam, die ein Schuldspruch für sie bedeutete: Verlust ihrer Kinder, Verlust ihres Besitzes, Verlust des sozialen Status. Frauen begriffen sich auch als Opfer einer Scheidung. Sophie Magdalene Bercken, die Frau des Konzertdieners Carl Ludewig Aderholz, schlug ihm die Fensterscheiben ein und antwortete auf die Fragen der Kirchenkommission so widerspenstig, daß man sich Gedanken um ihren Geisteszustand machte. Regine Busse, die geschiedene Frau des Schuhmachers Michael Bihler, protestierte 1796 so nachhaltig in der ganzen Stadt gegen die geplante Wiederverheiratung ihres Exmannes, daß dieser sich zu einer neuerlichen Klage genötigt sah. Sie benutzte weiterhin seinen Namen und schien die Trennung nicht zu akzeptieren.[9]

Kapitel VIII

Schlußüberlegungen: Die Ehescheidungspraxis – Möglichkeit zur Emanzipation oder Bestätigung der innerehelichen Machtverhältnisse?

Diese Lokalstudie verbindet die Analyse von Entstehung und Verlauf von Ehekonflikten mit der sozioökonomischen Entwicklung der Mittelstadt Göttingen und führt so über die von Dirk Blasius vorgelegten umfassenden Studien zur Praxis des protestantischen Ehescheidungsrechts hinaus. Die Analyse von Eheklagen auf lokaler Ebene eröffnet wichtige Einblicke in den wirtschaftlichen und sozialen Wandel um 1800, auf seine individuelle, kommunale und obrigkeitliche Dimension. Göttingen war im gesamten Untersuchungszeitraum vorrangig von der handwerklichen Produktion geprägt, doch im Zuge von Manufakturgründungen, Teuerungen, Übersetzungstendenzen und Gildeschlüssen unterlagen auch die Handwerke strukturellen Veränderungen. Die für große Teile des Handwerks negativen wirtschaftlichen Entwicklungen kamen in den Ehekonflikten zum Ausdruck. Obwohl entsprechend den Bestimmungen des Hannoverschen Ehescheidungsrechts die meisten Klagen wegen Ehebruchs oder Desertion eingereicht wurden, lagen den Scheidungsbegehren eine Fülle anderer Ehekonflikte zugrunde. Auseinandersetzungen um Besitz und damit einhergehende Gewalt bestimmten in immer stärkerem Ausmaß Partnerwahl und Eheverlauf. Wirtschaftliche Krisen stellten tradierte Rollenklischees und Werte in Frage, da sich die Arbeitsteilung zwischen Männern und Frauen änderte. Die Vielzahl weiblicher Arbeiten in der Hauswirtschaft, in der handwerklichen Produktion oder im Bereich der Lohnarbeit waren zwar im bürgerlichen Diskurs über die Ehe nicht vorgesehen, aber praktisch unverzichtbar. Sie hatten entscheidende Bedeutung für den Unterhalt der Familie; in Krisenzeiten kam es durch die Umstrukturierung der Arbeitsrollen zu Konflikten.

Die Göttinger Eheklagen erlauben es, nach der Dynamik der ehelichen Geschlechterbeziehungen, der Neuverhandlung von Rollen zwischen Männern und Frauen und der Geltungskraft von Geschlechterstereotypen im 18. und 19. Jahrhundert zu fragen. Zu einer Zeit, in der es angesichts der naturrechtlichen Rückbindung der Ehe und der Diskussion über die Gleichheit aller Menschen um die Bewahrung der Hierarchie zwischen Männern und

Frauen ging, wurden die Geschlechterstereotype untermauert und in neuer Weise abgesichert durch die sich entwickelnden Wissenschaften, ein zentrales Instrument zur Wahrung der eheherrlichen Macht von Männern. Vermittelt wurden diese Stereotype unter anderem auf dem Weg der gerichtlichen Entscheidungen über die Position von Männern und Frauen in der Ehe; das Gericht erwies sich als Schnittstelle zwischen Norm und real ausgehandelten Geschlechterrollen. Es war eine wichtige Instanz zur Klärung und Ordnung der innerehelichen Geschlechterverhältnisse.

Die Störungen der Ehebeziehungen wurden vor Gericht in den vorgegebenen Stereotypen verhandelt. Auch Frauen thematisierten mittels ihrer Advokaten ihr Anliegen im Rahmen der Hausväterideologie und trugen zur Befestigung der bestehenden Verhältnisse bei. Zwar klagten Frauen häufiger als Männer und begriffen in manchen Fällen das Gericht als Verbündeten. Doch die Praxis zeigt für Göttingen: Die Obrigkeit – sei es Universitätsdeputation oder Kirchenkommission – schloß kein Bündnis mit einer klagenden Frau, um den Ehemann zu disziplinieren, wie es in anderen protestantischen Gebieten der Fall war;[1] die Interessen von weltlicher und kirchlicher Seite an der Wahrung der eheherrlichen Macht der Männer waren weitgehend deckungsgleich. In ihren Entscheidungen spiegelt sich der gesellschaftliche Wandel, wenn Frauen angesichts wirtschaftlicher Krisen und neuer Anforderungen im Arbeitsbereich der Paare rigoros auf ihre Rolle im Haus verwiesen wurden und die – familienerhaltende – Frauenerwerbstätigkeit eine Abwertung erfuhr. Die ökonomischen Notwendigkeiten verlangten den meisten verheirateten Frauen außerhäusige Arbeiten ab und schufen damit größere Freiräume, als es die Rollenverteilung in den normativen Schriften vorsah. Die Diskrepanz zwischen Rollenklischees und Realität wurde von Ehemännern und Richtern zur Befestigung der innerehelichen Machtverhältnisse genutzt. Frauen konnten sich nur schwer gegen die verborgenen Motive hinter von Männern vorgebrachten Beschwerden wehren, die in Anlehnung an das Ideal einer auf Haus und Familie beschränkten Hausmutter plausibel das Bild von Pflichtverletzung und unmoralischem Verhalten entstehen ließen. Männern gelang es, ihren Frauen die Verantwortung für das Scheitern des gemeinsamen Wirtschaftens zuzuschieben.

In seltenen Fällen zeigt sich zwar, daß Gemeindepastoren, die die betroffenen Frauen und ihre Familien gut kannten, abweichend von Konsistorium und Kirchenkommission um der Eheerhaltung willen auch unkonventionelle Sichtweisen zugunsten der Frauen entwickelten. Die Gerichte jedoch handelten eindeutig im Sinne einer Stabilisierung der vom Mann auszuübenden eheherrlichen Macht einschließlich der Autonomie in Geldangelegenheiten.[2] Hinter der Prämisse der Eheerhaltung unter Wahrung der Geschlechterhierarchie mußte das wirtschaftliche Interesse der städtischen Obrigkeit zurücktreten, selbst angesichts steigender Ausgaben in der Armenversorgung, die durch die gescheiterten, aber nicht getrennten Ehen verursacht wurden. Erst wenn die kameralistischen Interessen des Landes z.B. durch den Bankrott eines Kaufmanns berührt wurden, wich das Gericht von dieser Regel ab.

Die strenge Auslegung des protestantischen Scheidungsrechts im Kurfürstentum und Königreich Hannover führte dazu, daß die Bewahrung der eheherrlichen Macht auch gegen „gerechte" Beschwerden stattfinden sollte. Das Gesellschaftsmodell mit der hausväterlichen Herrschaft als Ordnungselement basierte auf der eheherrlichen Vormundschaft und Disziplinargewalt von Männern über ihre Frauen. Gewalttätigkeit von seiten der Ehemänner wurde daher nur zögerlich und ineffektiv Grenzen gesetzt. Zwar bewiesen auch Frauen in häuslichen Auseinandersetzungen ein hohes Maß an Gewaltbereitschaft, aber verbale und physische Gewalt konnten von Frauen und Männern gleichermaßen verletzend eingesetzt werden. Vor Gericht wurde ihnen die gleiche Schadenswirkung zugestanden. Doch erhielt dort die männliche Gewalt nachträglich ihre Legitimation im Rahmen der eheherrlichen Disziplinargewalt, während weibliche Gewaltausübung bestraft wurde. Der Ehescheidungsprozeß wurde zur Bühne für die obrigkeitliche Legitimierung des ehelichen Gewaltverhältnisses.

Seit der Reformation gab es die Möglichkeit der Klageerhebung und die Aussicht auf eine – wenn auch nicht leicht zu erlangende – Ehescheidung. Erst im 18. Jahrhundert jedoch, im Zusammenhang mit krisenhaften Entwicklungen gerade im Handwerk, stieg die Zahl der Klagen; in der Handwerkerschicht als soziale Kerngruppe in Göttingen hatte es zuvor kaum Eheklagen gegeben. Allein die Existenz der rechtlichen Möglichkeit bedeutete jedoch nicht, daß Menschen wirtschaftlich und sozial Zugang zu diesem Rechtsmittel hatten. Obwohl finanzielle Hinderungsgründe durch die Gewährung des Armenrechts und andere ausgleichende Maßnahmen des Prozeßrechts weitgehend ausgeschaltet werden sollten, waren Klagen aus den unterbürgerlichen Gruppen vergleichsweise selten, während Angehörige des Kleinbürgertums häufiger vor Gericht gingen. Die geringe Zahl von Klagen aus unterbürgerlichen Schichten läßt vermuten, daß hier Männer und Frauen andere Wege gingen, um eine unzuträgliche Ehe zu beenden. Restriktive Scheidungspraxis und zunehmende Heiratsbeschränkungen im Einklang mit Verarmung hielten im 18. Jahrhundert populäre Ehe- und Scheidungsauffassungen am Leben, die sich der obrigkeitlichen Kontrolle weitgehend entzogen.

Die Anzahl der Klagen war insgesamt nach 1820 am höchsten; dies könnte die Annahme stützen, daß der vehemente Kampf der Obrigkeit gegen "wilde Ehen" im 19. Jahrhundert die Zahl der Scheidungsgesuche in die Höhe trieb, da es zur Ehe keine Alternative gab. Der Zwang zur Heirat führte zu einer Erhöhung der Trennungsrate.[3] Einzelne Fälle legen auch die Vermutung nahe, daß trotz der strikten Interpretation der biblischen Scheidungsgründe durch das Konsistorium in Hannover die Rechtspraxis im späten 18. und frühen 19. Jahrhundert Freiräume schuf. So erfuhr bspw. das strenge Verbot der Trauung von Personen, die miteinander Ehebruch begangen hatten, zu Beginn des 19. Jahrhunderts in der Praxis eine Lockerung. Anträge auf Trennung einer Ehe im Einverständnis beider Partner wurden nicht mehr, wie noch im 18. Jahrhundert, von vornherein als rechtswidrig zurückgewiesen, sondern zumindest verhandelt; allerdings verabschiedete man sich nicht vom Schuldprinzip. Diese Veränderungen waren nicht zuletzt auf einen Bewußtseinswandel zurückzuführen, der durch die zwar kurze, aber einschneidende Geltungszeit des Code Napoleon befördert worden war.

Demgegenüber war das protestantische Scheidungsrecht im Königreich Hannover zwar restriktiv, es beruhte jedoch – anders als das Allgemeine Preußische Landrecht und der Code Napoleon, deren Rechtsgrundsätze zur Ehescheidung eine Stufung nach ständischen bzw. geschlechtsspezifischen Kriterien aufwiesen – auf gleichen Zugangsvoraussetzungen für Männer und Frauen aller sozialen Schichten.[4] Erst die rechtlichen Rahmenbedingungen des Geschlechterverhältnisses wie Geschlechtsvormundschaft, eheherrliche Disziplinargewalt und eheliches Güterrecht schufen ungleiche Verhandlungsgrundlagen für Männer und Frauen in Ehesachen.

Die Rolle des Rechts war ambivalent: Einerseits bekräftigte es die Geschlechterhierarchie, andererseits brachte die Chance, eine Trennung der Ehe erreichen zu können, ohne Zweifel einen Wandel in den Geschlechterbeziehungen mit sich. Frauen, die rechtlich schlechter gestellt waren als Männer, konnten bestimmte Rechte und Pflichten in einer Ehe einklagen oder eine Scheidung verlangen. Allein die Möglichkeit, einen Prozeß anzustrengen, grenzte die Willkür in den Ehebeziehungen ein und wirkte ausgleichend. Das Wissen um die Chance einer Trennung führte einen Bewußtseinswandel herbei und stärkte Frauen in ihrem Versuch, ihre Lebensbedingungen in der Ehe zu ändern. Die öffentliche Kontrolle, die durch die Verhandlung von Ehen vor Gericht entstand, konnte von klagenden Frauen genutzt werden. Einige Fälle weisen auf die Phantasien hin, die Männer und Frauen im Zusammenhang mit einem möglichen Einsatz der Justiz für ihre Belange hegten; die Gerichte wurden als für die eigenen Ziele verfügbare Instrumente gesehen. Trotz der Diskrepanz zwischen diesen Phantasien und der Urteilsfindung des Konsistoriums und des Universitätsgerichts machen die Gedanken der Betroffenen deutlich, daß sie einen Prozeß in Ehesachen für eine reale Möglichkeit hielten und daß dieses Wissen sie bestärkte. Vor allem in der rechtlich abgesicherten Trennung der Ehegatten während des Prozesses lag eine Ermutigung für Frauen, eine bedrückende Ehe hinter sich zu lassen. Auch in den Fällen, in denen Frauen dieses Recht antizipierten, ohne einen Gerichtsentscheid abzuwarten, kam es nicht zu obrigkeitlichen Zwangsmaßnahmen; nur in einem der Fälle ist von der erzwungenen Rückkehr einer Frau zu ihrem Mann die Rede. Das Prozeßrecht legitimierte die Trennung bereits lange vor einem Urteil – darin lag ein emanzipatorischer Aspekt der Rechtspraxis.

Die strengen Rechtsnormen des Hannoverschen Ehescheidungsrechts jedoch wurden bis zum Anschluß Hannovers an Preußen nicht mehr reformiert, erhielten aber dennoch große Bedeutung für die deutsche Rechtsentwicklung. Unter der Federführung des Göttinger Juristen Gottlieb Planck wurden ihre wesentlichen Grundsätze Bestandteil des Ehe- und Familienrechts des BGB, das damit weit hinter den Bestimmungen des Allgemeinen Preußischen Landrechts von 1794 zurückblieb. Dies verhinderte eine großzügigere Fassung der Scheidungsgründe ebenso wie eine Verabschiedung vom Verschuldensprinzip, das bis in die 70er Jahre unseres Jahrhunderts die Ehescheidung erschwerte.

Anmerkungen

Kapitel I

1 Stephan Buchholz, Recht, Religion und Ehe. Orientierungswandel und gelehrte Kontroversen im Übergang vom 17. zum 18. Jahrhundert, Frankfurt a.M. 1988; Heide Wunder, Überlegungen zum Wandel der Geschlechterbeziehungen im 15. und 16. Jahrhundert aus sozialgeschichtlicher Sicht, in: Heide Wunder, Christina Vanja (Hg.), Wandel der Geschlechterbeziehungen zu Beginn der Neuzeit, Frankfurt a.M. 1991, S.12-26.

2 Ursula Flossmann, Die Gleichberechtigung der Geschlechter in der Privatrechtsgeschichte, in: Dies. (Hg.), Rechtsgeschichte und Rechtsdogmatik. Festschrift Hermann Eichler (= Linzer Universitätsschriften Festschriften 1), Wien, New York 1977, S.119-144. Ute Gerhard, Verhältnisse und Verhinderungen. Frauenarbeit, Familie und Rechte der Frauen im 19. Jahrhundert. Mit Dokumenten, Frankfurt a.M. 1978, sowie speziell zur Vormundschaft Dies., Gleichheit ohne Angleichung. Frauen im Recht, München 1990, S.142-167 Heide Wunder, „Er ist die Sonn', sie ist der Mond". Frauen in der Frühen Neuzeit, München 1992, S.244-260.

3 Zu den in der Frühen Neuzeit geltenden Geschlechterstereotypen vgl. Julius Hoffmann, Die „Hausväterliteratur" und die „Predigten über den christlichen Hausstand". Lehre vom Hause und Bildung für das häusliche Leben im 16., 17. und 18. Jahrhundert, Weinheim, Berlin 1959 und Paul Münch (Hg.), Ordnung, Fleiß und Sparsamkeit. Texte und Dokumente zur Entstehung der „bürgerlichen Tugenden", München 1984.

4 Hans Gerd Hesse, Evangelisches Ehescheidungsrecht in Deutschland (= Schriften zur Rechtslehre und Politik 22), Bonn 1960; Dieter Schwab, Grundlagen und Gestalt der staatlichen Ehegesetzgebung in der Neuzeit bis zum Beginn des 19. Jahrhunderts (= Schriften zum Deutschen und Europäischen Zivil-, Handels- und Prozessrecht 45), Bielefeld 1967; Joachim Stolz, Zur Geschichte der Trennung von Ehegatten. Rechtsinstitut, Versöhnungsmittel, Scheidungsvoraussetzungen, Kiel 1983.

5 Christian Simon hat für die ländliche Region um Basel die Einflußnahme der obrigkeitlichen städtischen Moralvorstellungen auf das Verhalten der Landbevölkerung untersucht und dabei auch Eheeinleitung und Ehescheidung berücksichtigt. Christian Simon, Untertanenverhalten und obrigkeitliche Moralpolitik. Studien zum Verhältnis zwischen Stadt und Land im ausgehenden 18. Jahrhundert am Beispiel Basels (= Basler Beiträge zur Geschichtswissenschaft 145), Basel, Frankfurt a.M. 1981.

6 Alison Duncan Hirsch, The Thrall Divorce Case: A Family Crisis in Eighteenth-Century Connecticut (Women and History 4), o.Ort 1982 sowie Nancy Cott, Divorce and the Changing Status of Women in Eighteenth-Century Massachusetts, in: William and Mary Quarterly 33 (1976), S.586-614.

7 Roderick Phillips, Women's Emancipation, the Family and Social Change in Eighteenth-Century France, in: Journal of Social History 12 (1978/9), S.553-568; Ders., Gender Solidarities in Late Eighteenth-Century Urban France: The Example of Rouen, in: Histoire Sociale – Social History 13 (1980), S.325-337; Ders., Family Breakdown

in Late Eighteenth-Century France: Divorces in Rouen, 1792-1803, Oxford 1980; Ders., Putting Asunder. A History of Divorce in Western Society, Cambridge 1988. Martin Dinges, „Weiblichkeit" in „Männlichkeitsritualen"? Zu weiblichen Taktiken im Ehrenhandel in Paris im 18. Jahrhundert, in: Francia 18 (1991), S.71-98; Ders., Frühneuzeitliche Justiz: Justizphantasien als Justiznutzung am Beispiel von Klagen bei der Pariser Polizei im 18. Jahrhundert, in: Heinz Mohnhaupt, Dieter Simon (Hg.), Vorträge zur Justizforschung: Geschichte und Theorie, Bd.1, Frankfurt a.M. 1992, S.269-292.

8 Thomas Max Safley, Let no Man Put Asunder. The Control of Marriage in the German Southwest: A Comparative Study, 1550-1600 (= Sixteenth Century Essays and Studies II), Kirksville 1984; Lyndal Roper, The Holy Household, Women and Morals in Reformation Augsburg, Oxford 1989. Zu Eheeinleitung vgl. Dies., „Going to Church and Street": Weddings in Reformation Augsburg, in: Past and Present 106 (1985), S.62-101.

9 Hans Medick, Biedermänner und Biederfrauen im alten Laichingen. Lebensweisen in einem schwäbischen Ort an der Schwelle zur Moderne, in: Journal Geschichte (1991), S.46-61, besonders S.56. David Warren Sabean, Property, Production and Family in Neckarhausen, 1700-1870 (= Cambridge Studies in Social and Cultural Anthropology 73), Cambridge 1990. Rebekka Habermas, Frauen und Männer im Kampf um Leib, Ökonomie und Recht. Zur Beziehung der Geschlechter im Frankfurt der Frühen Neuzeit, in: Richard van Dülmen (Hg.), Dynamik der Tradition (= Studien zur historischen Kulturforschung IV), Frankfurt a.M. 1992, S.109-136. Rainer Beck, Frauen in Krise. Eheleben und Ehescheidung in der ländlichen Gesellschaft Bayerns während des Ancien régime, ebd. S.137-212.

10 Michaela Hohkamp, „Auf so ein erlogenes Maul gehört eine Maultaschen". Verbale und körperliche Gegengewalt von Frauen. Ein Fallbeispiel aus dem Schwarzwald des 18. Jahrhunderts, in: Physische Gewalt im Alltag (= Werkstatt Geschichte 4), o.O. 1993, S.9-19; Dies., Gewalt im Haushalt. Beispiele aus dem mittleren Schwarzwald des 18. Jahrhunderts, in: Thomas Lindenberger, Alf Lüdtke (Hg.), Physische Gewalt. Studien zur Geschichte der Neuzeit, Frankfurt a.M. 1995, S.276-302.

11 Zum Thema Ehescheidung allgemein Dirk Blasius, Ehescheidung in Deutschland 1794-1945. Scheidung und Scheidungsrecht in historischer Perspektive (= Kritische Studien zur Geschichtswissenschaft 74), Göttingen 1987; Ders., Scheidung im 19. Jahrhundert. Zu vergessenen Traditionen des heutigen Scheidungsrechts, in: Familiendynamik 9 (1984), S.352-366; Ders., Scheidung und Scheidungsrecht im 19. Jahrhundert. Zur Sozialgeschichte der Familie, in: Historische Zeitschrift 241 (1985), S.329-360.

12 Dirk Blasius, Die Last der Ehe. Zur Sozialgeschichte der Frau im Vormärz, in: Tel Aviver Jahrbuch für deutsche Geschichte 21 (1991), S.1-19, besonders S.13.

13 Neuerdings bemühen sich Forscher und Forscherinnen auch in diesem Bereich, sowohl gedruckte Quellen als auch Archivmaterial zu berücksichtigen, wie beispielsweise Birgit Panke-Kochinke in ihrer Studie über bildungsbürgerliche Ehen in Göttingen. Birgit Panke-Kochinke, Göttinger Professorenfamilien. Strukturmerkmale weiblicher Lebenszusammenhangs im 18. und 19. Jahrhundert, Pfaffenweiler 1993. Vgl. auch Karin Hausen, „...eine Ulme für das schwanke Efeu". Ehepaare im Bildungsbürgertum – Ideale und Wirklichkeit im späten 18. und 19. Jahrhundert, in: Ute Frevert (Hg.), Bürgerinnen und Bürger. Geschlechterverhältnisse im 19. Jahrhundert (= Kritische Studien zur Geschichtswissenschaft 77), Göttingen 1988, S.85-117.

14 Hervorzuheben sind in diesem Zusammenhang die beispielhaften Studien von Petra Eggers, Frauenarbeit im Handwerk – Die Hamburger Buchbinderfrau im 18. Jahrhundert, in: Lisa Berrisch, Charlotte Gschwind-Gisiger, Christa Köppel, Anita Ulrich,

Yvonne Voegeli (Hg.), Beiträge der 3. Schweizer Historikerinnentagung, Zürich 1986, S.107-121, von Petra Rentschler, Lohnarbeit und Familienökonomie. Zur Frauenarbeit im Zeitalter der Französischen Revolution, in: Viktoria Schmidt-Linsenhoff, Sklavin oder Bürgerin? Französische Revolution und neue Weiblichkeit 1760-1830, Frankfurt a.M. 1989, S.223-246, und von Christina Vanja, Zwischen Verdrängung und Expansion, Kontrolle und Befreiung – Frauenarbeit im 18. Jahrhundert im deutschsprachigen Raum, in: Vierteljahrschrift für Sozial- und Wirtschaftsgeschichte 79 (1992), S.457-482.

15 Wieland Sachse, Göttingen im 18. und 19. Jahrhundert. Zur Bevölkerungs- und Sozialstruktur einer deutschen Universitätsstadt (= Studien zur Geschichte der Stadt Göttingen 15), Göttingen 1987.

16 Claudia Honegger weist ganz richtig darauf hin, daß bei Erklärungsversuchen für diese Entwicklung nicht auf allzu simple utilitaristisch-patriarchale Muster zurückgegriffen werden darf, da sie die Eigeninteressen der beteiligten Frauen nicht berücksichtigen. Claudia Honegger, Die Ordnung der Geschlechter. Die Wissenschaften vom Menschen und das Weib 1750-1850, Frankfurt a.M., New York 1991, besonders S.5. Anthony Fletcher beschreibt in seiner Studie Gender, Sex and Subordination in England 1500-1800, New Haven/London 1995, den Prozeß der Sicherung der männlichen Dominanz im Zeitalter der Aufklärung, wobei sein besonderes Augenmerk den männlichen Erfahrungen mit der Geschlechterhierarchie gilt.

17 Anthony Fletcher, wie Anm.16, S.376-400 sowie S.407, und Karin Hausen, Die Polarisierung der „Geschlechtscharaktere". Eine Spiegelung der Dissoziation von Erwerbs- und Familienleben, in: Heidi Rosenbaum (Hg.), Seminar Familie und Gesellschaftsstruktur. Materialien zu den sozioökonomischen Bedingungen von Familienformen, Frankfurt a.M. 1978, S.161-191.

18 Britta Rang, Zur Geschichte des dualistischen Denkens über Mann und Frau. Kritische Anmerkungen zu den Thesen von Karin Hausen zur Herausbildung der Geschlechtscharaktere im 18. und 19. Jahrhundert, in: Jutta Dalhoff, Uschi Frey, Ingrid Schöll (Hg.), Frauenmacht in der Geschichte. Beiträge des Historikerinnentreffens 1985 zur Geschichtsforschung, Düsseldorf 1986, S.194-205. Rang hat die lange Geschichte der Zuweisung von bestimmten Charaktereigenschaften für Frau und Mann und der damit verbundenen Rollenklischees aufgezeigt. Sie weist das spezifische Interesse des Bürgertums an der Festschreibung bestimmter Arbeitsrollen für die Frau nach, wobei alte Argumente – vor dem Hintergrund der Aufklärung – mit etwas anderen Akzenten vorgetragen werden. Dazu auch Barbara Duden, Das schöne Eigentum. Zur Herausbildung des bürgerlichen Frauenbildes an der Wende vom 18. zum 19. Jahrhundert, in: Kursbuch 47 (1977), S.125-142. Zu Frauen im frühen 19. Jahrhundert vgl. auch den Sammelband von Ute Frevert (Hg.), Bürgerinnen und Bürger. Geschlechterverhältnisse im 19. Jahrhundert (= Kritische Studien zur Geschichtswissenschaft 77), Göttingen 1988.

19 Im Sinne der von Heide Wunder, Karin Hausen und Claudia Ulbrich geforderten Grundlagenforschung, vgl. Karin Hausen, Heide Wunder, Frauengeschichte – Geschlechtergeschichte (= Geschichte und Geschlechter 1), Frankfurt a.M., New York 1992, besonders S.14 und S.86; Heide Wunder, Historische Frauenforschung. Ein neuer Zugang zur Gesellschaftsgeschichte, in: W. Affeldt (Hg.), Frauen in Spätantike und Frühmittelalter, Sigmaringen 1990, S.31-41; Claudia Ulbrich, Aufbruch ins Ungewisse. Feministische Frühneuzeitforschung, in: Beate Fieseler, Birgit Schulze (Hg.), Frauengeschichte: gesucht – gefunden? Auskünfte zum Stand der historischen Frauenforschung, Köln, Weimar, Wien 1991, S.4-21. Alle Autorinnen fordern Detailstudien auf der Basis von Archivmaterial, anhand derer es erst möglich sein wird, die Grenzen

zwischen den Geschlechterrollen und den gesellschaftlichen Ort von Männern und Frauen zu rekonstruieren.

20 Karin Hausen, Patriarchat. Vom Nutzen und Nachteil eines Konzepts für Frauengeschichte und Frauenpolitik, in: Journal Geschichte (1986), S.12-21, und Dies., Öffentlichkeit und Privatheit. Gesellschaftspolitische Konstruktionen und die Geschichte der Geschlechterbeziehungen, in: Dies., Heide Wunder (Hg.), Frauengeschichte – Geschlechtergeschichte (Geschichte und Geschlechter 1), Frankfurt a.M., New York 1992, S.81-88.

21 KirchenkreisAGö (= Kirchenkreisarchiv Göttingen) StadtsupA 347, I-VII: Ehesachen 1708-1852; StadtsupA 314, I-V: Trauung 1666-1843; entsprechende Bestände für alle Einzelgemeinden.

22 Doch auch für die dazwischenliegenden Jahre ist die Überlieferung keineswegs vollständig, wie eine Liste von 76 Einzelfallakten aus dem Jahr 1852 zeigt, die an das Amtsgericht abgegeben wurden. In den Beständen des Staatsarchivs Hannover, die die Akten des Amtsgerichts enthalten, sind heute keine Eheprozeßakten mehr vorhanden, da diese Einzelfallakten noch im 19. Jahrhundert vernichtet worden sind. KirchenkreisAGö StadtsupA 347,VII 1825-1852. Für die Jahre der französischen Herrschaft war das Distriktstribunal für Ehesachen zuständig. Die Akten der Jahre 1808-1813 sind nachweislich 1861 kassiert worden: StadtAGö AB Expos. Testamente 40, Verzeichnis der cassierten Akten des Westphälischen Distrikts Tribunals und Friedens Gerichts Göttingen 1808-1813.

23 KirchenkreisAGö StadtsupA 343 und Pfarrarchive 343.

24 KirchenkreisAGö StadtsupA 314, 343 und 347 sowie die entsprechenden Signaturen der Pfarrarchive.

25 KirchenkreisAGö Kirchenbücher der Gemeinden St.Albani, St.Marien, St.Johannis, St.Jacobi, St.Nicolai und St.Crucis. Eine umfassendere Analyse beispielsweise des Heiratsalters in Göttingen kann auf der Basis von Kirchenbucheinträgen allerdings nicht erstellt werden: Die Eintragungen in den Kirchenbüchern sind von sehr unterschiedlicher Qualität, sowohl im Hinblick auf Informationsdichte als auch Zuverlässigkeit. Gerade als Basis für eine quantitative Analyse können die Kirchenbuchdaten nur sehr eingeschränkt verwendet werden. Der Beruf der Eltern oder des Bräutigams wird nicht immer genannt. Die Erwähnung des Heiratsalters ist nur für wenige zusammenhängende Jahre erfolgt und eine Koppelung mit der Berufsanalyse ist ebenfalls nur begrenzt möglich. Die Altersangaben bei den Todeseintragungen sind nachweislich häufig falsch errechnet worden.

26 KirchenkreisAGö Zivilstandsregister.

27 Diese Gerichtsfälle betreffen alle der Universität unterstellten Personen: Professoren, Studenten, ihre Bediensteten und eine Anzahl von Kaufleuten und Handwerkern, die „Universitätsbürger" waren und so der städtischen Gerichtsbarkeit entzogen waren. Vgl. allgemein UnivAGö (= Universitätsarchiv Göttingen) Gerichtsakten A-E.

28 UnivAGö Kuratorialsakten.

29 UnivAGö Gerichtsakten D-E.

30 StadtAGö (= Stadtarchiv Göttingen) AB Kä 12, 1-123, Collectentabellen 1676-1808/9; AA Zählungen, Volkszählung 6, 1756; 6a, 1763; 7, 1766/67, 1783 und 1795.

31 Auch hier gelten wieder Einschränkungen im Hinblick auf die Nutzung des Materials für quantifizierende Analysen: Name und Alter der Hausbewohner wurden durch mündliche Auskunft, manchmal der Nachbarn ermittelt, was zu Falschangaben und doppelter Registrierung führte. Vgl. unten S.44-45 und 47-48.

32 StadtAGö AB Zivilgerichtsprotokolle 4, 1-10, 1701-1728; AB Gerichtswesen 5, Journal des Gerichts 1746-1750; AB Gerichtswesen 7, 1-12 Kriminalgerichtsprotokolle 1669-1741.
33 Umfangreiche Bestände vor allem unter StadtAGö AA Gewerbesachen.
34 Vor allem StadtAGö AA Kirchensachen 52, 67, 76, 78.
35 Blasius, Ehescheidung, wie Anm.11, und Safley, Let no Man Put Asunder, wie Anm.8.
36 Arlette Farge, Michel Foucault, Familiäre Konflikte: Die „Lettres de cachet", Frankfurt a.M. 1989, S. 278.
37 Dazu Farge, Foucault, ebd., besonders S.278.
38 Natalie Zemon Davis, Der Kopf in der Schlinge. Gnadengesuche und ihre Erzähler, Berlin 1988, S.33. Davis hatte diesen Vergleich anhand von Gnadengesuchen des 16. Jahrhunderts und den dazu aufgenommenen Vernehmungsprotokollen durchführen können.
39 Zu Sprache vor Gericht Sabean, Property, wie Anm.9, S.70, und Regina Schulte, Das Dorf im Verhör. Brandstifter, Kindsmörderinnen und Wilderer vor den Schranken des bürgerlichen Gerichts. Oberbayern 1848-1910, Reinbek 1989, S.21-31. Zur geschlechtsspezifischen Argumentation vor Gericht vgl. Lyndal Roper, „Wille" und „Ehre": Sexualität, Sprache und Macht in Augsburger Kriminalprozessen, in: Wunder, Vanja (Hg.), Wandel, wie Anm.1, S.180-196. Roper konnte aufzeigen, daß sich Männer und Frauen vor Gericht einer unterschiedlichen Sprache bedienen.
40 Vgl. hierzu Ulrike Gleixner, Das Mensch und der Kerl. Die Konstruktion von Geschlecht in den Unzuchtsverfahren der frühen Neuzeit, Frankfurt a.M., New York 1994. Gleixner hat in ihrer Analyse von Gerichtsprotokollen zu Alimente- und Eheversprechensklagen gezeigt, daß sich Männer und Frauen vor Gericht der von der Obrigkeit bereitgehaltenen Rollen bedienen. Sie benutzen Stereotype, von denen sie wissen, daß sie vor Gericht durchsetzungsfähig sind. Die wirklichen Sachverhalte treten teilweise hinter diese, je nach weiblichem oder männlichem Interesse umgeformten Versionen des Geschehenen zurück.
41 Als Margarethe Sauer gegen ihren Mann, den Seiler Jeremias Irsengard, 1744 wegen angeblichen Wahnsinns auf Ehescheidung klagte, konnte sie diesen Vorwurf so wenig erhärten, daß sie schnell von der Klägerin zur Beklagten gemacht wurde und das Gericht ihre übrigen, durchaus stichhaltigen Beschwerden nicht mehr beachtete. Sie hatte ihre Glaubwürdigkeit verloren. KirchenkreisAGö StadtsupA Albani 347.
42 Regine Ballhoff brachte 1776 in einer Vernehmung die Familie ihres Mannes als wichtigen Hinderungsgrund für ein friedliches Zusammenleben ins Spiel. In ihrer Klageschrift hatte sie dies nicht erwähnt. Vgl. auch unten S.72, Der Fall Ballhoff-Biermann 1776. KirchenkreisAGö StadtsupA 347,II 1756-1800.
43 Die 1754 klagende Schusterehefrau Ilse Muhlert sagte, sie wolle sich „lieber totschießen lassen, als solch ein Leben fortzuführen". KirchenkreisAGö StadtsupA 347,I 1708-1755.
44 Als Beispiel soll hier der Fall Petsche-Labarre von 1814 dienen. KirchenkreisAGö StadtsupA 347,IV 1814-1818.
45 Z.B. Meineke-Buffier 1759-1766. UnivAGö Gerichtsakten A IV 41; vgl. dazu unten S.103, Diebinnen.
46 Einen wichtigen Beitrag zur Untersuchung der Wirkungskraft und Funktion von Geschlechterstereotypen vor Gericht stellt die Arbeit von Ulrike Gleixner dar, „Das Mensch", wie Anm.40.

Kapitel II

1 Anne Germaine von Stael Holstein, Deutschland, Bd.1, Berlin 1814, S.29.
2 Dieter Schwab, Grundlagen und Gestalt der staatlichen Ehegesetzgebung in der Neuzeit bis zum Beginn des 19. Jahrhunderts (= Schriften zum Deutschen und Europäischen Zivil-, Handels- und Prozeßrecht 45), Bielefeld 1967, S.222-224.
3 Erich Drägert, Recht und Brauch in Ehe und Hochzeit im hamburgischen Amt Ritzebüttel nach der Reformation, in: Männer vom Morgenstern 43 (1962), S.20-65, besonders S.56-62.
4 Schwab, Grundlagen und Gestalt, wie Anm.2, S.104-114.
5 Jacob Friedrich Ludovici, Einleitung zum Consistorial-Prozeß, Halle 1713, S.77.
6 Hans Gerd Hesse, Evangelisches Ehescheidungsrecht in Deutschland (= Schriften zur Rechtslehre und Politik 22), Bonn 1960, S.67, sowie Albert Stein, Ehe, in: Theologische Realenzyklopädie Bd. 9, 1980, S.308-362, bes. S.338.
7 Schwab, Grundlagen und Gestalt, wie Anm.2, S.115 u. 118-119. Daß die Juristen aus Gewohnheit am kanonischen Recht festhielten und es nie zu einem einheitlichen protestantischen Eherecht gekommen war, beklagte 1713 Ludovici in seiner Einleitung zum Consistorial-Proceß, wie Anm.5, S.105. Vgl. auch Johann Karl Fürchtegott Schlegel, Ueber Ehescheidung, besonders die Ehescheidung durch landesherrliche Dispensation, Hannover 1809, S.32-33: „[Es...] erklärten sich wenigstens die aeltesten Kirchenordnungen ausdruecklich gegen die Anwendung der canonischen Rechte. Dennoch unterblieb solches nicht ganz, man eignete sich bald aus den römischen, bald aus den canonischen Rechten Grundsätze an, je nachdem man es am angemessensten hielt [...]."
8 Allerdings hatte auch Luther keine weiteren Scheidungsgründe vorgesehen, sondern betont: „Denn gleich, wie sie ein Leib sind worden, so mussen sie auch gleich ein Leib bleiben, es kome Ehre oder Schande, Gut oder Armut [...]." Zitiert nach Joachim Stolz, Zur Geschichte der Trennung von Ehegatten. Rechtsinstitut, Versöhnungsmittel, Scheidungsvoraussetzung, Kiel 1983, S.40-41. Zur Entwicklung der einzelnen Ehescheidungsgründe im protestantischen Ehescheidungsrecht vgl. die detaillierte Untersuchung von Eduard Hubrich, Das Recht der Ehescheidung in Deutschland, Berlin 1891.
9 Hesse, Ehescheidungsrecht, wie Anm.6, S.72-74. Unter anderem führten Milderungen im Strafrecht zu der Notwendigkeit eines Umdenkens im Ehescheidungsrecht, da Verbrechen, die früher mit dem Tod bestraft worden waren und somit zur Beendigung einer Ehe geführt hatten, nun milder bestraft wurden. Es mußte sich also mit dem Problem auseinandergesetzt werden, ob es dem Ehegatten eines Straffälligen zugemutet werden konnte, lebenslang oder für eine lange Zeit in einer Ehe ohne eheliche Gemeinschaft – und somit ohne Aussichten auf Erfüllung der Ehezwecke – zu verbleiben, oder ob in solchen Fällen eine Scheidung gewährt werden solle.
10 Hesse, Ehescheidungsrecht, wie Anm.6, S.80-82.
11 Schwab, Grundlagen und Gestalt, wie Anm.2, S.125-126.
12 Schwab, ebd., S.241-242.
13 Georg Walter Vinc. Wiese, Handbuch des gemeinen in Teutschland üblichen Kirchenrechts als Commentar über seine Grundsätze desselben, Bd.3, Leipzig 1802, S.411-427; Hesse, Ehescheidungsrecht, wie Anm.6, S.101-102.
14 Zu Grundsätzen und Praxis des Scheidungsrechtes im Rahmen der Allgemeinen Gerichtsordnung für die Preußischen Staaten von 1793 vgl. Dirk Blasius, Die Last der Ehe. Zur Sozialgeschichte der Frau im Vormärz, in: Tel Aviver Jahrbuch für deutsche Geschichte 21 (1992), S.1-19.

15 Dirk Blasius, Ehescheidung in Deutschland 1794-1945. Scheidung und Scheidungsrecht in historischer Perspektive (= Kritische Studien zur Geschichtswissenschaft 74), Göttingen 1987, S.25; Schwab, Grundlagen und Gestalt, wie Anm.2, S.239.
16 Stolz, Trennung von Ehegatten, wie Anm.8, S.43-44 u.48.
17 Hesse, Ehescheidungsrecht, wie Anm.6, S.90-103. Über Scheidungen durch Dispens liegen keine Zahlen vor.
18 Beide Zitate in Christian Hermann Ebhardt (Hg.), Gesetze, Verordnungen und Ausschreiben für den Bezirk des Königlichen Consistorii zu Hannover, welche in Kirchen- und Schulsachen ergangen sind, Bd.1, Hannover 1845, S.146-147.
19 Alle Zitate Ebhardt, ebd., S.266-267.
20 Alle Zitate Ebhardt, ebd., S.435-438.
21 Friedrich Wilhelm Basilius von Ramdohr, Juristische Erfahrungen oder Repertorium der wichtigsten Rechtsmaterien in alphabetischer Ordnung, Bd.1, Hannover 1809, S.541. Schlegel bemerkt zu diesem Problem, daß man „die Ehescheidung bey den obwaltenden schwankenden Rechts-Maximen, ohne bestimmte Vorschriften lediglich dem richterlichen Ermessen überließ [...] selbst noch jetzt finden sich in manchen protestantischen Rechtslehrbüchern schwankende Grundsätze darüber aufgestellt". Schlegel, Ueber Ehescheidung, wie Anm.7, S.45.
22 Ramdohr, Erfahrungen, wie Anm.21, Bd.1, S.532-533.
23 Johann Karl Fürchtegott Schlegel, Chur-Hannöversches Kirchenrecht Bd.2, Hannover 1802, S.373. Dieses Prinzip der Kompensation galt für alle zu einer Störung der Ehe führenden Verfehlungen: Waren sie von beiden Partnern begangen worden, konnte einem Scheidungsgesuch nicht stattgegeben werden. Ebenso galt die Bewertung der ehelichen Beiwohnung als Vergebung jeglicher Pflichtverletzungen.
24 Alle Zitate Ramdohr, Erfahrungen, wie Anm. 21, S.544.
25 Schlegel, Kirchenrecht Bd.2, wie Anm.23, S.383-384.
26 Ramdohr, Erfahrungen, wie Anm.21, Bd.1, S.534-535.
27 Schlegel, Kirchenrecht Bd.2, wie Anm.23, S.386.
28 Schlegel, der seine Abhandlung „Ueber Ehescheidung" auf die Auswertung von Scheidungslisten gestützt hat, zu den in Hannover anerkannten Scheidungsgründen: „Zweifelhaft und unbestimmt wenigstens in der Anwendung, sind vorzüglich nachfolgende Ehescheidungsgründe: als eine zufällige wahrscheinlich unheilbare Raserey, und eine während der Ehe entstandene gänzliche Unfähigkeit zur ehelichen Pflicht, wenn der andere Theil nicht ohne einen Gehülfen leben kann, oder die Gabe der Enthaltsamkeit nicht besitzt; eine nicht lebenslängliche beschimpfende Strafe; und endlich eine beharrliche trunkfällige und verschwenderische Lebensart allenfalls auch unauslöschlicher Haß und Widerwillen [...]." Schlegel, Ueber Ehescheidung, wie Anm.7, S.40-41.
29 Ebd. S.15.
30 Ramdohr, Erfahrungen, wie Anm.21, Bd.1, S.544-545.
31 Ramdohr, ebd., S.546.
32 Ramdohr, ebd., S.549-550.
33 Annalen der Braunschweigisch-Lüneburgischen Churlande 3 (1789), S.177-178, und 9 (1795), S.652-654; vgl. unten Tabelle 1.
34 Zu Göttingen und dem westfälischen Konsistorium vgl. Louis Schaar, Das westfälische Konsistorium in Göttingen 1807-1813, in: Göttinger Blätter für Geschichte und Heimatkunde Südhannovers 2 (1936), S.49-63. Im Dezember 1807/Januar 1808 wurde zunächst ein provisorisches, 1809 ein ständiges Konsistorium in Göttingen eingerichtet und mit dem Fakultätsassessor der juristischen Fakultät, Privatdozent und Rechtsanwalt Ballhorn sowie mit Superintendent Trefurt besetzt. Die Akten des für Ehesachen zuständigen Distriktstribunals sind nicht überliefert. Am 10. November 1813 wurde

das Hannoversche Konsistorium in vollem Umfang wieder hergestellt. Vgl. Kapitel I, Anm.22.
35 Blasius, Ehescheidung, wie Anm.15, S.33-34. Mißhandlungen, schwere Beschimpfungen und Ehebruch waren die Hauptscheidungsgründe im Code civil, wobei Frauen in den Bestimmungen über den Ehebruch deutlich benachteiligt wurden: Sie konnten eine Scheidung nur erreichen, wenn ihr Mann im eigenen Haus Ehebruch beging, während ein Ehemann von seiner Frau ohne diese einschränkende Regelung geschieden werden durfte.
36 Dies belegen die Schreiben einiger Pastoren, die bei ihren Gemeindemitgliedern „allgemeine Gleichgültigkeit gegen die Forderungen und Drohungen des Christenthums" feststellten oder sogar mit offener Ablehnung konfrontiert wurden. KirchenkreisAGö, Sup. Spez. Barterode 13 und Kerstlingerode 16,17. Vgl. Sylvia Möhle, Ehe und Ehescheidung in ländlichen Gemeinden des Kurfürstentums und Königreichs Hannover 1790 – 1870, in: Archiv für Sozialgeschichte 36 (1996), S.127-153.
37 Dies bestätigt auch Werner Schubert, Französisches Recht in Deutschland zu Beginn des 19. Jahrhunderts: Zivilrecht, Gerichtsverfassungsrecht und Zivilprozeßrecht (= Forschungen zur neueren Privatrechtsgeschichte 24), Köln 1977, in Bezug auf die Geltungsdauer des französischen Rechtes auf dem Gebiet des Königreiches Westfalen, S.112: „Anders als in den linksrheinischen Gebieten hatte das französische Recht seine emanzipatorische Kraft im Königreich nicht entfalten können, so daß es für die Nachfolgestaaten Hannover, Braunschweig, Hessen-Kassel und Preußen ein leichtes war, den alten Zustand in den meist ländlichen Gebieten wiederherzustellen." Zur Kirchenverfassung im Königreich Hannover nach 1848 vgl. auch Ludwig Richter, Geschichte der evangelischen Kirchenverfassung in Deutschland, Leipzig 1851, S.254, und Rainer Marbach, Säkularisierung und sozialer Wandel im 19. Jahrhundert. Die Stellung von Geistlichen zu Entkirchlichung und Entchristlichung in einem Bezirk der hannoverschen Landeskirche (= Studien zur Kirchengeschichte Niedersachsens 22), Göttingen 1978, S.22-25.
38 In der Literatur finden sich keine konkreten Hinweise auf die Rechtsentwicklung im Königreich Hannover. Diese Einschätzungen habe ich aus den Göttinger Scheidungsakten gewonnen.
39 Stolz, Trennung von Ehegatten, wie Anm.8, S.69-70; Blasius, Last der Ehe, wie Anm.14, S.1-19.
40 Dazu Ernst Rolffs, Das kirchliche Leben der evangelischen Kirchen in Niedersachsen (= Evangelische Kirchenkunde 6), Tübingen 1917, S.40-41, und Hans Otte, Aufsicht und Fürsorge. Die Hannoversche Kirchenkommission im 19. und 20. Jahrhundert, in: Jahrbuch der Gesellschaft für Niedersächsische Kirchengeschichte 83 (1985), S.179-199.
41 Stefan Brüdermann, Göttinger Studenten und akademische Gerichtsbarkeit im 18. Jahrhundert (= Göttinger Universitätsschriften Serie A: Schriften 15), Göttingen 1990, S.49-50 und 53.
42 Zivilgericht: Muhlert-Röhr 1754, KirchenkreisAGö StadtsupA 347,I, Ballhoff-Biermann 1776, Mädel-Rörig 1797, StadtsupA 347,II, Franke-Flint 1823, StadtsupA 347,VI, Meves-Keidel 1828, StadtsupA 347,VII; Jünemann-Hesse 1744, Knauf-Böning 1749, Stadtsup Albani 347; UnivAGö Gerichtsakten: Clemme-Grashof 1749, D XXII 39, Brenneke-Bade 1780, A VII 23, Block-Domeyer 1794, A XXIV 32; Kriminalgericht: Bocken-Momeyer 1773, KirchenkreisAGö PfarrA Marien 343, Bercken-Aderholz 1819/22, StadtsupA 347,V/VI, Eitmann-Eichhorn 1826, StadtsupA 347,VII; Engelhardt-Bossigel 1787, UnivAGö Gerichtsakten A VIII 7; Polizeikommission: Wellhausen-Oesterley 1805, KirchenkreisAGö StadtsupA 314,III, Beuermann-Tucher

1821, StadtsupA 347,V, Petri-Scherer 1823, StadtsupA 347,VI, Henne-Mertens 1826, StadtsupA 347,VII; Bataillonsgericht: Auclair-Henne 1822, StadtsupA 347,VI.
43 KirchenkreisAGö PfarrA Marien 343, Biermann-Ballhoff und Räke-Hoff.
44 KirchenkreisAGö StadtsupA 347,I 1708-1755 Piper-Schneider, Chatzelon-Eberwien, sowie Kirchenbuch der Johannis-Gemeinde 1746 Schelper-Hacke.
45 UnivAGö Gerichtsakten D XXIII 2 Casper-Hoffmeister und D XXII 39 Clemme-Grashoff.
46 KirchenkreisAGö StadtsupA 347,I 1708-1755 Oettinger-Kern.
47 KirchenkreisAGö PfarrA Jacobi 347 Schröter-Eddigehausen, UnivAGö Gerichtsakten A VI 12 Reichenberg-Bücking.
48 StadtAGö AB Zivilgerichtsprotokolle 4,1-10, 1701-1728 sowie KirchenkreisAGö StadtsupA 347,I-VII. Vgl. unten S.126, Die obrigkeitliche Ahndung von Mißhandlungen.
49 UnivAGö Gerichtsakten A VII 23 Brennecke-Bade.
50 Zum Konsistorialprozeß: Ebhardt, Gesetze, wie Anm.18, Bd.1, S.675-681; Ludovici, Einleitung, wie Anm.5.
51 Im Preußischen Landrecht war diese Möglichkeit der einvernehmlichen Scheidung vorgesehen. Vgl. dazu Blasius, Last der Ehe, wie Anm.14, S.1-19.
52 Zitiert nach Hesse, Ehescheidungsrecht, wie Anm.6, S.66-67.
53 KirchenkreisAGö Stadtsup Albani 347, Knauf-Boening.
54 KirchenkreisAGö StadtsupA 347,I 1708-1755, Lüdemann-Ohms.
55 KirchenkreisAGö StadtsupA 347,I 1708-1755, Sauer-Iesengard.
56 KirchenkreisAGö Stadtsup Albani 347, Heße-Jünemann.
57 KirchenkreisAGö StadtsupA 347,I 1708-1755, Oettinger-Kern.
58 KirchenkreisAGö StadtsupA 347,I 1708-1755, Quentin-Chatzelon.
59 KirchenkreisAGö StadtsupA 347,VII 1825-1852, Jaep-Langer.
60 Zur Versöhnungsbereitschaft der Männer vgl. Blasius, Last der Ehe, wie Anm.14, S.18. Zur Vermeidung von Bestrafung und Trennung durch Stellung einer Kaution und Versprechen der Besserung vgl. Johann Heinrich Zedler, Grosses Vollständiges Universal-Lexikon Bd.12, Leipzig, Halle 1735, Artikel „Hauswirth", Sp. 915.
61 Alle Zitate in KirchenkreisAGö Stadtsup Albani 347, Heße-Jünemann. Ein Wrüger wurde vom Rat mit Ordnungsaufgaben betraut, bspw. mit dem Vertreiben der Bettler.
62 KirchenkreisAGö StadtsupA 347,I 1708-1755, Oettinger-Kern.
63 KirchenkreisAGö StadtsupA 347,IV 1814-1818, Lebarre-Petsche.
64 KirchenkreisAGö StadtsupA 347,II 1756-1800, Heise-Wedemeyer.
65 Vgl. unten Kapitel VI, Ehebruch.
66 Hesse, Ehescheidungsrecht, wie Anm.6, S.67.
67 StaatsAHann Hann 83 IV 43, Ehescheidungsurteile 1817.
68 So beispielsweise im Fall des Adjutanten Schwenke und seiner Frau Henriette von Sydow 1833, KirchenkreisAGö StadtsupA 347,VII 1825-1852.

Kapitel III

1 Obwohl diese Analyse keineswegs Anspruch auf Vollständigkeit erheben kann, wie überhaupt jede „Schichteneinteilung" aufgrund der Quellenlage für Göttingen im 18. Jahrhundert Versuch bleiben muß, ist sie doch aus den genannten Gründen unentbehrlich.

2 Die Zahl der Tuchmacher, die einst die wirtschaftliche Blüte der Stadt getragen hatten, war im Vergleich zu Vorkriegszeiten dramatisch gesunken; 1681 gab es noch 20 Meister. Sylvia Möhle, Zur Integration von zugewanderten Textilhandwerkern in Göttingen im frühen 18. Jahrhundert, in: Göttinger Jahrbuch 36 (1988), S.33-52, S.34.
3 Die Göttinger Bürgeraufnahmen Bd.3, 1711-1913, Man. Heinz Dieterichs, Textbearb. Franz Schubert, Göttingen 1991, S.790: Am 9. Oktober 1792 wurde Justus Knieriem aus Kassel, der „mit Englischen Waaren Handelnde", zum Bürger angenommen. Die Eheklage Graun-Laplante 1779 – der Mann war Seifenkugelhändler – nennt einen Zitronenhändler als Zeugen. KirchenkreisAGö StadtsupA 347,I 1756-1800.
4 Zur Bevölkerungsentwicklung Norbert Winnige, Krise und Aufschwung einer frühneuzeitlichen Stadt. Göttingen 1648-1756 (= Quellen und Untersuchungen zur Wirtschafts- und Sozialgeschichte Niedersachsens 19), Hannover 1996, S.89-111. Vgl. zusammenfassend Burkhard Sachse, Soziale Differenzierung und regionale Verteilung der Bevölkerung Göttingens im 18. Jahrhundert (= Veröffentlichungen des Instituts für Historische Landesforschung der Universität Göttingen 11), Hildesheim 1978, S.15-16; Wieland Sachse, Göttingen im 18. und 19. Jahrhundert. Zur Bevölkerungs- und Sozialstruktur einer deutschen Universitätsstadt (= Studien zur Geschichte der Stadt Göttingen 15), Göttingen 1987, S.240 und 256-261; zur wirtschaftlichen Entwicklung zu Beginn des 18. Jahrhunderts Sylvia Möhle, Integration, wie Anm.2, sowie Hermann Wellenreuther (Hg.), Göttingen 1690-1755. Studien zur Sozialgeschichte einer Stadt (= Göttinger Universitätsschriften Serie A:Schriften 9), Göttingen 1988.
5 Zu Besitzverhältnissen vgl. Bernd Wedemeyer, Wohnverhältnisse und Wohnungseinrichtung in Göttingen im 18. und in der ersten Hälfte des 19. Jahrhunderts (= Reihe Kulturwissenschaft 1), Göttingen 1992.
6 Eigene Auswertungen beziehen sich auf die Zählungen StadtAGö AA Zählungen, Volkszählungen 6a und 7, 1763, 1783 und 1795. Die Listen von 1763, 1829 und 1861 sind von Wieland Sachse als Grundlage seiner Studie zur Sozialstruktur Göttingens herangezogen worden. Sachse hat die Einteilung der Einwohner in soziale Gruppen nach der Methode des multiplen Sozialindex vorgenommen, vgl. Wieland Sachse, Göttingen, wie Anm.4., S.130-145.
7 Wieland Sachse, ebd., S.162.
8 Wieland Sachse, ebd., S.196.
9 Sachse hat dies in seiner Bewertung der in Göttingen auffälligen Erscheinung der Einpersonenhaushalte angedeutet und bemerkt, daß sich im gesamten Untersuchungszeitraum „hinter einem erheblichen Teil der Haushalte nicht-"intakte" Familien verbargen". Wieland Sachse, ebd., S.201. Diese Bewertung verstärkt er erheblich in der Analyse der Situation für 1861: „Kleinste und Einpersonenhaushalte, Untermieter, Schlafgänger und inkorporierte Bevölkerungsteile hatte es zwar ständig in Göttingen gegeben, am Vorabend der Urbanisierung war ihre Zahl und ihr Anteil an der Einwohnerschaft insgesamt aber so groß geworden, daß die Geltungskraft des städtischen Bürgerhaushaltes und seiner traditionellen Familienwirtschaft im Gesamtgefüge der Sozialstruktur entscheidend eingeschränkt war." Ebd., S.242. Zu Einpersonenhaushalten auch Michael Mitterauer, Vorindustrielle Familienformen. Zur Funktionsentlastung des „ganzen" Hauses im 17. und 18. Jahrhundert, in: Ders., Grundtypen alteuropäischer Sozialformen. Haus und Gemeinde in vorindustriellen Gesellschaften (= Kultur und Gesellschaft 5), Stuttgart, Bad Cannstatt 1979, S.35-97, S.95.
10 StadtAGö AA Zählungen, Volkszählung 6a 1763. Für 1763 muß angemerkt werden, daß die Hausnummern 648-775 (Groner Straße, Düstere Straße und Nikolaistraße) keine klaren Berufs- und Verwandtschaftsbezeichnungen aufwiesen, so daß sie hier größtenteils keine Verwendung finden konnten.

11 Es gab 1795 559 Witwen, die teilweise keinen eigenen Haushalt führten, sondern bei erwachsenen Kindern lebten. Ein großer Teil der Witwen dürfte jedoch in den 780 weiblichen Haushaltsvorständen enthalten sein; ihre Identifikation als Witwen ist nicht immer möglich. StadtAGö AA Zählungen, Volkszählung 7 1795.
12 KirchenkreisAGö PfarrA Marien 314. Ledige Mütter, die nicht in Göttingen geboren worden waren, mußten gleich nach der Geburt ihrer nichtehelichen Kinder die Stadt verlassen; manchmal wurden auch weitere Familienangehörige gemeinsam mit ihnen ausgewiesen.
13 Vgl. unten S.162-167, Desertion von Soldaten und Dirk Blasius, Ehescheidung in Deutschland 1794-1945. Scheidung und Scheidungsrecht in historischer Perspektive (= Kritische Studien zur Geschichtswissenschaft 74), Göttingen 1987, S.82 und 86-98. Blasius kommt zu dem Ergebnis, daß die „wilde Ehe" eine Art Normalform des Zusammenlebens für Angehörige der unterbürgerlichen Schichten war. Dies wurde gefördert durch die wachsenden Heiratsbeschränkungen.
14 StadtAGö AA Zählungen, Volkszählungen 6a und 7, 1763, 1783 und 1795.
15 Hans-Jürgen Gerhard, Geld und Geldwert im 18. Jahrhundert, in: Göttingen im 18. Jahrhundert. Eine Stadt verändert ihr Gesicht, Göttingen 1987, S.25-29, S.28; Wieland Sachse, Über Armenfürsorge und Arme in Göttingen im 18. und frühen 19. Jahrhundert, in: Karl H. Kaufhold, Friedrich Riemann (Hg.), Theorie und Empirie in Wirtschaftspolitik und Wirtschaftsgeschichte (= Göttinger Beiträge Zur Wirtschafts- und Sozialgeschichte 11), Göttingen 1984, S.217-239; Wilhelm Abel, Massenarmut und Hungerkrisen im vorindustriellen Deutschland, Göttingen ³1986, S.31 und 51 sowie Klaus Aßmann, Zustand und Entwicklung des städtischen Handwerks in der ersten Hälfte des 19. Jahrhunderts. Dargestellt am Beispiel der Städte Lüneburg, Celle, Göttingen und Duderstadt (= Göttinger Handwerkswirtschaftliche Studien 18), Göttingen 1971, S.53.
16 Friedrich Lenger, Sozialgeschichte der deutschen Handwerker seit 1800, Frankfurt a.M. 1988, S.21; Helmut Möller, Die kleinbürgerliche Familie im 18. Jahrhundert. Verhalten und Gruppenkultur, Berlin 1969, S.106-107; Aßmann, Zustand und Entwicklung, wie Anm.15, S.53.
17 Verstärkt wurde der so entstandene bzw. in manchen ohnehin schon übersetzten Handwerken verschärfte Konkurrenzdruck noch durch die Landhandwerker. Aßmann, ebd., S.247.
18 Aßmann, ebd., S.40, 49 und 59; Abel, Massenarmut, wie Anm.15, S.8 und 15. Aßmann nimmt an, daß ein Weber im südniedersächsischen Raum um 1824 ein Jahreseinkommen von etwa 100 Talern erwarten konnte, Abel nennt die gleiche Summe für einen Schuhmacher- oder Schneidermeister um 1840. Ein Drittel dieses Betrages mußte für Wohnung, Holz, Licht, Kleidung, Wäsche u.a. gerechnet werden, während für die tägliche Kost ein Betrag übrig blieb, für den man entweder 3,4kg Roggenbrot oder 0,8kg Fleisch kaufen konnte. Der für die Armenfürsorge zuständige Pastor Wagemann errechnete in seinem „Göttingischen Magazin für Industrie und Armenpflege" 1793, daß ein Existenzminimum von jährlich 110 Talern notwendig war, um eine Familie zu ernähren, wobei 80 Taler allein für Nahrungsmittel ausgegeben werden mußten. Diese Berechnung entspricht bereits tendentiell dem von der Forschung zu Massenarmut und Hungerkrisen aufgestellten Grundsatz, je ärmer eine Familie war, desto größer war der Anteil ihres Einkommens, der für Nahrung ausgegeben werden mußte. Vgl. dazu auch Möller, Die kleinbürgerliche Familie, wie Anm. 16, S.106.
19 Günther Meinhardt, Die Auswirkungen der Hungerjahre in der ersten Hälfte des 19. Jahrhunderts auf Göttingen, in: Göttinger Jahrbuch 14 (1966), S.211-219.

20 Göttingisches Magazin für Industrie und Armenpflege 3 (1793), S.65-80, und 4 (1798) S.268-270.
21 Ebd.
22 Ebd., und StadtAGö AA Zählungen, Volkszählung 6a 1763.
23 Zur Problematik dieses Vorgehens Gisela Bock, Geschichte, Frauengeschichte, Geschlechtergeschichte, in: Geschichte und Gesellschaft 14 (1988), S.364-391, S.385.
24 Den Ergebnissen der Studie Wieland Sachses können kaum Angaben zur Frauenerwerbstätigkeit entnommen werden. Vielmehr unterschlägt Sachse die vielfältigen Formen weiblicher Erwerbstätigkeit; lediglich in den Sparten „Aufwärter(in)", „Wäscher(in)", „Putzmacher(in)", „Koch/Köchin" und „Näher(in)" wird durch das Anhängen der weiblichen Endung in Klammern das Vorhandensein einer weiblichen Erwerbstätigkeit überhaupt in Betracht gezogen. Aus der einzigen Zeugdruckerin Göttingens – es gibt keine von einem Mann geleitete Zeugdruckerei – wird so ein Zeugdrucker, aus der ebenfalls einzigen Pergamentmacherin ein Pergament- oder Papiermacher. Wieland Sachse, Göttingen, wie Anm.4, tabellarischer Anhang. Zur Bedeutung der weiblichen Arbeit in Handwerkerhaushalten in Göttingen vgl. Uta Ludwig, Die soziale Lage und soziale Organisation des Kleingewerbes in Göttingen in der ersten Hälfte des 19. Jahrhunderts, Diss. Göttingen 1982, besonders S.31-33. Die Vielfalt der Frauenerwerbstätigkeit ist auch für andere Städte in der Frühen Neuzeit ermittelt worden, so beispielsweise für Genf von E. William Monter, Women in Calvinist Geneva (1550-1800), in: Ders., Enforcing Morality in Early Modern Europe, London 1987, S.189-209 sowie Anne-Marie Piuz, Liliane Mottu-Weber, L'Economie genevoise, de la Réforme à la fin de l'Ancien régime, XVIe-XVIIIe siècles, Genf 1990.
25 In Sachses Studie blieben diese Domänen weiblicher Arbeit hinter neutralen Tätigkeitsbeschreibungen verborgen („handelt", „macht Haarsiebe"). Wieland Sachse, Göttingen, wie Anm.4. Vgl. Anm.24. Zum städtischen Kleinhandel im 16. Jahrhundert Merry Wiesner Wood, Paltry Peddlers or Essential Merchants? Women in the Distributive Trades in Early Modern Nuremberg, in: Sixteenth Century Journal 12 (1981), S.3-13, S.3: „One area of the economy, often overlooked or dismissed as trivial, is open to women, however. Women dominate the distribution of goods and services, they handle nearly all small-scale retail sales." Für Göttingen im 18. Jahrhundert kann diese Aussage bestätigt werden. Ebenso für Frankfurt Petra Rentschler, Lohnarbeit und Familienökonomie. Zur Frauenarbeit im Zeitalter der Französischen Revolution, in: Viktoria Schmidt-Linsenhoff (Hg.), Sklavin oder Bürgerin? Französische Revolution und Neue Weiblichkeit 1760-1830, Frankfurt 1989, S.223-246, besonders S.239-242.
26 Silke Wagener, Die Göttinger Universitätsunterbedienten 1737-1848, unveröff. Staatsexamensarbeit, Göttingen 1991, S.181-187. Silke Wagener hat herausgestellt, daß es sowohl weibliche Unterbediente gab, als auch Tätigkeiten, bei denen Frauen gemeinsam mit ihren Männern den Dienst versahen, z.B. auf den Wärterstellen in den einzelnen Instituten. Zur Arbeitsteilung in Handwerkerhaushalten vgl. Heide Wunder, Frauen in der Gesellschaft Mitteleuropas im späten Mittelalter und in der Frühen Neuzeit (15. bis 18. Jahrhundert), in: Helfried Valentinitsch (Hg.), Hexen und Zauberer. Die große Verfolgung – ein europäisches Phänomen in der Steiermark, Graz 1987, S.123-154, S.133-134, und Michael Mitterauer, Familie und Arbeitsorganisation in städtischen Gesellschaften, in: Ders., Familie und Arbeitsteilung. Historischvergleichende Studien (= Kulturstudien Bibliothek der Kulturgeschichte 26), Wien, Köln, Weimar 1992, S.256-300. Zur Frauenarbeit in der Frühen Neuzeit Christina Vanja, Zwischen Verdrängung und Expansion, Kontrolle und Befreiung – Frauenarbeit im 18. Jahrhundert im deutschsprachigen Raum, in: Vierteljahrschrift für Sozial- und Wirtschaftsgeschichte 79 (1992), S.457-482.

27 Heinz Kelterborn, Wolfgang Ollrog (Hg.), Die Göttinger Bürgeraufnahmen Bd.2, 1641-1710, Göttingen 1980, sowie StadtAGö AA Zählungen, Volkszählungen 10, Revierlisten 1793-1829.
28 StadtAGö AA Zählungen, Volkszählung 6a 1763, sowie 10 Revierliste 1808. Daß Botendienste eine regelmäßige Einnahmequelle für Frauen sein konnten, zeigen zahlreiche Göttinger Quellenbelege; hier sei nur der Prozeß der „Botenfrauen Dorothea Catharina Grimmen und Catharina Sophia Künsteln wegen Beleidigung gegen den Kupferdrucker Johann Andreas Blumenhagen 1783" erwähnt. Blumenhagen hatte die beiden Frauen auf offener Straße wegen Diebstahlsverdachts durchsuchen lassen. Dorothea Grimmen und Catharina Künsteln verlangten eine Ehrenerklärung, da sie „fürchten mußten, daß solches in ihren Boten-Geschäften nachtheiligen Einfluß haben würde". UnivAGö Gerichtsakten A VII 36.
29 StadtAGö AA Zählungen, Volkszählung 6a 1763 und 7 1795.
30 Johann Heinrich Zedler, Grosses Vollständiges Universal-Lexikon Bd.12, Leipzig, Halle 1735, Artikel „Hauswirth", Spalte 913-914.
31 Vgl. unten S.77-78 Zweit- und Drittehen, Fall Hentze-Wallbaum. Heidi Rosenbaum, Formen der Familie. Untersuchungen zum Zusammenhang von Familienverhältnissen, Sozialstruktur und sozialem Wandel in der deutschen Gesellschaft des 19. Jahrhunderts, Frankfurt a.M. 1982, S. 156; Reinhard Sieder, Sozialgeschichte der Familie, Frankfurt a.M. 1987, S.115. KirchenkreisAGö, PfarrA Marien 343 und StadtsupA 347,VII 1825-1852.
32 StadtAGö AA Zählungen, Volkszählung 6 und 7, 1763, 1783 und 1795. Dabei ist beachtenswert, daß manche dieser Gewerbe ausschließlich von Frauen ausgeübt wurde, z.B. die Zeugdruckerei. In den Revierlisten der ersten Jahrzehnte des 19. Jahrhunderts werden Witwen genannt, die Mädchen für eine Näherinnenausbildung zu sich nahmen. AA Zählungen, Volkszählung 10, Revierlisten. Zur Frauenerwerbstätigkeit in Nürnberg in der Frühen Neuzeit siehe Merry E. Wiesner, Working Women in Renaisssance Germany (= The Douglass Series on Women's Lives and the Meaning of Gender), Rutgers UP New Brunswick, New Jersey 1986. Für das 18. Jahrhundert Rentschler, Lohnarbeit, wie Anm.25, sowie Vanja, Verdrängung, und Mitterauer, Familie, wie Anm.26. 1739 beschwerte sich ein Bäckermeister beim Geheimen Rat in Hannover, daß „eines Göttingischen Zeugmacher Kaysers Ehefrau eine geraume Zeit her verschiedene Conditor Waaren zum öffentlichen Verkauf verfertigen" würde. Carola Brückner, Sylvia Möhle, Ralf Pröve, Joachim Roschmann, Vom Fremden zum Bürger: Zuwanderer in Göttingen 1700-1755, in: Wellenreuther (Hg.), Göttingen, wie Anm.4, S.88-174, S.123.
33 Wieland Sachse, Göttingen, wie Anm.4, S.306 u. 312-313; Göttingisches Magazin für Industrie und Armenpflege 3 (1793), S.74; Aßmann, Zustand und Entwicklung, wie Anm.15, S.174 und 177-178; StadtAGö AA Zählungen, Volkszählung 6a 1763 sowie AA Gewerbesachen Schneider 26. In den Bürgeraufnahmen vom 30.3.1770 findet sich folgender Eintrag: Der Schneider Johann Blume aus Helmershausen in Hessen zahlte nur das halbe Bürgergeld, „weil ders. sich bloß mit Frauensarbeit abgibt". Göttinger Bürgeraufnahmen, Bd.3, wie Anm.3, S.739.
34 Dienstmagd: Brück-Haroth 1822; Tagelöhner: Proffe-Hentze 1815; KirchenkreisAGö StadtsupA 347,IV 1814-1818 und 347,VI 1822-1824.
35 Dabei hatte sie die Verfügungsgewalt über größere Geldmengen. In mehreren Fällen ist belegt, daß Frauen für ihre Männer Geldbeträge auszahlten oder abholten. Ein Beispiel ist Dorothea Franke, Frau des Tuchmachers Flint, die sich mit dem Magistratsbescheid die zehn Taler wieder auszahlen ließ, die Flint zunächst für das Wochenbett der Sophie Koch hatte hinterlegen müssen; er war von der Klage entbunden worden. KirchenkreisAGö StadtsupA 347,VI 1822-1824. Weitere Beispiele zum Schuldeneintreiben:

Marie Charlotte Reddersen, KirchenkreisAGö StadtsupA 347,V 1819-1821, und der Fall Hartwig-Johrdans, KirchenkreisAGö StadtsupA 347,I 1708-1755. Rohstoffkauf und Warenverkauf: Eitmann-Eichhorn StadtsupA 347,VII 1825-1852 und Sauerlesengard, Stadtsup Albani 347.

36 Zu den Aufgaben der Meisterin vgl. Rosenbaum, Formen, wie Anm. 31, S.147 und 154-156 und Sieder, Sozialgeschichte, wie Anm.31, S.115.

37 Kam es zu einem Ungleichgewicht in den verwandtschaftlichen Kontakten, weil ein Ehepartner in Konflikt mit der Familie des anderen geriet, so war dies häufig gleichbedeutend mit einer Ehekrise. Die Loyalität zur eigenen Familie war stark ausgeprägt, die Rolle der Eltern war für die meisten Verheirateten im Handwerk noch bestimmend und konnte die eheliche Harmonie ernsthaft gefährden. Vgl. unten S.74, Der Fall Ballhoff-Biermann 1776.

38 Göttingisches Magazin für Industrie und Armenpflege 3 (1793), S.70. Vgl. auch unten S.49, Strukturwandel im Handwerk.

39 KirchenkreisAGö PfarrA Johannis 347,I.

40 KirchenkreisAGö StadtsupA 347,I 1708-1755.

41 StadtAGö AA Kirchensachen 67, Konsistorialakten 1778-1815.

42 UnivAGö Gerichtsakten B XLVIII 26-28.

43 KirchenkreisAGö StadtsupA 347,I 1708-1755.

44 Wehler, Hans-Ulrich, Deutsche Gesellschaftsgeschichte Bd.1: Vom Feudalismus des alten Reichs bis zur defensiven Modernisierung der Reformaera: 1700-1815, München 1987, S.190.

45 736 von 1629 Haushaltsvorständen gingen einer Tätigkeit in Handwerk und Gewerbe nach; 1829 waren es noch 930 von 2256 Haushaltsvorständen (41%). Wieland Sachse, Göttingen, wie Anm.4, S.150.

46 Bäcker 1796, 1814 und 1822; Schneider 1822; Schuhmacher 1792, 1816 und 1846; Glaser 1823; Buchbinder 1816; Tischler 1820; Drechsler 1802, 1817 und 1825. Aßmann, Zustand und Entwicklung, wie Anm.15, S.159-161.

47 Wieland Sachse, Göttingen, wie Anm.4, S.306, S.312-313 und Göttingisches Magazin für Industrie und Armenpflege 3 (1793), S.66.

48 Im Zuge dieser Entwicklung gelang es dem Färber Johann Heinrich Grätzel in den zwanziger und dreißiger Jahren, eine Tuchmanufaktur aufzubauen. Vgl. Möhle, Integration, wie Anm.2, S.34.

49 Möhle, ebd., S.47; Brückner u.a., Vom Fremden zum Bürger, wie Anm.32, S.119. Wieland Sachse, Göttingen, wie Anm.4, S.150-155, 165 und 172; Klaus Aßmann, Verlag-Manufaktur-Fabrik. Die Entwicklung großbetrieblicher Unternehmensformen im Göttinger Tuchmachergewerbe, in: Wilhelm Abel (Hg.), Handwerksgeschichte in neuer Sicht (= Göttinger Handwerkswirtschaftliche Studien 16), Göttingen 1970, S.202-229.

50 Einige Beispiele dokumentieren, daß die Art der neuen Dienstleistungen, die Männer anboten, zu veränderten Erwartungen an ihre Frauen führten. Männer, die nun ganztägig außer Haus arbeiteten, von deren Lohn aber keine Magd gemietet werden konnte, verlangten nun von ihren Frauen, jederzeit zu Haus zu sein und sich ganz ihrer Versorgung zu widmen. Vgl. oben S.48, Frauenarbeit im Handwerk und unten S.115, Wandel der Arbeitsrollen und weibliche Ehre.

51 Beide Zitate aus StadtAGö AA Gewerbesachen Tuchmacher 85. Auch wenn sich hier die Auffassung widerspiegelt, das Gehalt eines Mannes sei das komplette Familieneinkommen, arbeiteten Frauen nachweislich meist ebenfalls.

52 Göttingisches Magazin für Industrie und Armenpflege 3 (1793), S.65.

53 Aßmann, Zustand und Entwicklung, wie Anm.15.

54 Wieland Sachse, Göttingen, wie Anm.4. Zur Gesellenzahl in den einzelnen Handwerken S.191 sowie Tabellen 7a u. 7b S.280. „Pfuscher", d.h. nichtzünftige Handwerker, gab es in beiden Handwerken viele; ständige Beschwerden der Gilden, auch über Konkurrenz durch Landhandwerker, bezeugen dies.
55 KirchenkreisAGö, Kirchenbücher der Göttinger Gemeinden. Es stellt sich die Frage, ob sie überhaupt noch zum traditionellen Handwerk gerechnet werden können und wie eine Trennung zwischen ihnen und den noch im Handwerk tätigen Personen erfolgen könnte. Sachse betont, daß die überragende Bedeutung des Handwerks für Göttingen bis in die zweite Hälfte des 19. Jahrhunderts trotz des Anwachsens des Dienstleistungsbereichs insgesamt erhalten blieb, allerdings gestützt durch den Zuzug der wachsenden Bevölkerung in handwerkliche Tätigkeiten, der andererseits Arbeitslosigkeit und Abwanderung in andere Sparten verstärkte. Wieland Sachse, Göttingen, wie Anm.4, S.150-155 und 172.
56 Wieland Sachse, ebd., S.173-174.
57 Zu den Einkünften der Professoren vgl. allg. Stefan Brüdermann, Göttinger Studenten und akademische Gerichtsbarkeit im 18. Jahrhundert (= Göttinger Universitätsschriften Serie A: Schriften 15), Göttingen 1990, S.310-316 sowie Birgit Panke-Kochinke, Göttinger Professorenfamilien. Strukturmerkmale weiblichen Lebenszusammenhangs im 18. und 19. Jahrhundert, Pfaffenweiler 1993.
58 Göttingisches Magazin für Industrie und Armenpflege 4 (1798), S.268.
59 Vgl. zu allen Zahlenangaben Wieland Sachse, Göttingen, wie Anm.4, S.165-168; Birgit Panke-Kochinke, Göttinger Professorenfamilien im 18. und im ersten Drittel des 19. Jahrhunderts, in: Göttinger Jahrbuch 34 (1986), S.61-82; Dies., Die „heimlichen Pflichten". Professorenhaushalte im 18./19. Jahrhundert, in: Kornelia Duwe, Carola Gottschalk, Marianne Koerner (Hg.), Göttingen ohne Gänseliesel. Texte und Bilder zur Stadtgeschichte, Gudensberg-Gleichen 1988, S.42-47.
60 Vgl. die Vielzahl solcher Tätigkeitsnennungen in den Gerichtsakten des Universitätsarchivs. Zu Tagelohnarbeit und ihrer Bedeutung für die innerfamiliäre Arbeitsorganisation vgl. Mitterauer, Familie, wie Anm.26, S.270-271. Mitterauer weist auf die Vielfalt der Arbeiten hin, die unter der Bezeichnung „Tagelohn" gefaßt wurden. Oft wurden mehrere dieser Tätigkeiten gleichzeitig ausgeübt, was die Möglichkeit der Zusammenarbeit der einzelnen Familienmitglieder veränderte, oft erschwerte.
61 Wieland Sachse, Göttingen, wie Anm.4, S.148. Allerdings müssen solche Zahlen mit großer Vorsicht bewertet werden, da das Material das ganze Ausmaß beispielsweise der Tagelohn- und „Gelegenheitsarbeiten" im Rahmen des Dienstleistungssektors nicht erfaßt und der Anteil der in diesem Bereich arbeitenden Frauen und Männer sicher höher war, als zuletzt von Sachse errechnet.
62 UnivAGö Gerichtsakten A VIII 25 Witwe Becker gegen ihre Magd Elisabeth Ekhard 1789. Auch der Lohn der Hospitalmagd im Gebärhaus betrug einen Taler monatlich. Jürgen Schlumbohm, Ledige Mütter als „lebendige Phantome" oder: Wie aus einer Weibersache eine Wisssenschaft wurde. Die ehemalige Entbindungsanstalt der Universität Göttingen am Geismar Tor, in: Kornelia Duwe u.a., Göttingen ohne Gänseliesel, wie Anm.58, S.150-163, S.162.
63 Allerdings war ihr das Geld nie ausgehändigt worden. UnivAGö Gerichtsakten A VI 26.
64 KirchenkreisAGö PfarrA Marien 343.
65 Göttinger Bürgeraufnahmen Bd.3, wie Anm.3, S.791 und 801: Marie Louise Biermann, geb. Neis, wurden am 15.4.1793 die Bürgergelder völlig erlassen, weil sie sieben Jahre bei den Eltern ihres Mannes gedient hatte. Ebenso Johanne Wilhelmine Wepener, geb. Ilgen, am 16.4.1799.

66 Die hohe Zahl der Alimenteklagen aus diesem Bereich erhellt einen weiteren Aspekt des Dienstbotinnenlebens. Die ledigen Mütter mußten ihre Kinder zumeist gegen Geld in Kost geben, und viele von ihnen wurden zu Almosenempfängerinnen, während andere sich als Ammen vermieteten. Einen guten Einblick in die Konsequenzen, die nichteheliche Geburten um 1800 für die Mütter bedeuteten, geben die Listen des für die Armenfürsorge verantwortlichen Pastors Wagemann, KirchenkreisAGö PfarrA Marien 343.
67 Z.B. KirchenkreisAGö StadtsupA 347,II 1756-1800, Mädel-Röhrig, PfarrA Johannis 347,I, Reichenberg-Bücking.
68 Göttingisches Magazin für Industrie und Armenpflege 3 (1793) S.80 und 4 (1798) S.268-270. Adreßbuch der Stadt Göttingen von 1826.
69 Hans-Jürgen Gerhard, Diensteinkommen der Göttinger Officianten 1750-1850 (= Studien zur Geschichte der Stadt Göttingen 12), S.189, Göttingen 1978, 30-31 und 159. Pedelle waren zuständig für das Zitieren von Leuten vor Gericht, für die Zustellung von Schriftstücken, das Siegeln von Verträgen, Geburts- und Lehrbriefen; Wrüger wurden zur Durchführung kleinerer Ordnungsarbeiten und zu Wachdiensten eingesetzt (z.B. für das Vertreiben der Bettler).
70 StadtAGö AA Stadtverwaltung, Rats-Magistrats-Kollegium 20.
71 Zum Einkommen der städtischen Pedellen vgl. Gerhard, Diensteinkommen, wie Anm.69, S.509-510.
72 Wagener, Universitätsunterbediente, wie Anm.26, S.56 und 181-185.
73 StadtAGö AA Wohlfahrt, Armensachen und Stiftungen 189.
74 Trotzdem liegen einige Eheklagen bei der Kirchenkommission Göttingens vor. KirchenkreisAGö StadtsupA 347,I-VII. Zu Eheschließungen von Soldaten vgl. Ralf Pröve, Zwangszölibat, Konkubinat und Eheschließung: Durchsetzung und Reichweite obrigkeitlicher Ehebeschränkungen am Beispiel der Göttinger Militärbevölkerung im 18. Jahrhundert, in: Jürgen Schlumbohm (Hg.), Familie und Familienlosigkeit. Fallstudien aus Niedersachsen und Bremen vom 15. bis zum 20. Jahrhundert (= Veröffentlichungen der Historischen Kommission für Niedersachsen und Bremen 34), Hannover 1993, S.81-95.
75 Vgl. unten S.171, Der Fall Casper-Hoffmeister 1765.
76 Vgl. für Göttingen Ralf Pröve, Stehendes Heer und städtische Gesellschaft im 18. Jahrhundert. Göttingen und seine Militärbevölkerung 1713-1756 (= Beiträge zur Militärgeschichte 47), München 1995.
77 Göttingisches Magazin für Industrie und Armenpflege 4 (1798), S.270. Zur sozialen Lage von Soldaten und ihren Frauen siehe auch Thomas Schwark, Lübecks Stadtmilitär im 17. und 18. Jahrhundert: Untersuchungen zur Sozialgeschichte einer reichsstädtischen Berufsgruppe (= Veröffentlichungen zur Geschichte der Hansestadt Lübeck Reihe B, Bd.18), Lübeck 1990, besonders S.281-300. Die Göttinger Quellen geben Auskunft über viele allein oder mit ihren Kindern lebende Soldatenfrauen, die über Jahre den Unterhalt für sich und ihre Familie verdienen mußten. Die Einwohnerzählung von 1795 berichtet z.B. über 97 alleinerziehende Soldatenfrauen mit einem oder mehreren Kindern und 16 mit Soldaten verheiratete Frauen ohne Kinder. Einige von ihnen taten sich nach dem Verlauf einiger Jahre mit anderen Männern zusammen, da die geringen Frauenlöhne es nicht erlaubten, ihre Familie zu ernähren. Vgl. StadtAGö AA Zählungen, Volkszählung 7 1795.
78 StadtAGö AB Kämmereiregister 1706 und AA Zählungen, Volkszählungen 10, Revierliste 1808. In Göttingen arbeiteten Frauen in den Tuchmanufakturen als Handlangerinnen und bei Bauarbeiten als Sandträgerinnen. Zu Manufakturarbeiterinnen allgemein Rita Bake, Vorindustrielle Frauenerwerbsarbeit. Arbeits- und Lebensweise von

Manufakturarbeiterinnen im Deutschland des 18. Jahrhunderts unter besonderer Berücksichtigung Hamburgs, Köln 1984. Zu Frauenarbeit in Brauhäusern vgl. Wolfgang Behringer, Löwenbräu. Von den Anfängen des Münchner Brauwesens bis zur Gegenwart, o.Ort u. Jahr, besonders S.62 und 75-77.
79 StadtAGö AB Kämmereiregister 1706.
80 Über die Frauenarmut in dieser Sparte ist bei Wagemann allerdings nichts überliefert. Göttingisches Magazin für Industrie und Armenpflege 3 (1793) S.80 und 4 (1798), S.268-270. StadtAGö AB Kämmereiregister.

Kapitel IV

1   Johann Heinrich Zedler, Grosses Vollständiges Universal-Lexikon Bd.8, Leipzig, Halle 1734, Artikel „Ehestand", Spalte 372.
2   Zedler, ebd., Bd.12, Leipzig, Halle 1735, Artikel „Hauswirth", Spalte 913.
3   Roderick Phillips, Putting Asunder. A History of Divorce in Western Society, Cambridge 1988, S.86-94.
4   StadtAGö AA Kirchensachen 74.
5   Zum Konzept der „ehelichen Liebe" vgl. Julius Hoffmann, Die „Hausväterliteratur" und die „Predigten über den christlichen Hausstand". Lehre vom Hause und Bildung für das häusliche Leben im 16., 17. und 18. Jahrhundert (= Göttinger Studien zur Pädagogik 37), Weinheim, Berlin 1959, S.123 sowie Rainer Beck, Frauen in Krise. Eheleben und Ehescheidung in der ländlichen Gesellschaft Bayerns während des Ancien régime, in: Richard van Dülmen (Hg.), Dynamik der Tradition. (= Studien zur historischen Kulturforschung IV), Frankfurt a.M. 1992, S.137-212, besonders S.188-189 und 192. Es existierten sowohl die Vorstellung von Liebe als einseitigem Auftrag an den Mann, als Tugend der Herrschaft (nach Paulus), als auch das Bild gegenseitiger Liebe; einen solchen egalitären Entwurf vertraten besonders Theologen, die gegenseitige Hilfe und Unterstützung zu den Zwecken einer Ehe zählten. Zu Eheeinleitung und Partnerwahl Richard van Dülmen, Fest der Liebe. Heirat und Ehe in der Frühen Neuzeit, in: Ders. (Hg.), Armut, Liebe, Ehre. Studien zur Historischen Kulturforschung, Frankfurt a.M. 1988, S.67-106.
6   Vgl. dazu David Warren Sabean, Property, Production and Family in Neckarhausen, 1700-1870 (= Cambridge Studies in Social and Cultural Anthropology 73), Cambridge 1990, S.88-123.
7   Allg. dazu Hoffmann, „Hausväterliteratur", wie Anm.5 sowie Gotthardt Frühsorge, Die Begründung der „väterlichen Gesellschaft" in der europäischen oeconomia christiana. Zur Rolle des Vaters in der „Hausväterliteratur" des 16. bis 18. Jahrhunderts in Deutschland, in: Hubertus Tellenbach (Hg.), Das Vaterbild im Abendland, Bd.1, Stuttgart 1978, S.111-123.
8   Vgl. die Textsammlung bei Paul Münch (Hg.), Ordnung, Fleiß und Sparsamkeit. Texte und Dokumente zur Entstehung der „bürgerlichen Tugenden", München 1984.
9   Joachim Heinrich Campe, Väterlicher Rath für meine Tochter. Ein Gegenstück zum Theophron. Der erwachsenen weiblichen Jugend gewidmet, 1789, zitiert nach Münch, wie Anm.8, S.261. Zur Herausbildung der „Geschlechtscharaktere" vgl. Karin Hausen, Die Polarisierung der „Geschlechtscharaktere" – Eine Spiegelung der Dissoziation von Erwerbs- und Familienleben, in: Heidi Rosenbaum (Hg.), Seminar: Familie und Gesellschaftsstruktur. Materialien zu den sozioökonomischen Bedingungen von Familienformen, Frankfurt a.M. 1978, S.161-191, sowie Britta Rang, Zur Geschichte des duali-

stischen Denkens über Mann und Frau. Kritische Anmerkungen zu den Thesen von Karin Hausen zur Herausbildung der Geschlechtscharaktere im 18. und 19. Jahrhundert, in: Jutta Dalhoff, Uschi Frey, Ingrid Schöll (Hg.), Frauenmacht in der Geschichte. Beiträge des Historikerinnentreffens 1985 zur Geschichtsforschung, Düsseldorf 1986, S.194-205.
10 Münch, Ordnung, wie Anm.8, S.24.
11 Helmut Möller, Die kleinbürgerliche Familie im 18. Jahrhundert. Verhalten und Gruppenkultur, Berlin 1969, S.13 u.76; Heidi Rosenbaum, Formen der Familie. Untersuchungen zum Zusammenhang von Familienverhältnissen, Sozialstruktur und sozialem Wandel in der deutschen Gesellschaft des 19. Jahrhunderts, Frankfurt a.M. 1982, S.158-159. In Zedler, wie Anm.1, Bd.12, Leipzig, Halle 1735, Spalte 915, Artikel „Hauswirth", heißt es dazu: „Obwohl einem Mann, als des Weibes Herrn, nicht verwehrt werden kann, seine Frau so wohl in Worten, als auch nach Befindung der Umstände und dererselben überhand nehmende Boßheit in der That zu züchtigen; so muß er doch hierinnen Maß halten, und wenn er die Schranken überschreitet, ist er billig zu bestraffen."
12 Analog dazu griffen männliche Zeugen des Geschehens erst bei Lebensgefahr für die geschlagene Frau ein. Vgl. unten S.129, Das Verhalten der Zeugen.
13 Eine Ausnahmestellung hatten hierbei Kauffrauen; s. unten S.79, Kaufleute und Gastwirte sowie S.98, Der Fall Clemme-Grashoff 1749.
14 Zedler, wie Anm.1, Bd.12, Leipzig, Halle 1735, Artikel „Hauswirth", Spalte 914.
15 Zu Professorenhaushalten und -ehen in Göttingen vgl. Birgit Panke-Kochinke, Göttinger Professorenfamilien im 18. und im ersten Drittel des 19. Jahrhunderts, in: Göttinger Jahrbuch 34 (1986), S.61-82; Dies., „Liebe in der Ehe". Geschlechterbeziehungen in den Göttinger Professorenfamilien des 18./19. Jahrhunderts, in: Volkskunde in Niedersachsen 4 (1987), S.10-17; Dies., Die „heimlichen Pflichten". Professorenhaushalte im 18./19. Jahrhundert, in: Kornelia Duwe, Carola Gottschalk, Marianne Koerner (Hg.), Göttingen ohne Gänseliesel. Texte und Bilder zur Stadtgeschichte, Göttingen 1988, S.42-47; Dies., Göttinger Professorenfamilien. Strukturmerkmale weiblichen Lebenszusammenhangs im 18. und 19. Jahrhundert, Pfaffenweiler 1993.
16 KirchenkreisAGö PfarrA Jacobi 347.
17 KirchenkreisAGö PfarrA Jacobi 347.
18 Rosenbaum, Formen, wie Anm.11, S.287.
19 Karin Hausen, „...eine Ulme für das schwanke Efeu." Ehepaare im Bildungsbürgertum. Ideale und Wirklichkeiten im späten 18. und 19. Jahrhundert, in: Ute Frevert (Hg.), Bürgerinnen und Bürger. Geschlechterverhältnisse im 19. Jahrhundert (= Kritische Studien zur Geschichtswissenschaft 77), Göttingen 1988, S.85-117, S.95-96 und Ute Frevert, Bürgerliche Familie und Geschlechterrollen: Modell und Wirklichkeit, in: Lutz Niethammer (Hg.), Bürgerliche Gesellschaft in Deutschland. Historische Einblikke, Fragen, Perspektiven, Frankfurt a.M. 1990, S.90-98, S.95-96.
20 Bärbel Kern, Horst Kern, Madame Doctorin Schlözer. Ein Frauenleben in den Widersprüchen der Aufklärung, München 1988, S.40.
21 Beide Zitate aus M.Eckardt (Hg.), Briefe aus alter Zeit. Wilhelmine Heyne-Heeren an Marianne Friederike Bürger 1794-1803, Hannover 1913, S.29 und 35.
22 Zitiert nach Panke-Kochinke, Liebe, wie Anm.15, S.11.
23 Panke-Kochinke, ebd., S.12, über die Ehe Heyne-Heeren.
24 Gottlieb Jakob Planck, Tagebuch eines neuen Ehemannes, Leipzig 1779. Bei Planck klingt ein Vater-Kind-Verhältnis an, wenn er in seinem geheimen Monolog seiner frischgebackenen Ehefrau die Vernunftprinzipien erklären will, auf denen die Ehe und

die Rollen von Mann und Frau in dieser Ehe beruhen. Mit Gefühlsäußerungen hält er sich erklärtermaßen zurück, denn auch mit Liebe sollte man s.E. haushalten.

25 So hielt Dr.Wrisberg um 1750 von 13.00-14.00 ein Kollegium ab, las zu festgelegten Zeiten und nahm seine Mahlzeiten mit den Studenten ein, die bei ihm im Haus logierten, während seine Frau in einem anderen Raum speiste. UnivAGö Kuratorialsakten 3 k 3. Gottlieb Jakob Planck wollte seine Frau bereits am Tag nach der Hochzeit an seine Arbeitsweise gewöhnen und stand um 5 Uhr morgens auf, um seine Studien zu beginnen. Planck, Tagebuch, wie Anm.24, S.8.

26 Zu den Wohngewohnheiten der Göttinger Gelehrten siehe Bernd Wedemeyer, Wohnverhältnisse und Wohnungseinrichtung in Göttingen im 18. und in der ersten Hälfte des 19. Jahrhunderts (= Reihe Kulturwissenschaft 1), Göttingen 1992, S.155-156. Wedemeyer weist auch nach, daß, während bei ärmeren Universitätsangehörigen und anderen Mitgliedern des Bildungsbürgertums die Mitgift einer Frau zumeist auch die wichtigsten Möbel beinhalten mußte, die Hauseinrichtung von wohlhabenderen Professoren zur Eheschließung neu angeschafft wurde. Männer tätigten diese Käufe häufig selbst, Anschaffungen nach der Eheschließung lagen hingegen ganz in den Händen von Frauen, wie ihre Präsenz bei Nachlaßauktionen in Göttingen zeigt. Professorenfrauen richteten auch häufig für neu zuziehende, ledige Gelehrte den Haushalt ein. Wedemeyer, S.184-190.

27 Johann Stephan Pütter, Selbstbiographie (zur dankbaren Jubelfeier seiner 50jährigen Professorenstelle in Göttingen) Bd.1, Göttingen 1798, S.238.

28 Ute Frevert schreibt: „Das durchweg karge Einkommen der beamteten und nichtbeamteten Akademiker zwang zu einer äußerst sparsamen Ökonomie, und der bürgerliche Bräutigam legte demgemäß mehr Wert auf eine solide hauswirtschaftliche Kompetenz seiner künftigen Ehefrau als auf ihre intellektuellen und emotionalen Beglückungs-Fähigkeiten." Frevert, Bürgerliche Familie, wie Anm.19, S.96-97. Eine zeitgenössische Beschreibung der idealer Weise von einer Frau auszufüllenden Rolle im (bürgerlichen) Haushalt hat Joachim Heinrich Campe in dem 1789 in Braunschweig erschienenen „Väterlicher Rath für meine Tochter. Ein Gegenstück zum Theophron. Der erwachsenen weiblichen Jugend gewidmet" hinterlassen.

29 UnivAGö Gerichtsakten B XLI 34 und 39. Hier kommt die rechtliche Sonderstellung zum Ausdruck, die Kaufmannsfrauen und -töchtern zugestanden wurde, da ohne ihre Arbeit ein Geschäft nicht zu führen war. Sie durften Verträge abschließen und Käufe und Verkäufe tätigen, ohne der Zustimmung des Mannes zu bedürfen. Siehe auch unten S.98, Der Fall Clemme-Grashoff 1749.

30 A.Strodtmann (Hg.), Briefe von und an Gottfried August Bürger. Ein Beitrag zur Literaturgeschichte seiner Zeit. Aus dem Nachlaß u.a. meist handschriftlichen Quellen Bd.2, o.Ort 1874, S.161.

31 Zitiert nach Hausen, Ehepaare, wie Anm.19, S.103.

32 Planck, Tagebuch, wie Anm.24, S.43 und 60-61.

33 Hausen, Ehepaare, wie Anm.19, S.103, Rosenbaum, Formen, wie Anm.11, S.261-262 und 278.

34 Planck, Tagebuch, wie Anm.24, S.38-39.

35 Gottfried Christian Friedrich Lücke, Dr.Gottlieb Jakob Planck. Ein biographischer Versuch, Göttingen 1835, S.102 und 108.

36 Rosenbaum, Formen, wie Anm.11, S.273.

37 Hausen, Ehepaare, wie Anm.19, S.113.

38 Sie wurde aus dem „übergreifenden sozialen Zusammenhang" herausgenommen. Rosenbaum, Formen, wie Anm.11, S.276 und Christina Vanja, Zwischen Verdrängung und Expansion, Kontrolle und Befreiung – Frauenarbeit im 18. Jahrhundert im

deutschsprachigen Raum, in: Vierteljahrschrift für Sozial- und Wirtschaftsgeschichte 79 (1992), S.457-482, S.466. Zum Vergleich mit ländlichen Pfarrhaushalten auch Margarete Freudenthal, Gestaltwandel der städtischen bürgerlichen und proletarischen Hauswirtschaft, Diss. Frankfurt a.M. 1934, S.21-26.

39 UnivAGö Gerichtsakten B X 33.
40 Zur Arbeit der Frau in bürgerlichen Haushalten des 16. Jahrhunderts vgl. Heide Wunder, „Jede Arbeit ist ihres Lohnes wert". Zur geschlechtsspezifischen Teilung und Bewertung von Arbeit in der Frühen Neuzeit, in: Karin Hausen (Hg.), Geschlechterhierarchie und Arbeitsteilung. Zur Geschichte ungleicher Erwerbschancen von Männern und Frauen, Göttingen 1993, S.19-39, besonders S.20-21.
41 UnivAGö Gerichtsakten B XLI 39.
42 Georg Andreas Cassius, Ausführliche Lebensbeschreibung des um die gelehrte Welt Hochverdienten D.C.A. Heumann, Kassel 1768, S.177.
43 Rosenbaum, Formen, wie Anm.11, S.290.
44 Johann Georg Krünitz, Oeconomisch-Technologische Encyclopädie oder allgemeines System der Staats- Stadt- Haus- und Landwirthschaft, Bd.14, Berlin 1778, Artikel „Frau", Spalte 791.
45 Obwohl Merry E. Wiesner in Guilds, Male Bonding and Women's Work in Early Modern Germany, in: Gender and History 1 (1989), S.125-137, S.132 in Rückgriff auf Christopher Friedrichs Studie über Nördlingen betont „that only a small minority of men married within the same occupation or took the occupation of their bride's father or former husband", betrug diese Minderheit in Göttingen wenigstens 25%; Natalie Zemon Davis ermittelte eine noch viel höhere Rate für Lyon: Women in the Crafts in Sixteenth-Century Lyon, in: Barbara A. Hanawalt (Hg.), Women and Work in Preindustrial Europe, Bloomington 1986, S.167-197, Vgl. unten Anm.68 und S.76, Zweit- und Drittehen. Von den 91 Handwerkerehen, über deren Trennung vor Gericht verhandelt wurde, waren mindestens 50 zwischen Handwerkern und aus dem Handwerk stammenden Frauen geschlossen worden; von letzteren waren 14 verwitwet. Neun dieser Witwen heirateten Junggesellen, die zumeist jünger waren als sie. Wenigstens 29 der Handwerker waren zugewandert. Dies entspricht im wesentlichen den Verhältnissen, die für die Kontrollgruppe aller in Göttingen heiratenden Handwerker festgestellt werden konnten. Mangels überlieferter Eheverträge – oftmals wurde bei der Verlobung pauschal die Gütergemeinschaft vereinbart, wie die Zivilstandsregister der Jahre 1808-1813 zeigen – muß hier verstärkt auch auf Eheversprechensklagen zurückgegriffen werden, die den Erwartungshorizont der Ehepartner gleichsam als Negativ darzustellen vermögen. Aber auch in vielen Scheidungsklagen wird rückblickend geschildert, wie die Eingangsvoraussetzungen der jeweiligen Ehe gelagert waren.
46 S. unten S.75, Zweit- und Drittehen.
47 Die Göttinger Bürgeraufnahmen, Bd.3, 1711-99, Manuskript Heinz Dieterichs, Textbearbeitung Franz Schubert, Göttingen 1991. So z.B. die später geschiedene Johanne Wilhelmine Ilge 1799 nach sieben Jahren Dienst, die Ehefrau des Leinewebers Reckshausen, Marie Justine Müller 1804 ebenfalls nach sieben Jahren und Marie Louise Neis, die bis 1793 sieben Jahre bei den Eltern ihres späteren Mannes gedient hatte.
48 Die Braut des Schneiders Johann Andreas Ludewig, Margaretha Lotze, hatte bei ihrer Heirat neben Leinen, Betten und Kleidung eine große Anzahl von Haushaltsgerätschaften von ihrem Vater bekommen. Als ihr Mann 1741 starb, ließ sie diese Gegenstände anläßlich der Vormundschaftsregelung für die Kinder inventarisieren, um sich ihr Eigentum zu sichern. UnivAGö Gerichtsakten E XXXVIII.
49 KirchenkreisAGö Stadtsup Albani 347, StadtsupA 347,I, 1708-1755, sowie die Kirchenbücher der Göttinger Gemeinden. In Catharina Knaufs Ehe führten der immense

Altersunterschied und die Besitz- und Arbeitssituation des Mannes zu heftigen Auseinandersetzungen.
50 UnivAGö Gerichtsakten B XLI 29.
51 KirchenkreisAGö StadtsupA 347,II 1756-1800.
52 KirchenkreisAGö StadtsupA 347,I 1708-1755.
53 UnivAGö Gerichtsakten D LXIII. Generell sind für Göttingen nur sehr wenige Eheverträge überliefert.
54 Rosenbaum, Formen, wie Anm.11, S.149-151; Möller, Die kleinbürgerliche Familie, wie Anm.11, S.26-27 und 305-306; Reinhard Sieder, Sozialgeschichte der Familie, Frankfurt a.M. 1987, S.111-113.
55 S. Fall Ballhoff-Biermann, KirchenkreisAGö PfarrA Marien 343, 1776, Fall Sauer-Iesengard 1744 und Fall Mädel-Röhrig 1797, StadtsupA 347,I 1708-1755 und 347,II 1756-1800. Im Fall des Paares Warnstedt-Krapp wurde für die 29jährige Braut eine schriftliche Heiratserlaubnis des Bruders und der Cousine eingeholt. KirchenkreisAGö, Zivilstandsregister der Johannis-Gemeinde 1809.
56 Die Geschlechtsvormundschaft wurde im Land Hannover erst unter preußischer Herrschaft aufgehoben. Dazu Susanne Weber-Will, Die rechtliche Stellung der Frau im Privatrecht des Preussischen Allgemeinen Landrechts von 1794, Frankfurt a.M. 1983, S.224.
57 Alle Zitate aus KirchenkreisAGö StadtsupA 347,II 1756-1800 und PfarrA Marien 343.
58 Dieses und das folgende Zitat aus KirchenkreisAGö StadtsupA 347,I 1708-1755.
59 KirchenkreisAGö StadtsupA 347,I 1708-1755, Kirchenbücher der Göttinger Gemeinden, StadtAGö AB Collectentabellen.
60 UnivAGö Gerichtsakten B XXVI 30.
61 Göttinger Bürgeraufnahmen, Bd.3, wie Anm.47, 1.8.1786: Erschien der Perückenmacher Beims aus Braunschweig und sagte, „er sey gewillet, die Rel Perukenmacher Böttcher zu heyrathen u. wolle [...] deren 3 unerzogene Kinder bis zu deren 14ten Jahre erhalten, auch zu Kirchen u. Schulen bis dahin anzuhalten, wenn man ihm das Bürgerrecht frey geben wolle. Resolutio: Vorkommend. Umständen nach sind d. Imploraten d. gewöhnl. Bgg. [Bürgergelder, S.M.] erlaßen."
62 UnivAGö Gerichtsakten B XLI 25. Der Buchdrucker Pliese beschwerte sich 1742, seine Frau „rührt keine Hand an zu meiner Arbeit"; ebd. A IV 3.
63 Alle Angaben aus UnivAGö Gerichtsakten B XLI 25 und Kirchenbücher der Göttinger Kirchengemeinden, KirchenkreisAGö.
64 Friedrich Christoph Willich, Des Königreichs Hannover Landes-Gesetze u. Verordnungen, inbes. der Fürstenthümer Calenberg, Göttingen und Grubenhagen, Bd.1, Göttingen 1825, S.1012, Gildereglement von 1696: „Wann ein Meister verstirbet, und hinterlässet eine Witwe, soll derselben, die Werkstätte mit einem tauglichen Gesellen zu besetzen, und also Nahrung zu treiben, frey stehen, sie auch deren denen übrigen Amts-Meistern zukommenden Rechten und Freyheiten zu geniessen haben, dagegen aber auch, für alle Arbeit zu antworten, gehalten seyn [...]." Oft nutzten Frauen dieses Recht aber nur für ein Jahr, was der vorgeschriebenen Trauerzeit für Frauen bis zur Wiederverheiratung entsprach. KirchenkreisAGö StadtsupA 347,I-VII. Pastor Wagemann nennt für 1792 neben 174 Schuhmachermeistern auch 24 Witwen, die eventuell das Handwerk weiterführten; bei den Schneidern vermerkt er, es gebe neben 97 Meistern 18 Witwen, von denen jedoch nur zwei die Profession fortsetzten. Göttingisches Magazin für Industrie und Armenpflege 3 (1793) S.65-66.
65 StadtAGö AA Zählungen und AB Collectentabellen.
66 StadtAGö, Göttinger Anzeiger von den gemeinen Sachen 28, 11.7.1807, S.113.
67 StadtAGö AA Gewerbesachen, Tuchmacher 85.

68 Zur „work identity" von Frauen und der von ihnen verlangten Flexibilität Merry Wiesner Wood, Paltry Peddlers or Essential Merchants? Women in the Distributive Trades in Early Modern Nuremberg, in: Sixteenth Century Journal 12 (1981), S.3-13, S.7; Zemon Davis, Women in the Crafts, wie Anm.45, S.176-177 und 183-184; Mary Prior, Women and the Urban Economy: Oxford 1500-1800, in: Dies.(Hg.), Women in English Society 1500-1800, London 1985, S.93-117, S.95-96; Roderick Phillips, Women's Emancipation, the Family and Social Change in Eighteenth-Century France, in: Journal of Social History 12 (1978/9), S.553-568, S.560.
69 KirchenkreisAGö, Kirchenbücher der Göttinger Stadtgemeinden.
70 Zemon Davis, Women in the Crafts, wie Anm.45, S.172 u.176: Etwa ein Drittel der 84% Handwerkertöchter in Lyon, die einen Handwerker heirateten, nahmen einen Mann aus demselben Gewerbe, das ihr Vater ausübte. Bei Witwen belief sich der Anteil derer, die auch bei einer erneuten Heirat einen Handwerker desselben Gewerbes wählten, auf 34%. Rosenbaum, Formen, wie Anm.11, S.151: Roller für Durlach und Mitterauer für Salzburg konnten keine ausgesprochene Tendenz zu Eheverbindungen im gleichen Handwerk feststellen. Der daraus gezogene Schluß, daß die den Frauen obliegenden Tätigkeiten in allen Gewerben gleich waren, kann so nicht bestätigt und die Forderung nach einer gründlicheren Untersuchung gerade dieser Frage muß angesichts der Göttinger Quellen nachdrücklich unterstützt werden.
71 Roderick Phillips, Women and Family Breakdown in Eighteenth-Century France: Rouen 1780-1800, in: Social History 2 (1976), S.197-218, S.213: In 80% der Fälle verließ die Frau die gemeinsame Wohnung. Dies wird durch Göttinger Befunde gestützt. Zur Frauenarbeit vgl. auch oben, S.45, Frauenarbeit in der städtischen Gesellschaft und S.47, Frauenarbeit im Handwerk.
72 KirchenkreisAGö PfarrA Marien 343. Zu Heiratsbeschränkungen vgl. Dirk Blasius, Ehescheidung in Deutschland 1794-1945. Scheidung und Scheidungsrecht in historischer Perspektive (= Kritische Studien zur Geschichtswissenschaft 74), Göttingen 1987, S.82-85.
73 KirchenkreisAGö PfarrA Marien 343.
74 KirchenkreisAGö PfarrA Marien 343.
75 Bei der Aufrechterhaltung der innerehelichen Machtverhältnisse hingegen galt diese Prioritätensetzung nicht, wie eine Mehrzahl der Ehescheidungsprozesse belegt.
76 UnivAGö Gerichtsakten D XXII 39.
77 Vgl. oben S.63-70, Akademiker.
78 KirchenkreisAGö StadtsupA 347,VI 1822-1824.
79 StadtAGö AA Kirchensachen 74 und KirchenkreisAGö StadtsupA 347,IV 1814-1818.
80 In einigen Fällen wurde vor Gericht der Vorwurf erhoben, ein Mann oder eine Frau habe durch sein/ihr Verhalten dafür gesorgt, daß die Kundschaft ausblieb.
81 Vgl. unten S.140, Ehen ohne Ort.
82 Zu den Wohnverhältnissen der unteren sozialen Schichten s. Wedemeyer, Wohnverhältnisse, wie Anm.26, S.135-138.
83 KirchenkreisAGö StadtsupA 347,III 1801-1806. Falsche Mitgiftversprechungen konnten sogar als Scheidungsgrund geltend gemacht werden.
84 Beispielsweise Zeitungsträger, Clubdiener, Stiefelputzer, Schreiber etc.
85 Vgl. oben S.48, Frauenarbeit im Handwerk und unten S.115, Wandel der Arbeitsrollen und weibliche Ehre. Der Instrumentenmacher Ziehe beschrieb 1814 seinen Arbeitsalltag mit hochspezialisierter Arbeit und einem Bedürfnis nach häuslicher Pflege und Ruhe schon ähnlich, während in den anderen Handwerkerhaushalten noch die traditionelle Arbeitsteilung vorherrschte. UnivAGö Gerichtsakten B XLVIII 26-28.

86 UnivAGö Gerichtsakten D XXIII 2. Zu den Universitätsjägern, ihrer geringen Entlohnung und damit schwierigen sozialen und ökonomischen Lebensverhältnissen vgl. Silke Wagener, Die Göttinger Universitätsunterbedienten 1737-1848, unveröff. Staatsexamens-Hausarbeit, Göttingen 1991, S.77-82.
87 Der Weißgerber Heinrich Piper äußerte 1750, seine Frau N.Schneider könne ihm durch Näh- und Strickarbeiten zur Hand gehen, und der Manufakturaufseher Hennig wehrte sich 1778 gegen den Vorwurf seiner Frau Dorothea Pauli, er könne sie mit seiner gegenwärtigen Beschäftigung nicht ernähren, sie hätte ja durch Putzmacherei zum Einkommen beitragen können. KirchenkreisAGö StadtsupA 347,I 1708-1755 und UnivAGö Gerichtsakten A XLVI 53.
88 Anna Sabina Fischer ging 1759 von Haus zu Haus und verkaufte Strickmützen. UnivAGö Gerichtsakten A I 6. Die Frau des Tagelöhners Barthold Grop, Anna Margaretha, kaufte sich von dem Verdienst ihres Mannes eine Grundausstattung, bestehend aus Zwirn, Nadeln und Spindeln. KirchenkreisAGö PfarrA Johannis 347. Das Spinnen wird für viele eine Verdienstmöglichkeit gewesen sein, weil mehrere Tuchfabriken in Göttingen auf diese Art der Arbeit angewiesen waren.

Kapitel V

1 Es handelt sich hierbei nicht um einen vollständigen Aktenbestand, sondern lediglich um die aus zufällig erhaltenen Akten, aus den Kirchenbüchern und anderen Quellen ermittelten Fälle.
2 KirchenkreisAGö StadtsupA 347,I 1708-1755.
3 Über die Bedeutung der Kommunikation über Eheklagen als Ermutigung zur Nachahmung und den damit verbundenen Anstieg der Klagequote s. Nancy Cott, Divorce and the Changing Status of Women in Eighteenth-Century Massachusetts, in: William and Mary Quarterly 3rd ser., 33 (1976), S.586-614, S.593. Cott sieht in der Zunahme der Klagen nicht eine Zunahme der Gründe für eine Beschwerde, sondern eine Wandlung der Einstellungen und Verhaltensweisen, gefördert durch die Kommunikation über Eheklagen. Vgl. auch Alison Duncan Hirsch, The Thrall Divorce Case: A Family Crisis in Eighteenth-Century Connecticut, in: Women and History 4 (1982), S.43-75, S.44: Das Beispiel der Eheklage in der Thrall-Familie wurde von mehreren Nachbarn nachgeahmt. Zu ähnlichen Ergebnissen kommt Roderick Phillips, Women's Emancipation, the Family and Social Change in Eighteenth-Century France, in: Journal of Social History 12 (1978/9), S.553-568, S.562.
4 Clemme-Grashoff, Engelhard-Bossigel, Engelhard-Arnemann, Engelhard-Zeller und Kübler-Knieriem, UnivAGö Gerichtsakten D XXII 39 und A VIII 7, KirchenkreisAGö StadtsupA 347,VI und VII, 1822-1824 und 1825-1852; Knauf-Böning und Knauf-Mitternacht, Stadtsup Albani 347; Schelper-Iesengard und Schelper-Tegtmeyer, Stadtsup Marien 314 sowie Kirchenbücher der Johannis- und Jacobigemeinden.
5 Anonym, Über Ehescheidungen und Sühnsversuche, in: Schlesische Provinzialblätter 47 (1808), S.110-121, S.112.
6 Heide Wunder, „Er ist die Sonn', sie ist der Mond". Frauen in der Frühen Neuzeit, München 1992, S.80.
7 Insbesondere Frauen wurden von ihren Predigern oder Vertretern der Obrigkeit von ihrer Klage abgebracht und zur Versöhnung überredet. 1792 wurde dies in den Schlesischen Provinzialblättern folgendermaßen beschrieben: „Was nun da ferner geschah, ist in der gesetzlichen Ordnung. Obrigkeit und Prediger versuchten die Sühne und die ge-

lang ihnen per autoritatem, denn wozu laßen sich nicht die guten Weiber bereden." Anonym, Ueber einen frommen Wunsch, in: Schlesische Provinzialblätter 15 (1792), S.211-220, S.213. Zum Sühneversuch und seiner einschüchternden Wirkung vgl. auch Dirk Blasius, Ehescheidung in Deutschland 1794-1945. Scheidung und Scheidungsrecht in historischer Perspektive (= Kritische Studien zur Geschichtswissenschaft 74), Göttingen 1987, S.70-76.

8 Annalen der Braunschweigisch-Lüneburgischen Churlande 3 (1789), S.177-178, und 9 (1795), S.652-654.
9 Vgl. unten S.122-125, Mißhandlung.
10 Vgl. unten S.160-175, „Bösliches Verlassen" – ein männliches Phänomen?
11 Diese Durchschnittszahlen wurden für Frauen aus insgesamt 64, für Männer aus 45 Fällen errechnet, wobei extreme Ausnahmen nicht berücksichtigt wurden. Auch Desertionsklagen, die oft erst Jahre nach dem Weggang eines der Partner erhoben wurden, fanden keinen Eingang in die Berechnung. Nancy Cott ermittelte für Massachusetts, daß Frauen insgesamt länger mit ihren Klagen warteten als Männer; sie ertrugen die Mißstände aus ökonomischer Abhängigkeit. Cott, Divorce, wie Anm.3, S.31.
12 Susanna Burghartz, Leib, Ehre und Gut. Delinquenz in Zürich Ende des 14. Jahrhunderts, Zürich 1990. Auf S.71 stellt Burghartz die Frage, ob „dies in der Tatsache begründet liegt, daß es sich sowohl bei den Rechtsnormen als auch beim Gerichtswesen um Systeme handelte, die von Männern für Männer nach den Bedürfnissen von Männern entwickelt worden waren, oder ob hier eher die geringere Delinquenzneigung von Frauen [...] zum Tragen kommt [...]". Vgl. auch Michaela Hohkamp, Frauen vor Gericht, in: Mireille Othenin-Girard, Anna Gossenreiter, Sabine Trautweiler (Hg.), Frauen und Öffentlichkeit. Beiträge der 6. Schweizerischen Historikerinnentagung, Zürich 1991, S.115-124, besonders S.122. Martin Dinges bemerkt zu Paris im 18. Jahrhundert: „Es wäre denkbar, daß Frauen den eher informellen Ehrenhandel auf der Straße bevorzugen, während sie vor Klagen bei Gericht zurückschrecken. Dafür spräche ihre insgesamt rechtlich schwächere Stellung, die eine Klageerhebung nur dann nahelegt, wenn kein männlicher Kläger (Ehemann) zu mobilisieren ist." Dinges hatte unter den von ihm untersuchten Klagen einen Frauenanteil von einem Drittel festgestellt. Martin Dinges, „Weiblichkeit" in „Männlichkeitsritualen"? Zu weiblichen Taktiken im Ehrenhandel in Paris im 18. Jahrhundert, in: Francia 18 (1991), S.71-98, S.84-85.
13 UnivAGö Gerichtsakten D XXIII 2 Casper-Hoffmeister. Die eigentlichen finanziellen Schwierigkeiten begannen erst während des Prozesses. Meist lebten die Ehepartner bereits getrennt und der Ehemann war unterhaltspflichtig, kam aber seinen Zahlungsverpflichtungen nicht nach. Frauen, die noch nicht geschieden waren, hatten es nicht leicht, beispielsweise eine Stellung als Dienstmagd zu finden, um sich selbst zu ernähren. 1763 gab der Vater von Catharina Elisabeth Thon zu Protokoll, sie habe große Schwierigkeiten, in Dienst zu gehen, solange es hieße, daß „sie vom Mann sei". UnivAGö Gerichtsakten B XXIV 25. Vgl. unten Kapitel VII, Das Leben nach der Trennung.
14 Rainer Beck, Frauen in Krise. Eheleben und Ehescheidung in der ländlichen Gesellschaft Bayerns während des Ancien régime, in: Richard van Dülmen (Hg.), Dynamik der Tradition (= Studien zur historischen Kulturforschung IV), Frankfurt a.M. 1992, S.137-212, S.142. Rebekka Habermas, Frauen und Männer im Kampf um Leib, Ökonomie und Recht. Zur Beziehung der Geschlechter im Frankfurt der Frühen Neuzeit, in: ebd., S.109-136, S.120.
15 Vgl. oben S.33-38, Der Prozeß sowie unten S.184-188, Selbstscheidung als Element populärer Eheauffassungen.
16 Dies taten auch mindestens vier Frauen, und zwar mit Erfolg.

17 Eine Aufteilung der Klagenden in soziale Gruppen oder Schichten kann in Anlehnung an Wieland Sachse, Göttingen im 18. und 19. Jahrhundert. Zur Bevölkerungs- und Sozialstruktur einer deutschen Universitätsstadt (= Studien zur Geschichte der Stadt Göttingen 15), Göttingen 1987, vorgenommen werden. Vgl. auch oben S.41-43, Haushalt, Ehe und Familie und S.45-46, Frauenarbeit in der städtischen Gesellschaft.
18 Reinhard Sieder, Sozialgeschichte der Familie, Frankfurt a.M. 1987, S.107.
19 Vgl. unten S.160-175, „Bösliches Verlassen" – ein männliches Phänomen? sowie Blasius, Ehescheidung, wie Anm.7, S.82 und 86-98.
20 Roderick Phillips, Women and Family Breakdown in Eighteenth-Century France: Rouen 1780-1800, in: Social History 2 (1976), S.197-218; S.213: Frauen verließen in 80% der Fälle den gemeinsamen Wohnsitz. Thomas Max Safley, To Preserve the Marital State: the Basler Ehegericht, 1550-1592, in: Journal of Family History 7 (1982), S.162-179, S.174: 56 Paare und drei Individuen wurden angeklagt, weil sie nicht zusammen wohnten. Siehe auch Christian Simon, Untertanenverhalten und obrigkeitliche Moralpolitik. Studien zum Verhältnis zwischen Stadt und Land im ausgehenden 18. Jahrhundert am Beispiel Basels (= Basler Beiträge zur Geschichtswissenschaft 145), Basel, Frankfurt a.M. 1981, S.134.
21 Zur praktischen Seite der Versorgung nach einer Scheidung s. unten Kapitel VII, Das Leben nach der Trennung.
22 Zu Desertion vgl. unten S.160-175, „Bösliches Verlassen" – ein männliches Phänomen?
23 Der Ausgang dieser Klagen ist auch in den Kirchenbüchern der sechs Göttinger Gemeinden nicht festzustellen.
24 Göttingisches Magazin für Industrie und Armenpflege 4 (1798), S.265-289. Dies ist auf den ersten Blick ein Widerspruch zu dem Ergebnis, daß Angehörige der Unterschichten selten klagten. Aber zum einen gehörten viele der Empfänger von Armenunterstützung ursprünglich nicht zur Unterschicht, zum anderen werden einige der getrennt lebenden Ehepaare keine Scheidungsklage erhoben, sondern sich eigenmächtig separiert haben.
25 Göttingisches Magazin, ebd., S.271-278; Wagemann nennt neben Mangel an ausreichenden Arbeitskenntnissen (35 Personen) und Trägheit bei Berufsausübung (15 Pers.) Unordnung im Haushalt (27 Pers.), Ausschweifende Lebensart (28 Pers.) und Unbedachtsamkeit im Heiraten (24 Pers.). Darüber hinaus werden jeweils bis zu 10 Personen mit „Hang zum Wohlleben", „Uebertriebenem Aufwand in Kleidung", „Haltung unnöthiger Dienstboten", „Hang zum Spiel", „Grundlosen Processen", „Unbedachtsamkeit bei Gewerbsunternehmungen und Geldanleihen", „Fehlerhafter Kinder-Erziehung" sowie „Unerlaubtem Hang zur Unabhängigkeit" genannt. Vgl. oben S.44-59, Die soziale Lage.
26 Diese Tabelle erfaßt alle in den Klageschriften genannten Klagegründe. Dabei sind sowohl Desertionsklagen, in denen rückblickend der Eheverlauf und die Gründe für ein Scheitern der Ehe geschildert wurden, als auch Gegenklagen, die die Beklagten erhoben, berücksichtigt worden. Der Tatbestand der Desertion selbst ist allerdings nicht aufgenommen worden.
27 Vergleichsmöglichkeiten im städtischen Bereich hinsichtlich der Klagegründe bieten die Studien von Safley zu Basel, besonders Marital State, wie Anm. 20, S.172. Von 226 Klagen wurden 121 wegen Ehebruchs oder Impotenz und 21 wegen Mißhandlung erhoben.
28 Artikel „Gemeinschaft der Güter bey Eheleuten", in: Deutsche Encyclopädie oder Allgemeines Real-Wörterbuch aller Künste und Wissenschaften von einer Gesellschaft Gelehrten, Bd.11, Frankfurt a.M. 1786, S.661-668, bes. S.665.

29 „Gleichzeitig" bedeutet hier: Die Heirat erfolgte zu Beginn der wirtschaftlichen Selbständigkeit. Das Heiratsalter der Männer in den verschiedenen sozialen Gruppen variiert. Während es bei Göttinger Handwerkern bei 28 Jahren lag und die Frauen aus Handwerkerfamilien mit 27 Jahren heirateten, dauerte es bei Akademikern oft bis zum 35. Lebensjahr, bis eine feste Stelle bzw. eine Berufung erreicht wurde und eine Ehe geschlossen werden konnte, wobei dann eine wesentlich jüngere Frau gewählt wurde. Auszählung der Trauregister der Göttinger Albani-, Jacobi-, Marien- und Johannisgemeinde 1784-1801 und 1808/9-1812/13; KirchenkreisAGö, Kirchenbücher der Göttinger Gemeinden.

30 Ursula Floßmann, Die Gleichberechtigung der Geschlechter in der Privatrechtsgeschichte, in: Dies. (Hg.), Rechtsgeschichte und Rechtsdogmatik. Festschrift Hermann Eichler (= Linzer Universitätsschriften Festschriften 1), Wien, New York 1977, S.119-144 sowie speziell zum ehelichen Güterrecht Richard Schröder, Das eheliche Güterrecht Deutschlands in Vergangenheit, Gegenwart und Zukunft (= Deutsche Zeit- und Streitfragen 59), Berlin 1875, S.30-40.

31 Traudel Weber-Reich, „Um die Lage der hiesigen nothleidenden Classe zu verbessern". Der Frauenverein zu Göttingen von 1840 bis 1956 (= Studien zur Geschichte der Stadt Göttingen 18), Göttingen 1993, S.72.

32 Die rechtlichen Bestimmungen verlangten einen Gerichtsentscheid über die Rückgabe der Mitgift an die Frau und beinhalteten eine Frist, innerhalb derer auch nach einem Schuldspruch ein Ehemann die Mitgift noch in Händen behalten konnte. UnivAGö Gerichtsakten B XXIV 25, 1763, Buchdrucker Schultze – Catharina Thon. Vgl. dazu Lyndal Roper, The Holy Household: Women and Morals in Reformation Augsburg (= Oxford Studies in Social History), Oxford 1989, S.173, Phillips, Women and Family Breakdown, wie Anm.20, S.215.

33 Für alle diese Fälle liegen Belege in den Göttinger Eheakten sowie Testamenten in Kirchenkreisarchiv und Universitätsarchiv vor.

34 KirchenkreisAGö StadtsupA 347,V 1819-1821.

35 Beide Zitate aus KirchenkreisAGö StadtsupA 347,VII 1825-1852.

36 KirchenkreisAGö StadtsupA 347,V 1819-1821 sowie UnivAGö Gerichtsakten A VIII 7. Roper, Holy Household, wie Anm.32, S.176.

37 In mehreren Klagen wird erwähnt, daß die Ehefrauen Leihhausscheine besaßen oder daß Ehemänner mit Zustimmung ihrer Frauen, die „den Schlüssel hergegeben" hatten, etwas versetzten, wobei unter den Betroffenen Professoren, Kaufleute, Handwerker oder Tagelöhner zu finden waren. UnivAGö Gerichtsakten und KirchenkreisAGö StadtsupA 347,I-VI. Vgl. auch Roper, Holy Household, wie Anm.32, S.176.

38 Vgl. unten S.122-140, Gewalt und Macht.

39 Hans Medick, Plebejische Kultur, plebejische Öffentlichkeit, plebejische Ökonomie. Über Erfahrungen und Verhaltensweisen Besitzarmer und Besitzloser in der Übergangsphase zum Kapitalismus, in: Robert M. Berdahl u.a. (Hg.): Klassen und Kultur. Sozialanthropologische Perspektiven in der Geschichtsschreibung, Frankfurt a.M. 1982, S.157-204. Medick hat festgestellt, daß der Alkoholkonsum sich aufgrund der Fragmentarisierung der Lebensweise vor allem der Schichten unterhalb des etablierten Handwerks verstärkte, zu einer Zeit, als der industrielle Kapitalismus noch nicht entwickelt war. Als Heilmittel stellten mehrere des übermäßigen Trinkens beschuldigte Männer in Göttingen den Branntwein dar. Der Ratspedell Röhr betonte 1754, er trinke, „weil er schlechte Pflege habe, mithin woher einige Erhaltung nehmen müßte". Der Hutmacher Andreas Böning sagte aus, er habe einen Schaden am Hals und gewinne durch Trinken seine Sprache wieder. KirchenkreisAGö StadtsupA 347,I 1708-1755.

Zur Geschichtlichkeit des Alkoholkonsums allgemein vgl. Hasso Spode, Die Entstehung der Suchtgesellschaft, in: Traverse, Zeitschrift für Geschichte 1 (1994), S.23-37.
40 Daß das Trinken und ein daraus resultierendes Fehlverhalten von Männern auch von der Obrigkeit als Problem gesehen wurde, legt Lyndal Roper dar in Männlichkeit und männliche Ehre, in: Journal Geschichte (1991), S.28-37. Zu den verschiedenen Formen des Trinkens vgl. James S. Roberts, Der Alkoholkonsum deutscher Arbeiter im 19. Jahrhundert, in: Geschichte und Gesellschaft 6 (1980), S.220-242.
41 UnivAGö Gerichtsakten A LIV 40, Fall Müller-Seger 1770; StaatsAHann Hann 74 Goett, K 74.
42 In mehreren Ehe-, aber auch in Beleidigungsklagen kommen Beschwerden von Frauen darüber zur Sprache, daß ihre Männer in Kneipen „aus dem Ehebett geredet" hätten oder Beleidigungen mit sexueller Konnotation ausgestoßen hätten. KirchenkreisAGö StadtsupA 347,I-VII und UnivAGö Gerichtsakten, z.B. A VIII 7, Bossigel-Engelhard. Der Buchhändler Bossigel las im Wirtshaus unter anderem aus der Klageschrift gegen seine Frau vor.
43 Roper, Holy Household, wie Anm.32, hat für Augsburg ermitteln können, daß das Trinken der Männer als Fokus für den Ärger der Frauen über die Geldprobleme in der Familie diente.
44 UnivAGö Gerichtsakten B XLVIII 26-28.
45 Fall Bossigel-Engelhardt, Fall Clemme-Grashoff, UnivAGö Gerichtsakten A VIII 7 und D XXII 39. Es gibt noch zahlreiche andere Fälle, in denen Männer versuchten, ihr Trinken mit dem Verhalten ihrer Frauen in Verbindung zu bringen.
46 Iesengard-Sauer 1744, KirchenkreisAGö StadtsupA 347,I 1708-1755; Clemme-Grashoff 1749, Lesser-Börges 1778, Engelhard-Bossigel 1787, UnivAGö Gerichtsakten D XXII 39, A VII 8 und A VIII 7.
47 Für Frauen war es schwieriger, Trinken als ihre Ehe bedrohend darzustellen: Männer durften trinken, und um das Trinken zu problematisieren, mußte das Exzessive bewiesen werden. Doch es gibt keinen Hinweis darauf, daß gerichtlicherseits strengere Maßnahmen als eine eintägige Inhaftierung zur Ausnüchterung ergriffen wurden. In einigen Fällen, in denen der Vorwurf des Trinkens im Zusammenhang mit Mißhandlung eine große Rolle spielte, wurde eine Trennung von Tisch und Bett verfügt.
48 Lyndal Roper hat für Augsburg ein Bündnis der Obrigkeit mit den klagenden Frauen festgestellt, da „Trunksucht" die Armenquote erhöhte. Man versuchte, die Männer davon zu überzeugen, daß sie das vorhandene Geld nicht allein verdienten und auch nicht allein ausgeben sollten. Roper, Holy Household, wie Anm.32, S.182-185. Im Land Hannover galt die Verordnung vom 5.12.1736, derzufolge übermäßiges Branntweintrinken mit dreitägiger Gefängnisstrafe bei Wasser und Brot, bei Wiederholung mit Karren-, Zucht- und Spinnhausstrafen belegt werden sollte. Friedrich Christoph Willich, Des Königreichs Hannover Landes-Gesetze u. Verordnungen, insbes. der Fürstenthümer Calenberg, Göttingen und Grubenhagen, Bd.1, Göttingen 1825, S.363. Für Göttingen konnte nicht ermittelt werden, daß ein Mann derart zur Verantwortung gezogen worden wäre. Obwohl die städtische Obrigkeit nachweislich Maßnahmen ergriff, um die Zahl der Empfänger von Armenunterstützung klein zu halten, griff sie in diesem Bereich nicht ein. Vgl. oben S.76-80, Zweit- und Drittehen.
49 Exemplarisch für eine Reihe anderer Fälle Schepeler-Pliese 1742, UnivAGö Gerichtsakten A IV 3.
50 Bessere Bewirtung für Fremde: Johrdahns-Hartwig, Röhr-Muhlert, KirchenkreisAGö StadtsupA 347,I 1708-1755; die Frau kochte gar nicht oder schlecht: Proffe-Hentze 1815, Scherer-Petri 1823, StadtsupA 347,IV 1814-1818 und 347,VI 1822-1824; der Ehemann verweigerte gemeinsame Mahlzeiten: Petsche-Lebarre 1814, StadtsupA

347,IV 1814-1818, und viele andere. Zur Bedeutung der gemeinsamen Mahlzeiten vgl. Beck, Frauen in Krise, wie Anm.14, S.161-165.
51 Alle Zitate aus KirchenkreisAGö Stadtsup Albani 347, 1744.
52 Iesengards Argumentationsweise ist ein wichtiges Element in der männlichen Verteidigungsstrategie im Kampf um die Herrschaft, wenn es um die Rechtfertigung von Übergriffen eines Mannes auf den Besitz seiner Frau ging. Vgl. unten S.115-118, Wandel der Arbeitsrollen und weibliche Ehre.
53 Im Gegenzug beschuldigte er sie, seine Lade aufgebrochen zu haben. Das gegenseitige Aufbrechen der Kästen mit dem persönlichen Besitz wurde von ihm unterschiedlich bewertet: Während er es als sein Recht ansah, ihr Kleidung wegzunehmen und zu verkaufen, da er sie auch angeschafft hätte, bezog sich einer seiner Hauptbeschwerdepunkte auf das Vorgehen seiner Frau, die sich Geld aus seiner Lade genommen hatte.
54 Es gibt einige Fälle, in denen Männer ihren Frauen verboten, zu ihren Eltern oder Verwandten zu gehen, oder in denen Verwandte als Urheber von Spannungen genannt wurden. KirchenkreisAGö StadtsupA 347,I-VII.
55 Alle folgenden Zitate zum Fall Clemme-Grashoff aus UnivAGö Gerichtsakten D XXII 39 und A XXXIX 7, KirchenkreisAGö Kirchenbücher der Göttinger Gemeinden.
56 In den Akten wird der Ausdruck „öffentliche Hure" benutzt.
57 Verpfändet hatte er angeblich Ringe, Perlen, eine Zuckerschale, einen Degen, eine Uhr und eine goldene Kette.
58 Das Paar erwarb am 7.11.1770 das Bürgerrecht der Stadt; als Herkunftsorte wurden dabei „Erdbach im Rinckau" für Buffier und „Closter Marienthal im Braunschweigischen" für Magdalene Meineke notiert. Die Göttinger Bürgeraufnahmen, Bd.3, 1711-1799, Manuskript Heinz Dieterichs, Textbearbeitung Franz Schubert, Göttingen 1991, S.740.
59 Alle folgenden Zitate zum Fall Meineke-Buffier aus UnivAGö Gerichtsakten A IV 41.
60 Hier handelt es sich wahrscheinlich um einen Fehler des Protokollanten, denn es muß „mehr" heißen.
61 „Sie sehe wohl, daß er kaum dahin würde werden angehalten können, daß er sie wie eine ehrliche Ehefrau treitirte." In diesem Zusammenhang bemerkt Rainer Beck, daß die Ehre und der Respekt, die jeder anständigen Ehe- und Hausfrau gebührten, dem männlichen Herrschaftsanspruch Grenzen setzten. Frauen hätten dies gewußt und deshalb geklagt. Beck, Frauen in Krise, wie Anm.14, S.183-186.
62 Dies widersprach der auch für Buffier bezeugten Praxis, daß ein Mann bei der Heirat einer Witwe formell geloben mußte, die Stiefkinder zu erziehen, für ihre Ernährung und Ausbildung zu sorgen.
63 Der Disputationshändler Bossigel antwortete 1787 auf den Vorwurf seiner Frau, Margarethe Engelhard, er habe ihr nicht genügend Geld für Lebensmittel gegeben, es sei seinem Stand nicht zuzumuten, Delikatessen anzuschaffen. Er kritisierte, daß seine Frau im Wirtshaus ihrer Mutter besondere Speisen bekam. UnivAGö Gerichtsakten A VIII 7. Weitere Beispiele: Kaufmann Knieriem 1825, KirchenkreisAGö StadtsupA 347,VII 1825-1852 und Sprachmeister Buffier, UnivAGö Gerichtsakten A V 4 und A IV 41.
64 Im Fall Biermann-Ballhoff 1776 gestanden die beratenden Pastoren dem Metzger Biermann zu, Geld für Tabak zu benötigen, KirchenkreisAGö StadtsupA 347,II 1756-1800 und PfarrA Marien 343. Der Kaufmann Grashoff beschuldigte seine Frau Dorothea Clemme der Verschwendung, weil sie sich vor ihrer Eheschließung von ihrem eigenen Geld eine Tasche anfertigen ließ. Er selbst beanspruchte täglich größere Mengen Alkohol und beschimpfte seine Frau als Pietistin, weil sie nicht mit ihm trinken wollte. UnivAGö Gerichtsakten D XXII 39 und A XXXIX 7.

65 UnivAGö Gerichtsakten A VIII 7.
66 Zur großen psychologischen Bedeutung des einzigen Ortes, der nur für Frauen zugänglich war und an dem sie ihre persönlichen Habseligkeiten aufbewahrten s. Phillips, Women and Family Breakdown, wie Anm.20, S.216. Rosine Elisabeth Koch, Frau des Stiefelputzers Zulauf, sprach beispielsweise 1827 von den „nur ihr zugänglichen Sachen", die ihr Mann versetzt habe. KirchenkreisAGö StadtsupA 347,VII 1825-1852.
67 Vgl. unten S.109, Der Fall Muhlert-Röhr 1754, UnivAGö Gerichtsakten Bossigel-Engelhardt 1787 A VIII 7, Seger-Müller 1770 A LXIV 40 u.a. Zur „Schlüsselgewalt", einem Begriff, der erst in der Lehre vom Deutschen Privatrecht im 19. Jahrhundert geprägt wurde, vgl. W. Brauneder, Artikel „Schlüsselgewalt", in: Adalbert Erler, Ekkehard Kaufmann (Hg.), Handwörterbuch der deutschen Rechtsgeschichte Bd.4, Berlin 1990, Spalten 1446-1450.
68 KirchenkreisAGö StadtsupA 347,I 1708-1755.
69 KirchenkreisAGö StadtsupA 347,I 1708-1755, Kirchenbücher der Göttinger Gemeinden; StadtAGö AA Stadtverwaltung 334 Pedelle 7; AB Exp. IV,9-21, Stadthandelsbücher 1738-1755.
70 Vgl. zu diesem für die Argumentation von Männern typischen Angriff auf die weibliche Ehre unten S.114-117, Wandel der Arbeitsrollen und weibliche Ehre.
71 Diese Stellungnahme wurde sicher durch Ilsa Muhlerts Herkunft aus einer alten angesehenen Göttinger Familie begünstigt, während der zugezogene Röhr über keinerlei Beziehungen und Verwandtschaft in der Stadt verfügte.
72 Vgl. unten S.150, Der Fall Cassius-Riepenhausen 1776: Obwohl auch in diesem Fall die Klägerin aus einer angesehenen Göttinger Familie stammte, überwog vor dem Universitätsgericht die Loyalität der richtenden Akademiker mit ihrem Mann, dem Juristen Cassius.
73 Roderick Phillips, Family Breakdown in Late Eighteenth-Century France: Divorces in Rouen, 1792-1803, Oxford 1980; David Warren Sabean, Property, Production and Family in Neckarhausen, 1700-1870 (= Cambridge Studies in Social and Cultural Anthropology), Cambridge 1990, S.172.
74 Es könnte allerdings die Frage gestellt werden, ob die Häufung solcher Eheklagen erst einsetzte, als wirtschaftliche Veränderungen mit Konsequenzen für einzelne Haushalte stattfanden. Aufgrund der lückenhaften Überlieferung des Materials ist diese Frage nicht eindeutig zu beantworten.
75 Vgl. unten S.118, Der Fall Proffe-Hentze 1815. Zur Erlaubnis der Ehemänner an ihre Frauen, in Dienst zu gehen vgl. die Fälle Thon-Schultze 1763, Seger-Müller 1770, UnivAGö Gerichtsakten B XXIV 25 und A LXIV 40, Mädel-Rörig 1798, KirchenkreisAGö StadtsupA 347,II. Eine solche Regelung war auch im Allgemeinen Preußischen Landrecht festgeschrieben; dazu Doris Alder, Im „wahren Paradies der Weiber"? Naturrecht und rechtliche Wirklichkeit der Frauen im Preußischen Landrecht, in: Viktoria Schmidt-Linsenhoff (Hg.), Sklavin oder Bürgerin? Französische Revolution und neue Weiblichkeit 1760-1830, Frankfurt 1989, S.206-222, S.210.
76 Kleine Hütten in der Turmstraße, die vom Rat der Stadt an arme Leute vermietet wurden.
77 StadtAGö AA Wohlfahrt, Armensachen und Stiftungen 3, KirchenkreisAGö PfarrA Marien 343. Auch die Regel, daß Ehemännern die Zinsen aus Kapitalien ihrer Ehefrauen zufließen sollten, war im Preußischen Landrecht verankert, vgl. Doris Alder, „Paradies", wie Anm.75, S.210.
78 Vgl. für Augsburg Roper, Holy Household, wie Anm.32, S.177-178.
79 So Buchbinder Pliese 1742, UnivAGö Gerichtsakten A IV 3, Schuster Scherer 1823 und Klempner Prüfert 1844, KirchenkreisAGö StadtsupA 347,VI 1822-1824 und

347,VII 1825-1852. Lyndal Roper bemerkt dazu, daß Männer häufig Kleidung der Frauen verkauften als Strafe dafür, daß diese in ihren Augen die Arbeitslast nicht teilten. Roper, Holy Household, wie Anm.32, S.178.
80 KirchenkreisAGö StadtsupA 347,VI 1822-1824.
81 KirchenkreisAGö StadtsupA 347,V 1819-1821.
82 Lyndal Roper vermutet als Gründe für ähnliche Argumentationsmuster von Männern im Augsburg des 16. Jahrhunderts vor allem eine männliche Eifersucht auf die Bewegungsfreiheit der Frauen und ein Mißtrauen gegenüber weiblicher Arbeit und Kommunikation. Die Arbeit der Handwerker unterlag noch keinen existenzbedrohenden ökonomischen Veränderungen wie im Göttingen des 18. Jahrhunderts. Roper, Holy Household, wie Anm.32, S.179-180.
83 Daß diese Taktik Erfolg hatte, zeigt die Tatsache, daß aus vielen Klägerinnen im Verlauf des Prozesses Beklagte wurden, indem die Männer die Aufmerksamkeit ganz auf die Haushaltsführung oder die „Aufsässigkeit" der Frauen – also auf die Frage der Herrschaft – lenkten. Vgl. zu den besitzrechtlichen Konsequenzen einer Scheidung unten Kapitel VII, Das Leben nach der Trennung.
84 Viele ehemalige Handwerker machten angesichts der schlechten Situation im Handwerk gegen Ende des 18. Jahrhunderts Gebrauch von den neuen Erwerbsmöglichkeiten, die sich im tertiären Sektor auftaten. Sie arbeiteten als Zeitungsträger, Kutscher, Pferdevermieter, Stiefelputzer u.v.a. Vgl. oben S.48-53, Das Handwerk.
85 Aderholz-Berken 1819/22 KirchenkreisAGö StadtsupA 347,V 1819-1821 und 347,VI 1822-1824.
86 Koch-Zulauf und Henne-Mertens, KirchenkreisAGö StadtsupA 347,VII 1825-1852 sowie allgemein 347,I-VII und UnivAGö Gerichtsakten.
87 Alle Zitate und Belege zu diesem Fall in KirchenkreisAGö StadtsupA 347,IV 1814-1818, den Kirchenbüchern der Göttinger Gemeinden sowie dem Zivilstandsregister St.Johannis 1809; außerdem StadtAGö AB Exp.IV 50-70, Stadthandelsbücher 1791-1819, AB Exp. Amtsgericht C: Verlassenschaften 12, Nachlaß Proffe; AB Kä,12 Collectentabelle 1808/9; AA Zählungen, Volkszählungen 7, 1795. Eine Untersuchung dieses Falles ist bereits erschienen: Sylvia Möhle, Ehen in der Krise. Zur Bedeutung der Eigentumsrechte und der Arbeit von Frauen in Ehekonflikten (Göttingen 1740-1840), in: Jürgen Schlumbohm (Hg.), Familie und Familienlosigkeit. Fallstudien aus Niedersachsen und Bremen vom 15. bis 20. Jahrhundert (= Veröffentlichungen der Historischen Kommission für Niedersachsen und Bremen 34), Hannover 1993, S.39-50.
88 Die 1815 von Catharina Proffe eingereichte Klageschrift ist nicht überliefert, wohl aber die Beweisartikel, die sich unmittelbar aus der Klageschrift herleiteten und zur Zeugenbefragung dienten, sowie die vom verklagten Ehemann zusammengestellten Gegenbeweisartikel zu den einzelnen Punkten.
89 Aus dem weiteren Verlauf der Befragungen geht hervor, daß das Geld, mit dem Catharina Proffe die Tagelöhner bezahlte, ihr eigenes – wahrscheinlich aus ihrem Kramladen oder dem Verkauf von Gemüse erwirtschaftetes – Geld war.
90 In den Hannoverschen Gesindeordnungen ist dazu nichts vermerkt, in der Preußischen Gesinde-Ordnung von 1810 heißt es jedoch ausdrücklich, daß es allgemein dem Mann zukommt, Gesinde zu mieten, eine Frau jedoch ohne Zustimmung ihres Mannes weibliches Gesinde annehmen könne. Ute Gerhard, Verhältnisse und Verhinderungen. Frauenarbeit, Familie und Rechte der Frauen im 19. Jahrhundert, Frankfurt a.M. 1978, S.262.
91 Zum Vorwurf der Prostitution in Verbindung mit der Kritik an weiblicher Haushaltsführung vgl. Dinges,"Weiblichkeit", wie Anm.12, S. 88-90.

92 Zu der These, daß das Universitätsgericht und die Kirchenkommission generell im gesamten Untersuchungszeitraum die Wahrung der männlichen Herrschaft bei der Beurteilung von Ehekonflikten in den Vordergrund stellten, vgl. unten Kapitel VIII, Schlußüberlegungen: Die Ehescheidungspraxis – Möglichkeit zur Emanzipation oder Bestätigung der innerehelichen Machtverhältnisse?
93 Dinges hat in „Weiblichkeit", wie Anm.12, S.71-98, ausgeführt, wie Vorwürfe der Liederlichkeit und Prostitution eine Kritik an der Ausübung der zugewiesenen Arbeitsrollen beinhalten konnten.
94 Dies wird in der Neigung beider Gerichte deutlich, die Schuld für einen Ehekonflikt eher bei der Frau zu suchen, selbst wenn diese die Klägerin war. Vgl. Anm.83.
95 Unter den übrigen 15 Fällen, in denen Mißhandlung der Frau Grund für eine Eheklage war, befanden sich ein Copist, ein Gastwirt, ein Kaufmann und ein Disputationshändler, ein Jurist, ein Sprachmeister, zwei Stiefelputzer, ein Reit- und ein Brauknecht, ein Bedienter, ein Seifenkugelhändler, ein Wrüger (städtischer Angestellter zur Durchführung kleinerer Bestrafungen, z.B. Vertreibung von Bettlern etc.) sowie zwei Gärtner. Andere Untersuchungen zu innerehelichen oder -familiären Konflikten z.B. bei Roper, Holy Household, wie Anm.32, Sabean, Property, wie Anm.73, Hans Medick, Biedermänner und Biederfrauen im alten Laichingen. Lebensweisen in einem schwäbischen Ort an der Schwelle zur Moderne, in: Journal Geschichte (1991), S.46-61 sowie bei Arlette Farge, Michel Foucault (Hg.), Familiäre Konflikte: Die „Lettres de cachet". Aus den Archiven der Bastille im 18. Jahrhundert, Frankfurt a.M. 1989, S.25-124.
96 Helmut Möller, Die kleinbürgerliche Familie im 18. Jahrhundert. Verhalten und Gruppenkultur, Berlin 1969, S.15-29. Zur Bedeutung von Gewalt in der protestantischen Eheauffassung vgl. Stephen Ozment, When Fathers Ruled. Family Life in Reformation Europe, Cambridge/Mass., London 1983, S.50-99.
97 S. oben S.60, Strukturen der Geschlechterbeziehungen in der Ehe.
98 UnivAGö Gerichtsakten A I 30.
99 Dinges, „Weiblichkeit", wie Anm.12, hat für das Paris des 18. Jahrhunderts ähnliches festgestellt.
100 KirchenkreisAGö Stadtsup Albani 347.
101 Der Stiefelputzer Rottenbach beispielsweise erwähnte, daß er und seine Frau sich gegenseitig angegriffen hätten: „Bey einem Streite, den er mit seiner Ehefrau einmal gehabt, habe sie ihm in ihrem Eifer ins Gesicht gespien, worauf er ihr eine Ohrfeige gegeben und so sey denn, da sie gegen ihn eingesprungen, weitere Thätlichkeit, um sie abzuwehren, auch von seiner Seite eingetreten." KirchenkreisAGö StadtsupA 347,IV 1814-1818.
102 Sauer-Iesengard 1744: Margaretha Hedewig Sauer hatte angeblich eine Barte (ein kleines Beil) unter ihrem Kopfkissen versteckt; Bade-Brennecke 1780: Der Reitknecht Bade gab an, seine Frau habe ein „Messer gegen ihn getragen"; Müller-Seger 1770: Dorothea Seger sollte ein Bügeleisen nach ihrer Schwester geworfen haben, worauf ihr Mann ihre Gefährlichkeit bewiesen sah; Gehre-Weber 1751: Die Frau des Arztes Michael Weber, Marie Christine Gehre, sollte angeblich Gift und eine Waffe zur Tötung ihres Mannes bereitgehalten haben. KirchenkreisAGö Stadtsup Albani 347 und UnivAGö Gerichtsakten A VII 23, A LXIV 40 und B XLI 17. Aus dem Untersuchungszeitraum liegen jedoch keine Hinweise auf Gattenmord, von Frauen verübt, vor, während sich mehrere Männer in ihren Drohungen auf Frauenmorde durch Ehemänner bezogen.
103 Hierzu, gerade in Kritik an Norbert Elias, der diesen Bestandteil der bürgerlichen Gesellschaft nicht thematisiert hat, vgl. Veronika Bennholdt-Thomsen, Zivilisation, mo-

derner Staat und Gewalt. Eine feministische Kritik an Norbert Elias' Zivilisationstheorie, in: Beiträge zur feministischen Theorie und Praxis 13 (1985), S.23-35.

104 In den Quellen wird häufig zwischen „vernünftigem" und „unvernünftigem" Schlagen unterschieden, wenn die Grenzen des Züchtigungsrechts verhandelt werden. Unter „unvernünftigem" Schlagen verstand man „Umherziehen an den Haaren", „braun und blau schlagen" und besonders brutale Formen der Mißhandlung, beispielsweise Treten. Vgl. Deutsches Rechtswörterbuch, hg. v. der Preußischen Akademie der Wissenschaft, Bd.2, Weimar 1932/35, Spalte 462.

105 Hier meint Pliese in seinem eigenhändig geschriebenen Memorandum, daß seine Frau 59 Hemden für ihre Tochter hat anfertigen lassen.

106 UnivAGö Gerichtsakten A IV 3.

107 Hier klingt ein weiterer Aspekt des oben behandelten Trinkens an: Mißhandlungen wurden oft unter Alkoholeinfluß begangen.

108 In der Bittschrift eines anderen Buchbinders, der sich für Pliese verbürgen wollte, hieß es, Pliese sei nur so heruntergekommen, weil er mit seiner Frau in Unfrieden gelebt habe, wobei der Bittsteller dies als selbstverständliche Entschuldigung für Pliese und als Belastung der Frau vorbrachte. UnivAGö Gerichtsakten D XXX 15.

109 Es sind nur wenige Jahrgänge der Göttinger Kriminalgerichtsprotokolle aus der ersten Hälfte des 18. Jahrhunderts sowie ein Repetitorium der Urteile aus den ersten Jahrzehnten des 19. Jahrhunderts erhalten, die jedoch bereits das Ausmaß innerfamiliärer Gewalt ahnen lassen. Teilweise tauchen Männer, die mit einer Eheklage vor der Kirchenkommission oder dem Universitätsgericht aktenkundig wurden, auch in den Urteilslisten des Kriminalgerichtes zu Beginn des 19. Jahrhunderts wegen schwerer Mißhandlung auf. StaatsAHann Hann 72 Goett 69, Kriminalgerichtsfälle.

110 Für 19 Fälle ist belegt, daß vor der Erhebung der Eheklage eine Klage beim Zivilgericht bzw. Rat, bei der Polizeikommission oder einem anderen Gericht verhandelt worden war, meist wegen Mißhandlung.

111 KirchenkreisAGö StadtsupA 347,VII 1825-1852.

112 Als Marie Elisabeth Beuermann ihren Mann David Tucher auf die Wache bringen lassen wollte, fanden ihn die Polizeidiener nicht, obwohl er mehrere Tage in einem Gasthaus zubrachte. Ein anderes Mal gelang ihm die Flucht, nicht ohne noch zuvor mithilfe eines anderen Handwerkers den Koffer seiner Frau aufgebrochen und ihr Geld gestohlen zu haben. KirchenkreisAGö StadtsupA 347,V 1819-1821.

113 Auch Johanne Christiane Mädel, Frau des Camelotmachers Johann Martin Röhrig, hatte sich wegen der unentwegten Mißhandlung und des Trinkens ihres Mannes 1797 nach zehnjähriger Ehe mit obrigkeitlicher Erlaubnis von ihm trennen dürfen, wenn auch nur auf Zeit. Sie hatte sich eine Stellung als Dienstmagd gesucht, doch überfiel sie ihr Mann „selbst im Hause meiner Brodtherrschafft". Sie gab zu Protokoll, die obrigkeitlichen Ermahnungen hätten ihren Mann zur Verdoppelung seiner Grausamkeiten verleitet. KirchenkreisAGö StadtsupA 347,II 1756-1800.

114 KirchenkreisAGö Stadtsup Albani 347,III.

115 In zwölf der 20 Fälle von Mißhandlung aus dem Handwerk ist das Heiratsalter der Eheleute bekannt: In wenigstens sechs Fällen war die Frau älter als der Mann, in drei Fällen hatten Frauen im Alter von 14 bis 17 Jahren einen älteren Partner geheiratet.

116 KirchenkreisAGö StadtsupA 347,V 1819-1821. In mehreren Fällen wird deutlich, daß die Männer, die aus ökonomischen Erwägungen eine weitaus ältere Frau geheiratet hatten, keinen Hehl daraus machten, daß diese Frau ihre sexuellen Wünsche nicht mehr befriedigen konnte. Neben häufigen Ehebrüchen provozierten diese Konstellationen heftige Auseinandersetzungen. Zu Ehebruch als Motiv in Scheidungsklagen s. unten S.175-183, Ehebruch. Zum Altersunterschied zwischen den Ehepaaren und zur Se-

xualität vgl. Heidi Rosenbaum, Formen der Familie. Untersuchungen zum Zusammenhang von Familienverhältnissen, Sozialstruktur und sozialem Wandel in der deutschen Gesellschaft des 19. Jahrhunderts, Frankfurt a.M. 1982, S.151 u.161.

117 UnivAGö Gerichtsakten A IV 41, Meineke-Buffier 1759: „Wie er neulich die [...] Sitz-Gebühren und andere Gerichtskosten zu entrichten gehabt, so hätte sie solche von dem ihrigen hergeben müssen. Da doch nicht sie, sondern der Mann durch sein Betragen solche verursacht hätte."

118 Friederike Eitmann bat 1825 um Milderung der wegen Ehebruchs verhängten Gefängnisstrafe ihres Manns, der daraufhin nach vier Wochen entlassen wurde. KirchenkreisAGö StadtsupA 347,VII 1825-1852.

119 UnivAGö Gerichtsakten D XXII 39 und A VIII 7.

120 Phillips, Women and Family Breakdown, wie Anm.20, S.209-210. Zu den erwähnten Synonymen für grausame Mißhandlungen, die auch im englischsprachigen Raum große Ähnlichkeit mit den im Deutschen verwendeten Ausdrücken aufweisen, vgl. Sheldon S. Cohen, To Parts of the World Unknown. The Circumstances of Divorce in Connecticut 1750-1797, in: Canadian Review of American Studies 11 (1980), S.275-293, S.285. Johann Heinrich Zedler, Großes vollständiges Universal Lexicon Aller Wissenschaften und Künste, Bd.12, Leipzig/Halle 1735, Artikel Hauswirth, Spalte 912-922, besonders 915: Der Mann ist „nach Befindung der Umstände" befugt, seine Frau in Worten und Taten zu züchtigen, doch „muß er [...] hierinnen Maß halten". Als übermäßige Züchtigung gilt auch hier „bei den Haaren raufen", „braun und blau" oder „blutrünstig" schlagen. Vgl. Anm. 104.

121 UnivAGö Gerichtsakten A IV 41.

122 Zu Justizphantasien vgl. Martin Dinges, Frühneuzeitliche Justiz: Justizphantasien als Justiznutzung am Beispiel von Klagen bei der Pariser Polizei im 18. Jahrhundert, in: Heinz Mohnhaupt, Dieter Simon (Hg.), Vorträge zur Justizforschung: Geschichte und Theorie, Frankfurt a.M. 1992, S.269-292. Dinges sieht die Justiz in den Vorstellungen der Menschen als eine relativ verfügbare Institution, die man für individuelle Zwecke einsetzen kann. Diese Phantasie steht in einem Spannungsverhältnis zu den realen Chancen der Nutzbarkeit von Rechtsprechung.

123 KirchenkreisAGö StadtsupA 347,IV 1814-1818. Die Ehe des Metzgers Möhle wurde ganz im Sinn des im Königreich Hannover restriktiv gehandhabten protestantischen Ehescheidungsrechts nur von Tisch und Bett getrennt; Möhle wollte nach Ablauf der Trennungszeit die Ehe fortsetzen. Der Ausgang seines Gesuchs ist nicht überliefert.

124 UnivAGö Gerichtsakten D XXIII 2.

125 KirchenkreisAGö StadtsupA 347,V 1819-1821.

126 KirchenkreisAGö StadtsupA 347,II 1756-1800.

127 KirchenkreisAGö StadtsupA 347,V 1819-1821 sowie das Kirchenbuch der Albanigemeinde. In zwei Fällen sagten Frauen aus, durch die erlittenen Mißhandlungen sei es zu Fehlgeburten gekommen. Interessanterweise handelte es sich bei diesen beiden klagenden Frauen um Mutter und Tochter. Engelhard-Bossigel 1786 und Kübler-Knieriem 1825, UnivAGö Gerichtsakten A VIII 7 und KirchenkreisAGö StadtsupA 347,VII 1825-1852.

128 Vgl. Bernd Wedemeyer, Wohnverhältnisse und Wohnungseinrichtung in Göttingen im 18. und in der ersten Hälfte des 19. Jahrhunderts (= Reihe Kulturwissenschaft 1), Göttingen 1992, S.159.

129 KirchenkreisAGö Stadtsup Albani 347, Fall Sauer-Iesengard, und StadtsupA 347,VI 1822-1824, Fall Haroth-Brück.

130 Anonym, Reise von Cassel und Göttingen durch Braunschweig und Lübeck nach Kiel im Jahre 1782, in: Johann Bernoulli, Sammlung kurzer Reisebeschreibungen und ande-

rer zur Erweiterung der Länder- und Menschenkenntniß dienender Nachrichten, Bd.10, o.Ort 1783, S.395. Der Verfasser schreibt, daß „selbst an dunklen Abenden viele Häuser offen stehen". Stefan Brüdermann, Göttinger Studenten und akademische Gerichtsbarkeit im 18. Jahrhundert (= Göttinger Universitätsschriften Serie A: Schriften 15), Göttingen 1990, S.306; vgl. auch KirchenkreisAGö StadtsupA 347,I 1708-55, Fall Hartwig-Jordan.
131 So im Fall des Sprachmeisters Buffier, des Seifenkugelhändlers Laplante und des Metzgers Möhle. UnivAGö Gerichtsakten A IV 41 sowie KirchenkreisAGö StadtsupA 347,II 1756-1800 und 347,IV 1814-1818.
132 UnivAGö Gerichtsakten A VII 23.
133 KirchenkreisAGö StadtsupA 347,V 1819-1821.
134 StadtAGö AB Gerichtswesen 7,10, Kriminalgerichtsprotokolle 1729-1733.
135 Vgl. oben S.118, Der Fall Proffe-Hentze 1815.
136 KirchenkreisAGö StadtsupA 347,II 1756-1800 u. 347,V 1819-1821; vgl. auch oben S.118, Der Fall Proffe-Hentze 1815.
137 KirchenkreisAGö StadtsupA 347,IV 1814-1818.
138 Phillips, Women and Family Breakdown, wie Anm.20, S.209-210; vgl. auch J.J. Gayford, Battered Wives, in: John Powell Martin (Hg.), Violence and the Family, Chichester 1978, S.19-42, S.22. Eine Untersuchung mit 100 geschlagenen Frauen brachte ähnliche Phänomene zutage, wie sie auch in den Klagen wegen Mißhandlung aus dem 18. und frühen 19. Jahrhundert augenfällig sind: Viele Frauen hatten die Mißhandlungen über einen Zeitraum von mehr als zehn Jahren ertragen. Schuldgefühle, Sorge um die Kinder und mangelnde Zufluchtsmöglichkeiten hielten sie bei ihrem Mann. Die psychischen Folgen der ständigen Mißhandlungen waren unter anderen die Vorstellung, sie könnten selbst für diese Mißhandlungen verantwortlich sein, sowie ein Mangel an Willenskraft, ein eigenes Leben zu beginnen. „It is difficult to imagine the fear that some women live under from their husbands; they know he will always find them wherever they go, and they see their only safety in staying at home and appeasing him [...]. Only when one has seen the lengths to which men will go to find their wives, and when divorced to keep watch on them, can one appreciate the grip that the possessive husband can have on his wife." Auch die in dieser Studie erwähnten Arten der Mißhandlungen ähneln den in den Klageschriften des 18. Jahrhunderts auftauchenden Schilderungen.
139 Das bestätigt auch Arlette Farge, Vivre dans la rue à Paris au XVIIIe siècle, Paris 1979, S.141: „La femme maltraitée n'a pas l'habitude de se plaindre dès les premiers coups reçu: elle attend en général d'être à la limite de ses possibilités physiques. Quand elle porte plainte elle s'en excuse presque." Zu Doppelmoral und unterschiedlicher Auffassung von Ehebruch bei Männern und Frauen siehe unten S.175-183, Ehebruch. Zur Thematisierung der eigenen Schwäche durch mißhandelte Frauen vgl. Habermas, Frauen, wie Anm.14, S.111: Sie stellt für Frankfurt fest, daß Frauen durch das Rekurrieren auf Weiblichkeitsstereotype von Schwäche und Passivität Verbündete der Obrigkeit wurden und machtvolle Gerichtsentscheide gegen ihre Männer erwirkten. Dies kann für Göttingen nicht bestätigt werden.
140 Diese Regelmäßigkeit könnte vielleicht auf ein für Männer wichtiges jährliches Ereignis wie die Festlichkeiten auf dem Schützenhof oder Gildefeste hinweisen, die Tucher besuchte.
141 KirchenkreisAGö StadtsupA 347,V 1819-1821.
142 KirchenkreisAGö StadtsupA 347,IV 1814-1818.
143 Vgl. zum „Kapital der Ehre" Farge, Vivre, wie Anm.139, S.141.
144 UnivAGö Gerichtsakten B XLVIII 26-28.

145 Beides aus UnivAGö Gerichtsakten D XXII 39.
146 UnivAGö Gerichtsakten A VIII 7.
147 KirchenkreisAGö StadtsupA 347,VI 1822-1824.
148 KirchenkreisAGö StadtsupA 347,VII 1825-1852.
149 So z.B. Grop-Barthold 1768 und Reddersen-Bock 1820, KirchenkreisAGö PfarrA Johannis 347,I und StadtsupA 347,V 1819-1821. Im Fall Quentin-Rubarth 1823 wird allerdings deutlich, daß eine „Gemütskrankheit" auch Freiräume für Frauen eröffnen konnte: Sophie Rubarth konnte sich zu ihren Verwandten zurückziehen und sich erholen; ihr Mann wartete geduldig auf eine Genesung, als klar wurde, daß sie sich mit ihm versöhnen würde. StadtsupA 347,VI 1822-1824.
150 Die Klage gelangte aus Northeim nach Göttingen, da ein Verwandter des Mannes der Klägerin Mitglied der örtlichen Kirchenkommission war und sie fürchtete, diese würde ihre Klage nicht annehmen. KirchenkreisAGö PfarrA Jacobi 347.
151 KirchenkreisAGö StadtsupA 347,VII 1825-1852.
152 KirchenkreisAGö Stadtsup Marien 314, 1758.
153 StadtAGö AB Gerichtswesen 7,11, Kriminalgerichtsprotokolle 1733-1737.
154 Die Dynamik von verbaler und physischer Gewalt war zwischen Männern üblich und akzeptiert; die Notwendigkeit der Ehrverteidigung mit Waffengewalt wurde beispielsweise im Augsburg des 16. Jahrhunderts voll anerkannt. Vgl. dazu Roper, Männlichkeit, wie Anm.39, S.28-37.
155 UnivAGö Gerichtsakten A IV 41. Vgl. dazu Roper, Holy Household, wie Anm.32, S.189.
156 Zu den widersprüchlichen Konzepten von Männlichkeit und Weiblichkeit Maria E. Müller, Naturwesen Mann. Zur Dialektik von Herrschaft und Knechtschaft in Ehelehren der Frühen Neuzeit, in: Heide Wunder, Christina Vanja (Hg.), Wandel der Geschlechterbeziehungen zu Beginn der Neuzeit, Frankfurt a.M. 1991, S.43-68, bes. S.66. Zur Säftelehre Esther Fischer-Homberger, Krankheit Frau. Zur Geschichte der Einbildungen, Frankfurt a.M. 1984, S.34-38.
157 Ein Wrüger war Angestellter des Rates zur Durchführung kleinerer Wach- und Ordnungsaufgaben. KirchenkreisGö Stadtsup Albani 347.
158 Beide Zitate zum Fall Zulauf-Koch : KirchenkreisAGö StadtsupA 347,VII 1825-1852.
159 Fall Rottenbach, KirchenkreisAGö StadtsupA 347,VII 1825-1852,; Fall Meineke-Buffier, UnivAGö Gerichtsakten A IV 41.
160 UnivAGö Gerichtsakten A VII 23.
161 Michaela Hohkamp bemerkt dazu, die Schwere der Beleidigung habe nicht davon abgehangen, ob gesprochen oder geschlagen wurde, sondern von der Konnotation der jeweiligen Beschimpfung oder der Art der Verletzung; vgl. „Auf so ein erlogenes Maul gehört eine Maultaschen." Verbale und körperliche Gegen-Gewalt von Frauen. Ein Fallbeispiel aus dem Schwarzwald des 18. Jahrhunderts, in: Physische Gewalt im Alltag (= Werkstatt Geschichte 4), o.Ort 1993, S.9-19. Rainer Beck, der Eheklagen aus dem katholischen Raum untersucht hat, bemerkt, daß es zu den Topoi der frühneuzeitlichen Geschlechterideologie gehört habe, die verbalen Attacken von Frauen für ebenso „gewalttätig" zu erklären, wie die Fausthiebe der Männer. Beck, Frauen in Krise, wie Anm.14, S.181-183.
162 UnivAGö Gerichtsakten A VII 23.
163 Weber-Gehre 1751, UnivAGö Gerichtsakten B XLI 17.
164 Der Riemer Rust gab 1815 an, seine Frau habe ihm gegenüber „ekelhafte Ausdrücke" benutzt. KirchenkreisAGö StadtsupA 347,IV 1814-1818.
165 Die einzelnen Ausdrücke hatten unterschiedlich starke Bedeutungen; die etymologische Verbindung von „Schelm" zu Aas und Abdeckerei machte den häufig benutzten

Begriff zu einer schweren Beleidigung, die Ehrlosigkeit und Verlogenheit suggerierte und einen Bezug zu Mörder, Verräter, Betrüger und Dieb herstellte. Paul Münch, Lebensformen in der frühen Neuzeit, Frankfurt a.M. 1992, S.287.

166 Proffe-Hentze 1815, KirchenkreisAGö StadtsupA 347,IV 1814-1818, Weber-Gehre 1751, UnivAGö Gerichtsakten B XLI 17 und viele mehr. Frauen beklagten sich darüber, daß Männer andererseits „aus dem Ehebett erzählten", so Oettinger-Kern 1750 und Engelhard-Bossigel 1787, KirchenkreisAGö StadtsupA 347,I und II, 1708-1800.

167 Zu verbalen Auseinandersetzungen vgl. Klaus-Joachim Lorenzen-Schmidt, Beleidigungen in schleswig-holsteinischen Städten im 16. Jahrhundert. Soziale Norm und soziale Kontrolle in Städtegesellschaften, in: Kieler Blätter zur Volkskunde 10 (1978), S.5-27. Auch Lorenzen-Schmidt bestätigt die Dynamik von verbaler und physischer Gewalt.

168 Der Rat, sich zu ertränken, war besonders zynisch angesichts der Tatsache, daß Hentzes erste Frau im Feuerteich ertrunken war. KirchenkreisAGö StadtsupA 347,IV 1814-1818.

169 KirchenkreisAGö StadtsupA 347,VII 1825-1852.

170 Alle Zitate aus KirchenkreisAGö StadtsupA 347,VI 1822-1824.

171 Dagmar Müller-Staats, Klagen über Dienstboten. Eine Untersuchung über Dienstboten und ihre Herrschaften, Frankfurt a.M. 1987, S.74-78. KirchenkreisAGö PfarrA Marien 347 und allgemein StadtsupA 347 I-VII.

172 Alle Angaben aus UnivAGö Gerichtsakten A XLVII 40.

173 KirchenkreisAGö PfarrA Johannis 347,I und UnivAGö Gerichtsakten A VI 12.

174 1786 wurden der Tagelöhner und Invalide Heinrich Teichert, dessen Frau in Münden bei einem Zollverwalter in Dienst stand, und seine Lebensgefährtin Sophie Halfpapen, die bereits ein nichteheliches Kind von ihm hatte, nachdrücklich zur Trennung aufgefordert. KirchenkreisAGö PfarrA Jacobi 343.

175 1821 gestand der Invalide Ludwig Linde dem Gemeindepastor auf dem Krankenbett, daß er mit seiner Partnerin nicht verheiratet war, obwohl sie zusammenlebten und zwei Kinder hatten. Der Pastor setzte sich daraufhin für eine Trauung des Paares ein. KirchenkreisAGö Kirchenbuch der Mariengemeinde Bd.4, S.164. Zu Konkubinaten vgl. Blasius, Ehescheidung, wie Anm.7, S.82 und S.86-98.

176 KirchenkreisAGö StadtsupA 347,II 1756-1800 und PfarrA Johannis 347,I.

177 Kinder wurden zwar dem Vater zugesprochen, es finden sich aber immer wieder Versuche, im Fall einer Trennung auch die Mutter für die Versorgung unmündiger Kinder heranzuziehen.

178 Alle Angaben aus UnivAGö Gerichtsakten A LXIV 40.

179 KirchenkreisAGö StadtsupA 347,II 1756-1800.

180 Der Ausgang der erwähnten Scheidungsgesuche ist nicht überliefert.

181 KirchenkreisAGö StadtsupA 347,I 1708-1755 und PfarrA Marien 314. Die Akte enthält auch den Hinweis, daß der Fall 1766 vor dem Zivilgericht verhandelt wurde; die Zivilgerichtsprotokolle existieren nicht mehr.

182 Christina Vanja, Zwischen Verdrängung und Expansion, Kontrolle und Befreiung – Frauenarbeit im 18. Jahrhundert im deutschsprachigen Raum, in: Vierteljahrschrift für Sozial- und Wirtschaftsgeschichte 79 (1992), S.457-482, S.466 schreibt dazu: „Die Teilung zwischen dem Arbeitsbereich des Mannes und der Frau war hier weitgehend vollzogen, mit dem Ergebnis, daß die Frau immer stärker allein für das Haus und dessen „private" Sphäre zuständig wurde."

183 Ihr Mann August Bürger verband seine Kritik an ihrem Verhalten mit „Ehre": „Was wir doch Beyde einen so gar verschiedenen Ehrbegriff haben! Du kannst bei aller deiner hochstrebenden Hoffarth Schritte thun, wozu ich mich mit aller meiner schlichten De-

muth nicht entschließen könnte." August Bürger an Elise Hahn am 29.11.1791, in: Hermann Kinder (Hg.), Bürgers unglückliche Liebe. Die Ehestandsgeschichte von Elise Hahn und Gottfried August Bürger, Frankfurt a.M. 1981, S.98.
184 UnivAGö Gerichtsakten E VIII 1, B XXIV 23, E LXXV 2, A VII 8, A XI 13, A V 7 und A XI 25.
185 Max Horkheimer, Die Erziehungsleistung der bürgerlichen Familie, in: Heidi Rosenbaum (Hg.), Seminar: Familie und Gesellschaftsstruktur. Materialien zu den sozioökonomischen Bedingungen von Familienformen, Frankfurt a.M. 1978, S.425-434, S.432: Horkheimer weist auf das starke ökonomische und physiologische Interesse einer bürgerlichen Frau hin, das sie mit dem Ehrgeiz ihres Mannes verbindet. Sie wird alles tun, damit er sich in die herrschenden Verhältnisse fügt und vorankommt, um dadurch ihre eigene wirtschaftliche Sicherheit und die ihrer Kinder zu gewährleisten. Für Frauen dieser Gesellschaftsschicht gab es kaum eine Möglichkeit, außerhalb der Familie und Ehe zu arbeiten und ihren Lebensunterhalt zu erwerben. Hatten sie kein eigenes Vermögen, über das sie auch nach einer Trennung noch verfügen konnten, blieb die Ehe einzige Versorgungsmöglichkeit, wie auch die Lebensläufe schriftstellerisch tätiger Frauen wie Therese Huber oder Meta Forkel zeigen. Daher bezogen sich Frauen im Konfliktfall auf die geltenden Stereotype und sorgten so gleichzeitig für deren Befestigung, für die Reproduktion von Macht im Geschlechterverhältnis. Vgl. auch Birgit Panke-Kochinke, Göttinger Professorenfamilien. Strukturmerkmale weiblichen Lebenszusammenhangs im 18. und 19. Jahrhundert, Pfaffenweiler 1993.
186 Gottlieb Jakob Planck, Tagebuch eines neuen Ehemannes, Leipzig 1779.
187 Alle Angaben aus Kinder (Hg.), Liebe, wie Anm.183, S. 81-82 und 150.
188 UnivAGö Gerichtsakten A XI 25 und A XI 23.
189 Ludwig Geiger, Therese Huber 1764-1829. Leben und Briefe einer deutschen Frau, Stuttgart 1901, S.4.
190 UnivAGö Gerichtsakten E VIII 1.
191 Auch G.A. Bürger billigte keine zusätzlichen Einnahmequellen Elise Hahns, nicht einmal die gebräuchlichen Mittagstische für Studenten. Sie sollte seiner Meinung nach lieber lernen, mit dem auszukommen, was ihnen zur Verfügung stand. Kinder (Hg.), Liebe, wie Anm.183, S.98.
192 UnivAGö Gerichtsakten B XLI 32 u. 34, B X 33 und B XXIV 23.
193 Karin Hausen, „...eine Ulme für das schwanke Efeu". Ehepaare im Bildungsbürgertum. Ideale und Wirklichkeiten im späten 18. und 19. Jahrhundert, in: Ute Frevert (Hg.), Bürgerinnen und Bürger (= Kritische Studien zur Geschichtswissenschaft 77), Göttingen 1988, S.85-117, S.96.
194 UnivAGö Gerichtsakten E VIII 1. Sie heiratete den Juristen Liebeskind. Zu Meta Forkel vgl. Geiger, Therese Huber, wie Anm.189, S.63. In der von Geiger gegebenen Kurzbiographie Meta Wedekind-Forkels kommen ihre Eigenständigkeit und ihr Streben nach eigener geistiger Betätigung deutlich zum Ausdruck.
195 Vgl. oben S.63-70, Akademiker.
196 UnivAGö Gerichtsakten B XXIV 23; der Ausgang ihrer Bitte ist in den Göttinger Materialien nicht überliefert.
197 Alle Angaben zum Fall Cassius-Riepenhausen: UnivAGö Gerichtsakten A XXI 16,19,20,24, D LXII 41, D XXXIII 50, E XI 1. KirchenkreisAGö Kirchenbücher der Göttinger Gemeinden. StadtAGö AB Exp.IV 14-24, Stadthandelsbücher 1756-1766.
198 Vgl. oben S.145-150, Bürgerliche Ehen – Frauen ohne Stimme. Von Selchow strengte 1761 einen Scheidungsprozeß gegen seine Frau Eleonore von Weise an. UnivAGö Gerichtsakten B XXIV 23.

199 Die Tatsache, daß weder Freunde noch Verwandte als Zeugen auftraten, ist ein Beleg für die Abgeschlossenheit der bürgerlichen Haushalte, in denen nur noch Dienstboten Zeugen für Auseinandersetzungen, für „private" Belange werden konnten. Dies bestätigen auch die Klagen anderer bürgerlicher Paare.

Kapitel VI

1   KirchenkreisAGö Kirchenbuch der Gemeinde Sieboldshausen, S.114 Nr.4.
2   StadtAGö AA Kirchensachen, Konsistorialsachen 1778-1815.
3   KirchenkreisAGö StadtsupA 347,IV 1814-1818; weitere Fälle von Auswanderung Schelper-Nachtwein 1778, StadtsupA 347,II 1756-1800 und Rubart-Achilles 1787, PfarrA Johannis 347,I.
4   KirchenkreisAGö Kirchenbücher der Göttinger Landgemeinden: Auch hochschwangere Frauen reisten zum Verkauf ihrer Produkte oder der Waren ihrer Männer über weite Strecken, beispielsweise von Nordhessen ins Eichsfeld. Neben diesen Händlerinnen legten Botenfrauen lange Wege, meist zu Fuß, zurück.
5   Vgl. unten S.171, Der Fall Casper-Hoffmeister 1765.
6   Desertion wird aber weit häufiger auch vor Garnisonsgerichten verhandelt worden sein. Eine Schwierigkeit bedeutete allerdings die Tatsache, daß keine echte Desertion vorlag, solange sich die Soldaten noch im Krieg befanden und keine sichere Todesnachricht vorlag. Viele Frauen gingen auch ohne ein mit Kosten verbundenes Desertionsverfahren neue Partnerschaften ein.
7   Während fünf Soldaten aus Gründen des Ehebruchs der Frau die Scheidung anstrebten, klagte dagegen keine Frau wegen Untreue ihres Mannes. Acht Frauen wollten geschieden werden, da sie vor längerer Zeit von ihren Männern verlassen worden waren, in drei Fällen sahen sich dagegen die Ehemänner als Verlassene und forderten eine Scheidung; zwei Ehepaare strebten einvernehmlich nach einer Trennung. In nur vier von insgesamt 20 Fällen lagen der Einleitung eines Prozesses andere Gründe als Desertion und Ehebruch zu Grunde; in einem Fall wurde eine Klage wegen Bigamie angestrengt. Bei vier Paaren können die Gründe für die Anstrengung einer Scheidungsklage nicht mehr nachvollzogen werden.
8   UnivAGö Gerichtsakten B XXIV 38.
9   KirchenkreisAGö PfarrA Jacobi 343.
10 Beide Zitate aus StadtAGö AA Kirchensachen 67.
11 KirchenkreisAGö PfarrA Jacobi 347.
12 KirchenkreisAGö ebd.
13 KirchenkreisAGö ebd.
14 KirchenkreisAGö ebd.
15 Ein Motiv, das sich in Eheklagen aus wirtschaftlich schwachen sozialen Gruppen wiederfindet; vgl. oben S140-144, Ehen ohne Ort.
16 KirchenkreisAGö PfarrA Jacobi 347.
17 KirchenkreisAGö StadtsupA 347,II 1756-1800.
18 StadtAGö AA Zählungen, Volkszählung 7.
19 Dorothea Maria Beier schrieb 1757 an den Stadtrat: „mein Ehemann Johann Gabriel Beier [hat, S.M.] sich unter den englischen Transport nach America im abgewichenen Sommer unterhalten und mich mit 3 kleinen Kindern [...] in der äußersten Armuth hat sitzen lassen [...]". StadtAGö AA Grundbesitz 90.
20 StadtAGö AA Kirchensachen 67.

21 Es sind nur zwei Fälle überliefert, der unten beschriebene Bigamieprozeß gegen J.S. Schede sowie die Klage eines Mannes gegen seine zum zweiten Mal verheiratete Frau. UnivAGö Gerichtsakten DXXIII 8 und KirchenkreisAGö StadtsupA 347,I 1708-1755.
22 Zu Eheeinleitung und Verlobung Sylvia Möhle, „Unberüchtigte Weibes-Person" und „boshaffter Ehren-Schänder". Verlobungsklagen vor Göttinger Gerichten im 18. und frühen 19. Jahrhundert, in: Volkskunde in Niedersachsen 10 (1993), S.71-80.
23 UnivAGö Gerichtsakten D XXIII 8. Vgl. Lyndal Roper, „Wille" und „Ehre": Sexualität, Sprache und Macht in Augsburger Kriminalprozessen, in: Heide Wunder, Christina Vanja (Hg), Wandel der Geschlechterbeziehungen zu Beginn der Neuzeit, Frankfurt a.M. 1991, S.180-197, bes. S.197.
24 UnivAGö Gerichtsakten D XXIII 8.
25 KirchenkreisAGö PfarrA Johannis 347,I.
26 Obwohl nur 14 auf den ersten Blick einen Desertionsprozeß angestrengt hatten. Vgl. oben S.85-87, Die Klagen in Göttingen.
27 KirchenkreisAGö StadtsupA 347,V 1819-1821.
28 Doch die Dynamik zwischen Ehebruch und Desertion ist typisch: Aus Ehebrüchen bzw. Ehebruchsklagen wurden häufig Desertionsklagen.
29 KirchenkreisAGö StadtsupA 347,IV 1814-1818. Der Fall Henne-Auclair erinnert an die oben beschriebenen bürgerlichen Ehen, wie auch ein weiterer Fall, der sich aus dem gehobenen militärischen Stand rekrutierte. Das betreffende Paar strebte die Trennung einvernehmlich an, wobei die Kommission betonte, daß weitere Verhöre und Verhandlungen Details ans Licht bringen könnten, die für die Karriere des Mannes sehr schädlich seien. Ein Skandal sollte vermieden werden. KirchenkreisAGö StadtsupA 347,IV 1814-1818, Schwenke-von Sydow.
30 So beispielsweise Maria Elisabeth Heine, Frau des Licentknechtssubstituten Johann Heinrich Briecke, der 1790 gegen seine Frau klagte. Sie verließ Göttingen 1793, bevor es zu einem Urteil kommen konnte. KirchenkreisAGö StadtsupA 347,II 1756-1800.
31 KirchenkreisAGö StadtsupA 347,I 1708-1755.
32 Wie sich im Verlauf des Prozesses herausstellte, hatte das Paar nie geheiratet. Vgl. Sylvia Möhle, „Damit das Scandal nicht in der Stadt laut würde...". Die Geschichte einer Eheklage und ihres Ausgangs, in: Volkskunde in Niedersachsen 7 (1990), S.55-61.
33 UnivAGö Gerichtsakten B XLI 17.
34 So Dorothea Mitternacht bei der Ankündigung, man könne sie zur Rückkehr zu ihrem Mann Otto Knauf zwingen. KirchenkreisAGö StadtsupA 347,I 1708-1755.
35 Vgl. oben, S.145-150, Bürgerliche Ehen – Frauen ohne Stimme.
36 Alle Zitate und Angaben zum Fall Casper-Hoffmeister: UnivAGö Gerichtsakten D XXIII 2 sowie KirchenkreisAGö, Kirchenbücher der Göttinger Gemeinden.
37 Vgl. unten Rupertis Aussage über die Natur ihrer sexuellen Beziehungen; seine Beteuerungen, es habe sich nicht um einen „ordinairen Beyschlaf", sondern nur um ein „Necken" gehandelt, kann auch auf Verhütungsabsichten hindeuten.
38 Vgl. unten S.184-188, Selbstscheidung als Element populärer Eheauffassungen.
39 Dieser Wandel kann durch seine katholische Konfession hervorgerufen worden sein. Hoffmeister hatte sich zwar protestantisch trauen lassen, sein neuer Arbeitgeber mag ihm aber zu verstehen gegeben haben, daß eine Scheidung ihm schaden konnte.
40 Diese Regel galt auch für alle anderen, eine Scheidung begründenden Vergehen. Vgl. oben S.27-31, Praktiziertes Ehescheidungsrecht im Kurfürstentum Hannover im 18. Jahrhundert. Außerdem Gunda Bosch-Adrigan, Zur rechtlichen Aufklärung. Über den Ehebruch und seine Folgen in der Rechtsprechung des ausgehenden 18. Jahrhunderts, in: Hiltrud Gnüg, Renate Möhrmann (Hg.), Frauen, Literatur, Geschichte. Schreibende Frauen vom Mittelalter bis zur Gegenwart, Stuttgart 1985, S.499-507.

41 UnivAGö Gerichtsakten B XLVIII 26-28 und D XXVI 15.
42 Noch im 19. Jahrhundert wurden als Strafe für einfachen Ehebruch für Männer 1-2 Monate, für Frauen 2-3 Monate Gefängnisstrafe angegeben. Als mildernde Umstände wurden Haß gegen den Ehegatten, dessen Alter oder Abwesenheit sowie eine Verführung zum Ehebruch angesehen. F.A.L. Fürstenthal, Real-Encyclopädie des gesammten in Deutschland geltenden gemeinen Rechts, oder Handwörterbuch des römischen u. deutschen Privat-, des Staats-, Völker-, Kirchen-, Lehn-, Criminal- und Proceß-Rechts, Bd.1, Berlin 1827.
43 Das Gericht irrte sich allerdings; das Paar heiratete später in Göttingen.
44 UnivAGö Gerichtsakten B XLVIII 26-28 und D XXVI 15. Die Ausweisung von Frauen, die nicht in Göttingen geboren worden waren, war eine häufig angewandte Sanktion in „Unzuchtsdelikten"; sowohl ehebrüchige Frauen als auch ledige Mütter waren Opfer dieser Praxis. In den Eheklagen finden sich zwei weitere, im Zusammenhang mit Ehebruch stehende Fälle von Ausweisungen.
45 Dazu Selchow-Weise 1761 und Ehebruch Wrisberg-Ramdohr 1749, UnivAGö Gerichtsakten B XXIV 23 und Kuratorialsakten 3 k 3.
46 Vgl. dazu Heide Wunder, „Er ist die Sonn', sie ist der Mond". Frauen in der Frühen Neuzeit, München 1992, S.250-251.
47 Heidi Rosenbaum, Formen der Familie. Untersuchungen zum Zusammenhang von Familienverhältnissen, Sozialstruktur und sozialem Wandel in der deutschen Gesellschaft des 19. Jahrhunderts, Frankfurt a.M. 1982, S.161.
48 Wolfram Fischer, Wirtschaft und Gesellschaft im Zeitalter der Industrialisierung. Aufsätze – Studien – Vorträge (= Kritische Studien zur Geschichtswissenschaft 1), Göttingen 1972, S.285: Die staatliche Obrigkeit empfand das Gewohnheitsrecht der Gilden, das von Begriffen der ständischen Solidarität und der Feme geprägt war, oft als gegen ihren absolut werdenden Anspruch auf Rechtshoheit gerichtet und bekämpfte es daher.
49 Alle Zitate aus StadtAGö AA Gewerbesachen, Schuhmacher 13.
50 KirchenkreisAGö Kirchenbuch der Gemeinde Deiderode 1667-1852, Taufen, S.243-247.
51 Zu Ehebruch im 18. Jahrhundert im Kleinbürgertum Helmut Möller, Die kleinbürgerliche Familie im 18. Jahrhundert. Verhalten und Gruppenkultur, Berlin 1969, S.297-299. Möller geht aufgrund der ihm vorliegenden Quellen von einer großen Häufigkeit von Ehebrüchen auch bei Handwerkern aus.
52 Allerdings könnte man in den oft langjährigen Beziehungen von Männern zu ihren Mägden, die im selben Haus lebten, eine solche Lebensgemeinschaft sehen.
53 Zwei Drittel der wegen Ehebruchs verklagten Personen waren Frauen. StaatsAHann, Hann 72 Goett 69.
54 Vgl. Susanna Burghartz, Rechte Jungfrauen oder unverschämte Töchter? Zur weiblichen Ehre im 16. Jahrhundert, in: Karin Hausen, Heide Wunder (Hg.), Frauengeschichte – Geschlechtergeschichte (= Geschichte und Geschlechter 1), Frankfurt a.M., New York 1992, S.173-183, besonders S.180. Die Ehre des verheirateten Mannes hing in weit stärkerem Maße vom sexuellen Verhalten seiner Frau ab, als dies umgekehrt für Frauen der Fall war. Burghartz stellte für Basel im Zusammenhang mit Ehebruch zahlenmäßig ähnliche Klagemuster wie in Göttingen fest. Vgl. auch Lyndal Roper, The Holy Household. Women and Morals in Reformation Augsburg (= Oxford Studies in Social History), Oxford 1989, S.199.
55 KirchenkreisAGö StadtsupA 347,IV 1814-1818 und 347,VII 1825-1852.
56 Die Ehefrau des Schuhmachers Johann Andreas Eichhorn beispielsweise, Friederike Eitmann, bat 1826 um eine frühzeitige Entlassung ihres wegen Ehebruchs verurteilten Mannes. KirchenkreisAGö StadtsupA 347,VII 1825-1852 und StaatsAHann, Hann 72

Goett 69. Ebenso forderte Anna Maria Angerstein Strafmilderung im Prozeß gegen ihren Mann, den Coffetier Friedrich Christian Wichmann 1737; UnivAGö Gerichtsakten D XXII 4.
57 Vgl. oben S.115-118, Wandel der Arbeitsrollen und weibliche Ehre.
58 Johann Karl Fürchtegott Schlegel, Chur-Hannöversches Kirchenrecht Bd.3, Hannover 1803, S.377: Bei der Erwägung eines Ehebruchs „ist jedoch billig auf die Verschiedenheit der Gebräuche und Sitten bey höhern und niedern Ständen, auf die Umstände der Zeit und des Orts Rücksicht zu nehmen, welche eine Sache selbst sehr verändern".
59 UnivAGö Gerichtsakten D XXII 39, Grashoff-Clemme 1749.
60 KirchenkreisAGö StadtsupA 347,V 1819-1821.
61 UnivAGö Gerichtsakten A IV 3.
62 KirchenkreisAGö StadtsupA 347,IV 1814-1818.
63 KirchenkreisAGö StadtsupA 347,I 1708-1755.
64 KirchenkreisAGö ebd.
65 KirchenkreisAGö StadtsupA 347,IV 1814-1818.
66 Martin Dinges, „Weiblichkeit" in „Männlichkeitsritualen"? Zu weiblichen Taktiken im Ehrenhandel in Paris im 18. Jahrhundert, in: Francia 18 (1991), S.71-98, besonders S.88-90.
67 Vgl. oben S.115-118, Wandel der Arbeitsrollen und weibliche Ehre.
68 Die Listen der Kriminalgerichtsurteile aus den ersten Jahrzehnten des 19. Jahrhunderts bestätigen dies. Der Schreiber Coulon mißhandelte 1826 seine Frau so schwer, daß es zu einer Verurteilung durch das Kriminalgericht kam; 1828 und 1833 stand seine Frau wegen Ehebruchs vor Gericht. Der Schuhmacher Scherer mußte sich 1824, ein Jahr nach der von ihm erhobenen Eheklage, wegen schwerer Drohungen vor dem Kriminalgericht verantworten; seine Frau Dorothea Petri wurde 1826 und 1827 wegen Ehebruchs verurteilt. StaatsAHann, Hann 72 Goett 69.
69 Alle Angaben zum Fall Ziehe-Bergmann UnivAGö Gerichtsakten B XLVIII 26-28 sowie KirchenkreisAGö, Kirchenbücher der Göttinger Gemeinden. Der oben erwähnte Prozeß wegen Ehebruchs gegen August Ziehe und die Stadtverweisung für Amalie Fuhrmeister konnten die Eheschließung nicht verhindern. Vgl. oben S.176-177, Obrigkeitliche Bewertung und Bestrafung von Ehebruch.
70 Alkoholgenuß und angeblich aufreizendes Verhalten der betreffenden Frau wurden von Männern vor Gericht auch im 18. Jahrhundert erfolgreich als mildernde Umstände geltend gemacht. UnivAGö Kuratorialsakten 3 k 15, Ehebruch Polizeijäger Jasper 1776.
71 UnivAGö Gerichtsakten D XXII 39.
72 UnivAGö Gerichtsakten A VIII 7.
73 UnivAGö ebd. sowie KirchenkreisAGö StadtsupA 347,I 1708-1755.
74 KirchenkreisAGö StadtsupA 347,VI 1822-1824.
75 KirchenkreisAGö StadtsupA 347,IV 1814-1818; vgl. oben S.118, Der Fall Proffe-Hentze 1815.
76 KirchenkreisAGö PfarrA Johannis 347,I sowie UnivAGö Gerichtsakten A XXXII 2.
77 Alle Angaben aus UnivAGö Gerichtsakten D XXIII 2.
78 Ebenso fanden sich in Göttingen bis ins 18. Jahrhundert hinein noch Reste der bis ins 16. Jahrhundert gültigen Vorstellung, ein Paar begründe eine Ehe durch gegenseitiges Versprechen und den darauf folgenden Beischlaf. Vgl. dazu Möhle, „Unberüchtigte Weibes-Person", wie Anm.22. Zu populären Eheschließungs- aber auch Selbstscheidungsritualen vgl. für England John R. Gillis, Conjugal Settlements: Resort to Clandestine and Common Law Marriage in England and Wales, 1650-1850, in: John Bossy (Hg.), Disputes and Settlements. Law and Human Relations in the West (= Past and

Present Publications 20), Cambridge 1983, S.261-286, besonders S.273-283. Vor dem Hintergrund des restriktiven englischen Eherechts, das eine Scheidung nicht zuließ, entwickelten sich komplexe populäre Heirats- und Trennungsregeln.

79 Auch bei dem für die Frau günstig erscheinenden Vertrag zwischen dem Seifensieder Friedrich Keidel und Christine Mewes 1828 erweist sich bei näherer Untersuchung, daß Keidel mit der Aussetzung einer vierteljährlichen Leibrente und der Ausstattung seines neuen Haushalts ein günstiges Geschäft gemacht hatte. Seine Frau entsagte allen Alimenteansprüchen für sich und die Kinder, verpflichtete sich zur Versorgung ihres Mannes und erhielt dafür seine Zusage, das Haus zu verlassen und alle laufenden Prozesse einzustellen. KirchenkreisAGö StadtsupA 347,VII 1825-1852.

80 Ein Beispiel für diesen Druck ist der Fall Proffe-Hentze: Ein außergerichtlicher Vergleich zugunsten des Mannes kam auch deshalb zustande, weil der Pedell, der dem Ehepaar die Gerichtsbeschlüsse und Termine überbrachte, eindeutig auf seiten des Ehemanns stand und Catharina Proffe zuredete, aufzugeben. KirchenkreisAGö 347,IV 1814-1818; vgl. auch oben, S.117, Auf den Druck, den das Gericht bzw. die Kirchenkommission gerade auf Frauen ausübte, um eine Versöhnung zu erreichen, ist bereits hingewiesen worden. Vgl. oben S.33-39, Der Prozeß.

81 Zurücklassen des in sechs Teile zerbrochenen Rings: Eleonore Philippine Rosine von Weise – Johann Henrich Christian von Selchow 1761/2, UnivAGö Gerichtsakten B XXIV 23; dreimaliges Beschwören der Scheidungsabsicht: Marie Christine Oettinger – Georg David Kern 1750, KirchenkreisAGö StadtsupA 347,I 1708-1755.

82 UnivAGö Gerichtsakten B X 33 und KirchenkreisAGö PfarrA Johannis 347,I.

83 UnivAGö Gerichtsakten A VII 8.

Kapitel VII

1 Der erwähnte einzige Fall von Besitzabtritt eines Mannes war ein freiwilliges Abkommen zwischen dem Seifensieder Johann Friedrich Keidel und seiner Frau Christine Charlotte Meves 1828, vgl. oben S.184-188, Selbstscheidung als Element populärer Eheauffassungen. KirchenkreisAGö StadtsupA 347,VII 1825-1852. Zu den rechtlichen Bestimmungen vgl. oben S.27-31, Praktiziertes Ehescheidungsrecht im Kurfürstentum Hannover im 18. Jahrhundert.

2 Die Bestimmungen zu besitzrechtlichen Konsequenzen einer Scheidung sind widersprüchlich und für das Kurfürstentum und Königreich Hannover sicher nur aus der Praxis zu ermitteln. Immerhin erhält man eine Vorstellung von der rechtlich vorgesehenen Behandlung von Männern und Frauen in Johann August Ludwig Fürstenthals Real-Encyclopädie des gesammten in Deutschland geltenden gemeinen Rechts, oder Handwörterbuch des römischen und deutschen Privat-, des Staats-, Völker-, Kirchen-, Lehn-, Criminal- und Proceß-Rechts, Bd.1, Berlin 1827, Artikel „Ehescheidungsproceß", S.354-355: „wird die Ehe aus andern gesetzlichen Gründen [als Ehebruch, S.M.] erlaubterweise getrennt, so verliert a) die Frau, wenn sie schuldig ist, ihre Dos, an welcher der Mann, wenn Kinder vorhanden sind, den ususfructus, sonst das Eigentum erhält. Trägt b) der Mann die Schuld, dann nimmt die Frau überhaupt die Dos zurück, und erhält auch die propter nuptias donatio zum Nießbrauche oder vollen Eigenthume, je nachdem Kinder da sind, oder nicht [...]. Außerdem verliert der Schuldige das Recht die Kinder bei sich zu behalten, welche bei dem an der Trennung Unschuldigen erzogen werden, während jener die Kosten zu bestreiten hat."

3 Busse-Bihler 1796, KirchenkreisAGö StadtsupA 347,II 1756-1800.

4   Die Göttinger Kirchenkommission empfahl im Fall Proffe-Hentze eine Trennung von Tisch und Bett auf Lebenszeit, da keine Kinder aus der Ehe mehr zu erwarten waren und beide Eheleute wahrscheinlich keine weitere Ehe eingehen würden; s. oben S.117, Der Fall Proffe-Hentze 1815. Damit näherte man sich dem kanonischen Recht weitestgehend an. KirchenkreisAGö StadtsupA 347,IV 1814-1818. Vgl. unten Kapitel VIII, Schlußüberlegungen. Die Ehescheidungspraxis – Möglichkeit zur Emanzipation oder Bestätigung der innerhelichen Machtverhältnisse?
5   Johann Karl Fürchtegott Schlegel, Chur-Hannöversches Kirchenrecht, Bd.3, Hannover 1803, S.387.
6   Jünemann-Hesse 1744/46, KirchenkreisAGö Stadtsup Albani 347 und Marien 314; Henne-Hümme 1791, UnivAGö Gerichtsakten A XLVII 40.
7   Adreßbuch der Stadt Göttingen 1826.
8   Die Bittschrift der Ehefrau des Riemers August Rust, Caroline Kirchhof, die in 36 Ehejahren und nach wenigstens fünf Eheklagen mehrmals getrennt von ihrem Mann lebte, zeigt eindringlich die Not, die die ungenügenden Alimentevorschriften für Frauen bedeuten konnten. Sie ernährte sich im Sommer vom Sammeln und Verkauf von Blaubeeren. KirchenkreisAGö StadtsupA 347,IV 1814-1818 und VII 1825-1852.
9   KirchenkreisAGö StadtsupA 347,II 1756-1800, 347,V 1819-1821 und 347,VI 1822-1824. Regine Busse hatte mit 16 Jahren geheiratet, sechs Kinder zur Welt gebracht, die alle gestorben waren, und war nach zehnjähriger Ehe wegen Ehebruchs geschieden worden.

Kapitel VIII

1   David Warren Sabean, Property, Production and Family in Neckarhausen, 1700-1870 (= Cambridge Studies in Social and Cultural Anthropology 73), Cambridge 1990.
2   Die Deutsche Encyclopädie bemerkt im Artikel Ehe dazu, daß „Verschwendung nicht beurtheilt werden kann, ohne den Zustand des Vermögens aufzudecken, welches doch guten Regierungsgrundsätzen zuwider ist". Deutsche Encyclopädie oder Allgemeines Real-Wörterbuch aller Künste und Wissenschaften von einer Gesellschaft Gelehrten, Bd.7, Frankfurt a.M. 1783, S.970. Zur Haltung von Gemeindepastoren vgl. Sylvia Möhle, Ehe und Ehescheidung in ländlichen Gemeinden des Kurfürstentums und Königreichs Hannover 1790-1870, in: Archiv für Sozialgeschichte 36 (1996), S.127-153.
3   Dirk Blasius, Ehescheidung in Deutschland. Scheidung und Scheidungsrecht in historischer Perspektive (= Kritische Studien zur Geschichtswissenschaft 74), Göttingen 1987, S.85.
4   Vgl. oben Kapitel II, und Blasius, Ehescheidung, wie Anmerkung 3, S.29 und 34.

Quellen- und Literaturverzeichnis

1. Ungedruckte Quellen

Archive

Universitätsarchiv Göttingen (UnivAGö)
Kuratorialakten
Universitätsgerichtsakten

Stadtarchiv Göttingen (StadtAGö)
Altes Aktenarchiv (AA)
Amtsbücher (AB)

Kirchenkreisarchiv Göttingen (KirchenkreisAGö)
Stadtsuperintendentur (StadtsupA)
Pfarrarchive (PfarrA)
Kirchenbücher
Zivilstandsregister

Staatsarchiv Hannover (StaatsAHann)
Akten der Ämter (Hann 74 Gö, Hann 72 Gö)
Akten des Konsistoriums (Hann 83)

2. Gedruckte Quellen

Adreßbuch der Stadt Göttingen, Göttingen 1826

Annalen der Braunschweigisch-Lüneburgischen Churlande 3 (1789), 9 (1795)

Deutsche Encyclopädie oder Allgemeines Real-Wörterbuch aller Künste und Wissenschaften von einer Gesellschaft Gelehrten, Bd.7, Frankfurt a.M. 1783, Bd.11, Frankfurt a.M. 1786

Deutsches Rechtswörterbuch, hg. von der Preußischen Akademie der Wissenschaften, Bd.2, Weimar 1932/35

Ebhardt, Christian Hermann (Hg.), Gesetze, Verordnungen und Ausschreiben für den Bezirk des Königlichen Consistorii zu Hannover, welche in Kirchen- und Schulsachen ergangen sind, 2 Bde., Hannover 1845

Eckhard, M. (Hg.), Briefe aus alter Zeit. Wilhelmine Heyne-Heeren an Marianne Friederike Bürger 1794-1803 und ein Nachtrag, Hannover 1913

Fürstenthal, Johann August Ludwig, Real-Encyclopädie des gesammten in Deutschland geltenden gemeinen Rechts, oder Handwörterbuch des römischen und deutschen Privat-, des Staats-, Völker-, Kirchen-, Lehn-, Criminal- und Proceß-Rechts, Bd.1, Berlin 1827

Geiger, Ludwig, Therese Huber 1764-1829. Leben und Briefe einer deutschen Frau, Stuttgart 1901

Germershausen, Christian Friedrich, Die Hausmutter in allen ihren Geschäfften, Leipzig Bde.1-2 1778, Bd.3 1779, Bd.4 1780, Bd.5 1781

Göttinger Bürgeraufnahmen, Bd.3, 1711-1799, Manuskript Heinz Dieterichs, Textbearbeitung Franz Schubert, Göttingen 1991

Göttingisches Magazin für Industrie und Armenpflege, Göttingen Bd.1 (1789), Bd.3 (1793), Bd.4 (1798)

Göttinger Anzeiger von den gemeinen Sachen 28 (11.7.1807)

Justi, Johann Heinrich Gottlob (Hg.), Göttingische Policey-Amts Nachrichten, 3 Bde., Göttingen 1755-1757

Kelterborn, Heinz, Wolfgang Ollrog (Hg.), Die Göttinger Bürgeraufnahmen Bd.2, 1641-1710, Göttingen 1980

Kinder, Hermann (Hg.), Bürgers unglückliche Liebe. Die Ehestandsgeschichte von Elise Hahn und Gottfried August Bürger, Frankfurt a.M. 1981

Krünitz, Johann Georg, Oeconomisch-Technologische Encyclopädie oder allgemeines System der Staats-, Stadt-, Haus- und Landwirthschaft, Bd.14, Berlin 1778

Ramdohr, Friedrich Wilhelm Basilius von, Juristische Erfahrungen oder Repertorium der wichtigsten Rechtsmaterien in alphabetischer Ordnung, 3 Bde., Hannover 1809/10

Schlegel, Johann Karl Fürchtegott, Chur-Hannöversches Kirchenrecht, Bde. 2-3, Hannover 1802/3

Strodtmann, A. (Hg.), Briefe von und an Gottfried August Bürger. Ein Beitrag zur Literaturgeschichte seiner Zeit. Aus dem Nachlaß u.a. meist handschriftlichen Quellen, Bd.2, o.Ort 1874

Wiese, Georg Walter Vinc., Handbuch des gemeinen in Teutschland üblichen Kirchenrechts als Commentar über seine Grundsätze desselben, Bd.3, Leipzig 1802

Willich, Friedrich Christoph, Churfürstl. Braunschweig- Lüneburgische Landes-Gesetze und Verordnungen Calenbergischen und Grubenhagenschen Theils in einem Auszug nach alphabetischer Ordnung gebracht,3 Bde., Göttingen 1780-82

Willich, Friedrich Christoph, Des Königreichs Hannover Landes-Gesetze u. Verordnungen, insbes. der Fürstenthümer Calenberg, Göttingen und Grubenhagen, Bd.1, Göttingen 1825

Zedler, Johann Heinrich, Grosses Vollständiges Universal- Lexicon aller Wissenschaften und Künste, Bd.8, Leipzig, Halle 1734, Bd.12, Leipzig, Halle 1735

3. Literatur

Abel, Wilhelm, Massenarmut und Hungerkrisen im vorindustriellen Deutschland, Göttingen ³1986

Alder, Doris, Im „wahren Paradies der Weiber"? Naturrecht und rechtliche Wirklichkeit der Frauen im Preußischen Landrecht, in: Viktoria Schmidt-Linsenhoff (Hg.), Sklavin oder Bürgerin? Französische Revolution und neue Weiblichkeit 1760-1830 (= Kleine Schriften des Historischen Museums Frankfurt 44), Frankfurt 1989, S.206-222

Anonym, Ueber einen frommen Wunsch, in: Schlesische Provinzialblätter 15 (1792), S.211-220

Anonym, Über Ehescheidungen und Sühnsversuche, in: Schlesische Provinizialblätter 47 (1808), S.110-121

Aßmann, Klaus, Verlag-Manufaktur-Fabrik. Die Entwicklung großbetrieblicher Unternehmensformen im Göttinger Tuchmachergewerbe, in: Wilhelm Abel (Hg.), Handwerksgeschichte in neuer Sicht (= Göttinger Handwerkswirtschaftliche Studien 16), Göttingen 1970, S.202-229

Aßmann, Klaus, Zustand und Entwicklung des städtischen Handwerks in der ersten Hälfte des 19. Jahrhunderts. Dargestellt am Beispiel der Städte Lüneburg, Celle, Göttingen und Duderstadt (= Göttinger Handwerkswirtschaftliche Studien 18), Göttingen 1971

Bake, Rita, Trotz Fleiß kein Preis. Frauenarbeit und Frauenarmut im 18. Jahrhundert, in: Viktoria Schmidt-Linsenhoff (Hg.), Sklavin oder Bürgerin? Französische Revolution und Neue Weiblichkeit 1760-1830 (= Kleine Schriften des Historischen Museums Frankfurt 44), Frankfurt a.M. 1989, S.260-274

Bake, Rita, Vorindustrielle Frauenerwerbsarbeit. Arbeits- und Lebensweise von Manufakturarbeiterinnen im Deutschland des 18. Jahrhunderts unter besonderer Berücksichtigung Hamburgs, Köln 1984

Becher, Ursula A.J., Jörn Rüsen (Hg.), Weiblichkeit in geschichtlicher Perspektive. Fallstudien und Reflexionen zu Grundproblemen der historischen Frauenforschung, Frankfurt a.M. 1988

Beck, Ulrich, Elisabeth Beck-Gernsheim, Das ganz normale Chaos der Liebe, Frankfurt a.M. 1990

Beck, Rainer, Frauen in Krise. Eheleben und Ehescheidung in der ländlichen Gesellschaft Bayerns während des Ancien régime, in: Richard van Dülmen (Hg.), Dynamik der Tradition (= Studien zur historischen Kulturforschung IV), Frankfurt a.M. 1992, S.137-212

Beckmann, Johann, Anweisung, die Rechnungen kleiner Haushaltungen zu führen. Für Anfänger aufgesetzt, Göttingen 1797

Behringer, Wolfgang, Löwenbräu. Von den Anfängen des Münchner Brauwesens bis zur Gegenwart, o.Ort o.Jahr

Bennholdt-Thomsen, Veronika, Zivilisation, moderner Staat und Gewalt. Eine feministische Kritik an Norbert Elias' Zivilisationstheorie, in: Beiträge zur feministischen Theorie und Praxis 13 (1985), S.23-35

Bernoulli, Johann, Sammlung kurzer Reisebeschreibungen und anderer zur Erweiterung der Länder- und Menschenkenntniß dienender Nachrichten, Bd.10, o.Ort 1783

Blasius, Dirk, Scheidung im 19. Jahrhundert. Zu vergessenen Traditionen des heutigen Scheidungsrechts, in: Familiendynamik 9 (1984), S.352-366

Blasius, Dirk, Scheidung und Scheidungsrecht im 19. Jahrhundert. Zur Sozialgeschichte der Familie, in: Historische Zeitschrift 241 (1985), S.329-360

Blasius, Dirk, Die Last der Ehe. Zur Sozialgeschichte der Frau im Vormärz, in: Tel Aviver Jahrbuch für deutsche Geschichte 21 (1992), S.1-19

Blasius, Dirk, Ehescheidung in Deutschland 1794-1945. Scheidung und Scheidungsrecht in historischer Perspektive (= Kritische Studien zur Geschichtswissenschaft 74), Göttingen 1987

Bock, Gisela, Geschichte, Frauengeschichte, Geschlechtergeschichte, in: Geschichte und Gesellschaft 14 (1988), S.364-391

Bosch-Adrigan, Gunda, Zur rechtlichen Aufklärung. Über den Ehebruch und seine Folgen in der Rechtsprechung des ausgehenden 18. Jahrhunderts, in: Hiltrud Gnüg, Renate Möhrmann (Hg.), Frauen, Literatur, Geschichte. Schreibende Frauen vom Mittelalter bis zur Gegenwart, Stuttgart 1985, S.499-507

Brauneder, W., Schlüsselgewalt, in: Adalbert Erler, Ekkehard Kaufmann (Hg.), Handwörterbuch der deutschen Rechtsgeschichte Bd.4, Berlin 1990, Sp.1446-1450

Brodmeier, Beate, Die Frau im Handwerk in historischer Sicht, Münster 1963

Brückner, Carola, Sylvia Möhle, Ralf Pröve, Joachim Roschmann, Vom Fremden zum Bürger: Zuwanderer in Göttingen 1700-1755, in: Hermann Wellenreuther (Hg.), Göttingen 1690-1755. Studien zur Sozialgeschichte einer Stadt (= Göttinger Universitätsschriften Serie A: Schriften 9), Göttingen 1988, S.88-174

Brüdermann, Stefan, Göttinger Studenten und akademische Gerichtsbarkeit im 18. Jahrhundert (= Göttinger Universitätsschriften Serie A: Schriften 15), Göttingen 1990

Buchholz, Stephan, Recht, Religion und Ehe. Orientierungswandel und gelehrte Kontroversen im Übergang vom 17. zum 18. Jahrhundert, Frankfurt a.M. 1988

Burghartz, Susanna, Leib, Ehre und Gut. Delinquenz in Zürich Ende des 14. Jahrhunderts, Zürich 1990

Burghartz, Susanna, Rechte Jungfrauen oder unverschämte Töchter? Zur weiblichen Ehre im 16. Jahrhundert, in: Karin Hausen, Heide Wunder (Hg.), Frauengeschichte – Geschlechtergeschichte (= Geschichte und Geschlechter 1), Frankfurt a.M., New York 1992, S.173-183

Campe, Joachim Heinrich, Väterlicher Rath für meine Tochter. Ein Gegenstück zum Theophron. Der erwachsenen weiblichen Jugend gewidmet, Braunschweig 1789

Cassius, Georg Andreas, Ausführliche Lebensbeschreibung des um die gelehrte Welt Hochverdienten D.C.A.Heumann, Kassel 1768

Cohen, Sheldon S., „To Parts of the World Unknown". The Circumstances of Divorce in Connecticut 1750-1797, in: Canadian Review of American Studies 11 (1980), S.275-293

Cohn, Henry S., Connecticut's Divorce Mechanism: 1636-1969, in: American Journal of Legal History 14 (1970), S.35-54

Cott, Nancy, Eighteenth-Century Family and Social Life Revealed in Massachusetts Divorce Records, in: Journal of Social History 10 (1976), S.20-43

Cott, Nancy, Divorce and the Changing Status of Women in Eighteenth-Century Massachusetts, in: William and Mary Quarterly 3rd. ser., 33 (1976), S.586-614

Davis, Natalie Zemon, Women in the Crafts in Sixteenth-Century Lyon, in: Barbara A. Hanawalt (Hg.), Women and Work in Preindustrial Europe, Bloomington 1986, S.167-197

Davis, Natalie Zemon, Frauen und Gesellschaft am Beginn der Neuzeit, Berlin 1986

Davis, Natalie Zemon, Humanismus, Narrenherrschaft und die Riten der Gewalt. Gesellschaft und Kultur im frühneuzeitlichen Frankreich, Frankfurt a.M. 1987

Davis, Natalie Zemon, Der Kopf in der Schlinge. Gnadengesuche und ihre Erzähler, Berlin 1988

Dilcher, Gerhard, Religiöse Legitimation und gesellschaftliche Ordnungsaufgabe des Eherechts in der Reformationszeit, in: Paolo Prodi (Hg.), Glaube und Eid. Treueformeln, Glaubensbekenntnisse und Sozialdisziplinierung zwischen Mittelalter und Neuzeit (= Schriften des Historischen Kollegs, Kolloquien 28), München 1993, S.189-198

Dinges, Martin, „Weiblichkeit" in „Männlichkeitsritualen"? Zu weiblichen Taktiken im Ehrenhandel in Paris im 18. Jahrhundert, in: Francia 18 (1991), S.71-98

Dinges, Martin, Frühneuzeitliche Justiz: Justizphantasien als Justiznutzung am Beispiel von Klagen bei der Pariser Polizei im 18. Jahrhundert, in: Heinz Mohnhaupt, Dieter Simon (Hg.), Vorträge zur Justizforschung: Geschichte und Theorie, Bd.1, Frankfurt a.M. 1992, S. 269-292

Drägert, Erich, Recht und Brauch in Ehe und Hochzeit im hamburgischen Amt Ritzebüttel nach der Reformation, in: Männer vom Morgenstern 43 (1962), S.20-65

Duden, Barbara, Das schöne Eigentum. Zur Herausbildung des bürgerlichen Frauenbildes an der Wende vom 18. zum 19. Jahrhundert, in: Kursbuch 47 (1977), S.125-140

Dülmen, Richard van, Heirat und Eheleben in der Frühen Neuzeit. Autobiographische Zeugnisse, in: Archiv für Kulturgeschichte 72/1 (1990), S.153-171

Dülmen, Richard van, Fest der Liebe. Heirat und Ehe in der Frühen Neuzeit, in: Ders. (Hg.), Armut, Liebe, Ehre. Studien zur Historischen Kulturforschung, Frankfurt a.M. 1988, S.67-106

Duffin, Lorna E., Charles Lindsey, Women and work in pre-industrial England, London 1985

Eggers, Petra, Frauenarbeit im Handwerk – Die Hamburger Buchbinderfrau im 18. Jahrhundert, in: Lisa Berrisch, Charlotte Gschwind-Gisiger, Christa Köppel, Anita Ulrich, Yvonne Voegeli (Hg.), Beiträge der 3. Schweizer Historikerinnentagung, Zürich 1986, S.107-121

Ehlert, Trude (Hg.), Haushalt und Familie in Mittelalter und früher Neuzeit, Sigmaringen 1991

Engelsing, Rolf, Der Arbeitsmarkt der Dienstboten im 17., 18. und 19. Jahrhundert, in: Kellenbenz, Hermann (Hg.): Wirtschaftspolitik und Arbeitsmarkt, München 1971, S.159-237

Engelsing, Rolf, Zur Sozialgeschichte deutscher Mittel- und Unterschichten (= Kritische Studien zur Geschichtswissenschaft 4), Göttingen ^{2}1978

Farge, Arlette, Vivre dans la rue à Paris au XVIIIe siècle, Paris 1979

Farge, Arlette, Michel Foucault, Le Desordre des familles. Lettres de cachet des archives de la Bastille au XVIIIe siècle, Paris 1982

Farge, Arlette, La vie fragile. Violence, pouvoires et solidarités à Paris au XVIIIe siècle, Paris 1986

Farge, Arlette, Das brüchige Leben. Verführung und Aufruhr im Paris des 18. Jahrhunderts, Berlin 1989

Farge, Arlette, Michel Foucault (Hg.), Familiäre Konflikte: Die „Lettres de cachet". Aus den Archiven der Bastille im 18. Jahrhundert, Frankfurt a.M. 1989

Fischer, Wolfram, Wirtschaft und Gesellschaft im Zeitalter der Industrialisierung. Aufsätze – Studien – Vorträge (= Kritische Studien zur Geschichtswissenschaft 1), Göttingen 1972

Fischer-Homberger, Esther, Krankheit Frau. Zur Geschichte der Einbildungen, Frankfurt a.M. 1984

Fischer-Homberger, Esther, Medizin vor Gericht. Zur Sozialgeschichte der Gerichtsmedizin, Darmstadt 1988

Floßmann, Ursula, Die Gleichberechtigung der Geschlechter in der Privatrechtsgeschichte, in: Dies. (Hg.), Rechtsgeschichte und Rechtsdogmatik. Festschrift Hermann Eichler (= Linzer Universitätsschriften Festschriften 1), Wien, New York 1977, S.119-144

Freudenthal, Margarete, Gestaltwandel der städtischen bürgerlichen und proletarischen Hauswirtschaft unter besonderer Berücksichtigung des Typenwandels von Frau und Familie, vornehmlich in Südwest-Deutschland zwischen 1760 und 1933, Diss. Frankfurt a.M. 1934

Frevert, Ute (Hg.), Bürgerinnen und Bürger. Geschlechterverhältnisse im 19. Jahrhundert (= Kritische Studien zur Geschichtswissenschaft 77), Göttingen 1988

Frevert, Ute, Bürgerliche Familie und Geschlechterrollen. Modell und Wirklichkeit, in: Lutz Niethammer (Hg.), Bürgerliche Gesellschaft in Deutschland. Historische Einblicke, Fragen, Perspektiven, Frankfurt a.M. 1990, S.90-98

Frevert, Ute, Literatur-Bericht Bürgertumsgeschichte als Familiengeschichte, in: Geschichte und Gesellschaft 16 (1990), S.491-501

Frevert, Ute, „Mann und Weib und Weib und Mann". Geschlechterdifferenzen in der Moderne, München 1995

Frühsorge, Gotthardt, Die Einheit aller Geschäfte. Tradition und Veränderung des 'Hausmutter'-Bildes in der deutschen Ökonomieliteratur des 18. Jahrhunderts, in: Wolfenbütteler Studien zur Aufklärung 3 (1976), S.137-158

Frühsorge, Gotthardt, Die Begründung der „väterlichen Gesellschaft" in der europäischen oeconomia christiana. Zur Rolle des Vaters in der „Hausväterliteratur" des 16. bis 18. Jahrhunderts in Deutschland, in: Hubertus Tellenbach (Hg.), Das Vaterbild im Abendland, Bd.1, Stuttgart 1978, S.111-123

Gayford, J.J., Battered Wives, in: John Powell Martin (Hg.), Violence and the Family, Chichester 1978, S.19-42

Gerhard, Hans-Jürgen, Diensteinkommen der Göttinger Officianten 1750-1850 (= Studien zur Geschichte der Stadt Göttingen 12), Göttingen 1978

Gerhard, Hans-Jürgen, Stadtverwaltung und städtisches Besoldungswesen von der frühen Neuzeit bis zum 19. Jahrhundert. Strukturen – Zusammenhänge – Entwicklungen, in: Vierteljahresschrift für Sozial- und Wirtschaftsgeschichte 70/1 (1983), S.21-49

Gerhard, Hans-Jürgen, Quantitative und qualitative Aspekte von Handwerkereinkommen in nordwestdeutschen Städten von der Mitte des 18. bis zur Mitte des 19. Jahrhunderts, in: Handwerker in der Industrialisierung (= Industrielle Welt 37), Stuttgart 1984, S.51-77

Gerhard, Hans-Jürgen, Löhne im vor- und frühindustriellen Deutschland (= Göttinger Beiträge zur Wirtschafts- und Sozialgeschichte 7), Göttingen 1984

Gerhard, Hans-Jürgen, Geld und Geldwert im 18. Jahrhundert, in: Göttingen im 18. Jahrhundert. Eine Stadt verändert ihr Gesicht, Göttingen 1987, S.25-29

Gerhard, Ute, Verhältnisse und Verhinderungen. Frauenarbeit, Familie und Rechte der Frauen im 19. Jahrhundert, Frankfurt a.M. 1978

Gerhard, Ute, Gleichheit ohne Angleichung. Frauen im Recht, München 1990

Gillis, John R., Conjugal Settlements: Resort to Clandestine and Common Law Marriage in England and Wales, 1650-1850, in: John Bossy (Hg.), Disputes and Settlements. Law and Human Relations in the West (= Past and Present Publications 20), Cambridge 1983, S.261-286

Gleixner, Ulrike, Das Mensch und der Kerl. Die Konstruktion von Geschlecht in Unzuchtsverfahren der Frühen Neuzeit (1700-1760) (= Geschichte und Geschlechter 8), Frankfurt a.M., New York 1994

Gröbner, Valentin, Ökonomie ohne Haus. Zum Wirtschaften armer Leute in Nürnberg am Ende des 15. Jahrhunderts, Göttingen 1993

Habermas, Rebekka, Frauen und Männer im Kampf um Leib, Ökonomie und Recht. Zur Beziehung der Geschlechter im Frankfurt der Frühen Neuzeit, in: Richard van Dülmen (Hg.), Dynamik der Tradition (= Studien zur historischen Kulturforschung IV), Frankfurt a.M. 1992, S.109-136

Habicht, Bernd, Stadt- und Landhandwerk im südlichen Niedersachsen im 18. Jahrhundert. Ein wirtschaftsgeschichtlicher Beitrag unter Berücksichtigung von Bedingungen des Zugangs zum Markt (= Göttinger Beiträge zur Wirtschafts- und Sozialgeschichte 10), Göttingen 1983

Hanawalt, Barbara (Hg.), Women and Work in Pre-industrial Europe, Bloomington 1986

Hausen, Karin, Die Polarisierung der „Geschlechtscharaktere": Eine Spiegelung der Dissoziation von Erwerbs- und Familienleben, in: Heidi Rosenbaum (Hg.), Seminar Familie und Gesellschaftsstruktur. Materialien zu den sozioökonomischen Bedingungen von Familienformen, Frankfurt a.M. 1978, S.161-191

Hausen, Karin, Patriarchat. Vom Nutzen und Nachteil eines Konzepts für Frauengeschichte und Frauenpolitik, in: Journal Geschichte (1986), S.12-21

Hausen, Karin, „...eine Ulme für das schwanke Efeu". Ehepaare im Bildungsbürgertum. Ideale und Wirklichkeiten im späten 18. und frühen 19. Jahrhundert, in: Ute Frevert (Hg.), Bürgerinnen und Bürger. Geschlechterverhältnisse im 19. Jahrhundert (= Kritische Studien zur Geschichtswissenschaft 77), Göttingen 1988, S.85-117

Hausen, Karin, Öffentlichkeit und Privatheit. Gesellschaftspolitische Konstruktionen und die Geschichte der Geschlechterbeziehungen, in: Dies., Heide Wunder (Hg.) Frauengeschichte – Geschlechtergeschichte (= Geschichte und Geschlechter 1), Frankfurt a.M., New York 1992, S.81-88

Hausen, Karin, Heide Wunder (Hg.), Frauengeschichte – Geschlechtergeschichte (= Geschichte und Geschlechter 1), Frankfurt a.M., New York 1992

Hesse, Hans Gerd, Evangelisches Ehescheidungsrecht in Deutschland (= Schriften zur Rechtslehre und Politik 22), Bonn 1960

Hirsch, Alison Duncan, The Thrall Divorce Case: A Family Crisis in Eighteenth-Century Connecticut, in: Women and History 4 (1982), S.43-75

Hoffmann, Julius, Die „Hausväterliteratur" und die „Predigten über den christlichen Hausstand". Lehre vom Hause und Bildung für das häusliche Leben im 16., 17. und 18. Jahrhundert (= Göttinger Studien zur Pädagogik 37), Weinheim, Berlin 1959

Hohkamp, Michaela, Frauen vor Gericht, in: Mireille Othenin-Girard, Anna Gossenreiter, Sabine Trautweiler (Hg.), Frauen und Öffentlichkeit. Beiträge der 6. Schweizerischen Historikerinnentagung, Zürich 1991, S.115-124

Hohkamp, Michaela, Gewalt im Haushalt. Beispiele aus dem mittleren Schwarzwald des 18. Jahrhunderts, in: Thomas Lindenberger, Alf Lüdtke (Hg.), Physische Gewalt. Studien zur Geschichte der Neuzeit, Frankfurt a.M. 1995, S.276-302

Hohkamp, Michaela, „Auf so ein erlogenenes Maul gehört eine Maultaschen". Verbale und körperliche Gegen-Gewalt von Frauen. Ein Fallbeispiel aus dem Schwarzwald des 18. Jahrhunderts, in: Physische Gewalt im Alltag (= Werkstatt Geschichte 4), 1993, S.9-19

Honegger, Claudia, Die Ordnung der Geschlechter. Die Wissenschaft vom Menschen und das Weib 1750-1850, Frankfurt a.M., New York 1991

Horkheimer, Max, Die Erziehungsleistung der bürgerlichen Familie, in: Heidi Rosenbaum (Hg.), Seminar: Familie und Gesellschaftsstruktur. Materialien zu den sozioökonomischen Bedingungen von Familienformen, Frankfurt a.M. 1978, S.425-434

Hubrich, Eduard, Das Recht der Ehescheidung in Deutschland, Berlin 1891

Hufton, Olwen, Bayeux in the late Eighteenth-Century. A Social Study. Oxford 1967

Hufton, Olwen, Women in Revolution 1789-1796, in: Past and Present 53 (1971), S.90-108

Hufton, Olwen, The Poor of Eighteenth-Century France, Oxford 1974

Hufton, Olwen, Women and the Family Economy in Eighteenth-Century France, in: French Historical Studies 9 (1975), S.1-22

Hufton, Olwen, Women, Work and Marriage in Eighteenth-Century France, in: R.B. Outhwaite (Hg.), Marriage and Society. Studies in the Social History of Marriage, London, New York 1981, S.186-203

Hufton, Olwen, Women without Men. Widows and Spinsters in Britain and France in the Eighteenth Century, in: Journal of Family History 9 (1984), S.355-376

Imhof, Arthur E., Historische Demographie als Sozialgeschichte. Gießen und Umgebung vom 17. zum 19. Jahrhundert, 2 Bde., Gießen 1974

Jeschke, Jörg, Gewerberecht und Handwerkswirtschaft des Königreiches Hannover im Übergang 1815-1866, Göttingen 1977

Justi, Johann Heinrich Gottlob, Rechtliche Abhandlung von denen Ehen, die an und vor sich selbst ungültig und nichtig sind (De matrimonio putativo et illegitimo) worinnen zugleich von dem Wesen der Ehe, und dem großen Einfluß der Ehe-Gesetze in die Glückseligkeit des Staats gehandelt wird (= Historische und Juristische Schriften Zweyter Band), Leipzig 1757

Kaufhold, Karl Heinrich, Wirtschaft und Gesellschaft im südlichen Niedersachsen im 18. und frühen 19. Jahrhundert, in: Hermann Kellenbenz (Hg.), Weltwirtschaftliche und währungspolitische Probleme seit dem Ausgang des Mittelalters (= Forschungen zur Sozial- und Wirtschaftsgeschichte 23), Stuttgart 1981, S.207-225

Kern, Bärbel, Horst Kern, Madame Doctorin Schlözer. Ein Frauenleben in den Widersprüchen der Aufklärung, München 1988

Kroeschel, K., Bürger, in: Adalbert Erler, Ekkehard Kaufmann (Hg), Handwörterbuch der deutschen Rechtsgeschichte Bd.1, Berlin 1971, Sp.543-553

Lehmann, Johann Gottfried, Vernünftige Bedencken über die Gründe der Ehescheidung, Glückstadt 1733

Lenger, Friedrich, Sozialgeschichte der deutschen Handwerker seit 1800, Frankfurt a.M. 1988

Lesemann, Silke, Arbeit, Ehre, Geschlechterbeziehungen. Zur sozialen und wirtschaftlichen Stellung von Frauen im frühneuzeitlichen Hildesheim (= Schriftenreihe des Stadtarchivs und der Stadtbibliothek Hildesheim 23), Hildesheim 1994

Lorenz, Dagmar, Vom Kloster in die Küche. Die Frau vor und nach der Reformation Dr. Martin Luthers, in: Barbara Becker-Cantarino (Hg.), Die Frau von der Reformation zur Romantik. Die Situation der Frau vor dem Hintergrund der Literatur- und Sozialgeschichte (= Modern German Studies 7), Bonn 1980, S.7-33

Lorenzen-Schmidt, Klaus-Joachim, Beleidigungen in schleswig-holsteinischen Städten im 16. Jahrhundert. Soziale Norm und soziale Kontrolle in Städtegesellschaften, in: Kieler Blätter zur Volkskunde 10 (1978), S.5-27

Lorenzen-Schmidt, Klaus-Joachim, Zur Stellung der Frauen in der frühneuzeitlichen Städtegesellschaft Schleswigs und Holsteins, in: Archiv für Kulturgeschichte 61 (1979), S.317-339

Ludwig, Uta, Die soziale Lage und soziale Organisation des Kleingewerbes in Göttingen in der ersten Hälfte des 19. Jahrhunderts, Diss. Göttingen 1982

Ludovici, Jacob Friedrich, Einleitung zum Consistorial-Proceß, Halle 1713

Ludovici, Jacob Friedrich, Einleitung zum Civil-Proceß, Halle 1714

Lücke, Gottfried Christian Friedrich, Dr. Gottlieb Jakob Planck. Ein biographischer Versuch, Göttingen 1835

Marbach, Rainer, Säkularisierung und sozialer Wandel im 19. Jahrhundert. Die Stellung von Geistlichen zu Entkirchlichung und Entchristlichung in einem Bezirk der hannoverschen Landeskirche (= Studien zur Kirchengeschichte Niedersachsens 22), Göttingen 1978

Martin, John Powell (Hg.), Violence and The Family, Chichester 1978

May, Margaret, Violence in the family. An historical Perspective, in: John Powell Martin (Hg.), Violence and The Family, Chichester 1978, S.135-167

Medick, Hans, Plebejische Kultur, plebejische Öffentlichkeit, plebejische Ökonomie. Über Erfahrungen und Verhaltensweisen Besitzarmer und Besitzloser in der Übergangsphase zum Kapitalismus, in: Robert M. Berdahl (u.a.), Klassen und Kultur. Sozialanthropologische Perspektiven in der Geschichtsschreibung, Frankfurt a.M. 1982, S.157-204

Medick, Hans, Biedermänner und Biederfrauen im alten Laichingen. Lebensweisen in einem schwäbischen Ort an der Schwelle zur Moderne, in: Journal Geschichte (1991), S.46-61

Medick, Hans, David Sabean (Hg.), Emotionen und materielle Interessen. Sozialanthropologische und historische Beiträge zur Familienforschung (= Veröffentlichungen des Max-Planck-Institutes für Geschichte 75), Göttingen 1984

Meinhardt, Günther, Die Auswirkungen der Hungerjahre in der ersten Hälfte des 19. Jahrhunderts auf Göttingen, in: Göttinger Jahrbuch 14 (1966), S.211-219

Meinhardt, Günther, Garnisonsstadt Göttingen. Bilder aus 350 Jahren Stadtgeschichte, Göttingen o.J.

Mitterauer, Michael, Zur familienbetrieblichen Struktur im zünftigen Handwerk, in: Herbert Knittler (Hg.), Wirtschafts- und sozialhistorische Beiträge. Festschrift für Alfred Hoffmann, München 1979, S.190-219

Mitterauer, Michael, Vorindustrielle Familienformen. Zur Funktionsentlastung des „ganzen" Hauses im 17. und 18. Jahrhundert, in: Ders., Grundtypen alteuropäischer Sozialformen. Haus und Gemeinde in vorindustriellen Gesellschaften (= Kultur und Gesellschaft 5), Stuttgart, Bad Cannstatt 1979, S.35-97

Mitterauer, Michael, Geschlechtsspezifische Arbeitsteilung in vorindustrieller Zeit, in: Beiträge zur historischen Sozialkunde 11 (1981), S.77-87

Mitterauer, Michael, Historische Familienforschung, Frankfurt a.M. 1982

Mitterauer, Michael, Ledige Mütter: Zur Geschichte illegitimer Geburten in Europa, München 1983

Mitterauer, Michael, Familie und Arbeitsorganisation in städtischen Gesellschaften, in: Ders. (Hg.), Familie und Arbeitsteilung. Historisch vergleichende Studien (= Kulturstudien Bibliothek der Kulturgeschichte 26), Wien, Köln, Weimar 1992, S.256-300

Mitterauer, Michael, Reinhard Sieder, Vom Patriarchat zur Partnerschaft. Zum Strukturwandel der Familie, München 1977

Möhle, Sylvia, Zur Integration von zugewanderten Textilhandwerkern in Göttingen im frühen 18. Jahrhundert, in: Göttinger Jahrbuch 36 (1988), S.33-52

Möhle, Sylvia, „Damit das Scandal nicht in der Stadt laut würde...". Die Geschichte einer Eheklage und ihres Ausgangs, in: Volkskunde in Niedersachsen 7 (1990), S.55-61

Möhle, Sylvia, „So sehr ich gewohnet bin, niedrige Schicksahle, mit geduldiger Fassung zu ertragen." Göttinger Handwerkerfrauen im 18. und frühen 19. Jahrhundert, in: Angela Dinghaus (Hg.), Frauenwelten. Biographisch-historische Skizzen aus Niedersachsen, Hildesheim, Zürich, New York 1993, S.90-100

Möhle, Sylvia, „Weilen sie noch jung von Jahren und dergleichen Sachen nicht recht verstanden habe...". Zur Situation lediger Mütter in den unteren sozialen Schichten im 18. und 19. Jahrhundert, in: Angela Dinghaus (Hg.), Frauenwelten. Biographisch-historische Skizzen aus Niedersachsen, Hildesheim, Zürich, New York 1993, S.101-104

Möhle, Sylvia, „Unberüchtigte Weibes-Person" und „boshaffter Ehren-Schänder". Verlobungsklagen vor Göttinger Gerichten im 18. und frühen 19. Jahrhundert, in: Volkskunde in Niedersachsen 10 (1993), S.71-80

Möhle, Sylvia, Ehen in der Krise. Zur Bedeutung der Eigentumsrechte und der Arbeit von Frauen in Ehekonflikten (Göttingen 1740-1840), in: Jürgen Schlumbohm (Hg.), Familie und Familienlosigkeit. Fallstudien aus Niedersachsen und Bremen vom 15. bis 20. Jahrhundert (= Veröffentlichungen der Historischen Kommission für Niedersachsen und Bremen 34), Hannover 1993, S.39-50

Möhle, Sylvia, Ehe und Ehescheidung in ländlichen Gemeinden des Kurfürstentums und Königreichs Hannover 1790-1870, in: Archiv für Sozialgeschichte 36 (1996), S.127-153.

Möller, Helmut, Die kleinbürgerliche Familie im 18. Jahrhundert. Verhalten und Gruppenkultur, Berlin 1969

Monter, E. William, Women in Calvinist Geneva (1550-1800), in: Ders., Enforcing Morality in Early Modern Europe, London 1987, S.189-209

Mottu-Weber, Liliane, Economie et Refuge à Genève au siècle de la Réforme: la draperie et la soierie (1540-1630), Genf 1987

Müller, Maria E., Naturwesen Mann. Zur Dialektik von Herrschaft und Knechtschaft in Ehelehren der Frühen Neuzeit, in: Heide Wunder, Christina Vanja (Hg.), Wandel der Geschlechterbeziehungen zu Beginn der Neuzeit, Frankfurt a.M. 1991, S.43-68

Müller-Staats, Dagmar, Klagen über Dienstboten. Eine Untersuchung über Dienstboten und ihre Herrschaften, Frankfurt a.M. 1987

Münch, Paul, Zucht und Ordnung. Reformierte Kirchenverfassungen im 16. und 17. Jahrhundert (Nassau-Dillenburg, Kurpfalz, Hessen-Kassel), Stuttgart 1978

Münch, Paul (Hg.), Ordnung, Fleiß und Sparsamkeit. Texte und Dokumente zur Entstehung der „bürgerlichen Tugenden", München 1984

Münch, Paul, Lebensformen in der frühen Neuzeit, Frankfurt a.M. 1992

Oberschelp, Reinhard, Niedersachsen 1760-1820. Wirtschaft, Gesellschaft und Kultur im Land Hannover und Nachbargebieten, 2.Bde., Hildesheim 1982

Otte, Hans, Aufsicht und Fürsorge. Die Hannoversche Kirchenkommission im 19. und 20. Jahrhundert, in: Jahrbuch der Gesellschaft für Niedersächsische Kirchengeschichte 83 (1985), S.179-199

Ozment, Stephen, When Fathers Ruled. Family Life in Reformation Europe, Cambridge Mass., London 1983

Panke-Kochinke, Birgit, Göttinger Professorenfamilien im 18. und im ersten Drittel des 19. Jahrhunderts, in: Göttinger Jahrbuch 34 (1986), S.61-82

Panke-Kochinke, Birgit, „Liebe in der Ehe". Gschlechterbeziehungen in den Göttinger Professorenfamilien des 18./19. Jahrhunderts, in: Volkskunde in Niedersachsen 4 (1987), S.10-17

Panke-Kochinke, Birgit, Die „heimlichen Pflichten". Professorenhaushalte im 18./19. Jahrhundert, in: Kornelia Duwe, Carola Gottschalk, Marianne Koerner (Hg.), Göttingen ohne Gänseliesel. Texte und Bilder zur Stadtgeschichte, Gudensberg-Gleichen 1988, S.42-47

Panke-Kochinke, Birgit, Die anständige Frau. Konzeption und Umsetzung bürgerlicher Moral im 18. und 19. Jahrhundert (= Frauen in Geschichte und Gesellschaft 31), Pfaffenweiler 1991

Panke-Kochinke, Birgit, Göttinger Professorenfamilien. Strukturmerkmale weiblichen Lebenszusammenhanges im 18. und 19. Jahrhundert, Pfaffenweiler 1993

Phillips, Roderick, Demographic Aspects of Divorce in Rouen 1792-1816, in: Annales de Démographie Historique (1976), S.429-441

Phillips, Roderick, Women and Family Breakdown in Eighteenth-Century France: Rouen 1780-1800, in: Social History 2 (1976), S.197-218

Phillips, Roderick, Women's Emancipation, the Family and Social Change in Eighteenth-Century France, in: Journal of Social History 12 (1978/79), S.553-568

Phillips, Roderick, Le divorce en France à la fin du XVIIIe siècle, in: Annales Economies Sociétés Civilisations 34 (1979), S.385-398

Phillips, Roderick, Family Breakdown in Late Eighteenth-Century France: Divorces in Rouen, 1792-1803, Oxford 1980

Phillips, Roderick, Gender Solidarities in Late Eighteenth-Century Urban France: The Example of Rouen, in: Histoire Sociale – Social History 13 (1980), S.325-337

Phillips, Roderick, Putting Asunder. A History of Divorce in Western Society, Cambridge 1988

Piuz, Anne-Marie, Liliane Mottu-Weber, L'Economie genevoise, de la Réforme à la fin de l'Ancien régime, XVIe-XVIIIe siècles, Genf 1990

Planck, Gottlieb Jacob, Tagebuch eines neuen Ehemannes, Leipzig 1779

Prior, Mary, Women and the Urban Economy: Oxford 1500-1800, in: Dies. (Hg.), Women in English Society 1500-1800, London 1985, S.93-117

Pröve, Ralf, Zwangszölibat, Konkubinat und Eheschließung: Durchsetzung und Reichweite obrigkeitlicher Ehebeschränkungen am Beispiel der Göttinger Militärbevölkerung im 18. Jahrhundert, in: Jürgen Schlumbohm (Hg.), Familie und Familienlosigkeit. Fallstudien aus Niedersachsen und Bremen vom 15. bis 20. Jahrhundert (= Veröffentlichungen der Historischen Kommission für Niedersachsen und Bremen 34), Hannover 1993, S.81-95

Pröve, Ralf, Stehendes Heer und städtische Gesellschaft im 18. Jahrhundert. Göttingen und seine Militärbevölkerung 1713-1756 (Beiträge zur Militärgeschichte 47), München 1995.

Pütter, Johann Stephan, Selbstbiographie (zur dankbaren Jubelfeier seiner 50jährigen Professorenstelle in Göttingen), Bd.1, Göttingen 1798

Rang, Britta, Zur Geschichte des dualistischen Denkens über Mann und Frau. Kritische Anmerkungen zu den Thesen von Karin Hausen zur Herausbildung der Geschlechtscharaktere im 18. und 19. Jahrhundert, in: Jutta Dalhoff, Uschi Frey, Ingrid Schöll (Hg.), Frauenmacht in der Geschichte. Beiträge des Historikerinnentreffens 1985 zur Geschichtsforschung, Düsseldorf 1986, S.194-205

Rentschler, Petra, Lohnarbeit und Familienökonomie. Zur Frauenarbeit im Zeitalter der Französischen Revolution, in: Sklavin oder Bürgerin? Französische Revolution und Neue Weiblichkeit 1760-1830 (= Kleine Schriften des Historischen Museums Frankfurt 44), Frankfurt a.M. 1989, S.223-246

Richter, Ludwig, Geschichte der evangelischen Kirchenverfassung in Deutschland, Leipzig 1851

Roberts, James S., Der Alkoholkonsum deutscher Arbeiter im 19. Jahrhundert, in: Geschichte und Gesellschaft 6 (1980), S.220-242

Roberts, James S., Alkohol und Arbeiterschaft. Eine Erwiderung, in: Geschichte und Gesellschaft 8 (1982), S.427-433

Rolffs, Ernst, Das kirchliche Leben in Niedersachsen (= Evangelische Kirchenkunde 6), Tübingen 1917

Roper, Lyndal, „Going to Church and Street": Weddings in Reformation Augsburg, in: Past and Present 106 (1985), S.62-101

Roper, Lyndal, „The common man", „the common good", „the common women": gender and meaning in the German Reformation commune, in: Social History 12 (1987), S.1-21

Roper, Lyndal, The Holy Household: Women and Morals in Reformation Augsburg (= Oxford Studies in Social History), Oxford 1989

Roper, Lyndal, Männlichkeit und männliche Ehre, in: Journal Geschichte (1991), S.28-37

Roper, Lyndal, „Wille" und „Ehre": Sexualität, Sprache und Macht in Augsburger Kriminalprozessen, in: Heide Wunder, Christina Vanja (Hg.), Wandel der Geschlechterbeziehungen zu Beginn der Neuzeit, Frankfurt a.M. 1991, S.180-196

Rosenbaum, Heidi, Formen der Familie. Untersuchungen zum Zusammenhang von Familienverhältnissen, Sozialstruktur und sozialem Wandel in der deutschen Gesellschaft des 19. Jahrhunderts, Frankfurt a.M. 1982

Sabean, David Warren, Property, Production and Family in Neckarhausen, 1700-1870 (= Cambridge Studies in Social and Cultural Anthropology 73), Cambridge 1990

Sachse, Burkhard, Soziale Differenzierung und regionale Verteilung der Bevölkerung Göttingens im 18. Jahrhundert (= Veröffentlichungen des Instituts für Historische Landesforschung der Universität Göttingen 11), Hildesheim 1978

Sachse, Wieland, Lebensverhältnisse und Lebensgestaltung der Unterschicht in Göttingen bis 1860, in: Werner Conze, Ulrich Engelhardt (Hg.), Arbeiterexistenz im 19. Jahrhundert (= Industrielle Welt 33), Stuttgart 1981, S.19-45

Sachse, Wieland, Über Armenfürsorge und Arme in Göttingen im 18. und frühen 19. Jahrhundert, in: Karl Heinrich Kaufhold, Friedrich Riemann (Hg.), Theorie und Empirie in Wirtschaftspolitik und Wirtschaftsgeschichte (= Göttinger Beiträge zur Wirtschafts- und Sozialgeschichte 11), Göttingen 1984, S.217-239

Sachse, Wieland, Vom Handwerker zum Arbeiter. Aspekte der sozialen Bewegung im zweiten Drittel des 19. Jahrhundert aus Göttinger Sicht, in: Göttinger Jahrbuch 33 (1985), S.179-192

Sachse, Wieland, Göttingen im 18. und 19. Jahrhundert. Zur Bevölkerungs- und Sozialstruktur einer deutschen Universitätsstadt (= Studien zur Geschichte der Stadt Göttingen 15), Göttingen 1987

Safley, Thomas Max, Marital Ligitation in the Diocese of Constance 1551-1620, in: Sixteenth Century Journal 12 (1981), S.61-78

Safley, Thomas Max, To preserve the Marital State: the Basler Ehegericht 1550-1592, in: Journal of Family History 7 (1982), S.162-179

Safley, Thomas Max, Let No Man Put Asunder. The Control of Marriage in the German Southwest: A Comparative Study 1550-1600 (= Sixteenth Century Essays and Studies II), Kirksville, Missouri 1984

Schaar, Louis, Das westfälische Konsistorium in Göttingen 1807-1813, in: Göttinger Blätter für Geschichte und Heimatkunde Südhannovers 2 (1936), S.49-63

Schlegel, Johann Karl Fürchtegott, Ueber Ehescheidung, besonders die Ehescheidung durch landesherrliche Dispensation, Hannover 1809

Schlumbohm, Jürgen (Hg.), Kinderstuben. Wie Kinder zu Bauern, Bürgern, Aristokraten wurden 1700-1850, München 1983

Schlumbohm, Jürgen, Ledige Mütter als „lebendige Phantome" oder: Wie aus einer Weibersache eine Wissenschaft wurde. Die ehemalige Entbindungsanstalt der Universität Göttingen am Geismar Tor, in: Kornelia Duwe, Carola Gottschalk, Marianne Körner (Hg.), Göttingen ohne Gänseliesel. Texte und Bilder zur Stadtgeschichte, Gudensberg-Gleichen 1988, S.150-163

Schmidt, Pia, Christine Weber, Von der 'wohlgeordneten Liebe' und der 'so eigenen Wollust des Geschlechtes'. Zur Diskussion weiblichen Begehrens zwischen 1730 und 1830, in: Jutta Dalhoff, Uschi Frey, Ingrid Schöll (Hg.), Frauenmacht in der Geschichte. Beiträge des Historikerinnentreffens 1985 zur Frauengeschichtsforschung, Düsseldorf 1986, S.150-165

Schorn-Schütte, Luise, „Gefährtin" und „Mitregentin". Zur Sozialgeschichte der evangelischen Pfarrfrau in der frühen Neuzeit, in: Heide Wunder, Christina Vanja (Hg.): Wandel der Geschlechterbeziehungen zu Beginn der Neuzeit, Frankfurt a.M. 1991, S.109-153

Schröder, Richard, Das eheliche Güterrecht Deutschlands in Vergangenheit, Gegenwart und Zukunft (= Deutsche Zeit- und Streitfragen 59), Berlin 1875

Schröder, Richard, Geschichte des ehelichen Güterrechtes in Deutschland, 2 Bde. 1863-1874, 1.Bd. Danzig, Stettin 1863

Schubert, Werner, Französisches Recht in Deutschland zu Beginn des 19. Jahrhunderts: Zivilrecht, Gerichtsverfassungsrecht und Zivilprozeßrecht (= Forschungen zur neueren Privatrechtsgeschichte 24), Köln 1977

Schulte, Regina, Die bäuerliche Gesellschaft vor den Schranken des bürgerlichen Gerichts. Zur Sozialgeschichte des Dorfes im 19. Jahrhundert, Berlin 1988

Schulte, Regina, Das Dorf im Verhör. Brandstifter, Kindsmörderinnen und Wilderer vor den Schranken des bürgerlichen Gerichts. Oberbayern 1848-1910, Reinbek 1989

Schwab, Dieter, Grundlagen und Gestalt der staatlichen Ehegesetzgebung in der Neuzeit bis zum Beginn des 19. Jahrhunderts (= Schriften zum Deutschen und Europäischen Zivil-, Handels- und Prozeßrecht 45), Bielefeld 1967

Schwark, Thomas, Lübecks Stadtmilitär im 17. und 18. Jahrhundert: Untersuchungen zur Sozialgeschichte einer reichsstädtischen Berufsgruppe (= Veröffentlichungen zur Geschichte der Hansestadt Lübeck Reihe B, Bd.18), Lübeck 1990

Sieder, Reinhard, Sozialgeschichte der Familie, Frankfurt a.M. 1987

Simon, Christian, Untertanenverhalten und obrigkeitliche Moralpolitik. Studien zum Verhältnis zwischen Stadt und Land im ausgehenden 18. Jahrhundert am Beispiel Basels (= Basler Beiträge zur Geschichtswissenschaft 145), Basel, Frankfurt a.M. 1981

Spangenberg, Ernst, Das Oberappellationsgericht in Celle für das Königreich Hannover, Celle 1833

Spode, Hasso, Die Entstehung der Suchtgesellschaft, in: Traverse, Zeitschrift für Geschichte 1 (1994), S.23-37

Staehelin, Adrian, Die Einführung der Ehescheidung in Basel zur Zeit der Reformation (= Basler Studien zur Rechtswissenschaft 45), Basel 1957

Staehelin, Adrian, Sittenzucht und Sittengerichtsbarkeit in Basel, in: Zeitschrift der Savignystiftung für Rechtsgeschichte, Germanische Abteilung 85 (1968), S.78-103

Stael Holstein, Anne Germaine de, De l'Allemagne, Paris 1814

Stael Holstein, Anne Germaine de, Deutschland, Bd.1, Berlin 1814

Staves, Susan, Money for Honor: Damages for Criminal Conversation, in: Studies in Eighteenth-Century Culture 11 (1982), S.279-299

Stein, Albert, Ehe, in: Theologische Realenzyklopädie Bd.9, 1980, S.308-362

Stolz, Joachim, Zur Geschichte der Trennung von Ehegatten. Rechtsinstitut, Versöhnungsmittel, Scheidungsvoraussetzung, Kiel 1983

Stone, Lawrence, Road to Divorce, England 1530-1987, Oxford 1990

Ulbrich, Claudia, Aufbruch ins Ungewisse. Feministische Frühneuzeitforschung, in: Beate Fieseler, Birgit Schulze (Hg.), Frauengeschichte: gesucht – gefunden? Auskünfte zum Stand der historischen Frauenforschung, Köln, Weimar, Wien 1991, S.4-21

Vanja, Christina, Zwischen Verdrängung und Expansion, Kontrolle und Befreiung – Frauenarbeit im 18. Jahrhundert im deutschsprachigen Raum, in: Vierteljahrschrift für Sozial- und Wirtschaftsgeschichte 79 (1992), S.457-482

Vogel, Barbara, Ulrike Weckel (Hg.), Frauen in der Ständegesellschaft. Leben und Arbeiten in der Stadt vom späten Mittelalter bis zur Neuzeit (= Beiträge zur deutschen und europäischen Geschichte 4), Hamburg 1991

Wagener, Silke, Die Göttinger Universitätsunterbedienten 1737-1848, unveröffentlichte Staatsexamensarbeit, Göttingen 1991

Wagener, Silke, Pedelle, Mägde und Lakaien. Das Dienstpersonal an der Georg-August-Universität Göttingen 1737 bis 1866 (= Göttinger Universitätsschriften Serie A: Schriften 17), Göttingen 1996

Weber-Reich, Traudel, „Um die Lage der hiesigen nothleidenden Classe zu verbessern". Der Frauenverein zu Göttingen von 1840 bis 1956 (= Studien zur Geschichte der Stadt Göttingen 18), Göttingen 1993

Wedemeyer, Bernd, Wohnverhältnisse und Wohnungseinrichtung in Göttingen im 18. und in der ersten Hälfte des 19. Jahrhunderts (= Reihe Kulturwissenschaft 1), Göttingen 1992

Wellenreuther, Hermann (Hg.), Göttingen 1690-1755. Studien zur Sozialgeschichte einer Stadt (= Göttinger Universitätsschriften Serie A: Schriften 9), Göttingen 1988

Wehler, Hans-Ulrich, Deutsche Gesellschaftsgeschichte, Bd.1: Vom Feudalismus des alten Reichs bis zur defensiven Modernisierung der Reformaera: 1700-1815, München 1987

Wensky, Margret, Die Frau in Handel und Gewerbe vom Mittelalter bis zur frühen Neuzeit, in: Die Frau in der deutschen Wirtschaft (= Zeitschrift für Unternehmensgeschichte, Beiheft 35), Stuttgart 1985, S.30-40

Wiesner, Merry E., Working Women in Renaissance Germany (= The Douglass Series On Women's Lives and the Meaning of Gender), Rutgers UP New Brunswick, New Jersey 1986

Wiesner, Merry E., Guilds, Male Bonding and Women's Work in Early Modern Germany, in: Gender and History 1 (1989), S.125-137

Winnige, Norbert, Krise und Aufschwung einer frühneuzeitlichen Stadt. Göttingen 1648-1756 (= Quellen und Untersuchungen zur Wirtschafts- und Sozialgeschichte Niedersachsens in der Neuzeit 19), Hannover 1996

Wood, Merry E. Wiesner, Paltry Peddlers or Essential Merchants? Women in the Distributive Trades in Early Modern Nuremberg, in: Sixteenth Century Journal 12 (1981), S.3-13

Wunder, Heide, Zur Stellung der Frau im Arbeitsleben und in der Gesellschaft des 15. bis 18. Jahrhunderts, in: Geschichtsdidaktik 6 (1981), S.239-251

Wunder, Heide, Frauen in den Leichenpredigten des 16. und 17. Jahrhunderts, in: Rudolf Lenz (Hg.), Leichenpredigten als Quelle historischer Wissenschaften, Marburg 1984, S.57-68

Wunder, Heide, Der gesellschaftliche Ort von Frauen der gehobenen Stände im 17. Jahrhundert, in: Journal Geschichte (1985), S.30-34

Wunder, Heide, Frauen in der Gesellschaft Mitteleuropas im späten Mittelalter und in der Frühen Neuzeit (15. bis 18. Jahrhundert), in: Helfried Valentinitsch (Hg.), Hexen und Zauberer. Die große Verfolgung – ein europäisches Phänomen in der Steiermark, Graz 1987, S.123-154

Wunder, Heide, Von der frumkeit zur Frömmigkeit. Ein Beitrag zur Genese bürgerlicher Weiblichkeit (15.-17. Jahrhundert), in: Ursula A.J. Becher, Jörn Rüsen (Hg.), Weiblichkeit in geschichtlicher Perspektive. Fallstudien und Reflexionen zu Grundproblemen der historischen Frauenforschung, Frankfurt a.M. 1988, S.174-188

Wunder, Heide, Historische Frauenforschung. Ein neuer Zugang zur Gesellschaftsgeschichte, in: Werner Affeldt, Frauen in Spätantike und Frühmittelalter, Sigmaringen 1990, S.31-41

Wunder, Heide, Vermögen und Vermächtnis – Gedenken und Gedächtnis. Frauen in Testamenten und Leichenpredigten am Beispiel Hamburgs, in: Barbara Vogel, Ulrike Weckel (Hg.), Frauen in der Ständegesellschaft: Leben und Arbeiten in der Stadt vom späten Mittelalter bis zur Neuzeit (= Beiträge zur deutschen und europäischen Geschichte 4), Hamburg 1991, S.227-240

Wunder, Heide, Geschlechts-Identitäten. Frauen und Männer im späten Mittelalter und am Beginn der Neuzeit, in: Journal Geschichte (1991), S.10-15

Wunder, Heide, Christina Vanja (Hg.), Wandel der Geschlechterbeziehungen zu Beginn der Neuzeit, Frankfurt a.M. 1991

Wunder, Heide, „Er ist die Sonn', sie ist der Mond". Frauen in der Frühen Neuzeit, München 1992

Wunder, Heide, Konfession und Frauenfrömmigkeit im 16. und 17. Jahrhundert, in: Theodor Schneider, Helen Schüngel-Straumann (Hg.), Theologie zwischen Zeiten und Kontinenten, Freiburg, Basel, Wien 1993

Wunder, Heide, „Jede Arbeit ist ihres Lohnes wert". Zur geschlechtsspezifischen Teilung und Bewertung von Arbeit in der Frühen Neuzeit, in: Karin Hausen (Hg.), Geschlechterhierarchie und Arbeitsteilung. Zur Geschichte ungleicher Erwerbschancen von Männern und Frauen, Göttingen 1993, S.19-39

Danksagung

Das vorliegende Buch stellt die überarbeitete Fassung meiner Dissertation dar, die im Juni 1995 an der Universität Gesamthochschule Kassel angenommen wurde. Meiner Doktormutter Heide Wunder gilt mein besonderer Dank für ihr nie ermüdendes Interesse und ihre verständnisvolle Betreuung, die es mir erst ermöglichten, dieses Projekt zuende zu bringen. In wichtigen Phasen meiner Arbeit ermunterten und inspirierten mich Gespräche mit Michaela Hohkamp, Martin Gierl, Bernd Wedemeyer, Kirsten Reinert und Jürgen Schlumbohm vom MPI für Geschichte. Wiard Hinrichs gab mir unschätzbare bibliographische Hinweise.
Frau Pyras und Herrn Bielefeld im Kirchenkreisarchiv sowie Frau Bruns im Universitätsarchiv gilt mein besonderer Dank für die gute Betreuung. Herr Bielefeld und Hans Otte vom Landeskirchlichen Archiv haben die undankbare Aufgabe übernommen, das Manuskript für den Druck durchzusehen. Auch dafür herzlichen Dank!
Die Welt des professionellen Layouts schließlich durfte ich an den Rechnern von Ulrich Nußbeck und Klaus Züchner sowie im MPI für Geschichte entdecken.
Schließlich danke ich Anthony Haywood, der dafür gesorgt hat, daß ich den Humor nicht verloren habe.

Göttingen, im Januar 1997